中国边疆经济研究系列丛书

广西大学哲学社会科学文库

边疆经济学概论

李光辉　著

中国商务出版社
CHINA COMMERCE AND TRADE PRESS

图书在版编目（CIP）数据

边疆经济学概论 / 李光辉著 .— 北京：中国商务出版社，2021.9（2023.9 重印）
（中国边疆经济研究系列丛书）
ISBN 978-7-5103-3991-2

Ⅰ .①边… Ⅱ .①李… Ⅲ .①边境经济学—概论—中国 Ⅳ .① F127

中国版本图书馆 CIP 数据核字 (2021) 第 203236 号

中国边疆经济研究系列丛书
广西大学哲学社会科学文库

边疆经济学概论

BIANJIANG JINGJIXUE GAILUN

李光辉　著

出　　版：	中国商务出版社
社　　址：	北京市东城区安定门外大街东后巷 28 号　　**邮政编码**：100710
网　　址：	http：//www.cctpress.com
电　　话：	010–64212247（总编室）　010–64515164（事业部） 010–64208388（发行部）
印　　刷：	北京建宏印刷有限公司
开　　本：	787 毫米 ×1092 毫米　1/16
印　　张：	24.25
版　　次：	2022 年 5 月第 1 版　　**印　　次**：2023 年 9 月第 3 次印刷
字　　数：	349 千字　　**定　　价**：78.00 元

中国边疆经济研究系列丛书
编 委 会

总序

改革开放40多年以来，我国创造了世人瞩目的经济发展奇迹，形成了具有中国特色社会主义的经济发展模式。进入新时代，我国社会的主要矛盾发生了很大的变化，现在需要解决的是“人民日益增长的美好生活需要和不平衡不充分的发展之间的矛盾”。站在新的改革起点，区域协调发展成为我国国内实现经济可持续发展，应对复杂多变的国际新形势新挑战的关键内容，边疆地区也由此从开放“末梢”变为“前沿”。但在社会经济、政治、文化等多个方面，我国边疆地区和沿海、内地形成了经济发展水平差距较大的不同经济社会区域。加快边疆地区经济社会的发展，逐步实现区域平衡发展，成为新发展格局背景下我国经济发展新的增长点。这就不仅需要学术界对改革开放以来边疆经济发展的实践进行总结，更重要的是要在总结经验的基础上，对边疆经济发展实践总结的提升，构建起具有中国特色的边疆经济学理论体系，进而来指导边疆经济的发展。

基于这样的想法，本系列丛书编写组结合实际的工作经历和实践，组织了一批专门从事边疆经济研究的学者，对边疆经济进行了系统研究，最终将形成《边疆经济学概论》《边疆经济发展与周边外交互动研究》《北部湾城市群研究》《自贸试验区建设与边疆经济开放发展研究》《边疆经济开放战略与实践研究》《边疆地区外贸高质量发展的测度与路径研究》《边疆民族消费经济研究》《新发展格局下边疆地区对外开放路径研究》《新发展格局与中国边疆经济发展论文集（上下册）》《西南边疆民族地区创新驱动扩大内需的对策研究》《最优发展战略——结构主义经济学3.0导论暨边疆经济学基础理论》《国际货币金融合作与边疆经济开放发展的有效协同机制研究》等著作，并以系列丛书的形式出版，这就是今天展现在大家面前的“中国边疆经济研究系列丛书”。本系列丛书贯彻中央关于新发展理念、构建新发展格局的精神，聚焦边疆经济学理论构建、研究边疆经济发展实践、突出边疆经济发展特色、阐述边疆对外开放、促进周边国家合作等，切实回应新时代建设社会主义现代化强国的需求，对边疆经济发展具有指导意义。本系列丛书重点从以下两个方面展开研究。

一、尝试探索构建一个理论

边疆经济学属于应用经济学的研究范畴，但又与其他应用经济学不同，有其特殊性。因此，国内至今还没有构建起有关边疆经济学的理论体系。

我国最早开始关注“边疆经济学”理论构建的省份是黑龙江。1984 年，哈尔滨师范大学成立边疆经济研究室，徐晓光（1986）提出了中国边疆经济学的构想。对边疆经济理论体系进行了较全面阐述的是牛德林教授。20 世纪 80 年代，牛德林提出“超常发展战略”这一概念，认为边疆地区的经济发展“封则衰”，要突出“开”的特色。同时，他提出“周观经济”与“要素跨国优化论”，为我国边疆地区自身经济发展及跨境合作奠定了理论基础。我国陆地边疆这一地域空间应作为一个整体，考察其经济增长与发展运动规律的经济理论抽象。他认为“要素跨国优化”是国际分工、互补合作的结构，国际间的经济交往往往是从贸易开始，通过产品、资源的交换，实现资源互补，进一步在区域内开展资源开发合作与共享，以最终实现要素的跨国以及国际间的优化组合，保障所有参与国的共同利益和可持续发展。随着边疆经济领域理论的逐渐丰富，把边疆经济学作为一门独立学科来研究的呼声越来越高。

20 世纪 90 年代是我国边疆经济学研究的高峰时期。鉴于当时的国内及国际环境，针对边疆研究的更多重点放在了地缘政治领域，如“巩固边防”“屯垦戍边”“保卫边疆”等，边疆的经济价值往往被忽略（牛德林，1994）。到 2000 年前后，大部分学术文章都将边疆经济理论的研究与我国边疆地区的发展实际相结合。因此，我国边疆经济建设面临很多特殊的问题，包括思想解放不够、经济基础薄弱、领导者思路及管理方式陈旧等。我国边疆经济的发展要充分考虑这些特殊性，因地制宜地制定出具有可操作性的方针（李明富，1998），深入挖掘在地理位置、生活习惯、历史传统、经济发展状态、发展趋势等方面的发展优势，促进经济建设（邱济洲等，2000）。

任何一种理论的创建，都需要建立逻辑自洽的理论体系，深挖并厘清研究相关概念、研究对象、研究任务、研究内容等方面的内在逻辑（欧阳晓，2018）。邢玉林（1992）指出边疆在古代和近代的定义的区别，他认为“近代边疆是指国家陆路边界线内侧的或在国家海岸线外侧的。且属于该国主权的边缘陆路领土或海洋领土。而古代边疆则是指在本国与外国之间的习惯界线、自然界线内侧的，或在本国海岸线外侧的，且属本国主权的或为本国实际管辖的或为民族生息繁衍的边缘陆路领土或海洋领土”。刘啸霆（1999）认为“边疆是靠近各国边境线的相对完整的行政区域”。马大正（2002）认为“边疆是一个地理、历史及政治的综合概念，并具有军事、经济和文化等多方面的意义，学术界多认同这种综合性的概念框架，一般认为考虑边疆经济价值的时候仅指陆地边疆，陆地边疆指既有国界，又有直接在国土上相邻的国家，并位于国界内侧的一定经济社会区域”。关于边疆经济学的研究对象，牛德林认为，边疆经济学“是以边疆这一特殊区域的特殊经济社会运动过程作为研究对象和客体，研究边疆地区经济运动的特点、经济结构和规律的科学”。这三层含义，具体来说，第一层是边疆地区的经济运动的特点；第二层是边疆地区的社会经济结构，也被称为“边疆地区的社会经济关系”，这种关系包括边疆地区内部各个经济部门、经济形式、产业企业之间的关系，还包括边疆与内地、沿海之间的经济互动；第三层是经济规律。边疆经济学的根本任务，牛德林认为，边疆经济学是研究和介绍边疆地区经济发展过程的特点和特殊规律。研究社会经济基础与上层建筑，在生产方式的深层次上，研究边疆生产力内部、生产关系内部、上层建筑内部以及各个系统之间的联系，从而研究边疆地区人与自然进行物质转换时产生的经济的、政治的、社会的融汇在一起的各种因素，组成一个优化的运动系统，实现取得边疆经济稳定、协调、迅速、持续的发展和增长。具体来看，包括边疆经济社会中的理论问题、边疆地区经济发展中的各种实际经济社会问题、边疆地区发展历史和未来趋势以及边疆地区的国际比较四个方面。学界对于边疆经济理论的发展方向有两种不同的观点。一些学者认为边疆经济理论的发展定位应该是跳跃的，甚至是超常规的。其理由是边疆地区是我国国家发展的真正的“资源库”，必须通过超常规的方法进行资源开发，才能够有效遏制制约我国经济发展的资源瓶颈。虽然经济发展不平衡性在一定的限度之内是正常的，但是若各个区域之间的地区发展差距过大，则极易造成人们心理不平衡甚至有碍社会稳定。而另外一些学者则认为边疆经济学理论应该是适度的、有计划的、有节制的。经济发展水平的不断提高，以及人们生活的不断改善，增加了人们对资源更大的需求，然而任何一个国家都不能保障资源被完全合理及完备地开发和利用，因此资源丰富的边疆地区应该进行有节制的经济增长（黄万伦等，1990）。边疆地区开发开放促进了边疆经济的发展，同时对边疆的社会、生态、安全、环境等方面产生巨大影响，边疆经济是“边疆”这一综合体系中的一环。“边疆经济学”到底是“边疆学”学科的扩展还是新学科的诞生，引起了学界不少的争论。我国边疆学是一门综合性学科，其综合性的特点体现在对各个领域的研究视角和研究方法上（马大正，2003）。边疆学研究中国边疆的形成和发展的历史规律，涉及边疆地区政治、经济、民族、宗教、文化等方面。经过长时间发展，边疆学的学科归属及其构建仍然处于困境（杨明洪，2018）。一方面，学界对边疆学的体系、内涵及特点等诸多问题还缺乏一致认识；另一方面，中国边疆学在国务院学位委员会、教育部多次印发的“学科专业目录”中，不论是一级学科还是二级学科，迄今都没有“边疆学”的名分。梁双陆（2008）认为，中国边疆学可以分为“中国边疆学+基础研究领域”和“中国边疆学+应用研究领域”两个部分。边疆学把边疆地区的社会经济系统作为边疆学的一个子系统，研究边疆各民族的生活生产方式，每个阶段对于边疆的开发与经营，边疆资源的配置和运用，边疆地区的社会经济结构与各个部门的经济，边疆经济的发展及其水平，生态环境与边疆人民的互动关系等（方铁，2007）。

我国目前还没有形成统一的边疆经济学科理论，学科建设成果十分有限，杨明洪（2016）认为，我国学术界对边疆问题的研究并不深入，究其原因，一方面，学术上对边疆经济学这一学科的认识不够，对“边疆经济学”和“经济边疆学”学科存在混淆；另一方面，边疆经济学一般被认为是区域经济学的范畴，但到目前为止，区域经济学并未纳入关于边疆经济学的研究内容。除此之外，我国在边疆经济学领域与其他国家的合作研究较少，Alexander Bukh 等研究人员撰写了大量关于边疆经济发展以及边疆经济理论等方面的文章，非常值得借鉴；但我国学术界对这些文章并未有相关研究，也尚未形成能够指导边疆经济发展的完整的边疆经济学理论体系。边疆经济在我国国民经济与对外开放中的地位和作用越来越重要，边疆区域发展对我国内陆地区经济增长产生极大的正面作用，是我国区域协调发展战略的核心组成部分，也是未来我国经济可持续发展的新动力，因此我国亟须建立能够指导边疆开放发展的科学理论体系。

本系列丛书中的《边疆经济学概论》，第一次从边疆经济学研究的角度，尝试给边疆经济研究的范围进行界定。在此基础上，对边疆经济学的相关概念、研究对象、研究内容及其与其他经济学的关系等进行了分析。最后，对边疆经济理论进行构建，形成了边疆经济学的五大理论体系。可以说，这是国内对于边疆经济学理论研究较为全面的著作，构建了边疆经济学的理论体系，实属国内首创。

二、总结边疆经济发展的实践

本系列丛书包括基本理论、国际关系、对外贸易、对外开放、自贸试验区建设、边疆金融、边疆消费经济等方面的著作，形成了有关边疆经济发展理论与实践的系列成果，国内研究中还没有这样的成果。本系列丛书系统地研究了改革开放以来边疆经济发展的实践，从多个领域进行研究，对边疆经济发展实践进行总结，并对边疆经济发展规律进行了不同程度的探索。在实践方面，本系列丛书以党的十一届三中全会以来的重大会议为主线，以开放为节点分为 1949—1978 年、1979—1990 年、1991—2001 年、2002—2012 年、2013 年至今五个时期。1949—1978 年边疆经济发展的起步期。新中国成立以后，根据当时国际国内形势，我国把重点放在巩固国防、发展经济和满足居民生活需要方面，工业尤其是重工业成为中国经济发展的重要内容，其工业布局主要集中于沿海地区的同时，从国家整体战略考虑，也将工业的一部分布局在内地和边疆地区。在对外开放方面，东北地区在1948年与朝鲜签订了经济协定，并于1953年以此为基础签署了《中朝经济及文化合作协定》，中国丹东成为与朝鲜开展互市贸易和经济合作最重要的口岸城市；在西北地区，对外开放是以1950年中国与苏联签署的《中苏贸易协定》为开端，以新疆塔城的巴克图口岸和霍尔果斯口岸为重点，开展了与苏联的合作；在西南地区，由于与东南亚国家的关系不断建立，经贸往来也开展起来，在我国边疆地区逐渐建立和开放了西藏的亚东口岸，广西的凭祥、东兴等口岸，中国边疆地区经济发展开始起步。1979—1990年边疆经济发展的过渡期。这个阶段包括了我国国民经济计划的“五五”末两年、“六五”、“七五”共12年的时间，一直到“八五”开始。“五五”计划实施的前期，虽然“文革”已经结束，但是“文革”的一些影响还存在，一些思想、错误行为等还未得到系统纠正，经济发展过程中“左”的思想倾向依然存在，严重地影响经济的发展。因此，可以说在党的十一届三中全会召开以前是经济发展的起步期，虽然此时中国经济各领域都开始出现自下而上的改革压力，经济发展仍然存在过热与冒进的情况；但是在1978年党的十一届三中全会召开之后，中国经济发展打破了原来的经济发展模式，以农村开始试行家庭联产承包责任制和城市里私营经济为开端，开启了中国改革开放的新征程，中国开始了由原先的封闭经济向开放经济转变，从计划经济向市场经济的转变。从改革开放之初到1990年，经过12年改革开放发展，我国经济获得了快速的发展。在这一过程中，边疆经济与国家整体经济基本保持一致，在改革开放的进程中也得到了快速发展，年均增长率保持在15%左右。在对外贸易方面，从1980年到1990年，边疆地区进出口贸易总额年均增长率为25.1%，比同期全国与沿海进出口贸易总额年均增长率11.7%和16.4%分别高出13.4和8.7个百分点，其中出口年均增长率为25.6%，进口为24.0%，出口比全国高出12.5个百分点，进口高出13.7个百分点。1991—2001年边疆经济发展的加速期。进入“八五”期间

（1991—1995年），党中央在《中共中央关于制定国民经济和社会发展十年规划和“八五”计划的建议》中，提出在继续推进沿海地区经济发展的同时，要选择一些内陆边境城市和地区，加大对外开放力度，促进这些地区对外贸易和经济技术交流的发展，使之成为我国对外开放窗口，并且要按照今后十年地区经济发展和生产力布局的基本原则，统筹好沿海与内地、经济发达地区与较不发达地区之间的关系，促进区域经济协调发展。有重点地加大对沿边地区经济发展的支持力度，发展具有本地优势和特色的加工工业，沿边地区的经济发展实施优惠政策，加快陆地边境口岸的建设，积极发展边境贸易。1992年1月18日至2月21日，邓小平先后赴武昌、深圳、珠海和上海视察，并发表了重要讲话。邓小平在讲话中提出了“坚定不移地贯彻执行党的‘一个中心、两个基本点’的基本路线，坚持走有中国特色的社会主义道路，抓住当前有利时机，加快改革开放的步伐，集中精力把经济建设搞上去”，要“加快改革开放的步伐，大胆地试，大胆地闯”，“抓住有利时机，集中精力把经济建设搞上去”，“坚持两手抓，两手都要硬”等，并对深圳等经济特区的建设给予了高度的评价，推动了中国改革开放进入了全面发展新阶段。正是在这样的背景下，边疆经济也进入了快速发展阶段。2002—2012年边疆经济发展的调整期。2001年11月，中国加入世界贸易组织（WTO），标志着中国重返世界经济舞台，开启了改革开放发展的新征程，中国经济发展也进入了“十五”时期。在此背景下，为了更好地融入世界经济发展的大潮中，中国一方面调整现有的边贸政策，以与世界贸易组织接轨；另一方面，开始对边疆经济发展政策进行调整，既要符合世界贸易组织的规则，又要促进边疆经济发展。因此，党中央在《中共中央关于制定国民经济和社会发展第十个五年计划的建议（2001—2005年）》中，提出“实施西部大开发战略，加快中西部地区发展，关乎经济发展、民族团结、社会稳定，关乎地区协调发展和最终实现共同富裕，是实现第三步战略目标的重大举措”。党中央提出的“促进西部边疆地区与周边国家和地区开展经济技术与贸易合作，逐步形成优势互补、互惠互利的国际合作新格局”，把边疆经济发展纳入中国整体经济发展战略之中，开始谋篇布局。2013年至今的创新发展阶段。党的十八大以来，我国沿边地区在党中央、国务院领导下，服务国家对外开放大局，艰苦创业、开拓进取，内引外联、突出特色，有效地聚集了人流、物流、资金流、信息流，带动了边疆地区产业快速发展，增进了与周边国家经济合作交流，促进了边疆地区民族团结，沿边地区的经济发展取得了令人瞩目的成效。党的十八届三中全会审议通过的《中共中央关于全面深化改革若干重大问题的决定》提出，加快沿边开放步伐，允许沿边重点口岸、边境城市、经济合作区在人员往来、加工物流、旅游等方面实行特殊方式和政策。习近平总书记指出，中国特色社会主义进入了新时代，这是我国发展新的历史方位。党的十九大报告强调，实施区域协调发展战略。加大力度支持革命老区、民族地区、边疆地区、贫困地区加快发展。推动形成全面开放新格局。中央政治局会议要求，统筹强边固防和“一带一路”建设、脱贫攻坚、兴边富边、生态保护等工作，促进边境地区经济社会发展和对外开放，维护沿边沿海地区和管辖海域安全稳定与繁荣发展。2019 年是新中国成立 70 周年。随着“一带一路”建设和沿边开放战略的深入推进，沿边地区正处于加快发展和转型升级的重要战略机遇期。但受特殊的区位条件、地理环境、资源要素等多方面因素的影响，沿边地区的发展仍面临诸多困难和挑战。未来沿边地区需要进一步加大开放力度，加强基础设施建设，完善投资环境，培育壮大特色优势产业，提升发展水平。站在新的历史起点上，沿边地区如何抓住机遇，实现跨越式发展，构建开放型经济新体系，如何才能真正成为我国新一轮改革开放的前沿等诸多问题需要我们去思考、研究。这一时期，党中央、国务院高度重视边疆经济发展，习近平总书记多次视察边疆地区，并作出重要指示，边疆经济发展方向明确、布局清晰，开始从区域经济协调发展战略上对边疆经济发展进行统筹谋划、顶层设计、战略推进、科学布局、创新发展。

总之，本系列丛书在边疆经济诸多研究方向上做了探索，深入挖掘学术思想，形成了一家之言。本系列丛书梳理、总结了边疆经济学理论的发展脉络，论证了边疆经济学的理论基础；分析与归纳了我国边疆开放发展的探索经验，总结出了边疆经济学的中国特色；有针对性地提出了新发展格局下边疆地区对外开放的路径；总结边疆地区自贸试验区建设的经验；既对边疆外贸高质量发展做了深入探索，也对边疆金融与消费做了细致分析。上述研究都是难能可贵的，为边疆经济学的发展奠定了新的研究基础。尽管如此，本系列丛书仍存在很多不足，恳请各位同人批评指正，以使本系列丛书编写组在今后的研究中更加努力，将边疆地区的经济发展、开发开放的研究推向更高水平，使边疆地区真正成为中国改革开放的前沿、新时期开放型经济发展的新增长极。

中国边疆经济研究系列丛书编委会

2021 年 12 月

前　言

我国边疆地域辽阔，陆地边境线总长约 2.28 万公里，与 14 个国家接壤。改革开放以来，边疆地区的经济得到了快速发展，但由于边疆地区的特殊性，其经济发展水平、开放程度等与沿海等发达地区相比还有很大的差距。

进入新时代，在实施“一带一路”建设、建设社会主义现代化强国、推动建设新发展格局的背景下，边疆经济的发展和对外开放也迎来了新的发展机遇。如何指导边疆地区的经济发展、构建高质量开放型经济发展体系，需要我们运用马克思主义理论武器，构建具有中国特色、边疆特征和经济学科特点的中国边疆经济学理论体系，指导边疆经济的发展。因此，构建边疆经济学理论体系，就成为时代的需要、国家的需要、经济发展的需要，也是我们作为研究边疆经济学者义不容辞的重要责任。为此，本人斗胆在前辈研究成果的基础上，提出构建边疆经济学的倡议，希冀以自己的拙见，与同仁们一起探讨，努力推动构建边疆经济学。

本书分为三篇，第一篇是边疆经济发展理论，重点阐述有关边疆经济学的相关内容，包括边疆经济学涉及的概念、构建边疆经济学的必要性、研究对象、理论构架等；第二篇是边疆经济发展实践，是根据本人从事边疆工作近 30 年的工作经验，特别是参与边疆经济发展、政策研究的亲身实践等总结写成的；第三篇是“十四五”期间边疆经济发展的总体思路，涉及沿边 9 个省区的经济发展基础、面临的问题和形势、未来五年的发展任务和政策措施。

李光辉

2021 年 5 月于夏园

CONTENTS

目 录

第一篇
边疆经济发展理论

第一章　边疆经济的相关概念　_3
第一节　边界　_3
第二节　边境　_6
第三节　沿边　_8
第四节　边疆　_9
第五节　边疆经济　_16
第二章　构建边疆经济学的必要性　_18
第一节　新形势对构建边疆经济学提出客观要求　_18
第二节　边疆经济发展的实践需要理论指导　_23
第三节　新发展格局需要边疆经济加快发展　_32
第四节　经济学理论体系需要不断丰富完善　_33
第三章　构建边疆经济学的可行性　_35
第一节　国内已有的研究成果为构建边疆经济学提供了基础　_35
第二节　国外边疆经济学理论为研究成果提供了借鉴　_43
第三节　相关理论对边疆经济学构建的支撑　_46
第四节　我国边疆经济发展的实践研究　_54
第四章　边疆经济学　_68
第一节　边疆经济学的概念　_68
第二节　边疆经济学研究的对象　_70

第三节　边疆经济学的科学属性　_ 74
第四节　边疆经济学的研究内容　_ 75
第五节　边疆经济学与其他经济学科的关系　_ 81
第六节　边疆经济学的特点　_ 83
第五章　边疆经济学的理论构架　_ 87
第一节　边境再造理论　_ 87
第二节　非经济要素整合理论　_ 92
第三节　区域经济联动发展理论　_ 93
第四节　边疆经济国际合作带理论　_ 96
第五节　平台辐射引领理论　_ 101

第二篇
边疆经济发展实践

第六章　边疆经济发展的起步和过渡　_ 109
第一节　1949—1978 年边疆经济发展的起步期　_ 109
第二节　1979—1991 年边疆经济发展的过渡期　_ 111
第七章　1992—2001 年边疆经济发展的加速期　_ 116
第一节　开放边境城市　_ 116
第二节　出台政策鼓励边疆经济发展　_ 118
第八章　2002—2012 年边疆经济发展的调整期　_ 123
第一节　2002—2006 年战略实施政策调整　_ 123
第二节　2007—2012 年综合战略深度推进　_ 126
第九章　2013 年到现在的创新发展阶段　_ 139
第一节　“五年规划”统筹谋划　_ 139
第二节　兴边富民深入推进　_ 143
第三节　持续深入实施西部大开发战略　_ 144
第四节　东北地区等老工业基地振兴　_ 147

第三篇
边疆经济发展“十四五”展望

第十章 “十四五”期间边疆经济发展的基础 _151
第一节 综合经济实力显著增强 _151
第二节 基础设施建设不断改善 _154
第三节 民生保障水平不断提高 _160
第四节 沿边开放水平显著提高 _163
第五节 实现生态良好绿色发展 _193
第六节 服务“一带一路”作用增强 _196
第七节 脱贫攻坚成效显著 _197
第十一章 “十四五”期间边疆经济发展面临的问题 _203
第一节 世界经济形势严峻,对边疆发展提出更高要求 _203
第二节 周边环境复杂多变,与周边国家合作层次偏低 _204
第三节 沿边发展基础薄弱,严重制约经济高质量发展 _205
第四节 高端要素聚集缺乏,很难形成高质量发展支撑 _207
第五节 基础设施建设滞后,成为高质量经济发展难点 _207
第六节 周边不安全性凸显,影响沿边地区高质量发展 _208
第十二章 “十四五”期间边疆经济发展面临的形势 _210
第一节 国际形势 _210
第二节 国内形势 _212
第三节 发展影响 _212
第十三章 “十四五”期间边疆经济发展的任务 _214
第一节 谋划“五位一体”全方位发展布局 _214
第二节 统筹推进立体交通网络体系建设 _216
第三节 建设沿边地区现代经济发展体系 _218
第四节 推进“一带一路”倡议中重点枢纽工程建设 _222
第五节 构建沿边开放型经济新体制机制 _224
第六节 健全边疆地区开放发展治理体系 _225

第七节　打造沿边地区跨境金融服务新体系　_226
第八节　筑牢边疆经济发展生态安全屏障　_227
第九节　加快构建边疆地区文旅发展体系　_228
第十节　创新沿边与其他区域经济合作模式　_229
第十一节　推动边疆地区建设人才支撑体系　_229

附　录　_231
参考文献　_356
后　记　_364

CHAPTER 1

第一篇

边疆经济发展理论

第一章　边疆经济的相关概念

谈起边疆首先要区别与边疆有关的几个概念，这几个概念在学界、政府文件中常常出现，但基本处于一种令人混淆的状态。这几个概念就是：边界、边境、边境地区、沿边、沿边地区、边疆、边疆地区、边疆经济。

第一节　边　界

一、边界

边界主要有以下几种特征：第一，地理特征。既然有边界，就一定有空间范围和地域范围，就空间而言，就是把不同的国家按照边界划分，分布在不同的空间范围。就地域范围而言是以不同的自然条件，如山脉、河流、湖泊等作为边界。这种边界划分的地理特征具有某种客观性，但同时也由于政治、经济、军事方面的影响，边界的划分具有一定的主观性。不管怎样划分，边界都必须反映在客观世界上，都必须在地球的表面标记出来。边界一旦划分就必须具有客观性、自然性。首先，具有控制功能，也就是说，只要进入某边界以内也就进入了某个国家的控制范围，就具有控制功能。总之，边界就是在地球表面划定的界限，处于界限一边的所有人和事物都要服从于该国家的权威，而一旦越出了边界，一切就又要服从于另一个国家。其次，司法界线功能，即边界划定以后，只要进入该边界，就必须遵守这个国家的司法标准以及该国法律体系。边界的存在将一个国家的司法管辖权与另外一个国家区分开来。边界内外，不仅不同国家之间的法律体系不同，而且所遵从的司法标准、范围也各不相同。这种不同，在单一制国家体制中是这样，在联邦制的国家体制中也是一样。即使欧盟各国随着合作领域的不断加深，各国边界的控制线功能在逐步丧失，但作为司法功能的边界仍然存在。最后，关税功能，即边界往往也规定了一个国家的关税范围和权利。就关税权来讲，边界可以做到国家关税事权的标示，进而确保进入该国的所有商品按照本国的标准征收关税，实施一个国家的主权。

第二，政治特征。政治是指政府、政党等治理国家的行为。政治是以经济为基础的上层建筑，是经济的集中表现，是以国家权力为核心展开的各种社会活动和社会关系的总和。政治是牵动社会全体成员的利益并支配其行为的社会力量。边界是一个动态并不断变化的过程，在现代国家即“民族国家”或者说“主权国家”概念出现以前，并没有严格的边界概念，即使人们谈到边界也并不明确，只有现代国家形态出现之后，特别是《威斯特伐利亚条约》于1648年生效后，欧洲国家之间的“边界”才逐渐清晰起来并加以固定。边界一旦形成，就成为国家主权利益的集中表现，就具备了政治性，表现主要有两个方面。其一，边界是国家实行其主权的界线。一个国家的边界一旦确定，该国就有权对这个范围内的领土及生活在这个范围内的人民实行管辖，且不受任何其他国家的干涉。平常我们所说的“不要干涉他国的内政”，其主要意思是不要干涉这个国家边界内所发生的事情，包括政治、经济等一切事情。否则，就是干涉他国内政，侵犯他国主权。在周边地区，我们所毗邻的国家中，边界线内外存在着不同的政治制度、经济体制，如中国与俄罗斯就是两种不同的政治制度，还有朝鲜半岛也存在两种不同的政治制度，北纬38°以北是社会主义制度，以南则是资本主义制度。这种现象就是边界造成的，因此，可以说边界是国家主权的权利线。其二，边界是保证国家领土安全、稳定的根本。对于任何一个国家，边界都是非常重要的，涉及领土的完整和安全。一个国家的边界不稳定，必然会危及国家的经济发展、社会治理、人们安定团结，也会影响与其他国家的关系。因此，边境安全非常重要。

二、边界的类型

由于边界的形成受各种复杂多变因素的影响，因此，国与国之间划分边界的标准也各不相同，这就形成了世界各国多种多样的边界形式，总结起来大致有以下几种边界类型。

（一）自然边界

所谓自然边界就是以自然要素作为划分边界的依据。这种方式是世界上最早的边界划分形式。一般包括高山、海洋、河流、湖泊、沙漠、森林等。如界山，就是自平地天然突起，把一个地理单元分为两个部分，形成两个或两个以上的国家领土：阿尔卑斯山脉将原来的地理单位分成瑞士、意大利、法国；喜马拉雅山将原来的地理单位分为印度、尼泊尔、不丹、中国等。但我们也要清醒地认识到，边界的划分不仅涉及自然因素，还涉及历史、民族、经济、文化等因素。

（二）人为边界

与以自然要素划分边界相对应的，就是以民族、宗教信仰、语言、意识形态、心理习惯等因素作为依据划分的边界，这就叫作人为边界。人为边界与自然边界不同的是，人为边界可以是有形的，也可以是无形的。主要有两种，一种是以政治力量作为划界标准，这种边界既存在于国与国之间，也存在于政治集团与政治集团之间；既可以是有形的，也可以是无形的。如前德意志民主共和国与德意志联邦共和国之间的边界就是典型的国与国之间人为划分的。这两个国家在第二次世界大战前是一个国家，在政治体制、经济形态、管理体制等方面完全相同。第二次世界大战后，在东西方两大政治集团力量的较量下，德国成了牺牲品，其结果是出现了一个国家两种制度，尽管民族相同，但政治体制、经济形态和意识形态是完全不同的国家。另一种是以民族的宗教信仰、心理习惯等文化因素作为划界标准。这主要是以在单位领土范围内居民的宗教信仰、文化等作为主要依据来划分边界。两次世界大战后，出现了许多新独立的国家，这些国家在决定领土的范围时，最主要的方法就是根据民族自决原则进行公民投票，然后根据民族进行边界的划分。可以说民族在划分边界时起到了重要的作用，但也不是唯一依据，除了民族、语言之外，还有根据宗教信仰来划分边界的。因为不同的宗教信仰常常会发生一些摩擦，有的国家甚至由于宗教信仰的不同发生大规模的内乱。如巴基斯坦与印度之间的边界便是如此。

（三）几何边界

几何边界是指以经度或纬度等数理位置作为划分国界的根据，不考虑地表上的人文和自然状况，又称数理边界。以纬度作为两国划分边界的如美国和加拿大在划分边界时基本以北纬49°作为边界；两国也可以经度作为划分边界，以西经141°作为基本标准。

以上的几种方式并未囊括划分边界的所有标准，边界划分的标准是多种多样的，任何两国的边界的划分都不是单一的、只考虑一种因素，而是自然状况、文化、民族愿望、政治力量、交通运输等综合因素的统一。

第二节　边　境

一、边境

边境的“边”在现代汉语词典中的解释为“几何图形上夹成角的射线或围成多边形的线段”[1]，可以解释为国土的边界；“境”是指“地方、区域”[2]，由此可以理解为靠近边界的一定区域或地方。《国语·楚语上》有“夫边境者，国之尾也”；《管子·枢言》：“先王不以勇猛为边竟，则边竟安”；宋朝周辉在其《清波别志》卷下中写道：“臣恐异时唇亡齿寒，边境有可乘之衅”等，都是指靠近国家边界的地方，离边界有一定的距离，但又不会太远。政治学和地理学上的边境指“邻近边界、国界的区域范围”。

在学术上，边境研究一直是地理学中政治地理学及地缘政治学研究的热点话题，“主要集中在政治地理、环境生态、政府法律、商业经济、公共管治、人文艺术等领域以及边境效应的理论和方法研究”。[3] 因此，可以把边境理解为：靠近边界一定范围的狭长地带，至于范围的宽窄没有统一的规定，

〔1〕现代汉语词典［M］. 北京：商务印书馆，1995.

〔2〕现代汉语词典［M］. 北京：商务印书馆，1995.

〔3〕刘慧，程艺. “一带一路”建设对中国沿边地区发展影响的区域分异［J］. 区域经济评论，2018（6）.

一般是边界线两边的缓冲区域或禁区。

缓冲区又称中立区、中立地带等，一般是指两国的交界处因为两国关系紧张或战争以及其他因素，而划定的带状的区域，此带状区域在一般情况下，并不完全属于两方中的某一方，通常情况下是由两方共管或是由第三方协助管理。在缓冲区内，只允许少量的边防执行人员在执行巡逻等任务时进入，在区域内执行任务的人员不能对他国造成威胁。缓冲区的设立常常也因为国家的不同而不同。

二、边境地区

人们谈到边境就会说到边境地区，但关于边境地区到底指的是什么范围，不仅在我国没有完整的概念，国际上也没有统一的标准。一般是将边境地区定义为边界两侧 15 ~20 公里的一条带状区域。李铁立等认为边境地区一般是“指有两个或多个毗邻国家所构成的边界区域”，也有的专家将边境地区定义为“不只是两个或多个相邻国家通过固定不变的行政边界线所划分的具有主权色彩的区域，同时，也是一个存在社会、文化、经济和政治流通与交流的特色地区，是存在多种活动且随时间演变的空间”。Patti（1993）认为边境是一个需要分离却又联系的区域构成的随经济关系变化的张力空间，不论是权力上行或经济上行，随内外产生的条件互动和演变。因此，边境地区是指在边境两侧、具有一定范围空间、具备一定独立行政单位、聚集一定数量的人口等生产要素的弧状区域带，并随着政治、经济发展的需要而发生变化。

一般来讲，边境地区是处于国家边缘的地带，是国内地理中心的外围，具有交通设施不完善、交通不便利、信息交流网络落后、经济发展落后的特征。特别是在与毗邻国家关系紧张的情况下，边境地区还是矛盾冲突频繁的地带；当然，在和平年代边境地区就成为相邻国家间发展经贸关系的前沿，也是创新合作模式的试验田。新经济地理学认为边境是经济一体化和区域合作的空间，市场接触带和前沿，对经济发展具有中介、黏合和促进效应。边境地区具有邻近国外市场的区位优势，是一个天然的生产基地，特别是能吸引生产中间产品的企业在此投资设厂。总之，每一个边境地区都是独特的，它们的意义和重要性具有时空性，会随着政权变更而变得封闭或开放，或价格显著倾向于边界的某一边。但不论是利好或利弊，对边境地区的定义和功能设定应更加具有弹性和丰富性。

边境地区根据空间尺度划分，可分为边境县、边境市和边境省区，而边境省区与其他非边境省之间的行政壁垒更为突出，区际分割明显。鉴此，本文将边境地区锁定在具有国家边界，且与其他国家陆地接壤的省域管辖范围内的区域，对边境地区的研究主要集中在沿边口岸、边境地区人口、边境城镇功能、边境经济一体化、沿边国际交通、边境旅游等方面。

第三节　沿　边

一、沿边

沿边一直以来在学界、政界，都没有一个完整的概念，在文献当中，对于沿边没有完整的界定。沿边一般理解是“靠近边境一带”。在《旧唐书·宣宗纪》中记载：“剑南西川沿边设蕃州郡，如力能收复，本道亦宜接借”；《东周列国志》第五回：“桓王准奏，但命沿边所在，加意提防，勿容客兵入境”等。因此，可以将沿边理解为靠近边境线、有独立的行政辖区、各自有一定见解的地理空间范围。

二、沿边地区

虽然很多文件或学者的相关论文都有关于沿边地区的各自见解，但一直没有一个明确的、大家认可的概念。最早明确沿边地区范围的国务院文件是2015年《沿边地区规划（2014—2020)》，后来在《国务院办公厅关于印发兴边富民行动“十三五”规划的通知》（国办发〔2017〕50号）也对沿边地区的范围做了进一步的明确，“本规划实施范围为我国陆地边境地区，包括内蒙古、辽宁、吉林、黑龙江、广西、云南、西藏、甘肃、新疆等9个省区的140个陆地边境县（市、区、旗）和新疆生产建设兵团的58个边境团场（以下统称边境县)”。

根据此规划，结合国务院其他有关文件，笔者认为沿边地区是指靠近边境线，具有一定空间地理范围、有行使行政管理权力的县市区旗，在我国应该包括内蒙古、辽宁、吉林、黑龙江、广西、云南、西藏、甘肃、新疆等9个省区的140个陆地边境县（市、区、旗）和新疆生产建设兵团的58个边境团场，面积为197万平方公里，人口为2300多万人[1]。

第四节　边　疆

一、概念

边疆作为政治、外交、地理等方面的概念，国内外文献作出的解释比较相近，但作为经济学的概念，国内外学术界、政府文件中几乎没有体现，就是提出也各有不同。在我国的学术界没有形成一个公认的概念，因此，给出一个适合我国国情、符合实际、能够促进边疆经济发展需要的定义，具有十分重要的意义。

边疆是一个含义比较广泛的概念，既包括陆地边境（陆疆），也包括海疆、空疆、扺疆。在本书中，主要探讨陆疆。关于边疆的概念虽然古今中外有不同的解释，但“国内外的文献做出的解释是很相近的”。[2] 在古代常常把边疆叫作“边陲”“边境”“边界”等。“边疆”一词最早出现在春秋时期《左传·成公十三年》：“入我河县，焚我箕部，芟夷我农工，虔刘我边陲”，在《左传·昭公十四年》写道：“好于边疆，息民五年，而后用师，礼也”，在古代边陲和边疆通用。一般来讲“边陲是靠近边界的小范围地区，边疆则是远离统治中心的边远疆域”[3]，边陲的区域比边疆更小。因此，这时候的边疆概念是没有固定的，边疆的范围是流动的，随着国家影响实力的增长或消减而不断变化。一般来讲，古代疆域没有固定的界限，是根据各国力量的增长不断变化的。但国家统治的核心部分变化较小，并在此基础上形成了一

〔1〕 国务院办公厅关于印发兴边富民行动“十三五”规划的通知国办发〔2017〕50号。
〔2〕 牛德林．边疆经济学的基本理论与实践意义［M］．函授教育，1994（8）．
〔3〕 郑汕．中国边疆学概论［M］．昆明：云南人民出版社，2012.

个以首都为中心，逐渐向外围扩散的模式。从秦朝统一六国，到明清时期，我国的疆域一直处于不断变化中。如公元前221年秦国统一六国，其疆域："东至海暨朝鲜，西至临洮、羌中，南至北向户，北据河为塞，并阴山至辽东"[1]，就是以首都为中心，以郡县为基础，建立了全国的统治管辖疆域。又如公元618年李渊废隋帝杨侑，自立为帝，建立唐王朝。唐朝鼎盛时期的疆域："东到大海，包括台湾岛及其附属岛屿，西至咸海，西北至巴尔克什湖以东以南地区，北达贝加尔湖，东北至黑龙江以北、外兴安岭一带，南及海南，包括今越南北部和中国的海南岛及所属南海诸岛。"[2]

到了近代，西方国家把"国家主权"的观念强行带入中国，中国的华夷秩序被打破，边疆的概念也随之发生了变化，很多边疆地区的统治被削弱，甚至沦为西方国家的殖民地。西方国家对边疆的理解是不同的，它们不是向中原王朝那样采取封赏、进贡的办法界定，而是采取在边疆上划定明确的界线，确立主权范围。我国真正意义上的边疆是在元、明时期才形成，出现了国与国之间的边境线，"把靠近边界的领土，称为'边疆'"[3]。这时候的边疆主要是指边境线附近的区域。所以，"中国边疆的特殊性，是在外力介入下边界被突然固定下来，是中国急速进入现代国际规则体系的产物，不像欧洲那样，很多国家是在现代国家前就固定下来了"[4]。

到了现代，随着国家经济社会的发展，边疆的概念发生了深刻的变化，具有复杂、多样的特点。特别是中华人民共和国成立以来，我国与周边国家的边境线不断被确立，我国边疆的概念也逐渐被提出来。随着我国边疆经济的发展，"边疆"一词的使用率不断提高，频频出现。但从经济学研究的角度来看，边疆的范围、边疆的内涵等在学术界、政界仍没有一个统一的解释。

因此，我们研究边疆经济首先必须给出经济学角度的边疆概念。结合现有的研究成果，边疆的概念是随着时代发展而变化的，内涵也在随之发生变

---

〔1〕司马迁.《史记》卷六《秦始皇本纪》.

〔2〕马大正.中国边疆经略史［M］.武汉：武汉大学出版社，2013.

〔3〕郑汕.中国边疆学概论［M］.昆明：云南人民出版社，2012.

〔4〕阿依努尔·雅马丽.边境与边界：边疆问题的中西方文化背景探析［J］.新疆社科论坛，2015（3）.

化，“是由多种因素、多层次缘由组成的概念”“既包括了地理因素、行政因素、政治因素、国防因素、文化因素，也包括了地缘政治学、社会学、民族学、历史学、军事学的学科理论交叉形成的综合概念”[1]，当然也包括经济学，现代意义的边疆具有丰富的内涵。

本书在研究过程中，是以经济为研究对象而给出的边疆概念。因此，边疆是指靠近边境线内侧，且与相邻国家领土相连，包括面积不等的市、州、地区和盟。这些区域是由一定的社会区域范围、经济发展规模、完整的行政区域、数量不等的人口等要素构成的区域范围。在这个概念中，有几个基本的要素：一是我国与其他国家有领土相连，具有边境线，是边境线内侧的一定区域；二是区域具有一定的独立行政空间，在空间内有整合生产要素和资源要素的能力；三是这个区域具有相当的规模，也就是有与周边国家合作的基础条件，同时也有承担并实施国家战略的能力；四是有相当数量的人口。其中，人是经济发展最重要的因素之一，也是实现经济发展和完成国家给予的战略任务的基本要素，而且这一区域内人的数量还不能太少。

按照上述的分析，边疆经济学研究的边疆范围应该包括我国2.28万公里的边境线内侧，包括黑龙江、吉林、辽宁、内蒙古、甘肃、新疆、西藏、云南、广西等9个省区的21个市、11个地区、9个自治州和3个盟，面积为352.15万平方公里（见表1－1），约占全国总面积的36.7%，其中包括有边境线的县市旗有140个和58个团场[2]（见表1－2），面积为197万平方公里，且在地缘上直接毗邻俄罗斯、哈萨克斯坦、吉尔吉斯斯坦、塔吉克斯坦、蒙古国、朝鲜、越南、老挝、缅甸、印度、不丹、尼泊尔、巴基斯坦、阿富汗等14个国家；在这个区域内，2019年有人口8265.6万人，占我国（14亿）人口的5.9%，分布着较多的少数民族；2019年国民生产总值达到31659.54亿元，占我国的比重为3.21%。[3]

---

〔1〕 郑汕．中国边疆学概论［M］．昆明：云南人民出版社，2012.

〔2〕 兴边富民行动“十三五”规划有140个自治边境县，但经过多种资料查找仍然没有查到140个县，只有139个县。

〔3〕 数据来源：9个省区年鉴及地市盟地区年鉴。

表1－1　我国边疆地区市盟自治州、地区

地区名称	辖区	面积合计（平方公里）
辽宁省	丹东	15222
吉林省	通化市、白山市、延边朝鲜族自治州	59790
黑龙江省	牡丹江、鸡西、佳木斯、鹤岗、伊春、黑河大兴安岭地区	294770
内蒙古自治区	呼伦贝尔市、兴安盟、锡林郭勒盟、乌兰察布市、包头市、巴彦淖尔市、阿拉善盟	883044
甘肃省	酒泉	192000
新疆维吾尔自治区	哈密地区、昌吉回族自治州、阿勒泰地区、塔城地区、博尔塔拉蒙古自治州、伊宁、阿克苏地区、克孜勒苏柯尔克孜自治州、喀什地区、和田地区	1077569. 55
西藏自治区	阿里地区、日喀则地区、山南地区、林芝地区	684098. 09
云南省	怒江傈僳族自治州、保山市、临沧市、普洱市、西双版纳傣族自治州、红河哈尼族彝族自治州、文山壮族苗族自治州	199518. 5
广西壮族自治区	防城港、崇左市、百色市	59733
合计	21个市、11个地区、9个州、3个盟	352. 15万

资料来源：根据边疆9个省区统计年鉴整理。

表1－2　边境140个县市旗区

沿边省区	边境县（市）（140个）
内蒙古自治区（19个）	达尔罕茂明安联合旗、四子王旗、二连浩特市、阿巴嘎旗、东乌珠穆沁旗、苏尼特左旗、苏尼特右旗、满洲里市、额尔古纳市、陈巴尔虎旗、新巴尔虎左旗、新巴尔虎右旗、乌拉特中旗、乌拉特后旗、阿拉善左旗、阿拉善右旗、额济纳旗、阿尔山市、科尔沁右翼前旗
辽宁省（5个）	丹东市振安区、元宝区、振兴区、东港市、宽甸满族自治县

续表

沿边省区	边境县（市）（140个）
吉林省（10个）	集安市、白山市浑江区、临江市、抚松县、长白朝鲜族自治县、图们市、龙井市、珲春市、和龙市、安图县
黑龙江省（18个）	萝北县、绥滨县、饶河县、密山市、虎林市、鸡东县、嘉荫县、绥芬河市、东宁市、穆棱市、同江市、抚远市、黑河市爱辉区、逊克县、孙吴县、呼玛县、塔河县、漠河县
广西壮族自治区（8个）	防城港市防城区、东兴市、凭祥市、大新县、宁明县、龙州县、靖西市、那坡县
云南省（25个）	澜沧拉祜族自治县、西盟佤族自治县、江城哈尼族彝族自治县、孟连傣族拉祜族佤族自治县、镇康县、沧源佤族自治县、耿马傣族佤族自治县、龙陵县、腾冲市、麻栗坡县、马关县、富宁县、绿春县、金平苗族瑶族傣族自治县、河口瑶族自治县、景洪市、勐海县、勐腊县、芒市、瑞丽市、盈江市、陇川县、泸水市、福贡县、贡山独龙族怒族自治县
西藏自治区（21个）	洛扎县、错那县、浪卡子县、隆子县、定结县、定日县、康马县、聂拉木县、吉隆县、亚东县、岗巴县、仲巴县、萨嘎县、噶尔县、普兰县、日土县、札达县、墨脱县、察隅县、米林县、朗县
甘肃省（1个）	肃北蒙古族自治县
新疆维吾尔自治区（32个）	哈密市、伊吾县、巴里坤哈萨克自治县、和田县、皮山县、温宿县、乌什县、叶城县、塔什库尔干塔吉克自治县、阿图什市、阿合奇县、乌恰县、阿克陶县、奇台县、木垒哈萨克自治县、博乐市、温泉县、昭苏县、霍城县、察布查尔锡伯自治县、塔城市、额敏县、裕民县、托里县、和布克赛尔蒙古自治县、阿勒泰市、青河县、吉木乃县、富蕴县、布尔津县、福海县、哈巴河县

资料来源：根据9个省区统计年鉴整理。

二、边疆特征

边疆经历了漫长的历史发展过程，不同的国家，在不同的时空条件和文明体系下，边疆发展的进程具有不同的形态和特征。1648年《威斯特伐利亚和约》的签署，标志着世界现代国家体系的开始。此后，“主权国家逐渐成为国际国家体系的主体和划分世界空间的基本单元，主权国家及其主权、领土、边界和时空表现成为框定其边疆内涵、形态和特征的根本依据”〔1〕。“在某种程度上，世界上的边疆地区是相似的”。〔2〕基于此，笔者认为，边疆的特征主要包括以下几个方面。

（一）民族性

边疆地区由于一直处于边缘地带，逐渐形成了以少数民族为主的居住区。民族（nation），指在文化、语言、历史与其他人群在客观上有所区分的一群人，是近代以来通过研究人类进化史及种族所形成的概念。在历史发展的进程中，在我国边疆地区逐渐形成了很多少数民族的群体。如黑龙江边疆地区的达斡尔族、鄂伦春族等，云南边疆地区的基诺族、氐族、傈僳族、景颇族、德昂族、布朗族等，吉林省延边州的朝鲜族等，广西壮族自治区的壮族等。在历史发展的进程中，由于各民族在领土开发、经济发展、环境条件等方面的不同，经济发展的水平也各不相同，也使边疆地区生产力发展水平不同。这种经济发展具有民族性的特质。

（二）滞后性

由于边疆地区的经济发展水平落后，又位于偏远地区，因此边疆地区的经济社会发展始终处于落后的状态，与沿海等发达地区相比具有滞后性。我国的改革开放，先从沿海开始，逐渐向沿江、中西部、东北发展，最后到边疆地区。这就使得我国经济发展、对外开放的水平也呈现出这样一个发展态势：沿海地区经济最为发达，是经济发展的引领区域，边疆地区是我国经济发展较落后的地区，与其他地区相比具有滞后性。

（三）不平衡性

从经济发展的水平来看，边疆地区存在着很大的不平衡性。从边疆 9 个

---

〔1〕 罗中枢．论主权国家边疆的临界性、边缘性和交集性［N］．四川大学学报，2020（3）：111.

〔2〕 弗里德里希·拉策尔．作为边缘机体的边疆［M］//张世明，等．空间、法律与学术话语：西方边疆经典文献．袁剑，译．哈尔滨：黑龙江教育出版社，2014.

省区来看，这种不平衡性首先表现在生产力水平的差距；其次表现在发展理念的差距，由于边疆地区不同民族在经济发展过程中所持理念不同，这就造成了发展的方向不同、目标不同等，使得针对经济形态和文化形态的变革难度大，开放的意识不够；最后表现在民族经济结构多层性的差距。由于边疆地区经济发展水平的不同，在经济发展的过程中，很难形成一个多民族统一的国民经济发展体系，在这样的背景下，就形成了一个多层次的民族经济结构状况。边疆地区与沿海等发达地区相比较也存在不平衡性，主要表现在国内生产总值、产业结构、固定资产投资、对外开放、人才聚集、居民收入水平等多方面。

（四）复杂性

边疆地区的山地、盆地、大漠等不同的自然条件，造就了边疆地区不同的地理环境，因此也形成了生产、生活和经济、社会、文化发展的不同基础和前提，复杂的地理环境与复杂的民族构成，再与特殊的社会经济形态相结合，就形成了边疆地区复杂性的特征。如云南的边疆地区位于横断山脉中南端，其特殊的地形地貌以及不同的地质构造，再加上过渡气候带的作用，形成了一种特殊的地理单元系统，对云南经济社会发展产生了深刻的影响。

（五）富集性

我国边疆地区能源资源十分丰富，种类多，储量大。边疆 9 个省区中，内蒙古、新疆等省区均为我国矿产资源丰富地区；东北三省矿产资源支撑着我国东北乃至华北的经济发展，储量最为丰富的有石油、煤矿、天然气、黑色金属、有色金属以及多种非金属类矿产资源；云南地质构造复杂，矿产资源丰富，非金属矿中煤的分布最广，金属矿以有色金属矿为主，旧锡矿、东川铜矿以及钛矿储量在全国名列前茅，有“有色金属王国”之称；广西是中国 10 个重点有色金属产区之一，其中已探明储量的有色金属矿产达 97 种，煤、泥炭、铝、锡、锌、汞、金、钛铁矿、石英砂等 20 余种矿产在本省储量最大；西藏目前已发现 101 种矿产资源，查明矿产资源储量的有 41 种，铬、工艺水晶、刚玉、高温地热、铜、高岭土、菱镁矿、硼、自然硫、云母、砷、矿泉水等 12 种矿产储量居全国前五；甘肃已发现各类矿产 173 种，占全国已知矿种的95%，已探明储量的矿产98种，其中，有27种矿产的储量居全国前五，镍、钴、铂族（铂、锇、铱、钌、铑、钯）、硒等矿种储量居全国第一，锌、铊、碲居全国第三，铜、镉居全国第四，铅、镁、锑居全国第五。

第五节 边疆经济

“经济”一词的英文是economy，日文是“けいざい”。“经济”一词早在东晋时期就开始使用了，当时的意思是“经邦”“经国”和“济世”“济民”，其中也包含治国平天下的意思。到了近代，“经济”一词的含义发生了一些变化，梁启超在1902年的《论自由》一文中，将经济一词译为“生计”，并注明其来自日本的“经济”概念。英文economy的意思是“家庭”，应该是指管理家庭的方法、模式或手段等。

到了现代，“经济”一词的含义被不断丰富，不同的经济学家对其有不同的解释，东西方的学者关于经济概念的定义、内涵等都有差别。“经济”一词，在西方经济学中始终没有一个清晰、公认的概念，概括起来至少超过三十种。经济学家给经济学下了各种各样的定义，如“经济就是生产或生活上的节约、节俭，前者包括节约资金、物质资料和劳动等，归根结底是劳动时间的节约，即用尽可能少的劳动消耗生产出尽可能多的社会所需要的成果；后者指个人或家庭在生活消费上精打细算，用消耗较少的消费品来满足最大的需要”“经济是指社会生产关系的总和，指人们在物质资料生产过程中结成的，与一定的社会生产力相适应的生产关系的总和或社会经济制度，是政治、法律、哲学、宗教、文学、艺术等上层建筑依赖建立起来的基础”“经济是指社会物质资料的生产和再生产过程，包括物质资料的直接生产过程以及由它决定的交换、分配和消费过程；其内容包括生产力和生产关系两个方面，但主要是指生产力”“经济就是人类以外部自然界为对象，为了创造满足我们需要所必需的物质环境而不是追求享受所采取的行为的总和”“经济是指个人、企业、政府以及其他组织在社会内进行选择，以及这些选择决定社会型稀缺性资源的使用”等。

那么，边疆经济是什么呢？根据上述内容对经济概念和内涵进行梳理，本书对边疆经济定义为：在边境线内侧，一定范围的特定区域（352.15万平方公里）内，人类所进行的价值创造、转化与实现，目的是不断满足区域内人们物质文化生活的需要，也就是说边疆经济就是人们在边疆这一特定的区域所进行的生产、流通、分配、消费等物质活动的总称。其中生产是经济的基础，流通和分配是过程，消费是经济过程的终点。

第二章　构建边疆经济学的必要性

任何一门理论的构建都有其客观条件和实践需求，边疆经济学也同样具有这样的特点。随着改革开放的不断推进，我国实现了第一个百年目标，开启了建设现代化强国的新征程。边疆经济也进入了新的发展阶段。面临新的发展形势，为更好地发展高质量的边疆经济，探索边疆经济发展的新路径、新模式等，急需构建边疆经济理论，以指导边疆经济的发展。同时，边疆经济发展的实践也提出了构建边疆经济学的客观要求，并且为构建边疆经济理论体系提供了实践基础。

第一节　新形势对构建边疆经济学提出客观要求

党的十八大以来，我国面临着百年未有之变局，随着我国对外开放的不断深入，边疆地区的开发开放也面临新的形势，边疆地区的经济迎来了难得的发展机遇，边疆经济发展需要经济学理论的指导。

一、小康目标实现巩固脱贫成果

“十三五”时期是我国全面建成小康社会的关键期，也是中国经济发展模式从外向型经济增长模式向开放型经济转型的攻坚期。习近平总书记强调：“面向未来，中国将继续朝着两个宏伟目标前进：一是到 2020 年国内生产总值和城乡居民人均收入比 2010 年翻一番，全面建成惠及十几亿人口的小康社会。二是到 2049 年新中国成立 100 年时建成富强民主文明和谐的社会主义现代化国家。”为了实现这两大目标，我们将继续把发展作为第一要务，把经济建设作为中心任务，推动国家经济社会发展，扩大开放，推动形成全面开放新格局。由于国际国内环境的制约，边疆地区经济发展相比沿海及发达地区经济滞后，贫困人口较为集中。自2000年开始，国家连续在边疆地区实施“兴边富民行动计划”，以推动边疆地区的经济社会发展，带动边民的脱贫致富。

党的十八大以来，党中央把脱贫作为全面建成小康社会的底线任务和标志性指标，全面打响了脱贫攻坚战，实施了精准扶贫举措。边疆地区是我国贫困人口集中的重点地区，14个集中连片的特困地区中大部分分布在我国边疆地区，云南、广西、新疆、西藏、内蒙古等边境省区都是贫困人口较为集中的区域。2017年5月，国务院办公厅再次印发《兴边富民行动“十三五”规划》，制定了到2020年边境地区同步全面建成小康社会、边境农村贫困人口全部脱贫，贫困县全部摘帽等目标。在这样的背景下，我国边疆地区的经济迎来了最好的发展机遇，加快边疆地区基础设施建设，促进边疆地区经济发展，实现边疆贫困地区全面脱贫，就成了我国全面建设小康社会的关键。经过“十三五”时期的努力，832个贫困县全面脱贫，我国在2020年全面实现小康社会。但为巩固脱贫攻坚成果，国家将进一步加强措施对脱贫地区实施支持政策，为边疆经济发展提供新的发展机遇。

二、“一带一路”倡议加快推进

2013年，习近平主席在访问哈萨克斯坦与印度尼西亚时，先后提出共建“丝绸之路经济带”与“21世纪海上丝绸之路”的“一带一路”倡议。其后，“一带一路”倡议得到了各国的响应，“一带一路”建设加快推进。推进“一带一路”建设，是党中央、国务院在分析国际大事、全球格局和国内面临新形势的背景下，顺应全球发展大势、统筹国内国外两个大局作出的重大决策，也是在当前和今后相当长一段时期内，我国加快对外开放、深化对外合作的总的纲领。“一带一路”倡议以“政策沟通、设施联通、贸易畅通、资金融通、民心相通”为主要内容，为沿线国家提供了一个经济成果共享、共同包容发展、互利合作共赢的国际发展与合作平台。随着“一带一路”建设的深入推进，中国国际影响力不断提升，180多个国家和国际组织参与其中，一批有影响力的标志性项目逐步落地，我国“一带一路”的朋友圈不断扩大。我国边疆地区外连周边国家，内通中部与沿海各个省份，是推进“一带一路”建设的重要枢纽和战略支点。特别是在我国“一带一路”布局中的六大经济走廊，即“新亚欧大陆桥、中蒙俄、中国—中亚—西亚、中国—中南半岛、中巴和孟中印缅”等六大国际经济合作走廊的建设，都与边疆地区紧密相连，可以说没有边疆地区的经济发展，六大经济走廊的建设也就没有了基础。因此，加快我国边疆地区的经济发展、扩大对外开放、深化与周边国家的经济合作以及与周边国家加强基础设施互联互通、经济发展规划对接，把国内、国外开放有机结合起来，更好地利用两种资源、两种市场，就成为“一带一路”建设的重要支撑。

三、“自由贸易试验区”的获批

进入新时代，我国为了发展开放型经济，逐步探索改革开放的路径、对标国际经贸规则、培育经济新增长极等。从2013年9月29日中国（上海）自由贸易试验区挂牌以来，先后获批建设的自由贸易试验区有21个。其中，2019年8月，党中央、国务院批准的6个自由贸易试验区中有3个是边疆省份，即广西、云南、黑龙江3个自由贸易试验区。在3个边疆省份的自由贸易试验区定位中，云南自由贸易试验区提到，“全面落实中央关于加快沿边开放的要求，着力打造‘一带一路’和长江经济带互联互通的重要通道”“打造沿边开放先行区、中缅经济走廊的门户枢纽”；黑龙江自由贸易试验区提到“提升沿边地区开放水平”，从沿边金融、沿边口岸物流产业等角度助力沿边地区经济发展；中国（广西）自由贸易试验区提到“重点发展跨境贸易、跨境物流、跨境金融、跨境旅游和跨境劳务合作，打造跨境产业合作示范区，构建国际陆海贸易新通道陆路门户”。从定位中可以充分看出，国家对边疆地区的发展给予了厚望且扶持力度将继续加大。自由贸易试验区是在新形势下全面深化改革和扩大开放的战略举措，将在贸易和投资等方面对比国际高标准进行比世界贸易组织更加优惠的贸易安排，将探索和“试验”更多更加开放且适应中国国情的政策，实现我国新一轮高水平开放。党的十九大报告指出，“将赋予自由贸易试验区更大改革自主权。”边疆省区的自由贸易试验区的建设，使得边疆地区开放型经济发展站在了新的历史起点上，与沿海及内地一样可以对标国际经贸规则、营造一流的国际营商环境、发展更高水平的开放型经济，从改革开放的末梢变为前沿。在这样的背景下，边疆地区由于其独特的区位优势、资源优势、市场优势等，经过数十年的发展一定会成为中国经济发展的新增长极。

自由贸易试验区是我国经济进入高质量发展时期的一个重要的开放型经济发展平台，它以体制机制创新为核心，对标国际经贸规则、营造国际化的营商环境、实施先行先试，形成可复制可推广经验，培育区域经济增长极。2019 年 8 月，国务院批准建设广西、云南、黑龙江自由贸易试验区，开启了边疆地区自由贸易试验区的建设征程。自由贸易试验区的建设将在边疆地区经济发展中起到重要的推动作用。通过体制机制的创新，营造更好的营商环境；通过复制推广结合边疆经济发展的实际更好地实现弯道超车；通过先行先试解决边疆经济发展中出现的问题、难点和堵点。总之，自由贸易试验区的建设将成为边疆经济发展的引擎，培育边疆经济发展的新增长极。

四、新发展格局迎来新发展机遇

边疆地区是连接两国或多国的交汇区，是与周边国家交往的前沿，是不同国家、民族、政治、经济、文化、宗教等事务频繁接触的场所，其社会整体稳定与发展，对我国地缘安全有着牵一发而动全局的影响。改革开放以来，随着我国综合国力的不断增强，国际地位迅速提升，风险、挑战与机遇相伴而生。进入新时期，我国迎来了百年未遇之大变局。这种变局体现在多方面，特别是以美国为首的西方国家，对中国经济的发展采取了遏制的措施，使我国与周边国家的关系发生了一些微妙的变化，再加上我国邻国众多，各国政治制度和经济发展水平各异，民族、宗教问题错综复杂，现实或潜在热点问题集中，这些客观存在的事实都给我国边疆地区的经济发展带来许多新的不稳定因素，出现地缘政治、区域经济等诸多复杂多变的问题。在此背景下，我国提出了构建“双循环”新发展格局，以国内循环为主，国际、国内相互促进；而“双循环”新发展格局的连接点应该是边疆地区。这就要求边疆经济必须适应新发展格局，积极融入“双循环”发展格局中，服务好新发展格局。在新形势下，我国加快边疆地区经济发展、扩大对外开放，将有利于巩固和加强与周边国家和地区的睦邻友好和务实合作关系，共同营造和平稳定、平等互信、合作共赢的地区环境，构建地缘政治新优势，营造有利于改革开放的周边环境，积极推动“双循环”新发展格局的构建。

五、区域协调发展战略深入实施

进入新时代，我国改革开放开始站在新的起点上，经济结构深度调整、经济发展模式开始转型升级，各项改革全面推进，党的十八大提出构建开放型经济新体系，经济发展模式从原来的外向型经济发展模式转向发展开放型经济模式。中国改革开放40多年来，中国经济发展取得了举世瞩目的成就，保持了较快的增长速度，但也面临着诸多问题，其中区域发展不均衡已成为严重制约我国经济增长的重要原因。特别是边疆地区与发达地区相比差距越来越大。2017年，我国边疆省区边境小额贸易为385.73亿美元，同比增长16.08%，占全国进出口贸易的比重仅为0.94%[1]。在利用外资方面，沿边地区从1998年的819.4亿美元迅速增长到2018年的5645.1亿美元，增长了约6倍，年均增长11.1%[2]，而边疆地区利用外资却出现下降的趋势，从2017年的165.84亿美元下降到2019年的84.95亿美元[3]。因此，边疆地区与东部沿海地区仍有较大差距，属于开放的洼地。

进入新时代，我国实施了区域平衡发展战略，特别是要缩小边疆地区与东部沿海发达地区之间的差距。党的十九大报告明确提出，实施区域协调发展战略，尤其强调“加大力度支持革命老区、民族地区、边疆地区、贫困地区加快发展，强化举措推进西部大开发形成新格局”。沿边地区既是边疆地区又是少数民族地区和贫困地区。区域协调发展，意味着边疆地区将逐渐在经

〔1〕 李光辉. 2019中国沿边开放发展年度报告［M］. 北京：中国商务出版社，2019.
〔2〕 李光辉. 2019中国沿边开放发展年度报告［M］. 北京：中国商务出版社，2019.
〔3〕 李光辉. 2020中国边疆经济发展年度报告［M］. 北京：中国商务出版社，2020.

济和产业发展上形成独特优势，缩小和东部沿海地区的差距。2018 年底，国务院发布《关于建立更加有效的区域协调发展新机制的意见》，边疆（沿边）地区将迎来新一轮的"长效普惠的扶持机制和精准有效的差别化支持机制"，边疆地区产业结构亟待升级，且边疆地区处于特殊的区位，其经济发展及经济合作需要跨国、跨各级政府、跨部门的协调沟通，正需要意见中提到的量身定做的优惠政策。2019 年政府工作报告进一步强调要促进区域协调发展，围绕发展不平衡不充分问题，推动区域优势互补、城乡融合发展，2020 年的十九届五中全会进一步指出"进一步推动区域协调发展战略"。在《中共中央关于制定国民经济和社会发展第十四个五年规划和 2035 年远景目标的建议》中进一步提出：要"推动西部大开发形成新格局，推动东北振兴取得新突破，促进中部地区加快崛起，鼓励东部地区加快推进现代化。支持革命老区、民族地区加快发展，加强边疆地区建设，推进兴边富民、稳边固边"。从上面的一些文件中我们可以看出，"十四五"时期乃至更长时期，国家将对边疆地区的经济发展加大投入，努力克服边疆地区发展不平衡不充分的问题，重点扶持边疆地区产业发展，助力中国开放型经济走上高质量发展的道路，区域协调发展必将成为边疆地区经济发展的有力推手。新形势给边疆地区的经济发展带来了新的发展机遇。因此，加快边疆地区的经济发展是新时代改革开放的要求，也是我国成为世界经济强国的需要，更是实现区域经济协调发展的必然要求。新形势对边疆经济发展提出了新的要求。边疆经济的发展需要理论的指导，构建边疆经济学的客观条件已经成熟。

第二节　边疆经济发展的实践需要理论指导

进入新时代，在新形势下，边疆地区的繁荣、发展和稳定，关系我国新一轮改革开放和两个百年目标的实现，必须从全局和战略高度充分认识边疆地区特殊的战略地位和承担的历史使命，把深入实施边疆地区经济发展和对外开放放在新时代推动形成全面开放新格局、深化改革开放和区域经济发展总体战略的优先位置考虑。

一、构建边疆经济学是开放型经济新体系的内在要求

经过改革开放40多年的发展，我国开放型经济发展卓有成效，但也面临发展不均衡、要素成本上升、资源环境约束等问题。就区域发展格局来看，与东部沿海地区开放型经济相比，边疆地区开放型经济发展仍然处于较低的水平，这与我国发展经济强国的目标极不相符。实施边疆地区开发开放战略以来，边疆9个省区GDP增长较快，总体呈上升趋势，2018年边疆9个省区GDP总量较1993年增长了18倍，年平均增速12.8%，但低于全国水平，占比在15%与20%之间波动，2020年占全国GDP比重有所下降[1]。

在对外贸易方面，边疆9个省区贸易虽然增长较快，进出口总额由1993年的199亿美元增长至2018年的2961.7亿美元，增长了约14倍，年均增长率高达12.6%。但与沿海5个省（市）（上海市、江苏省、浙江省、福建省、广东省）相比依然有较大差距。2018年沿海5个省（市）进出口总额为边疆9个省区进出口总额的9.7倍，1993—2018年沿海5个省（市）进出口总额由1188.6亿美元增长至28844亿美元，年均增长率为14.3%，沿海5个省（市）进出口总额占全国进出口总额的67%左右，边疆9个省区进出口总额占全国进出口总额的6.5%左右[2]。

在利用外资和"走出去"等方面，边疆地区也处于起步阶段，与东部沿海地区有较大差距，属于开放的洼地。2018年全国利用外资为1347.7亿美元，边疆9个省区合计为161亿美元，占全国的11.9%，2012年11月，党的十八大提出要"全面提高开放型经济水平"，其中特别指出"要创新开放模式，促进沿海内陆沿边开放优势互补，形成引领国际经济合作和竞争的开放区域，培育带动区域发展的开放高地"，首次将"沿边开放"与"沿海、内陆开放"并列提出作为"提高开放型经济水平"的组成部分。2013年11月，党的十八届三中全会进一步提出"构建开放型经济新体制"的新任务，"加快

〔1〕 李光辉.2019中国沿边开放发展年度报告［M］. 北京：中国商务出版社，2019.
〔2〕 李光辉.2019中国沿边开放发展年度报告［M］. 北京：中国商务出版社：2019.

沿边开放步伐”正式成为其中的重要组成部分。2016 年，国务院启动的“构建开放型经济新体制综合试点试验”城市项目，将沿边城市防城港市纳入其中作为试点，希望能够成为发展沿边地区开放型经济探索可复制、可推广的经验。我国沿边地区共与 14 个国家陆地相邻，居于开放前沿的突出地位，但前沿的地位远未转化成为开放的优势。通过加快沿边开放步伐，推进构建开放型经济新体制的综合试点试验，不断探索边疆开放新模式，允许沿边重点口岸、边境城市、经济合作区在人员往来、加工物流、旅游等方面实行特殊政策，加快同周边国家和地区的基础设施互联互通建设，有利于沿边地区扩大对外贸易、发展双向投资与产业合作，也是我国构建开放型经济新体制、形成全方位开放新格局不可或缺的环节。加快沿边开发开放步伐，发挥沿边地区的重要枢纽优势，深度融入“一带一路”建设，加强同周边国家的政策沟通和战略对接，推动互联互通和产业对接，加强创新能力开放合作，培育贸易新增长点。同时，实施更加灵活的政策，促进产业向中西部梯度转移，积极推动打造边疆地区新的开放增长极。

二、发展边疆经济是形成全面开放新格局必补的不足和短板

党的十八届三中全会指出，要扩大内陆沿边开放，形成全方位的对外开放格局，加快沿边开放步伐，允许沿边重点口岸、边境城市、经济合作区在人员往来、加工、物流、旅游等方面试行特殊方式和政策。建立开发性金融机构，加快同周边国家和地区的基础设施互联互通建设，推进“丝绸之路经济带”“海上丝绸之路”建设，形成全方位开放新格局。党的十八届三中全会关于加快沿边开放步伐的表述明确指出允许沿边重点地区实行特殊的方式和政策，这给新时期我国沿边开发开放带来了新机遇，指明了前进的方向。在此基础上，党的十九大报告明确提出，要“推动形成全面开放新格局”，强调“要以‘一带一路’建设为重点，坚持‘引进来’和‘走出去’并重，遵循共商、共建、共享原则，加强创新能力开放合作，形成陆海内外联动、东西双向互济的开放格局”。这一定位为我国边疆地区对外开放定下了基调，即边疆地区将由发展的“末梢”向开发开放的“前沿”和“枢纽”转变。《兴边

富民行动“十三五”规划》认为尤其要在基础设施建设以及经济产业优势等方面，找到边境地区产业园区发展、特色服务业发展的优势，提升沿边开放便利化水平、促进沿边国际平台建设，要求加强沿边地区的互联互通，发展外向型产业集群，优化升级沿边地区对外开放载体，提高其发展水平。边疆地区的经济发展对我国对外开放新格局和“双循环”发展新格局的构建具有重大战略意义，为完善“陆海内外联动、东西双向互济”的开放格局，必须补上边疆地区开发开放这块短板。因此边疆地区要借着国家大力支持边疆经济发展采取的优惠政策，结合边疆经济发展的特点、优势，探索边疆经济发展的新路径，实现边疆经济高质量发展。

三、发展边疆经济是我国实现周边外交战略的基础和支撑

2014 年 9 月 18 日，习近平主席在印度世界事务委员会的演讲中提出：“中华民族历来注重敦亲睦邻，讲信修睦、协和万邦是中国一以贯之的外交理念。中国视周边为安身立命之所、发展繁荣之基。我们提出了亲、诚、惠、容的周边外交理念，就是要诚心诚意同邻居相处，一心一意共谋发展，携手把合作的蛋糕做大，共享发展成果。”要想实现这一周边外交理念，首先要繁荣边疆经济，也就是要发展边疆经济。边疆地区承载着连接两个市场、两种资源的重要使命。

党的十八大以来，我国进入新时代，如何营造一个良好稳定的周边经济发展环境，成为我国发展开放型经济服务的重要问题。为此，我国制定了“与邻为善、以邻为伴”“睦邻、安邻、富邻”和“亲、诚、惠、容”的周边外交方针，明确了我国周边外交的战略目标就是“全面发展同周边国家的关系，巩固睦邻友好，深化互利合作，维护并利用好我国发展的重要战略机遇期，维护国家主权、安全、发展利益，努力使周边同我国政治关系更加友好、经济纽带更加牢固、安全合作更加深化、人文联系更加紧密”，并且提出了共建周边命运共同体的倡议。这些目标的实现都需要发展边疆经济。

另外，还要深化与周边国家的经贸合作。我国边疆地区的经济发展和对外开放，是面向周边邻国的合作与开放。通过深化与周边国家的经贸关系，

创新合作模式，共谋发展，携手把合作的蛋糕做大，共享发展成果。这就需要我们必须发展边疆经济，只有边疆经济发展起来，我们才能实现与周边国家的经济合作，实现共同发展的目标，进而实现我国的周边外交战略目标、打造周边命运共同体。

边疆地区是我国深化与周边国家和地区合作的重要平台，是体现我国与邻为善、与邻为伴、睦邻、安邻、富邻的重要窗口，是古丝绸之路沿线的重要区域。习近平总书记在周边外交工作座谈会上，也明确提出“要加快沿边地区开放，深化沿边省区同周边国家的互利合作”。通过进一步加快边疆地区的经济发展和对外开放，深化与东盟、南亚、中亚、蒙古、俄罗斯等周边国家的经贸合作，推动边疆地区跨境产业的聚集，加快边境贸易发展，创新产业合作模式，使中国经济成果外溢惠及更多的周边国家以及边境居民，让周边国家共享我国经济增长的利益、实现共同繁荣与发展，不仅有助于“让命运共同体意识在周边国家落地生根”，而且也有助于增强与周边国家的政治互信、加深国民相互理解、牵制乃至化解各种周边矛盾冲突，为我国实现“两个一百年”奋斗目标、实现中华民族伟大复兴的中国梦营造和谐稳定的周边环境。

四、发展边疆经济是实现“一带一路”倡议的关键

2013 年，国家主席习近平在哈萨克斯坦与印度尼西亚访问时，先后提出共建“丝绸之路经济带”与“21 世纪海上丝绸之路”的合作倡议，自此开启了“一带一路”建设的新篇章。“一带一路”建设是国家顺应全球发展大势，统筹国内、国外两个大局作出的重大战略决策，有利于我国与沿线国家深化合作，打造利益共同体和命运共同体，实现区域共同发展与繁荣。“一带一路”建设的六大经济走廊和海上建设的方向是以中国边疆地区和沿海港口为起点，经中亚、俄罗斯、东南亚、南亚等周边国家和地区，向西亚、地中海、印度洋以及欧洲延伸。从六大经济走廊看，其起点和腹地都是边疆地区，可以说，边疆地区是连接东盟、南亚、中亚、俄罗斯等周边国家实现“一带一路”倡议的起点和枢纽，发展边疆经济是建设好“一带一路”的重点和关键。

我国边疆地区外连周边国家，内通中部与沿海省份，是当前国家“一带一路”远景规划建设的重要门户，在“一带一路”建设中能够起到连接、交汇的战略支撑作用。共建“一带一路”的五大方向中，有四个方向经由我国西北、东北、西南等边疆地区，新亚欧大陆桥、中蒙俄、中国—中亚—西亚、中国—中南半岛、中巴和孟中印缅等六大国际经济合作走廊的建设，也与我国边疆地区息息相关。同时，加快我国边疆地区的扩大开放、发展边疆地区的经济、深化与周边国家基础设施的互联互通和战略规划对接，把国内、国外两个市场资源要素有机结合，更好地利用两种资源、两种市场，能为我国“一带一路”建设提供重要支撑。如新疆作为丝绸之路经济带核心区，通过向西开放，深化与中亚、南亚、西亚等国家交流合作，推动新亚欧大陆桥、中国—中亚—西亚和中巴经济走廊建设，有利于形成丝绸之路经济带上重要的交通枢纽、商贸物流和文化科教中心。广西能够借此充分发挥与东盟国家陆海相邻的独特优势，通过连接东盟以及中南半岛打造国际新通道，加快南宁—新加坡经济走廊、北部湾区域性国际航运中心建设，从而形成“一带”与“一路”有机衔接的重要门户。而云南、西藏等省区也能通过加快沿边开放，推进与周边国家的国际运输通道建设，积极发展边境贸易和旅游文化合作，推动中国—中南半岛经济走廊、孟中印缅经济走廊建设，成为面向南亚、东南亚的辐射中心。

五、发展边疆经济是实现区域协调发展战略的任务和目标

我国的对外开放始于沿海。自1992年以来，边疆地区的经济发展虽然取得很大成绩，但边疆区域经济发展水平始终落后于全国平均水平，地区生产总值和人均生产总值也明显低于全国平均水平。正是在这样的形势下，2013年11月，《中共中央关于全面深化改革若干重大问题的决定》进一步提出“扩大内陆沿边开放”“加快沿边开放步伐”的战略举措。此后，中共中央国务院陆续出台《关于加快沿边地区开发开放若干指导性意见》《沿边开发开放规划（2014—2020）》《关于支持沿边重点地区开发开放若干政策措施的意见》等多个关于边疆经济发展的文件，为新时期扩大开放和加快边疆地区开

放发展做出了战略部署。当前，党中央、国务院提出了新发展理念，更加重视东部、中西部、沿海、内陆与边疆地区经济的统筹协调发展。边疆地区作为我国经济发展的短板和需要支持的特殊类型地区，在全国区域经济统筹协调发展中具有重要地位，没有边疆地区的经济发展，就很难实现区域的协调发展战略。进一步加快边疆地区的经济发展、扩大开放，不仅是贯彻落实习近平总书记新发展理念的内在要求，同时也是建设“双循环”新发展格局必不可少的重要组成部分和我国建设现代化经济强国的内在要求。

我国边疆地区不仅拥有独特的区位优势，而且还拥有丰富的自然资源以及特有的人文、旅游等资源。通过加快边疆地区经济发展、扩大对外开放，积极开展边境经济贸易合作，能使沿边地区与周边国家以及沿海、内陆地区的联系更加紧密，吸引内地的资金、先进技术、商品、人才等汇集到边境地区，实现跨境产业聚集，同时也通过边民互市、边境贸易、加工贸易等更好地利用两个市场、两种资源，使周边国家的商品、技术等扩散到内地，起到连接内陆地区与周边国家的桥梁作用，推动边疆地区形成新的经济增长极。

加快边疆地区的经济发展、扩大对外开放，有利于提高外贸发展层次和水平，加快边境贸易的转型升级。特别是能更好地发挥国家重点开发开放试验区、边境经济合作区和跨境经济合作区的作用，促进边境贸易向加工、投资、贸易一体化转型，提高外贸发展层次和水平。在这个过程之中，边疆地区能够摆脱过去经济边缘地带的劣势，由自给自足的自然经济向市场经济转化，发展开放型经济，不仅可以实现自身经济更快更好地发展，也能带动和辐射内陆地区，对于贯彻落实区域经济发展战略、促进区域经济协调可持续发展意义重大。

六、发展边疆经济是实现贫困地区全面脱贫的重点和保障

受到地理、气候条件以及战争等多种因素影响，我国边境地区基础设施建设和经济发展水平落后，贫困人口较为集中。自 2000 年开始，国家连续在沿边地区实施“兴边富民行动”，以推动沿边地区的经济社会发展和边民的脱

贫致富。

虽然国家非常重视兴边富民行动计划的落实，在资金保障、项目支持、政策倾斜等多个方面给予支持，并取得了很大实效，但是要推动行动计划取得长效发展，仍然需要边境地区自身具有造血功能，也就是需要着眼于自身的开发开放。为此，《兴边富民行动“十三五”规划》提出围绕产业兴边大力发展边境地区特色优势产业，围绕开放睦边着力提高沿边开发开放水平等具体任务。通过加快沿边开发开放步伐，提高沿边地区口岸开放及与周边国家互联互通的经贸合作水平，推动资金、资源、人员与各类生产要素在边境地区汇集并形成增长极，形成农副产品加工、国际贸易流通、文化旅游等特色优势产业集群，不断带动边民就业与增加收入，这些正是增强边境地区自身造血功能的迫切需要，也是落实兴边富民行动计划、实现全面脱贫目标的有力保障。

党的十八大以来，我国沿边地区积极融入“一带一路”建设，与周边国家积极发展边境经贸合作，依托边境经济合作区、跨境经济合作区、沿边重点开发开放试验区等，开放平台，扩大对外开放，实行发行先试，打造跨境产业链，创新边疆地区经济发展模式，使经济得到了快速发展。今后一个时期，我们需要更深入贯彻习近平总书记系列重要讲话精神和治国理政新理念新思想新战略，坚持“兴边、稳边、固边”，将边疆经济发展与“一带一路”建设以及西部大开发建设紧密结合，进一步加快沿边地区开发开放步伐，深化与周边国家经贸合作、人文交流、基础设施互联互通，打造我国实践周边外交战略与“一带一路”合作愿景的重要平台，建设繁荣稳定、开放发展、安定团结、绿色生态的亮丽边境，大力提升沿边地区社会经济发展水平，为我国实现“两个一百年”奋斗目标、实现中华民族伟大复兴的中国梦作出更大贡献。

七、发展边疆经济是培育中国经济新增长极的举措和重点

按照区域经济学的原理，边疆是属于边缘区域，无法形成各种要素的聚集，更谈不上成为中心区域。从我国边疆地区经济发展的历史来看，也符合这样的区域经济学原理。中华人民共和国成立之初只是把边疆当作国界线，进行保

卫，并没有发展边疆经济的概念；改革开放初期（1979—1991年），边疆主要是为沿海地区经济发展服务的，为东部沿海地区的经济发展提供原材料和能源。随着改革开放的不断深入，在东部沿海地区经济获得优先发展的同时，造成了沿海与边疆地区之间经济发展差距进一步扩大。这种区域经济发展的格局，在一定程度上已经影响到了中国总体经济的长期稳定增长，引起了中央政府的高度关注。

从1992年起，国务院相继出台了鼓励边疆地区经济发展的政策，批准建立边境经济合作区，开放边境城市、鼓励边民互市贸易等，使边疆地区的经济获得了较快的发展。2001年中国加入世界贸易组织，为了完成入世的承诺，我国开始调整部分发展边疆经济的政策，实施西部大开发战略、兴边富民行动计划、东北振兴战略等，边疆经济发展进入稳定发展阶段。进入新时代，边疆地区的经济发展和对外开放纳入国家总体战略框架之中，随着改革开放的不断推进以及周边经济发展，边疆地区的重要性日益凸显，边疆地区从改革开放的末梢变为前沿，已经具备聚集要素、整合资源，利用两个市场的条件，将其培育成中国经济发展新的增长极是完全可能的。

由上可知，改革开放以来，我国边疆地区的经济得到了较快的发展：经济总量不断增加，对外开放水平不断提升，发展基础不断完善，政策支持力度不断加强。当前，边疆地区的经济面临新形势、新机遇，如何推动边疆地区的经济发展，让边疆地区经济发展更快、城市更加繁荣、人民更加富裕，不仅是党中央、边疆省区考虑的重要问题，也是我们研究边疆经济发展的专家、学者要研究的最根本问题。

因此，首先，我们要从战略的高度认识边疆经济发展的重要性。边疆经济是我国发展经济强国的重要组成部分，是深化与周边国家经贸关系的关键，是"一带一路"建设的支点和枢纽，边疆地区是推动形成全面开放新格局不可或缺的组成部分，是实现两个百年奋斗目标不能少的区域，也是未来中国经济发展最具潜力、增长最快的地区之一。其次，边疆经济发展需要构建政策支撑体系。回顾我国改革开放之初，中央对沿海地区的经济发展，给予了政策上的支持，使沿海地区迅速地发展起来。现在边疆的经济发展也面临这样的问题，需要构建沿边经济发展的政策支撑体系。这种体系不是分散的，而是系统的、相互支撑的。最后，要构建能够指导边疆经济发展的边疆经济学理论体系。任何经济的发展都需要理论的指导，边疆经济发展虽有丰富的实践，但缺少理论支撑、指导。改革开放以来，我国边疆地区的经济在实践中不断发展，在探索中不断解决问题，积累了丰富的发展经验。我国边疆地区有自身经济发展特点，为了更好的发展，就必须构建既具有边疆特点，又能够指导边疆经济发展的边疆经济学理论。从我国改革开放的实践也可以说明这一点。我国理论界对边疆经济的研究情况，正处于基础研究阶段，一些专家、学者对此都有涉猎，并取得了一些成果，这为边疆经济学理论的构建奠定了基础。

第三节　新发展格局需要边疆经济加快发展

一、新发展格局

改革开放以来，我国经济获得了快速发展，取得了举世瞩目的成就。回顾这一发展历程，从 20 世纪 80 年代到 21 世纪初，我国先后经历了“三来一补”加工贸易、大进大出、外贸外资带动等为主要特点的发展模式，实际上是以外循环为主要驱动的经济增长模式。2008 年全球金融危机之后，面对诸多问题和挑战，党中央、国务院根据经济发展需要和面临的形势，及时提出了供给侧结构性改革的发展战略，并采取了一系列举措，使中国经济的内生增长动力得以持续释放，内循环的重要性逐步凸显，以内循环为主的格局基本形成。在世界经济格局发生急剧调整及新冠肺炎疫情冲击的大背景下，中国提出“双循环发展新格局”，这“既是顺势而为的战略举措，更是强国之路的必然选择”。

中共中央在国民经济和社会发展“十四五”规划建议中，给新发展格局的定义是“以国内大循环为主体、国内国际双循环相互促进”的新发展格局。从我们国家经济发展的角度来看，一直都是以国内循环为主体，但如何实现国内、国际“双循环”相互促进非常重要，而边疆应该是这个“双循环”发展新格局的节点和枢纽。也就是说，边疆经济的发展对于实现“双循环”新发展格局非常重要。

二、边疆经济的作用

“双循环”涉及“贯通生产、分配、流通、消费各环节”。从生产的角度来看，由于边疆地区连接内外的特殊位置，在生产过程中利用好两个市场两种资源的优势，完成生产的任务，既可以服务于内循环又可以服务于外循环，推动国内、国际“双循环”的相互促进；从流通的角度来看，就是要畅通“物”的渠道，就是要使国内、国际的通道畅通，而边疆特殊的地理位置，使得边疆地区成为内外流通的节点，双循环要畅通首先必须是节点通。因此，发展边疆经济具有重要意义。

畅通国内大循环。“就是要依托强大国内市场，畅通生产、分配、流通、消费各环节，打破行业垄断和地方保护，形成国民经济良性循环”。在这个过程中，边疆经济发展就是要通过国内大循环实现与沿海、内地、中部等区域的联动、畅通，发挥边疆经济在畅通国内大循环中的特殊作用。

促进国内国际双循环就是“立足国内大循环，发挥比较优势，协同推进强大国内市场和贸易强国建设，以国内大循环吸引全球资源要素，充分利用国内、国际两个市场、两种资源，积极促进内需和外需、进口和出口、引进外资和对外投资协调发展，促进国际收支基本平衡”。在这一建设过程中，边疆会发挥其特殊的作用，可以起到连接内外两个循环，聚集生产要素和资源要素，利用好两个市场、两个资源，促进内贸、外贸协同发展，完善内外贸一体化调控体系。

第四节　经济学理论体系需要不断丰富完善

经济学与其他学科一样，是现代的一个独立学科，是关于经济发展规律的科学。经济学的奠基人是亚当·斯密，自 1776 年亚当·斯密发表《国富论》至今已经有200多年。在这个过程中，经济学不断发展和完善，已经形成了比较完整的学科体系，在这个体系中有宏观经济学、微观经济学、区域经济学、资源经济学、政治经济学等众多专业方向，指导着人类经济活动和社会实践。在经济学发展的过程中，随着人类对自然和社会现象及其发展规律多样性、复杂性认识的不断深入，经济学的发展也出现两种趋势，一种是随着社会经济的发展，经济学体系中的新兴分支学科不断出现，一些新的经济学领域不断出现，如民族经济学、时间经济学等；另一种就是很多领域出现不断整合，向综合领域发展。这两种趋势既相互联系又有区别，共同作用于经济学的发展和完善。

构建边疆经济学是经济学体系不断发展和我国经济发展、对外开放实践不断深入的客观需求，特别是我国开启建设现代化强国新征程，“双循环”发展新格局的建设要求等，使边疆经济发展的重要性进一步凸显，客观要求理论的指导，边疆经济学逐渐成为独立的理论体系，进一步完善经济学的理论体系，也符合经济学发展的趋势。

第三章　构建边疆经济学的可行性

进入新时代，党中央、国务院高度重视边疆地区经济的发展，先后出台了一系列关于边疆地区开放发展的文件，第一次系统地对边疆地区经济社会发展做了总体布局，第一次对边疆地区政策体系进行了系统的完善和构建，这也是进入新时代我国对边疆地区经济发展和对外开放做出的统筹谋划、顶层设计。对我国全面实现小康社会、推进“一带一路”倡议、深化与周边国家经贸关系、实现兴边富民、促进区域协调发展等都具有重大战略意义。面对新形势，我们要抓住机遇，采取新的举措，积极推动边疆经济学理论体系的构建，进而指导新时代边疆开放型经济高质量发展，创新边疆地区国际经济合作新模式，培育边疆地区开放发展新优势，实现边疆地区经济新发展，推动形成全面开放新格局。

第一节　国内已有的研究成果为构建边疆经济学提供了基础

随着我国经济的发展，特别是区域经济协调发展战略、“一带一路”倡议、“双循环”发展新格局等的提出，使边疆经济发展的重要性进一步凸显，这不仅推动边疆经济发展，也使学术界针对边疆经济（沿边经济）发展掀起了新的研究热潮，一些新的研究成果和研究报告不断出现，为边疆经济学的构建提供了新的研究成果。在这里必须说明的是，国内研究边疆经济发展问题的学者一直没有形成统一的边疆经济概念，特别是从边疆经济的角度给出边疆概念，也就是说中国边疆经济研究的空间范围和研究范式始终没有形成。因此，学者们在研究的过程中，使用了不同的概念，这些概念都与边疆经济有关，但又都不准确，有的是一个小的范围，有的是一部分，有的又超越了边疆经济研究的范畴。例如，第一，其研究方向是沿边，就是使用沿边来定义，如沿边开发开放、沿边经济等，研究边疆经济，这只是边疆经济研究范畴的一部分；第二，使用“边境”概念，如边境贸易、边境旅游等，边境贸易一般指距离边境县20公里内的贸易；第三，使用了民族的概念，如民族经济等，这个概念又超越了边疆经济的范畴。

2021年2月16日，在中国知网查到的有关边疆经济学的文章有114篇，涉及边疆经济的论文有597篇。根据现有资料，在我国最早开始关注“边疆经济学”的理论的省份是黑龙江。1984年，在哈尔滨师范大学成立了边疆经济研究室，开始研究边疆经济。1985年，崔龙鹤在其发表的《建立边疆经济学刍议》中，提出了“创立边疆经济学既是全面实现四化建设的需要，又是经济科学本身发展和完善的需要，以研究和探索边疆经济规律为主要任务的边疆经济学，应该在对边疆资源进行系统全面调查研究的基础上，用自然科学（包括生态学）和社会科学（包括经济学、社会学、边疆学）相结合的方法，为开发边疆提供科学的依据”。这可能就是我国有关边疆经济学最早观点。关于边疆经济学的基本性质他认为是“应用科学”，其任务是“从理论的高度系统地研究和探索边疆区域经济建设中所提出来的一系列带有规律性的问题”[1]。接着徐晓光在1986年发表的《边疆经济学初探》一文中，也对构建边疆经济学提出了自己的观点。他认为“边疆经济学是政治经济学的分支，是一门新的经济学”，边疆经济学研究的对象就是“边疆的运动规律”，“是一门研究边疆经济运动及其发展规律的综合性经济学科”，所研究的经济规律包括“生产关系发展规律；生产力发展规律；生产关系一定要适应生产力发展规律以及边疆经济运动本身的特点与规律等”[2]。对于边疆经济研究的内容，徐晓光从宏观、中观和微观3个层次说明了自己的观点。其后，很多学者开始对边疆经济进行研究，包括研究对象、内容、范围等。

随着改革开放的不断深入，边疆地区对外开放不断扩大，到了20世纪90

〔1〕 崔龙鹤．建立边疆经济学刍议［J］．经济纵横，1985（6）．

〔2〕 徐晓光．边疆经济学初探［J］．学术交流，.1986（6）．

年代我国边疆经济学研究出现了一个高峰，成果不断涌现。1991年，我国开放了满洲里、绥芬河、丹东、珲春4个北部口岸，随后又开放了哈尔滨、长春、呼和浩特、石家庄4个边疆省会城市，开放二连浩特、伊宁、塔城、博乐、瑞丽、畹町、河口、凭祥、兴东等边疆城市，至此我国已经开放13个边境城市。1992年，根据我国边疆的实际，国家又批准建设14个边境经济合作区，开启了边疆地区经济发展和对外开放新的征程，标志着我国对外开放的格局由沿海、沿江扩大到沿边，走向全面的开放（李光辉等，2011）[1]。

这期间对边疆经济学研究最透彻的学者是黑龙江省哈尔滨师范大学的牛德林教授，他对边疆经济理论体系进行了较为深入的研究。1993年，黑龙江省人民出版社出版了《中国边疆经济发展概略》一书，其中，牛德林教授在第一章阐述了"边疆经济学基本理论和实践意义"，这一内容在1994年又以"边疆经济学的基本理论与实践意义"为题发表在《函授教育》上，引起了学术界很大反响。在这篇论文中，牛德林教授提出"边疆是指靠近国界内侧，包含数量不等的腹地的经济社会区域，它不同于政治概念的边境"，并就中国边疆经济学研究的范围将其定义为"它特指我国22800公里国界线内缘的黑龙江、吉林、辽宁、内蒙古、甘肃、西藏、云南、广西等9省区，包括140个县（市）旗且在地缘上直接同俄罗斯、哈萨克斯坦、吉尔吉斯斯坦、塔吉克斯坦、蒙古国、朝鲜、云南、老挝、缅甸、巴基斯坦、阿富汗等14个国家相毗邻"[2]，这是第一次提出关于边疆经济学研究的范围。牛德林教授提出"超常发展战略"这一概念，认为边疆地区的经济发展"封则衰"，要突出"开"的特色。同时他提出"周观经济"与"要素跨国优化论"，为我国边疆地区经济发展及跨境合作奠定了理论基础。国际间的经济交往往往是从贸易开始，通过产品、资源的交换，实现资源互补，进一步在区域内开展资源合作开发、资源共享，以最终实现要素的跨国优化组合，保障所有参与国的共同利益和可持续发展。随着边疆经济领域理论的逐渐丰富，边疆经济学作为

---

〔1〕周林洁，李光辉．沿边开放进入新一轮热潮［J］．亚太经济，2011（8）：64－66.

〔2〕牛德林．边疆经济学的基本原理与实践意义［J］．函授教育，1994（8）.

学科的呼声越来越高。

1993—2001 年可以说是边境贸易政策的调整与改进期。20 世纪 90 年代初逐步恢复开展的边境贸易是我国与周边国家之间特有的经济现象，是相邻国家根据各自边境地区的经济发展水平、居民生活方式的特点和需要，开展的特殊的贸易活动，包括边境地方贸易、边境小额贸易、边民互市、边境旅游贸易、边境经济技术合作等形式（高志刚等，1998）[1]。边境贸易是振兴我国边疆地区经济的有效途径之一，但是由于受到边境贸易认识以及历史、时间、空间等因素的制约，我国边境贸易在 20 世纪 90 年代仍然处在粗放型低级水平，缺乏竞争力（董国富，1998）[2]，未能完全发挥其对经济的促进作用。任烈（1998）[3] 认为，应将边境贸易的发展纳入沿边经济开放的大战略中，并运用区域经济发展的大局观，指导边境贸易发展战略向公平、规范、自由的方向发展。彼时正值我国加入世界贸易组织（World Trade Organizaion，WTO）的谈判期，加入 WTO 之后，边疆地区的对外经济活动需要遵循 WTO 原则，为促进边境贸易的发展，我国应尽快建立适应市场经济发展规律，与国家经济规则接轨的边境贸易运行以及管理体系（杜发春，2000）[4]。

20 世纪 90 年代，我国边疆经济建设面临很多特殊问题，包括思想解放不够、经济基础薄弱、领导者思路及管理方式陈旧等。我国边疆经济的发展要充分考虑这些特殊性，因地制宜制定出具有可操作性的方针（李明富，1998）[5]，深入挖掘边疆地区在地理位置、生活习惯、历史传统、经济发展状态、发展趋势等方面的发展优势，促进经济建设（邱济洲等，2000）[6]。利用边疆地区区位优势，边疆经济合作区的设立就是促进边疆经济发展的有效途径之一。边境跨国经济合作区作为区域经济一体化的一种新形式，其表现形式是边境

〔1〕 高志刚，陈斐，韩德麟．新疆边境贸易初步研究［J］．人文地理，1998（1）：3－5.

〔2〕 董国富．促进广西边境贸易发展的新思路［J］．学术论坛，1998（3）：3－5.

〔3〕 任烈．中国边境贸易政策与边贸发展战略［J］．经济问题探索，1998（9）：3－5.

〔4〕 杜发春．边境贸易与边疆民族地区的经济发展［J］．民族研究，2000（1）：61－68＋111－112.

〔5〕 李明富，把握好共性与个性促进边疆经济建设［J］．毛泽东思想研究，1998（2）.

〔6〕 邱济洲，秦梦宇，周建国．边疆地区沿边开放战略及对策［J］．世界经济文汇，2000（1）.

贸易，目的是加强边境区域经济合作（李玉虹等，2000）[1]，刺激贸易和投资的增长，进一步促进边疆对外开放，推动边疆民族地区脱离贫困。

2002—2012 年期间，在国家政策支持和我国加入 WTO 的大背景下，边疆地区迎来发展机遇，也面临很多挑战。2000 年，国家正式实施“西部大开发”战略，“兴边富民行动”启动，边疆地区的经济发展走上了新的台阶。2001 年，我国正式加入 WTO，世界经济一体化进程进一步加快，在 WTO 的框架下，学者们对边境贸易、边境经济合作等面临的新机遇和挑战进行了深入的研究，形成了边疆地区的系列研究成果。李光辉（2010）[2] 认为，边境贸易能够培育民族地区特色的产业，推动民族地区经济市场型转化，促进民族地区的经济发展。但需要着重注意边境贸易和贸易政策的“空心化”问题，通过宏观管理和微观调整规范边境贸易。边境贸易参与世界市场的竞争，需要在产品、品牌的边贸特点上进行创新，提高边贸产品竞争力，同时扩大边境贸易的内涵，提高与边贸相关的配套政策的设计，才能使得边贸在国际贸易中占据更具竞争力的地位（李常林等，2003）[3]。这时的边境贸易研究更具专题性和专业性，例如，对外贸易经济合作部“我国加入 WTO 后边境的政策调整研究”课题组，对“入世”后边疆贸易的发展，面临的形势以及调整的方向、改革等进行了全面研究；中国人民银行课题组（2003）[4] 从金融支持的角度研究边境贸易的发展，认为金融业在信贷、外汇管理、结算等方面尚未提供给边境贸易足够的支持，应加强与邻国的金融合作水平，进一步促进边贸发展。

为适应 WTO 成员方这一新的身份，也为实现全面建设小康社会的目标，边境经济合作区作为我国边疆开放城市发展边境贸易和加工出口的开放区域，

---

〔1〕李玉虹，马勇．推动沿边民族地区经济发展的新契机：边境跨国经济合作区［J］．黑龙江民族丛刊，2000（3）：43－47.

〔2〕李光辉．加快边境经济贸易发展提升沿边开放水平［J］．贵州财经学院学报，2010（4）：81－86.

〔3〕李常林，陈真．论 WTO 框架下的云南边境贸易［J］．云南社会科学，2003（5）：20－23.

〔4〕中国人民银行牡丹江市中心支行专题课题组．论边境贸易发展的资源战略与金融支持［J］．金融研究，2003（9）：114－120.

发挥着经济通道和口岸经济，将开发“死角”变成“活角”的重要作用（田光伟，2004）[1]。李光辉（2012）[2]认为，边境经济合作区在理论上具备可发展性，在实践上具备可借鉴性，关键要制定适宜的管理模式。边境经济合作区的功能体现在优化边疆地区产业结构、扩大境外影响以及支持边疆城市发展等方面，将有力推动“兴边富民”行动进程（战成秀，2013）[3]。

2013年进入新时期，边疆地区的社会经济发展得到更多的重视，边疆地区也很有潜力成为我国新的经济增长点。实践需要理论的指导，可以说进入新时期，构建边疆经济学理论体系的时机已经成熟。任何一种理论的创建，都需要建立逻辑自治的理论体系，深挖并厘清相关概念、研究对象、研究任务、研究内容等方面的内在逻辑（欧阳峣，2018）[4]。邢玉林（1992）[5]指出边疆在古代和近代的定义的区别，他认为“近代边疆是指国家陆路边界线内侧的或在国家海岸线外侧的且属于该国主权的边缘陆路领土或海洋领土。而古代边疆则是指在本国与外国之间的习惯界线、自然界限内侧的，或在本国海岸线外侧的，且属本国主权的或为本国实际管辖的或为民族生息繁衍的边缘陆路领土或海洋领土”。刘啸霆（1999）[6]认为“边疆是靠近各国边境线的相对完整的行政区域”。马大正（2002）[7]认为边疆是一个地理、历史及政治的综合概念，并具有军事、经济和文化等多方面的意义，学术界多认同这种综合性的概念框架，一般认为考虑边疆经济价值的时候仅指陆地边疆，陆地边疆指既有国界，又有在国土上相邻的国家，并位于国界内侧的一定经济社会区域。

关于边疆经济学的研究对象，牛德林认为，边疆经济学“是以边疆这一

---

〔1〕田光伟．边境经济合作区的功能定位［J］．中央民族大学学报，2004（6）：23－25.

〔2〕李光辉．建立中越东兴——芒街跨境经济合作区的战略思路［J］．广西经济，2012（11）：44－45.

〔3〕战成秀．以边境经济合作区发展推动“兴边富民”进程［J］．东北师大学报（哲学社会科学版），2013（3）：214－216.

〔4〕欧阳峣．大国发展经济学的逻辑体系［J］．湖南师范大学社会科学报，2018，47（6）：40－46.

〔5〕邢玉林．中国边疆学及其研究的若干问题［J］．中国边疆史地研究，1992（1）：1－13.

〔6〕刘啸霆．现代边疆与边疆学初论［J］．哈尔滨师专学报，1999（1）：1－4.

〔7〕马大正．中国古代的边疆政策与边疆治理［J］．西域研究，2002（1）：1－15.

特殊区域的特殊经济社会运动过程作为研究对象和客体，研究边疆地区经济运动的特点、经济结构和规律的科学”。有三层含义，具体来说，第一层是边疆地区的经济运动的特点；第二层是边疆地区的社会经济结构，也称为边疆地区的社会经济关系，这种关系，不仅包括边疆地区内部各个经济部门、经济形势、产业企业之间的关系，还包括边疆与内地、沿海之间的经济互动；第三层是经济规律。

关于边疆经济学的根本任务，牛德林认为，是研究和介绍边疆地区经济发展过程的特点和特殊规律。研究社会经济基础与上层建筑，在生产方式的深层次上，研究边疆生产力内部、生产关系内部、上层建筑内部以及各个系统之间的联系，从而将边疆地区人与自然进行物质转换时产生的经济的、政治的、社会的各种因素融汇在一起，组成一个优化的运动系统，以促进边疆经济稳定、协调、迅速、持续的发展和增长。具体来看，包括边疆经济社会中的理论问题、边疆地区经济发展中的各种实际经济社会问题、边疆地区发展历史和未来趋势以及边疆地区的国际比较四个方面。

学界对于边疆经济理论的发展方向有两种不同的观点。一方面，有些学者认为边疆经济理论的发展定位应该是跳跃的，甚至是超常规的。理由是边疆地区是我国发展的真正的“资源库”，必须通过超常规的方法进行资源开发，才能够突破制约我国经济发展的资源瓶颈。虽然经济发展不平衡性在一定的限度之内是正常的，但是若各个区域之间的发展差距过大，则极易造成人民心理不平衡甚至有碍社会稳定。另一方面，有些学者则认为边疆经济学理论应该是适度的、有计划的、有节制的。人民生活的不断改善、社会经济水平的不断提高，增加了人民对资源更大的需求，而任何一个国家都不能够保障资源完全合理及完备的开发和利用，因此资源丰富的边疆地区应该进行有节制的经济增长（黄万伦等，1999）[1]。

边疆地区开发开放促进了边疆经济的发展，同时对边疆的社会、生态、安全、环境等方面产生了巨大影响，边疆经济是“边疆”这一综合体系中的

---

〔1〕 黄万伦，李文潮．中国少数民族经济新论［M］．北京：中央民族学院出版社，1999.

一环。“边疆经济学”到底是“边疆学”学科的扩展还是一门新的学科，引起了学术界不少的争论。在我国，边疆学是一门综合性学科，其综合性的特点体现在对各个领域的研究视角和研究方法上（马大正，2003）[1]。边疆学研究中国边疆形成和发展的历史规律，涉及边疆地区政治、经济、民族、宗教、文化等方面。虽然已经过长时间发展，但边疆学的学科归属及其构建仍然处于困境（杨明洪，2019）[2]。一方面，学术界对边疆学的体系、内涵及特点等诸多问题还缺乏一致认识；另一方面，中国边疆学在国务院学位委员会、教育部多次印发的“学科专业目录”中，无论是一级学科还是二级学科，迄今都没有“边疆学”。梁双陆（2008）认为，中国边疆学可以分为“中国边疆学＋基础研究领域”和“中国边疆学＋应用研究领域”两个部分。把边疆地区的社会经济系统作为边疆学的一个子系统，研究边疆各民族的生活生产方式，以及边疆的开发与经营、资源的配置和运用、地区的社会经济结构与各个部门、边疆经济的发展、生态环境与边疆人民的互动关系等（方铁，2007）[3]。

我国目前还没有形成统一的边疆经济学科理论，学科建设成果十分有限，杨明洪（2016）认为，我国学术界对边疆问题的研究并不深入，究其原因，一方面是学术上对边疆经济学这一学科的认识不够，对“边疆经济学”和“经济边疆学”学科存在混淆；另一方面，一般认为边疆经济学是区域经济学的范畴，但到目前为止，区域经济学并无关于边疆经济学的研究内容。除此之外，我国在边疆经济学领域与其他国家的合作研究较少，Alexander Bukh 等研究人员写了大量关于边疆经济发展以及边疆经济理论方面的文章，非常值得借鉴，但我国学术界对这些文章并无相关研究。我国尚未形成能够指导边疆经济发展的完整的边疆经济学理论体系。边疆经济在我国国民经济与对外开放中的地位和作用越来越重要，边疆区域发展对我国内陆地区经济增长起到了极大的正面作用，是我国区域协调发展战略的核心组成部分，也是未来

---

〔1〕马大正．关于构筑中国边疆经济学的断想［J］．中国边疆史地研究，2003（3）．

〔2〕杨明洪．论“民族国家”概念及其在“中国边疆学”构建中的重要意义［N］．四川师范大学学报，2019（2）．

〔3〕方铁．论中国边疆学学科建设的若干问题［J］．中国边疆史地研究，2007（6）．

我国经济可持续发展的核心动力区，因此亟须建立能够指导边疆开放发展的科学理论。

第二节 国外边疆经济学理论为研究成果提供了借鉴

一、特纳与拉铁摩尔的边疆研究

1892 年，美国学者弗雷德里克·杰克逊·特纳（Frederic Jackson Turner）（1861—1932 年）发表了《美国史若干问题》，其中倡导跨学科的研究方法，强调认识历史需要以现实为基础，首次提出“边疆”这一术语，强调了美国西部的殖民进程在美国历史中的重要意义和地位。1893 年，特纳在美国历史学年会上，宣读了《边疆在美国历史上的重要性》一文，该文章意义重大，打破了美国历史囿于欧洲根源的状况，从美国本土寻找其社会及文化的根源，“边疆”地带在美国历史中的重要作用和意义被重点提出。特纳边疆学说的提出契合了时代的需要，他提出的从美国本土找寻根源的思想正满足了当时美国人寻求民族自豪感、文化独立感的心理需求。

“边疆思想”很快成为 20 世纪初美国史学术界的主流观点，由此诞生了影响巨大且深远的“边疆学派”。作为“边疆学派”的领军人物，特纳提出要运用综合性的研究方法，指出“不能根据边疆、地域、经济、政治、文化对人类行为做单一解释，所有上述因素混杂，缠绕在一起，形成激发力量。需要对每一条线进行艰苦追寻，需要准确地理清它与其他所有线的关系”[1]。特纳尤其注重地理学、历史学与边疆研究的密切关系，主张运用地质学、地图学方面的相关知识，创立对历史的新解释，从而实现历史与地理的融合。

特纳的研究集中于美国西部边疆的历史，以及其与美国政治、经济、文化、社会的关系。特纳认为，边疆最重要的就是它是不断移动的，是“记录

[1] Ray Allen Billington. Frederick Jackson Turner—Universal Historian. Frederick Jackson Turner, Frontier and Section: Selected Essays of Frederick Jackson Turner [M]. Englewood Cliffs, N. J.: Prentice - Hall, 1961: 1 - 2.

人民发展能力的一条图线”，是“向西移民浪潮的前沿、野蛮和文明的汇合处”。“边疆人”（Frontier Men）以及“边疆风格”（Frontier Style）所见证和体现的美国的西部边疆及其西进运动（Westwood Movement）塑造了美国的特性（邢军东，2006）[1]。“边疆促进了美国特殊的民族性的形成；边疆使美国民族摆脱‘旧社会’的思想束缚，使美国社会有着强烈的‘拓荒者’精神，因而边疆是美国式民主的产生地；边疆为美国社会发展提供了‘安全阀’。”[2]特纳突破了边疆仅作为“边防线”的功能，将“边疆”作为经济学概念引出来，并从经济地理学的视角，将边疆划分为“商业边疆”“矿业边疆”或“农业边疆”等。“边疆学派”使得边疆经济作为一个相对独立的课题进行理论上的探讨和科学的概括成为可能。

继特纳之后，美国边疆学派的代表人物是拉铁摩尔（Owen Lattimore）（1900—1989 年）。在特纳提出主要用历史学和地理学研究边疆的时候，拉铁摩尔将人类学、经济学等更多学科应用其中，且拉铁摩尔不再局限于对美国边疆的研究，而是放眼世界，研究范围包括罗马帝国、澳大利亚、英国、印度、中国以及非洲、拉美等多个国家或地区的边疆区域。拉铁摩尔厘清了边疆（Frontiers）与边界（Boundary）的概念，强调边疆的地带性意义。在拉铁摩尔看来，边疆是“不稳定的”和“复杂的”。他认为，边疆不是一条界线，而是一片区域，一个过渡地带或缓冲地带，边疆已经由单纯的“物理边界转变为边疆地带的人群”。

拉铁摩尔关于中国边疆的研究内容十分丰富，被称为“颇具中国情结的边疆研究学者”（李宏伟等，2012）[3]。他对我国边疆区域进行了划分，分析了陆权与海权对我国历史发展的影响，重点研究了我国边疆地区的农耕文明和游牧文明，并提出“蓄水池”地带概念，阐述了完全不兼容的农耕生产方

---

〔1〕邢军东．特纳的边疆学说及其对我国沿边地缘政治经济研究的启示［J］．社会科学战线，2006（6）：189－192.

〔2〕孙宏年．相对成熟的西方边疆理论简论（1871—1945 年）［J］．中国边疆史地研究，2005（2）：17.

〔3〕李宏伟，佟训舟．从特纳到拉铁摩尔——边疆史研究的发展［J］．长春师范学院学报，2012，31（4）：48－51.

式与游牧生产方式，以及如何形成经济模式的对立统一。他认为少数民族与汉族并非是割裂开来独自发展的两条路径，而应是相互接触、相互影响，最终在两者衔接的边疆地带相互转化的一个统一体。拉铁摩尔认为贸易在中国及中亚地区意义重大，“丝绸之路”能够将中亚与世界联系起来[1]。拉铁摩尔对我国新疆地区的研究最为深入和广泛，认为我国新疆地区将成为亚洲的枢纽，成为未来世界的中心[2]。

二、边疆“动态性”研究

边疆地区自然环境、社会条件复杂，具有社会构架，是互动系统中的一部分，对能指导边疆地区经济发展的学科进行建设是该区域经济发展的关键(David Newman，2003)。现实中的“边疆”是有着多层次含义的，许多不同学科的学者，包括人类学家、地理学家、哲学家、法学家、经济地理学家、建筑师等参与了边疆区域的研究，研究涉及政治地理学、历史学、社会科学、政治社会学等学科[3]。

国外学者对边疆的研究基本沿袭了特纳和拉铁摩尔的思想，多集中在边疆“动态性”方面。在跨学科背景下研究动态边疆理论的组成因素，Victor Konrad 认为目前边疆动态研究需要纳入 3 个因素。第一，边疆形成与实现(border generation and realization)，发现边疆形成的动力及运动规律，找到边疆地区的特点；第二，边疆动态特征（border dynamic signature)，解释边疆发展过程中，各种要素相互之间的联系，在理论背景下，追踪边疆运动的轨迹并将揭示其与其他学科的关系；第三，边疆的改变与重建（alteration and reconciliation of the border)，探索边疆动态性变化过程中一些需要变更的因素。

Todd Hataley& Christian Leuprech（2018)[4] 也指出国际边疆是动态变化的。资源配置、社会机制等都对边疆的创造、消失、移动、再移动发挥着作

[1] 《中国的亚洲内陆边疆》，拉铁摩尔。

[2] 《亚洲的枢纽：新疆与中俄亚洲内陆边疆》，拉铁摩尔。

[3] Anna Krasteva. Borderscaping：imaginations and practices of border making [M].

[4] Todd Hataley. Christian Leuprecht. Determinants of Cross—Border Cooperation [J]. *Journal of Borderlands Studies*, 2018, 33 (3) .

用。边疆地区是一个网络化、流动着的过程，并非固定的一条线。边疆地区通常是政治话语权的争夺地，权力和文化相撞（Gerard Delanty，2006）[1]，地区冲突、双边贸易、区域一体化都影响边疆的发展。例如，欧盟成立之后，欧洲的边疆被赋予了新的意义，之前国家之间的政治边界已经不再存在，边界留下的功能更多的是文化意义上的。国外对边疆经济的专门研究较少，通常更加注重边疆的地理、历史以及政治层面的含义。

第三节　相关理论对边疆经济学构建的支撑

一、区域经济学指导边疆经济发展

鉴于“边疆”的区位特点，区域经济学是与边疆经济学理论最直接相关的学科，边疆经济学是对我国“边疆地区”的区域经济理论进行研究。区域经济学在我国已经发展为较为完备和成熟的体系，其学科发展一直以区域协调发展作为主线及目标，并结合我国实际，形成了较为完整的理论基础和评价方法，努力探索构建中国特色社会主义区域经济学理论体系。在新发展理念的指导下，区域经济学研究重点关注基础理论和实践热点两个层面（吴传清等，2017）[2]。我国区域协调发展的研究内容符合我国现实国情，提出的是我国未来经济高质量发展亟须调整的问题，总结为区域发展不平衡、产业发展不充分、区域政策体系不完善、城乡发展不平衡、资源型及特殊类型地区发展受到制约等五大方向，而国外的区域经济学研究主要关注非都市发展、产业再布局、人口迁移等问题（夏添等，2019）[3]。

区域经济学中对边疆经济发展的指导主要体现在区域经济阶段性差异问题、地区性差异问题、区域产业结构构建以及区域城市发展等方面。区

---

〔1〕 Gerard Delanty. The cosmopolitan imagination: critical cosmopolitanism and social theory [J]. *The British Journal of Sociology*, 2006, 57 (1) .

〔2〕 吴传清，董旭．新发展理念与中国区域经济学科创新发展研究［J］．新疆师范大学学报，2017（6）．

〔3〕 夏添，孙久文，宋准．新时代国内外区域经济学研究热点评述［J］．经济学家，2019（9）．

域经济发展必然会经历非均衡发展的阶段，但是若这种非均衡、非协调的结构长期发展，并固化成疾，将给整体经济的可持续发展带来很大的负面影响。当前我国各区域经济发展水平参差不齐，边疆地区与沿海及内陆地区的经济发展水平有很大差距。如何构建边疆地区与沿海地区的利益协调机制，将非协调变为全方位均衡是我国经济亟须解决的问题，对我国区域间的平衡发展意义重大。一般认为，区域一体化为边疆地区的发展带来机遇。西部大开发战略提出以前，我国运用区域经济理论对边疆经济的研究主要是针对边疆少数民族地区的扶贫开发、边境贸易、边境旅游、边境口岸建设等实际问题，普遍是对政策的研究和理论总结。西部大开发战略和振兴东北等老工业基地战略的实施，扩大了边疆地区参与国际经济合作的研究领域。

合理的产业结构是经济发展的重要前提，但边疆地区产业对经济的支持力度却较为薄弱。区域经济最直接也最容易产生产业聚集效应，铁路交通以其低廉的运输成本、较高的效率有利于边疆地区第二产业的集聚。因此，这就需要配合国内外市场，促进交通基础设施"互联互通"，带动边疆产业集聚，寻求建设与开放发展程度相适应的交通基础设施，以促进边疆省份经济增长和对外开放（杨先明等，2018）[1]。注重东北、西北、西南3个特殊的经济区位的产业优势，从战略顶层设计到基层执行进行分类指导，构建合理的、完善的、成体系的边疆经济产业结构（梁双陆，2008）。在扎实推进传统支柱产业优化升级的基础上，探索行业整合上的新突破（尹欣，2004）[2]。另外，还要积极推进新兴产业发展，充分利用边疆地区的特点和优势，立足资源优势，包括气候优势，如云南亚热带高原季风型的特点，有利于培育热带天然香料、中药等新兴生物产业。目前我国的城镇格局两极化倾向较为严重，"大城市病""半城镇化病""中小城镇病"特征明显，边疆地区急需提

〔1〕杨先明，郭树华，蒙昱竹．铁路交通基础设施能促进沿边地区产业集聚吗？［N］．云南财经大学学报，2018（10）．

〔2〕尹欣．实现"五个突破"发展边疆经济［J］．宏观经济研究，2004（1）．

升中小城镇的向心力、聚集力，解决“空心化”问题（陈心颖等，2018）[1]。加快小城镇建设步伐能够促进农村经济发展，是我国边疆地区改变贫困落后面貌的有效途径（杨丽云，2001）[2]。

1936 年，哈伯特·路易所提出的“边缘城市”的概念，是“边缘城市理论”的原型。1942 年，Wehrwein（1942）[3] 将混合土地利用模式下居住人口增长较快的区域界定为城市边缘区，Andrews（1942）[4] 提出了“乡村—城市边缘带”的概念，并认为“乡村—城市边缘带”包含城市边缘带。随着对城市边缘带研究的深入，国外不少学者发现此前对城市边缘带的定义较为片面，然而 Pryor（1968）[5] 相对全面地定义城市边缘区为城乡间人口结构和土地利用的过渡区，兼具城市和乡村的地域特征。城市边缘区呈现土地利用多样化、人口结构复杂化、产业受城市发展影响较大的特点，且经济发展受城乡双向影响（毛艺珺等，2019）[6]。我国国内关于城市边缘区的研究始于 20 世纪 80 年代中期，定义为“城乡接合部”。顾朝林等（1993）[7] 首次从理论上认为城市边缘区内边界应以城市建成区基本行政单位——街道为界，外边界以城市扩散范围为限。作为城市建成区与乡村之间受城市辐射影响的过渡地带（张建明等，1997）[8]，该范围大于传统的城乡接合部，并随着城市发展不断变化（方修琦等，2002）[9]。

边疆地区从区位上看，位于边缘地区，是城市化进程中必然出现的特殊地段。边缘城市在边疆经济发展中发挥着重要作用，除一般性作用以外，还

---

〔1〕陈心颖，陆杰华．空间经济学视角下城镇结构失衡及其均衡化路径选择［J］．东南学术，2018（4）．

〔2〕杨丽云．加快边疆民族地区小城镇建设与发展的基点思考［J］．经济问题探索，2001（7）．

〔3〕Wehrwein G S．．The rural－urban fringe［J］．*Economic Geography*，1942（3）：217－22．

〔4〕Andrews R B．．Elenents in the urban Fringe pattern［J］．*The Journal of Land and public Utility Economics*，1942（18）：169－183．

〔5〕Pryor R J．．Defining the Rural－urban Fringe［J］．*Social Forces*，1968（2）：202－215．

〔6〕毛艺珺，张运兴．国内外城市边缘区研究综述［J］．小城镇建设，2019（10）．

〔7〕顾朝林，陈田，丁金宏，等．中国大城市边缘区特性研究［J］．地理学报，1993（4）．

〔8〕张建明，许学强．城乡边缘带研究的回顾与展望［J］．人文地理，1997（3）．

〔9〕方修琦，章文波，张兰生，等．近百年来北京城市空间扩展与城乡过渡带演变［J］．城市规划，2002（4）．

包括：第一，国内外经济联合、技术协作和商品流通方面的流转功能；第二，作为生产基地和出口商品集散地的外贸功能；第三，国际贸易中资源导向和对我国经济发展的双重导向功能；第四，生产加工功能（梁双陆，2008）。我国边疆地区处于地缘经济中心—外围格局的边缘地带，这一特殊区域决定了边疆地区要以互联互通的交通基础设施建设为主，实施“开发优先”战略，与重塑周边及以国际生产网络为目标的国际产能合作战略有机融合，才能够实现由外围向边缘增长中心转化的最重要的初始目标。在此基础上，积极创建各类经济技术开发区以带动城市现代化、构筑外向型的城市体系、建立口岸城市经济区、促进边疆地区城市与区域经济一体化发展，加快边疆城市发展步伐（杨德颖，1992）[1]。

二、民族经济学指导边疆经济发展

民族经济学学科将“民族”与“经济”两个因素相结合，作为经济学中地道的中国学派，1979 年，我国学者提出构建民族经济学的学科（黄万伦，施正一，1979）。党的十一届三中全会以后，经济建设、社会主义现代化建设是我国的工作重点。作为多民族国家，实现工业现代化、农业现代化、国防现代化以及科技现代化，是所有民族共同的目标和任务。我国少数民族经济处于落后状态，因此发展少数民族经济是完成我国“四化”任务的重要环节，民族经济学的学科构建就此产生，少数民族经济研究是学科中一项重要的研究内容。经济的全球性与民族性既有联系又有冲突，尤其在全球经济融合度更高的新时代。

经过 40 多年的发展，学科建设经历了初步形成期（20 世纪 70 年代末到 80 年代中期）、学科深化建设期（20 世纪 80 年代中后期到 90 年代）、学科研究热潮期（20 世纪 90 年代末至今）（张丽君，2016）[2]，研究成果颇多，也较为深入，但目前民族经济学尚未形成被广泛认可的基础理论，仍处于“前

---

〔1〕杨德颖．中国边境贸易概论［J］．北京：中国商业出版社，1992.

〔2〕张丽君，杨秀明．基于学科发展史视角的“民族经济学”学科评述与展望［J］．中央民族大学学报，2016（4）.

科学阶段”（李曦辉，2019）[1]。学者们对于民族经济学的学科内涵有不同的认识，部分学者认为民族经济学即民族地区的区域经济学（李忠斌，2003）[2]；也有学者认为民族经济学是发展经济学和经济人类学结合的产物（陈庆德，1994）[3]；也有学者将民族经济学与民族学、社会学，甚至人类学内容交叉，其应用性研究难以纳入主流经济学的基础理论分析框架，致使部分学者认为民族经济学有显著的“信任危机”，认为民族经济学就很难成为独立存在的合理的学科（邓艾、李辉，2005）[4]。除对学科的归属有争议之外，学科组织也不够稳定，“稳定的组织运行是学科组织成熟的一个标志”（宣勇等，2010）[5]，国内各高校对民族经济学所属院系尚未形成统一、完整的认识，对该学科的人才培养也缺乏连贯性。

进入21世纪，我国进一步提升和拓展对民族经济学的研究深度、广度，但发展至今，学术界依然未对民族经济学的定义达成统一意见，而“民族经济”在特定的语境下也有不同的含义。有学者认为民族经济特指少数民族经济（高艳泓，1990）[6]，包括“少数民族的生产方式、交换方式、分配方式、消费方式及生产水平和生活水平”。民族经济学研究的是多民族国家内部少数民族区域的社会经济综合发展问题（邓艾等，2005），并试图总结少数民族经济生活的特殊规律和一般规律（东人达等，2013）[7]。还有学者对民族经济学进行了扩展，将民族经济学的定义分为狭义和广义两个层面。在狭义层面，民族经济学研究以民族属性定义经济生活的特殊规律，着重分析民族文化影响之下行为、习惯的变化以及在社会经济生活中表现出来的规律；在广义层面，需要进一步拓展民族经济的概念，引入民族国家的内涵（王文长，

---

〔1〕 李曦辉．民族经济学学科新范式研究［J］．现代经济探讨，2019（9）：1－9.

〔2〕 李忠斌．关于民族经济学研究中几个问题的讨论［J］．中南民族大学学报，2003（1）.

〔3〕 陈庆德．民族经济学［M］．昆明：云南人民出版社，1994.

〔4〕 邓艾，李辉．民族经济学研究思路的转变［J］．中央民族大学学报，2005（2）.

〔5〕 宣勇，杨奕．大学学科组织成熟及其表征——基于国家重点学科的调查［J］．教育发展研究，2018（1）.

〔6〕 高艳泓．民族发展经济学［M］．上海：复旦大学出版社，1990.

〔7〕 东人达，腾新才．论民族经济学的学科归属［J］．西南科技大学学报，2013（1）.

1999)[1]。

民族经济学学科的构建还在进行中，学术界对其体系的构建方法和研究方法的内在区别与联系做了广泛的讨论。民族经济学中，“民族”与“经济”哪个因素更重要也是学术界广泛讨论的话题。一派学者认为民族是包括信仰、习俗、语言文字、性格特征、行为模式等由族群认同的多种因素文化共同体，而并不能简单地定义为经济实体，经济的民族性是民族经济学研究的基础，并建议民族经济学向系统科学转变（牟钟鉴，2003[2]；刘永佶，2007[3]）。而另一派学者则指出外部环境带来新的变化和挑战，民族经济学的研究必须以经济学为主，以更好地贴近实际，解决实际问题（黄建英，2005)[4]。我国在推进民族经济现代化的过程中，要保持民族本身的传统文化和经济特性，建立能使二者互相促进的发展模式，注重区域与民族发展非均衡的差异与代价，促进民族区域文化与经济的可持续发展（叶坦，2005)[5]。

Froncois Perroux（1987)[6] 指出，经济体系总是沉浸于文化环境的汪洋大海中，在这种文化环境里，人们都遵守自己所属群体的规则、习俗和行为模式。我国边疆地区少数民族众多，边疆地区的发展战略，包括西部大开发战略，“对一些经济发展明显落后、少数民族人口较多、国防或生态位置重要的贫困地区，国家给予重点支持，进行集中连片开发。继续开展‘兴边富民’行动”。其目的就是要加快民族地区经济的发展，提高少数民族人民的生活水平。西部大开发是民族多元一体文化与经济可持续发展的典型案例（叶坦，2004)[7]。

西部边疆鲜明的民族与地域特色的商品将更具市场竞争力，成为边疆地区经济发展的重要元素。“兴边富民”行动规划，也要求“对民族贸易和民族

〔1〕 王文长．关于民族经济学研究的几个问题［J］．民族研究，1999（4）．

〔2〕 牟钟鉴．民族观和民族主义的反思［J］．中央民族大学学报，2003（4）．

〔3〕 刘永佶．民族经济学的主体、对象、主义、方法、主题、内容、范畴、体系［J］．中央民族大学学报，2007（5）．

〔4〕 黄建英．民族经济学研究中的几个问题［J］．中央民族大学学报，2005（6）．

〔5〕 叶坦．民族性与新发展观——立足于民族经济学的学理思考［J］．民族研究，2005（4）．

〔6〕 弗朗索瓦·佩鲁．新发展观［M］．张宁等，译．北京：华夏出版社，1987．

〔7〕 叶坦．区域经济的可持续发展与民族多元一体文化［J］．学术界，2004（2）．

特需商品生产继续在金融、税收等方面实行优惠政策，民族自治地方的边境县和兵团边境团场比照享受民族贸易县的优惠政策”。因此探索构建边疆经济学理论，离不开对民族经济学的深入研究。边疆地区的开发开放，能够助力全面提升民族地区的开放型经济水平，而民族地区积极参与区域的国际开发和经济合作，也能够进一步推动边疆地区的开放与合作。

三、发展经济学指导边疆经济发展

缪尔达尔（Myrdal，1957）提出“循环累计因果理论”，即经济增长阶段会经历“回流效应”和“扩散效应”。在这两个效应的作用下，一个区域发展在初始阶段区域之间的差异会逐渐加大，尤其在欠发达国家或处于起步阶段的区域经济，回流效应一般强于扩散效应，富裕区域会更加富裕，贫困地区则更加贫困，形成区域发展不协调不平衡的状况。随后要素由富裕地区向贫困地区流动，也就是以“中心—外围”的轨迹扩散，在外围地区产生循环累积增长，最终使两个区域的经济发展水平趋同。“循环累积因果理论”为边疆经济发展及赶上我国内陆、沿海地区的经济发展水平提供了有力的理论支撑。发展经济学就是用来解决这种不协调不平衡的经济发展问题。自创立以来，发展经济学的研究经历了从热到冷，再到热的过程(张建华等，2016)[1]。20 世纪 50 年代至 60 年代是发展经济学繁荣发展的时期，这一时期发展经济学多用古典学派的分析框架，注重理论研究。20 世纪 70 年代以后，因世界各经济体发展的实际情况，发展经济学形成新古典主义分析框架，开始注重更加实际的经济政策问题。20 世纪 80 年代后期，发展中国家的经济学家成为研究发展经济学的新生力量，“发展”也被赋予了全球化、新技术革命、新制度革命等多层含义。发展经济学解决的不平衡问题之一是国家间的不平衡。发展经济学的核心是研究落后国家的经济增长，通过分析落后国家与发达国家之间的关系，探索出在大部分市场份额已经被发达

---

〔1〕 张建华，杨少瑞．发展经济学起源、脉络与现实因应［J］．中国经济学新论，2016（12）．

国家占据的前提下，落后国家应该如何实现经济增长的问题（樊纲，2019）[1]。新中国成立70多年来，特别是经过改革开放40多年的发展，中国由一个落后的农业国成为世界第二大经济体，并且正逐步走向经济强国的行列。我国70多年经济发展是典型的转型式发展，从落后的农业经济转型向现代工业经济、从封闭经济转型向开放经济、从计划经济体制转型向市场经济体制的发展。

进入新时代，我国经济进入高质量发展阶段，进入“新常态”，国内面临经济下行压力，国际环境也发生了深刻变化，资源环境约束也较为明显，我国经济仍然面临经济结构失衡、自主创新能力不足、产能过剩、中小企业融资困难、收入不平等、地区发展不协调等挑战，因此我国经济急需进行速度更快、程度更深的转型式发展与高质量发展。虽然从经济总量上看，我国是世界第二大经济体，但还不能成为世界强国，在国际上的地位依然是发展中国家，面临如何跨越中等收入鸿沟、如何实现经济结构的合理转型，最终实现完全的现代化的艰巨挑战。经济向高质量发展，需要坚持质量第一、效率优先的根本原则，遵循创新、协调、绿色、开放、共享的发展理念，实现质量、效率、公平程度、可持续性水平都更上一个台阶的经济发展（金碚，2018）[2]，而这些都离不开发展经济学的理论指导。

在经济发展的不同阶段，“发展型式”也是不同的，通常“发展型式”用来概括经济发展过程中重要领域的系统变化。随着改革开放和我国经济的发展，我国社会的主要矛盾发生了很大的变化，现在需要解决的是“人民日益增长的美好生活需要和不平衡不充分的发展之间的矛盾”。解决新的社会矛盾，必须要靠发展。要采取系统的、战略的、革命的思维，深刻学习发展经济学的理论内涵（许广月，2019）[3]。

这就引出了发展经济学另一个核心内容，即解决国内区域间发展的不

〔1〕樊纲．“发展悖论”与“发展要素”——发展经济学的基本原理与中国案例［J］．经济学动态，2019（6）．

〔2〕金碚．关于“高质量发展”的经济学研究［J］．中国工业经济，2018（4）．

〔3〕许广月．论张培刚发展经济学解决中国发展不平衡不充分问题的新时代使命［J］．经济学家，2019（4）．

平衡问题。我国边疆地区是发展“不平衡不充分”的典型地区，相比我国其他地区，边疆地区所处的经济阶段较为“初级”，发展水平较为落后。阿瑟·刘易斯提出的“二元结构”分析框架，体现在“现代部门”与“传统部门”并存、“工业化”与“农业化”并存、“城市”与“农村”并存上。边疆地区经济就是“二元”的重要部分。边疆地区如何充分发挥自身优势，逐渐缩小与沿海及内陆地区的差距，创新符合自身特点的发展模式，而不是照搬内陆及沿海地区，最终形成高速度、高质量的发展是未来我国经济发展的重要内容。

从发展经济学角度来看，我国针对边疆地区发展的西部大开发战略对经济均衡发展具有重大战略意义，西部地区市场模式、产业模式、投资模式、制度模式以及协调模式需要形成“引领—推进—带动—匹配—矫正”的模式结构（李瑞娥等，2013）[1]，西部等边疆地区的可持续发展需要在市场规律与制度逻辑的平衡契合间不断探索。

我国70余年的发展形成的多层次、多阶段、多梯度的转型式经济增长方式在促进了自身经济发展的同时，也为世界经济发展，特别是为发展经济学作出了贡献，形成了中国特色社会主义发展的经济学（任保平，2019）[2]。发展经济学中现代化工业化的战略支撑也解释了新中国成立之后创造的经济飞跃奇迹，未来我国经济的高质量转型及边疆地区经济的可持续发展仍然可以在发展经济学理论中找到相对应支撑。

第四节　我国边疆经济发展的实践研究

经过40余年的开放发展，我国边疆地区形成了特色开放模式。从静态角度看，边疆地区逐渐形成了边境贸易、贸易通道、产业集聚、口岸城市、跨

---

〔1〕 李瑞娥，程瑜．发展经济学视角的西部开发：理论、现实与模式构建［J］．西安交通大学学报，2013（5）.

〔2〕 任保平．新中国70年经济发展的逻辑与发展经济学领域的重大创新［J］．学术月刊，2019（8）.

境合作区五种开放模式（胡超等，2017）[1]；从动态角度讲，边疆地区分别处于口岸建设、岸城互动、腹地支撑三个发展阶段（胡超等，2015）[2]。国内对边疆经济发展的研究主要集中在促进边境贸易转型升级、边疆产业体系、边疆城市发展以及边疆地区跨境经济合作等方面。

一、边疆贸易发展研究

由古至今，边境贸易作为一种特殊的对外贸易形式，兼备重要的经济和政治意义。边境贸易是边疆经济的重要组成部分和发展形式，一方面能够促进边疆地区的经济发展、边疆人民的收入增长和地方财政收入增加等经济效应；另一方面具有加强边疆民族地区和谐社会的构建，促进民族团结，促进我国同周边国家的和睦邻里关系等政治效用（李慧娟，2016）[3]。世界银行[4]认为，边境贸易的功能主要体现在加强经济体之间的经济联系、促进文化理解和社会沟通，以及培养邻国之间的友好关系。

边境贸易主要包含两种形式，一是边民互市贸易；二是边境小额贸易，遵循从边民互市贸易，到企业参与的小额贸易，再到专业合作社贸易的演进进程。改革开放以来，我国政府不断丰富、调整、完善相应的边贸政策，不断规范管理方式，更加注重边境贸易的创新发展，使我国的边境贸易获得了持续稳健发展，2019 年边境小额贸易进出口增长 6.1%，高于整体增速 2.7 个百分点[5]。我国的边境贸易在未来的世界贸易中将起到非常重要的作用（杨小娟，2013）[6]，为促进边境贸易发展，应提高基础设施建设、科学技术、机制创新等领域的水平，同时积极加入多种区域组织，组

---

〔1〕胡超，张莹．我国边境地区的开放模式、形成机理与启示［J］．西南民族大学学报，2017（5）．

〔2〕胡超，张莹．中国沿边开放滞后的原因与模式演进研究综述［J］．区域经济评论，2015（5）．

〔3〕李慧娟．民族地区开放性经济构建中的边境贸易研究［J］．贵州民族研究，2016（7）．

〔4〕World Bank. Cross – border Trade within the Central Asia Regional Economic Cooperation, 2007, pp. 4 – 36.

〔5〕商务部数据．http：//wms. mofcom. gov. cn/article/xxfb/202001/20200102931426. shtml.

〔6〕杨小娟．我国边境贸易的影响因素和区域格局［J］．改革，2013（6）．

建自己的自贸区，令边疆省区及其周边国家享受同等利益，提高我国的竞争力。

我国的边境贸易政策，主要有简化边贸手续、税收减免、出口退税，设立边境合资企业、边境自由贸易区及经济合作区等。从政策扶持的角度，边境贸易的发展可以概括为如下几个阶段（李天华，2014）[1]，即1979—1985年是政策启动和探索阶段，1986—1992年是政策鼓励和扶持阶段，1993—2000年是政策调整与改进阶段，2001年至今是政策发展和完善阶段。这四个阶段的政策制定是随着我国所处的国际大环境即国内经济政策调整而循序渐进的发展的。目前，边境贸易扶持政策已经形成了全方位、多维度的格局，推动边境贸易向更高层次迈进。

正如上文所述，边境贸易对于边疆地区经济发展和边民生活水平提高都作出了很大贡献，但基于种种原因，边境贸易的潜力尚未充分发挥。整体来看，边境贸易功能受限的原因有：一是制度供给不足；二是贸易模式单一；三是口岸以及边贸互市点的基础设施水平较低；四是各地区之间的贸易竞争加剧（刘建利，2011[2]；吴汉洪，2013[3]）。进入新时期，全面开放格局的形成、开放型经济新体制的完善、“一带一路”倡议的推进、打通边疆地区的经济发展环节等都至关重要，全球经济在信息技术不断更新的同时创造了很多经济新模式，因此边境贸易的定义及发展策略也要做出相应的调整。

二、边疆产业体系研究

边疆地区贸易活动的增加、经济的繁荣发展离不开边疆特色产业的支持。国内外学术界对产业政策的研究基本上围绕“什么是产业政策”以及“如何推进产业政策”的问题展开讨论。较为人熟知的对应产业政策的争论是林毅夫从古典经济学和新结构经济学的视角与张维迎在米塞斯－哈耶克视角的争

〔1〕 李天华．改革开放以来中国边境贸易政策演变的历史考察［J］．当代中国史研究，2013（4）．

〔2〕 刘建利．我国沿边口岸经济发展对策［J］．宏观经济管理，2011（9）．

〔3〕 吴汉洪．边境贸易对广西产业发展的影响［J］．广西民族研究，2013（1）．

论，也包括对政治经济学、经济政策、案例比较、发展经济学、交易成本理论等方面的讨论（顾昕，2017〔1〕；James Robinson，2016〔2〕；Joseph Stiglitz，2002〔3〕；Joseph Stiglitz〔4〕，2002；常耀中，2017〔5〕）。

作为不同国度之间的连接地带，边疆地区直接反映了国际间、区域间的差异化需求（Schmitz，2010）〔6〕。边疆地区的产业政策是为改变其落后、贫穷的现状而采取的一种有效措施（Humphrey，2011）〔7〕。基于边疆地区特殊的地理位置，产业合作往往会创造出产业集群；反过来，产业集群也能促进产业合作，形成边疆产业集群的创新机制，推动产业集群发展进入深层次阶段，不断为区域经济长期发展积累力量。以企业聚集机制为研究对象，从企业收益分析之后，逐渐扩大到市场发展机制、价格机制等的研究，得出我国边疆地区经济发展的潜在动力十分强大（李铁立，2005）〔8〕。但目前我国边疆地区主要以低成本的产业集群为主，尚未在经济发展中发挥有效的作用。边疆地区需要以自身的创新与外在的吸纳两个途径提高产业集聚对实体经济服务水平（秦远建等，2015）〔9〕。

三、边疆跨境合作研究

基于边疆特殊区位特点，边疆产业政策研究通常与跨境合作联系在一起，

---

〔1〕 顾昕．产业政策治理模式创新的政治经济学［J］．中共浙江省委党校学报，2017（1）．

〔2〕 詹姆斯·罗宾逊．产业政策和发展：政治经济学视角［J］．比较，2016（1）．

〔3〕 Joseph Stiglitz. "Development Policies in a World of Globalization" presented at the seminar "New International Trends for Economic Development" on the occasion of the fiftieth anniversary of the Brazilian Economic and Social Development Bank（BNDES），Rio Janeiro，September 12 - 13，2002.

〔4〕 同［3］。

〔5〕 常耀中．评论林毅夫和张维迎之间的产业政策辩论——以交易成本理论视角［J］．企业改革与管理，2017（1）．

〔6〕 Schmitz. H. Local Up grading in Global Chains：Recent Findings［Z］. *Paper to be presented at the DRUID Summer Conference Denmark*，2010.

〔7〕 Humphrey J. Schmit. How Does Insertion Global Value Chains Affect Upgrading in Industrial Clusters?［J］. *Regional Study*，2011，36（9）.

〔8〕 李铁立．边界效应与跨边界次区域经济合作研究［M］．北京：中国金融出版社，2005.

〔9〕 秦远建，李大虎．西部沿边产业集群协同创新机制、战略和对策［J］．科学管理研究，2016（2）．

分析跨境产业合作的发展前景。一般而言，跨境合作能够实现的一个前提是边境两侧存在资源上的互补性（Houtum，2000）[1]，还有就是边境两侧存在经济上的较大差异。这一差异使得经济上的优势国家向劣势国家出口技术和工业制成品，劣势国家则向优势国家输入农产品、原材料和劳动力。我国边疆地区的跨境合作已经形成一定基础，沿边重点开发区经济合作成效显著。2018 年末边疆 9 个省、自治区的 GDP 总计 134197.22 亿元，占全国约 14%，而 2000 年仅为 17936.56 亿元（向晓敏等，2019）[2]。近年来，我国出口到周边国家的高附加值产品比例越来越高，能源、资源均为我国主要进口商品，基本上实现了与周边绝大多数国家的优势互补、资源互通（刘保奎，2013）[3]，形成能源资源合作、农林牧业以及家用电器、轻工纺织等三大领域的跨境产业合作（丁阳等，2015）[4]。

但是我国边疆地区的跨境合作仍然存在很多问题。从跨境合作的基础来看，我国边疆地区急缺资金、技术、人才等高端要素，这些严重制约了边疆地区的产业创新力。边疆地区市场规模较小，供需水平均较低，且电力、通信、交通等基础设施水平较低，极大制约了边疆地区扩大产业合作的可能性（向晓敏等，2019）[5]。因此，要顺利推进边疆地区与邻国的跨境合作，需要认识到边民在边疆社会活动中的重要性，其不仅具有区域的内涵，同时也具有社会网络与族群身份的内涵，呈现出其多元性，并且也能够服务于边境社会的协调发展与区域互通（赵萱等，2018）[6]。与此同时，在边境口岸的建设中，应当超越“市场化”这一单一维度，发挥边境口岸在地缘政治战略与

〔1〕 Houtum, H. J. Van. An Overview of European Geographical Research on Borders and Border Regions [J]. *Journal of Borderlands Studies*, 2000 (1).

〔2〕 向晓敏，张瑞志，李人可．沿边地区跨境产业合作：问题、路径及对策［J］．开放导报，2019（5）．

〔3〕 刘保奎．加快国际次区域产业合作的思路与对策［J］．宏观经济管理，2013（6）．

〔4〕 丁阳，夏友富，吕臣．新型国际分工模式下的沿边开发开放问题研究［J］．江苏社会科学，2015（1）．

〔5〕 向晓敏，张瑞志，李人可．沿边地区跨境产业合作：问题、路径及对策［J］．开放导报，2019（5）．

〔6〕 赵萱，刘玺鸿．无交流的交通：日常跨界流动的人类学反思——以霍尔果斯口岸“中哈跨境合作中心”为例［J］．云南师范大学学报，2018（6）．

地缘经济战略中的潜在作用，提升口岸在更广泛的社会文化领域的交流价值发挥更佳的作用（徐黎丽等，2017）[1]。

四、边疆城市发展研究

升级边疆城市的基础设施能够促进边疆经济繁荣，反过来，边疆经济的发展也是边疆建设现代化城市网络的基础。随着经济全球化和区域经济一体化的快速发展，边疆地区不再仅具有军事、防御功能，还将更充分地发挥其经济、文化、社会功能，并且进一步发展为边境贸易、次区域合作、双边合作甚至更高级的跨境经济圈构建等，城镇建设将成为边疆地区经济发展新的增长极。从20世纪90年代开始，我国进入了城市化推动经济增长的阶段（杜作锋，2001）[2]。城市作为区域经济、政治、文化等方面的聚集点，是区域开发的关键，处于促进区域经济增长的重要位置。

边境城市是边疆地区的政治、经济、社会中心，其发展水平的高低直接关系到整个边疆地区的发达程度（于天福等，2015）[3]。边疆地区经济发展必然带来边境城市扩张，而城市的扩张也会创造更多的就业机会，吸引劳动力、资金不断向边疆地区集聚。国外学者认为边境城市化发展主要遵循两种模式：一是传统的边境开发模式。从开始移民，到边境地区移民数量的快速增长，再到巩固边境地区民众数量（Bylund，1960[4]；Olsson，1969[5]，Hudson，1969）[6]。二是核心—边缘模式。通过四个阶段，即交通发展期

〔1〕徐黎丽，杨亚雄．论西北边境口岸的特点及发展路径［J］．西北师大学报（社会科学版），2017（3）．

〔2〕杜作锋．信息时代边境城市化的理论与实践——西部大开发刍议［J］．经济问题探索，2001（3）．

〔3〕于天福，隋丽丽，李富祥．中国边境口岸经济发展与依托城市互动机理研究［J］．社会科学报刊，2015（1）．

〔4〕Bylund E.. Theoretical considerations regarding the distribution of settlement in inner north Sweden［J］. *Geografiska Annaler*, 1960（42）: 225－231.

〔5〕Olsson G.. Complementary models: a study of colonization maps［J］. *Geograriska Annaler*, 1969（50）: 1－18.

〔6〕Hudson J. C.. A location theory for rural settlement［J］. *Annals Association of American Geographers*, 1969（59）: 365－381.

(Taaffe，Morrill，and Gould，1963）[1]、买办期（Vance，1970）[2]、Monte Carlo 期（Monte ，1963 ）[3]、核心—边缘期（Brown，1991）[4]。我国学者在此基础上，加入第三种模式，即不同地区增长的模式。主要通对商品和服务的交换，进行经济专门化、集聚化的发展（杜作锋，2001）[5]。边疆城市的发展是边疆经济发展的关键，只有边疆城市发展起来，才能引领边疆经济发展，并辐射带动周边国家边疆地区经济发展（李光辉，2018）。

随着全球经济数字化特征越来越明显，注重提高城市信息化的同时，加快边疆城市化的步伐，使其成为支撑边疆经济可持续发展的牢固基地。

五、边疆经济发展的平台研究

有关边疆经济发展平台方面的研究起步比较早，特别是随着沿边地区的不断扩大开放，对边疆经济发展平台的研究也不断深入。我国的边境经济合作区建设始于 1992 年，至今已经批准建设的有 17 个。在中国知网上可以查到的有关边境经济合作区的文章有 108 篇，林泉礼、王鲁志 1993 年 6 月 30 日在《城市规划》杂志发表了题为“迈向国际性开发与合作的一步——珲春边境经济合作区总体规划”的文章，这是比较早的研究边境经济合作区的文章。边境经济合作区是我国在改革开放进程中推动边疆经济发展的一个重要载体，“是沿边地区迈向国际性开发与合作的标志性动作”[6]，“在未来边境经济合

[1] Tanffe E. J. R. L. Marrill, and P. R. Gould. Transport expansion in underdeveloped countries: a comparative analysis [J]. *Geographical Review*, Vol. 53: 503 - 529.

[2] Vance. J. E. Jr. The merchant's world: the geography of wholesailiny. Englowood Cliffs, N. J. Prentics - Hall.

[3] Morrill. R. L. The development of spatial distributions of towns is Sweden: an historical predictive approach [J]. *Annals Association of American Geographer*, Vol. 53: 1 - 14.

[4] Brown C. A. . Place migration, and development in the third world: an alternative view [M]. New York: Routledge, 1991.

[5] 杜作锋. 信息时代边境城市化的理论与实践——西部大开发刍议 [J]. 经济问题探索，2001 (3).

[6] 林泉礼，王鲁志. 迈向国际性开发与合作的一步——珲春边境经济合作区总体规划 [J]. 城市规划，1993.

作区发展中必须强调生态化模式的建立"[1]。后来，学者们对边境经济合作区的研究集中在个体上，如对珲春边境经济合作区的研究，认为“珲春边境经济合作区将成为图们江国际合作开发的核心地带，为图们江自由经济区的发展模式和思路方面提供借鉴”[2] 等。这些研究成果为边境经济合作区建设提供了决策参考，也为深化边疆地区对外开放和经济发展奠定了理论基础。但是对边境经济合作区的总体功能定位等宏观问题的研究一直很少，直到进入21世纪学者们才开始从总体功能定位研究边境经济合作区的发展。一些学者认为“边境经济合作区应具有充当沿边开发增长极、发挥经济通道作用、推动产业结构优化、强化服务体系建设、引导边境贸易规范化发展、引导邻国对等政策、促进边疆稳定发展等7个方面的功能”[3]，同时，“边境经济合作区是典型的园区形态，应科学设计边境经济合作区的发展方向，把国家政策与地方努力结合起来”[4]。随着边境地区经济发展、“一带一路”建设等，学者们开始试图将边境经济合作区与国家发展战略结合起来，但成果不多。

跨境经济合作区是我国边疆经济发展的一个重要载体。虽然至今国家才批准建设三个跨境经济合作区，但其已经是边疆经济发展、对外开放的重要平台。跨境经济合作区的研究开始于政府的研究机构。1998年商务部研究院李光辉等学者承担了这一任务并结合我国的实际情况，给出了跨境经济合作区的概念。学者研究开始于2000年，李玉虹、马勇在《黑龙江民族丛刊》发表了《推动沿边民族经济发展的新契机：跨境经济合作区》，对跨境经济合作区的内涵、建立的必然性等进行了分析，但由于跨境经济合作区推进得比较慢，学术界研究的跟进也比较迟缓，直到2008年、2009年才开始有学者发表论文，其中王娟在《广西大学学报》发表的《中越构建东兴—芒街跨境经济合作区的设想和思考》和李光辉在2009年《国际经济合作》杂志上发表的

---

〔1〕 战成秀，韩广富．边境经济合作区的生态化经济模式构建［J］．延边大学学报（社会科学版），2013.

〔2〕 张爱珠．图们江三角洲地区的国际合作开发与珲春边境经济合作区［J］．国外社会科学情况，1996（6）.

〔3〕 田光伟．边境经济合作区的功能定位［J］．中央民族大学学报，2004（6）.

〔4〕 周民良，杭正芳．以边境经济合作区建设推动兴边富民进程［J］．开发研究，2011（1）.

《中越跨境经济合作区：背景意义及构想》等文章具有代表性，对跨境经济合作区建立的背景、意义、可行性以及功能定位和内涵进行了比较系统的论述。关于跨国合作区的特点，王娟认为“是一种小区域经济合作区，一般是指两个或两个以上地理位置邻近的国家在相邻区域开展经济合作，各自发挥比较优势，相互之间取长补短，通过实现资源互补或者产业转移，促进经济增长和社会发展，从而形成的跨国经济开发区”〔1〕。李光辉认为跨境经济合作区“是建立在两国特定边境口岸地区的自由贸易区，区内实行货物贸易、服务贸易和投资的自由开放政策，主要目的是吸引国内外企业根据毗邻国家和国内市场的需求到自贸区投资设厂，发展口岸型加工贸易，形成内建基地和外辟市场相结合的格局”〔2〕。关于功能定位李光辉认为“中越跨境经济合作区是边境贸易的一种提升形式，是中国—东盟自由贸易区的‘试验田’，是提升沿边开放水平的‘示范区’，是实现兴边富民行动计划的重要举措，是广西、云南经济发展的引领区”。其后，对于研究跨境经济合作区建设的成果不断增加，出现了一个研究热潮。特别是对霍尔果斯贸易中心、中老磨憨—磨町跨境经济合作区等的研究成果不断增加，研究领域不断拓展。

自2012年开始建设沿边重点开发开放试验区以来，中国先后在沿边地区设立广西东兴、云南勐腊（磨憨）、云南瑞丽、内蒙古二连浩特、内蒙古满洲里、黑龙江绥芬河—东宁、广西凭祥、广西百色、新疆塔城9个重点开发开放试验区。沿边重点开发开放试验区的研究从中国知网上能够查到的文章不多，2021年3月29日只有13篇，比起跨境经济合作区要少得多。在中国知网上能查到最早发表有关沿边重点开发开放试验区文章的是广西政府研究中心的陈道远、邓迎素，他们对东兴开发开放试验区的政策进行了系统的研究。2014年1月30日，雷小华也在《东南亚纵横》发表了《建设中国沿边地区开发开放排头兵的对策研究——以广西东兴重点开发开放试验区建设为例》，对如何建设广西东兴重点开发开放试验区进行了深入的研究，提出了具体的

〔1〕 王娟．中越构建东兴—芒街跨境经济合作区的设想和思考［J］．广西大学学报，2008（6）．
〔2〕 李光辉．中越跨境经济合作区：背景意义及构想［J］．国际经济合作，2009（4）．

对策。接着一些学者对其他沿边重点开发开放试验区也进行了较为深入的研究。

2020年，由广西大学中国边疆经济研究院院长李光辉牵头，承担了国家发改委的“沿边重点试验区可复制可推广经验研究”项目，对沿边重点开发开放试验区进行了系统的研究。在总结建设取得的成绩时指出，在重点试验区建设的过程中，各重点试验区在创新的基础上，不断总结，形成了一批可复制推广的经验。一是搭建多层级沟通协商合作机制、举办各种活动。二是不断创新体制机制，激发试验区改革活力。“一枚印章管审批”，审批时间和审批效率大幅提升；“多证合一、一照一码”，大大便利了企业开办，前置审批事项压减率达90%，办结时间从法定的15个工作日缩短到5个工作日；“双随机、一公开”等改革深入推进，企业登记实现全程电子化。三是不断创新口岸通关便利模式。“舱单归并”便捷通关，将同一品名规格、同一合同中的大宗进口货物归并为一个舱单，可一票报关，极大提高了通关效率，使企业累计减少报关量94.3%，大幅降低了企业通关成本，减少了通关时间。四是推进金融改革提升服务质量。建立人民币与邻国货币回流和跨境结算机制以及“抱团定价”“轮值定价”的模式，实现人民币对越南盾的直接报价兑换，提升了中方结算银行的汇率议价能力和定价话语权；“互市+金融服务”发展模式、“边民+合作社（互助组）+加工厂+金融”的创新模式，促进了边境加工贸易的发展，带动贫困户收入增加。五是完善外籍人员服务的管理体制。实现“一馆两站三中心”的外籍人员服务管理模式、跨境婚姻登记备案制、“四证两险一中心”的管理模式等。六是根据资源禀赋，建立边境特色优势产业，推动农业产业转型，构建现代农业发展新格局。各试验区通过推动农业生产向安全、高效、绿色方向转型，统筹推进农、林、水、畜牧、渔等传统产业发展，大力推动新兴农业产业发展，初步形成现代农业发展产业链；构建外向型特色产业集群，积极壮大沿边工业集群。各试验区围绕“育龙头、补链条、聚集群”产业发展思路，加强国际产能合作，促进国内外优势产业向沿边地区转移，推动沿边地区经济社会高质量发展；积极推动资源型产业转型升级，各试验区不断推进资源型的产业转型升级，提升资源型产业附加值，打造资源型产业可持续发展的新业态；实施创新突破措施，全力构建现代服务业体系推动边贸发展壮大，打造沿边加工贸易基地；积极培育高端服务业。各试验区通过引进文创、电子商务、会展、法律、会计等“走出去”现代服务业，带动相关配套服务业发展，推动产业融合发展，全力构建现代服务业体系。七是探索沿边地区文旅合作、协同多业发展，各沿边试验区针对沿边特色旅游资源和文化特色，积极探索沿边地区文化旅游合作，协同多产业深入发展，打造产业协同发展新模式。

对于新时期沿边重点开发开放试验区的定位，李光辉在报告中指出，试验区建设以来，积极承担国家赋予的重要使命，取得了显著的成绩，但由于受沿边地区资源要素和生产要素的制约以及周边国家复杂多变环境的影响，特别是在当前国际环境发生重大新变化、加快建设“双循环”新发展格局的背景下，试验区既要结合国家战略、统筹边疆经济发展，又要不断完善定位，做好战略布局，发挥更大作用。因此，适应新形势定位如下：

第一，试验区“双循环”新发展格局关键枢纽。加快构建新发展格局，是以习近平同志为核心的党中央根据我国新发展阶段、新历史任务、新环境条件作出的重大战略决策。新发展格局以国内循环为主，国际国内相互促进、相互畅通。新发展格局在新冠肺炎疫情影响全球产业链、供应链面临重大冲击、风险加大，以及外部环境变化带来的新矛盾新挑战的背景下，在努力打通国际循环的同时，进一步畅通了国内大循环，提升了经济发展的自主性、可持续性，增强韧性，使我国经济保持平稳健康发展。而在国内循环与国外循环畅通的建设中凸显沿边地区的重要性。

第二，试验“一带一路”建设的战略支点。“一带一路”倡议是我国进入新时期最重要的战略之一。“十四五”期间乃至更长时期都是我国对外国际经济合作、构建命运共同体、参与全球治理的关键。六大经济走廊的起点都在边疆地区。因此，在推动六大经济走廊的建设的进程中要在边疆地区形成商贸聚集、产业聚集、物流聚集，并可以辐射带动周边载体平台。要想高质量地推进“一带一路”建设就必须要建设这样的支点，这也是试验区的定位。

第三，试验区是引领边疆经济发展的增长极。随着我国现代化强国建设的不断推进，边疆经济发展的重要性日渐凸显。从区域经济学的角度来看，“十四五”乃至更长时期我国边疆经济发展的潜力巨大，未来应该成为我国经济发展的新增长极。而我们在边疆地区现有的3个跨境经济合作区、17个边境经济合作区、7个综合保税区、5个自贸试验区片区等都无法引领边疆经济发展。要起到引领边疆经济发展的作用，试验区正好具备这个条件。试验区不仅仅是一个经济区的概念，也是新时期边疆经济发展、边疆治理、边疆安全、周边外交等诸多因素于一体的综合体，特别是全域模式的试验区。

第四，试验区是辐射周边国家的重要载体。在新形势下，特别是以美国为首的一些国家对中国的遏制加强的情况下，深化与周边国家的经贸关系、畅通周边循环就成为我国对外经济的关键。因此，需要在我国的沿边地区进行战略布局，构建与周边国家的产业链、价值链、供应链，创新与周边国家的合作模式，探索与周边国家合作的新路径等。首先形成“双循环”新发展格局，推动周边国家共同参与“一带一路”及六大经济走廊建设，构建与周边国家国际合作经济带，在我国周边形成新的增长极。这也是试验区必须承担的任务。

关于沿边重点开发开放试验区如何进行先行先试、怎么试等问题，李光辉作出了回答：在新形势下，试验区如何完成新定位，最关键的是要找准先行先试的点，既要突破现有问题点、难点、堵点，又要根据开放发展的需要找到创新点，试出一条，形成可复制可推广的经验，起到引领示范的作用。

一是问题点。现有的边疆经济发展和对外开放存在诸多问题，要把一些问题梳理清楚，可通过试验区的先行先试逐个去解决，如产业基础薄弱、优势特色产业不强，没有形成产业规模，“通道经济”的特征仍十分突出。针对这些问题就要从打通产业基础、形成落地加工、培育特色产业等方面入手。

二是难点问题。在边疆经济发展和对外开放的过程中，有很多需要解决的困难，特别是边疆经济发展过程中的开放、安全开发与保护等一些难点问题，需要先行先试给予解决，比如资本等生产要素配套能力不足。试验区普遍存在建设资金筹措困难，缺少外部资金、技术、人才、先进管理经验、信息等要素，但基础设施仍需完善。交通运输网络不发达，多个口岸、互市点出边通道公路等级偏低，运输能力较差，教育民生等公共服务急需提升。试验区也普遍存在公共服务设施供给不足，优质的医疗和教育资源相对缺乏，学校、医院等配套设施还不完善等问题。这些问题仅凭边疆地方政府是难以解决的。

三是堵点问题。试验区在建设过程中，确实存在很多堵点，使很多明明可以做的事情，但因为不通畅、被某些问题堵塞，很难实现快速发展。如试验区法律、行政授权不稳定等问题。试验区覆盖面积广，涉及多个行政区划，目前的管理多采用管委会模式，管委会作为所在地政府的派出机构，根据行政授权行使经济社会管理权，现行组织法并未将管委会作为一个行政层级的政府机构进行设置，管委会不具有地方行政执法的权力，由此造成管委会行政主体地位缺失、行使职权范围有限、与地方管理相互矛盾等一系列问题，难以发挥管理体制精简高效的优势。

四是创新点。试验区作为先行先试示范区就一定要不断创新，可以说创新是试验区发展的动力和要求，没有创新试验区就失去其存在的意义。试验区建设以来，进行了多方面的创新，也取得了很好的成绩。但还没有达到先行先试的目的。特别是集成创新和联动创新很少。

因此，下一步要跟据试验区的实际情况，进行集成创新，解决发展的关键问题。例如，关于互贸、边贸、一般贸易等联动创新发展的问题。特别是2019 年《国务院办公厅关于促进边境贸易创新发展的指导意见》提出，应根据不同省区的实际情况，从不同国家进口不同的商品，使得试验区完全可以利用这个政策整合资源要素和生产要素，进行集成创新，形成新的联动发展模式，条件成熟的时候就可以在沿边其他地区复制推广。

中国自由贸易试验区建设是我国进入新时代的最重要的先行先试、对外开放、发展开放型经济、对标国际经贸规则的平台。沿边省区自贸试验区建设始于 2019 年 8 月《国务院关于印发 6 个新设自由贸易试验区总体方案的通知》（国发〔2019〕16 号），在这个通知中，有《中国（广西）自由贸易试验区总体方案》《中国（云南）自由贸易试验区总体方案》《中国（黑龙江）自由贸易试验区总体方案》，这 3 个方案都事关边疆省区，有 6 个片区是边疆地区，总面积 157.02 平方公里。关于中国自由贸易试验区的可行性研究最早出于商务部研究院，当时由商务部研究院原副院长李光辉牵头，对什么是自由贸易试验区及其功能等都做了系统的研究。在中国知网上查到的关于自由贸易试验区研究的文章有 1226 篇，最早发表的文章是王勇在《上海证券》发表的《在自由贸易试验区一揽子创新：上海的新引擎》，之后由于中国（上海）自由贸易试验区获批，在学术界出现了研究中国（上海）自由贸易试验区的热潮。2014 年 12 月，中央政治局第十九次集体学习由李光辉研究员作为主讲，主题是《加快实施自由贸易区战略》。之后，习近平总书记发表重要讲话，为自贸区确定了发展方向。其后，随着自由贸易试验区的不断发展至今已形成（“1 +3 +7 +1 +6 +3 =21”）模式，学者们研究的热情不减，有关贸易试验区的研究成果不断被推出。有关中国（黑龙江）自贸试验区的研究有 28 篇、中国（广西）自由贸易试验区的有 51 篇、中国（云南）自贸试验区有 20 篇。这些文章从不同角度探讨了自贸试验区的建设和创新，为边疆经济学的构建提供了可以借鉴的理论基础。

第四章 边疆经济学

边疆经济学作为经济学的一门新的学科，还处于萌芽阶段，不论是在学界还是在政界都没有一个统一的概念，更谈不上理论体系的构建。而作为一门应用经济学的组成部分，边疆经济学的研究和理论体系，对新时期边疆经济发展、构建双循环新发展格局、形成全面开放新格局具有重要的意义。

第一节 边疆经济学的概念

任何经济理论都是人们在经济实践过程中经验的不断总结和提升，经过实践的不断检验、修正而逐渐形成的。如力学理论的形成就是如此，1589 年伽利略就开始研究落体运动，但当时研究的成果发表在其《关于有关力学和位置运动的两种新科学的数学证明和谈话》中，仍然处于初期的探索阶段，还很不完备，经过不断的努力和完善，直到 1687 年牛顿提出《自然哲学的数学原理》，最后才形成了经典力学，成为科学的理论体系。边疆经济学也是同样，虽然我国在 1984 年就有学者提出构建边疆经济学理论体系，至今也一直没有构建起来，这既需要很多学者、专家的共同努力，也需要实践的检验，只有经过实践的不断检验，才能逐渐建立起来。改革开放以来，我国的边疆经济得到了快速的发展，实践需要理论的指导，特别是进入新时期，随着我国建设小康社会的推进、“一带一路”倡议的实施、“双循环”新发展格局的建设等，边疆经济发展的重要性进一步凸显，构建边疆经济学的呼声越来越高，实践的需求也越来越强，建立边疆经济学理论体系势在必行。

关于边疆经济学，虽然学界很多专家对其提出了不同的观点，但至今仍没有形成一个学界公认、政界认可的边疆经济学概念。如牛德林在其《边疆经济学的基本理论与实践意义》一文中谈道："我们所要创立的中国边疆经济新学科，就是要从边疆角度去考察区域，涉及区域必须是边疆这一空间，把这二者融为一个统一的机体，揭示我国陆地边疆经济过程所固有的特殊矛盾、特点、结构和规律。"徐晓光在《边疆经济学初探》中，把边疆经济学的概念概括为"边疆经济学是一门研究边疆经济运动及其发展规律的综合性经济学科[1]"。除此之外，少有学者能够给出一个明确的概念。因此，急需给出一个明确的概念，供致力于研究边疆经济学的学者们探讨、完善、补充，尽快地在我国形成学术界和政界认可的边疆经济学。

为此，虽然自己能力有限，但仍努力尝试，在借鉴现有研究成果的基础上，结合自己研究的经验，提出边疆经济学的概念。

边疆经济学是一门研究特定区域经济社会发展规律、生产力布局以及与其他区域特别是与周边国家之间的关系的综合性经济科学，既包括边疆生产力和生产关系、经济发展水平、经济发展模式、经济运动的特点、经济结构等内在规律，也包括边疆这一特定区域的经济发展与沿海、内地的关系以及与周边国家地区之间的经济合作关系等的综合性经济学科。这一定义大致包涵三个方向的内涵。

首先，特定区域，这个区域与其他区域是不同的，有其特殊性。从本身来讲，经济发展有其内在发展规律，但受国家战略、政策等影响较大。从外在的条件来看，受国内其他区域和周边国家的经济发展影响较大，这与国内的区域不同。其次，从研究的内容来看，既有特殊性，又有普遍性。特殊性体现了边疆经济本身发展的特性、优势以及特色等。同时，由于边疆特殊的地缘关系，又体现了边疆经济发展受到地缘政治、周边外交以及国际关系等多种因素影响。而普遍性就是经济的发展规律和内在的联系。最后，边疆经济学虽然是以边疆为研究对象，但它又与国内区域和周边国家有着密切的联系。因此，边疆经济学也要研究与这些区域的经济关系。

---

〔1〕 徐晓光．边疆经济学初探［J］．学术交流，1986（6）．

第二节　边疆经济学研究的对象

边疆经济学与其他学科一样，也有自己的特定研究对象。那么，如何确定边疆经济学的研究对象呢？毛泽东曾经说过，“科学研究的区分，就是根据科学对象所具有的特殊的矛盾性。因此，对于某一现象的领域所特有的某一种矛盾的研究，就构成某一门科学的对象”[1]。这一科学的论断告诉我们，边疆经济学的研究对象和范围，必须依据客观存在、复杂多变的各种关系、多种因素的影响等，通过对经济发展内部规律性的探索、研究和总结，将其提升到理论层次。

边疆经济是在边疆这一特定区域内部因素与外部因素相互作用而形成的具有边疆特色的经济发展模式。这一发展是受自然条件、社会条件、技术水平以及政策影响，同时也会受到与此相关的政治、国际关系等诸多因素的影响，这些非经济要素在其中有时起重要的作用。边疆经济学研究的对象是多方面的，既要研究地理，又要研究经济，还要研究地缘因素等。地理方面体现在资源开发和利用，特别是矿产资源、土地资源、人力资源、生物资源等，在不同程度上表现在区域生产力布局和经济效益方面；在经济方面要研究和揭示边疆这一特殊地区的经济发展的特点和特殊规律，研究边疆经济的历程、发展的规模、发展的模式、发展路径，以及国家战略、政策对边疆经济发展的影响，并在此基础上提出加快边疆经济发展的对策建议。从地缘因素上将主要阐述边疆经济发展与周边国家及沿海内陆的经济发展的关系。

边疆经济学应该属于应用经济学科范畴。它的研究对象应该是以边疆这一特殊经济社会区域的生产力和生产关系、经济发展水平、经济发展模式、经济运动的特点、经济结构等构成的内在规律的科学；同时也要研究边疆这一特定区域经济发展与沿海、内地的关系；还要研究边疆地区与周边国家地区之间的经济合作关系。

---

〔1〕 毛泽东．矛盾论［C］// 毛泽东选集．第1卷．2版．北京：人民出版社，1991：309.

一、边疆经济本身发展的规律性

边疆地区作为一个特定区域，在经济发展过程中，在经济发展进程、经济发展水平、经济发展模式、经济结构等诸多方面都与沿海、内地有很大的不同，有其内在的规律性，如生产力和生产关系。边疆地区的生产力同样是指人们征服自然、改造自然并获得生产资料和生活资料的能力；生产关系是指劳动者在生产过程中所结成的相互关系，即经济关系。经济结构指各种经济形式，各个经济部门和分部门、行业、各类企业以及社会再生产各个方面的构成及其相互联系、相互制约关系及本地区与内地、沿海地区之间相互联系、相互制约关系。我国边疆的这种社会经济关系，也称边疆的社会经济结构。关于社会经济结构，马克思在其《〈政治经济学批判〉的序言》中曾做过精辟的论述："人们在自己生活的社会生产中发生一定的、必然的、不以他们的意识为转移的关系，即同他们的物质生产力的一定发展阶段相适应的生产关系。这些生产关系的总和构成社会的经济结构，既有法律的和政治的上层建筑竖立其上并有一定的社会意识形态与之相适应的现实基础。[1]"这段论述清晰地告诉我们生产关系的总和构成了社会的经济结构。

人们在从事物质资料生产的过程中，既要与自然界发生关系，人与人之间也要发生关系，这就自然而然地形成了生产力和生产关系，二者在生产过程中统一于生产方式。生产力最终起决定性作用，决定着生产方式的存在、发展和变革；生产关系则确定了生产力的性质。二者在矛盾运动中形成的生产关系一定要适应生产力的规律。它们之间既对立又统一，相互作用、相互依存，有着不可分割的关系。生产力和生产关系始终存在于边疆经济发展的过程中，并且共同作用，推动着边疆经济的发展，逐渐形成了具有边疆经济特色的发展规律。

我国自改革开放以来，基本遵循着生产关系一定要适合生产力发展状况

---

〔1〕马克思，恩格斯，斯大林．马克思恩格斯选集．第2卷［M］．北京：人民出版社，1972：82.

的规律，这一规律也是我国经济体制改革的理论基础。经济体制改革是生产力与生产关系矛盾运动的必然结果。但是，在这个过程中，生产关系不适应生产力发展的因素和环节也仍然存在。因此，随着生产力的不断发展，必须对现有的生产关系进行深入的改革，尤其是边疆地区，应该充分发挥社会主义边疆地区生产关系的优越性，解放和发展生产力。从现阶段我国边疆地区经济发展总体情况看，生产力水平和社会化的程度仍然不高，生产力没有得到最大限度的解放，生产关系在某种程度上不适应生产力的发展，经济发展很不平衡，生产力发展水平和社会化程度参差不齐。因此，我们需要构建适合边疆地区经济发展实际的边疆经济学来指导边疆地区的经济发展，深入研究边疆经济本身发展的规律性。

二、边疆经济发展本身内在联系

边疆经济与其他区域经济相比，有其特殊的发展规律，在各种要素的相互作用下，形成了边疆经济关系，包括各种经济形式、各种经济之间的相互作用相互制约的关系、经济发展与经济量的时空关系，也包括经济发展的现状及其运行机制和运行轨迹等。从经济发展来看，边疆经济学要研究边疆经济发展的历程，不仅要研究现代的，还要研究过去的，也要预测未来的发展趋势。也就是说，我们要分析历史发展的进程，找到与现在相联系的地方，从历史中吸取教训，在对未来的规划中，运用好历史的规律，揭示未来的发展趋势；从经济量的时空关系来看，我们要研究经济发展数量在不同的时空变化进程中的演变，并不断分析出内在变化的规律。边疆经济的发展也有自己的内在规律，经济量也在从小到大的不断变化之中，在这过程中受到各种因素的影响。同时，其时空分布也在不断地变化；另外我们也要研究经济发展变化的不同现状，找到运行的规律和轨迹。

三、边疆与沿海内地的关系

从区域经济发展的角度来考察边疆地区的经济，我们可以看出，边疆与沿海、内地有非常紧密的经济关系。我国改革开放之初，实施的是先从沿海地区开始，用区域经济不平衡理论来指导经济发展，边疆地区为沿海地区的经济发展提供了原材料。随着改革开放的不断推进，我国实施了区域经济平衡发展战略，对不同区域先后实施了沿江发展、西部大开发、中部崛起等区域经济协调发展战略，先后给予一些优惠政策，促进区域经济的平衡发展。进入新时代，边疆地区的经济发展才真正开始。实际上，一个国家在经济发展过程中，对不同的区域会有不同的经济发展政策，这是区域经济发展进程中一定存在的现象，因此才出现了不同的经济发展水平，以及不同的经济发展模式。但区域与区域之间在经济发展过程中一定是紧密联系的，我国的经济发展也不例外，也同样存在着发展不平衡的问题，但各区域之间有着不同的联系。从我国边疆地区的经济发展来看，各地区在不同时期有着密切的联系。比如，改革开放之初，我国中西部、东北部地区为沿海的发展提供了大量的人力资源、矿产资源以及其他发展经济所需要的资源，为沿海地区的经济发展作出了贡献。但这到底是一种什么样的关系？是市场驱动，还是利益关系？是政府行为，还是地方关系？当沿海地区发展后，是否会反过来带动中部、西部和边疆经济发展？这就需要我们去研究，找到内在的规律，推动边疆经济学理论的构建，并在实践的基础上去提升、总结经验，进而指导今后的边疆经济发展的实践。

四、边疆与周边国家的关系

研究边疆与周边国家经济发展的关系正是边疆经济学的重要内容和特色。不同于中部和沿海地区，边疆地区与周边国家的联系有着特殊的经济关系。我国的边疆地区与周边国家有着悠久历史，经济友好往来密切；历史上，边境上的居民跨境而居、文化同脉、习俗相同、相互通婚；到了近代边境线确定后才造成了同族居民属于不同的国家。在经济发展和对外开放的过程中，虽然都处在邻近地区，但由于不同国家的政策不同，经济发展水平也有很大的差距。从现实的中国边疆经济发展水平来看，我国已经与周边国家形成了优势互补的经济发展模式。因此，我国的边疆地区与周边国家关系非常密切。这种密切的关系在发展经济的过程中，在生产要素、资源要素、合作模式、经济发展水平、跨境贸易、跨境投资等诸多方面一定有一些规律可循，也会有一些可以创新、促进经济相互发展的举措。这也应该是边疆经济学研究的主要问题之一。

五、边疆经济与次区域的关系

次区域经济合作在边疆地区是一种重要的合作模式，在我国周边有澜湄次区域合作、大图们江次区域合作、泛北部湾次区域合作等。从现状来看，这些次区域合作仍处于较低的水平，还有很大的发展空间。推动这些次区域与我国边疆地区的经济合作不断深化、水平不断提升，促进生产要素在此区域内自由流动，从而实现生产要素的有效配置和生产效率的提高，实现边疆经济快速发展，是边疆经济学的研究重点，对于边疆经济发展具有重要的意义。因此，边疆经济学要深入研究边疆经济发展与次区域的关系、共同发展的路径以及创新发展模式等。

第三节　边疆经济学的科学属性

边疆经济学虽然有其特殊研究对象和领域，但由于它是经济学中的一个重要学科，广泛地涉及自然、经济、社会问题，因而同经济科学中的其他许多分支学科，有着密切的联系。为了弄清边疆经济学和其他科学的关系，必须首先明确边疆经济学的科学属性或性质。边疆经济学研究边疆地区的社会经济活动的特点、结构和规律，它把中国广阔的边疆地区作为一个整体考察，揭示边疆社会经济发展的共同规律及在不同地区经济发展中的特殊表现形式等。它所研究的对象决定了其科学属性是人文社会科学中的经济学科，但其研究的范围却被严格地限定于边疆地域，也就是我们界定的352.15万平方公里范围内发生的经济活动。所以，它是经济学的一个分支学科。由于边疆经济学理论体系的核心部分是研究边疆地区经济活动、经济规律和经济关系，需要我们从实践中不断提升，进行抽象概括，揭示边疆经济现象和经济发展过程普遍的、内在的因果关系，所以，尽管它具有很强的理论性，但仍然属于应用经济学，而不是属于理论经济学的一个分支学科。边疆经济问题，是个综合性的理论问题，单靠一门学科是不可能阐述清楚的，必须综合运用现有的多个相关学科的理论，如区域经济学理论、空间经济学、发展经济学、民族经济学等，才可能从不同的角度、不同的系统、不同的层次、不同的侧面去论述清楚，才能从现象到本质，找到边疆经济发展的规律性，科学地预测未来发展趋势。因此，从这个角度来讲，边疆经济学也是一门综合性的边缘学科。

第四节　边疆经济学的研究内容

边疆经济学的研究内容是依据其研究对象而确定的。它是把边疆经济与内陆经济、周边经济的相互作用、相互联系及运行规律作为其研究的中心内容。不是区域经济学研究的具有国别性质的区域经济，而是把边疆经济与区域经济、周边经济作为一个有机整体来研究，分析其产生、发展和演变的规律。边疆经济学既揭示边疆经济发展的内在变化与规律，也探讨研究边疆经济与内地、沿海地区的关系；既探讨与周边国家生产要素、资源要素的相互作用及变化规律，也探讨研究与内地之间生产要素、资源要素的相互作用关系；既研究边疆经济发展在国家宏观经济体系、对外开放中的地位及变化规律，也探讨研究与周边国家沿边地区经济发展、对外开放的关系；既探讨与我国经济发展的战略关系，也探讨与周边国家沿边地区经济发展战略的关系。边疆经济学上述的研究内容是区域经济学、地理经济学、产业经济学等所不能替代的。边疆经济学不是“边疆”与“经济”的简单组合，具体研究内容可以概括为以下几个方面。

一、边疆经济发展的规律性

边疆地区作为一个特定区域，具有与沿海、内地不同的资源禀赋和周边环境，其经济发展进程、经济发展水平、经济发展模式、经济结构等诸多方面都与沿海、内地有很大的不同。这些不同，也决定了其发展规律的不同，有其独特的规律性。因此，边疆经济学要研究边疆经济内在的发展规律、演变规律、运动规律，以及边疆经济发展在对外开放、市场经济条件下生产力的空间布局等。

二、边疆经济发展的时空性

时空性具有时间和空间两个方面的含义，是空间和时间的相互联系，是无限和有限的统一。时空是力学、物理学、天文学和哲学的基本问题。在力学中，物体的自由运动体现了时间和空间的统一；在物理学中，物体的机械运动是在时间和空间之中进行的，涉及物体及运动和相互作用的广延性和持续性；哲学上也尤其关注这一概念。在马克思主义哲学的范畴内，认为时空统一是物质运动的一个基本范畴，空间和时间的依赖关系代表着事物发生、发展和演变的秩序性与规律性，时间和空间是运动着的物质的存在形式。

在边疆经济学中，“时”是时间，是抽象概念，表示的是过去现在和未来，没有时间的起始和终结。因此，在边疆经济学中的“时”也就是边疆经济发展的历史，是经济发展过程中所经历的事项，一切经济事件发生顺序的度量和过程。“空”在边疆经济学研究中，就是空间、范围，是一个动态过程。也就是指边疆经济在其空间的范围内所发生的现象，以及对范围、相对位置的度量。从边疆经济学的研究角度理解时空性，既体现出边疆经济发展不仅仅存在于静态的空间，也存在于动态的时间过程中，是时空的统一。

三、边疆经济发展的联动性

联动性在经济学文献中“通常是指经济总量之间的相关性”[1]，包括静态相关系数和动态相关系数。对边疆经济学来讲，研究经济发展的联动性“具有重要意义”。在“双循环”新发展格局建设的背景下，原有的经济体制下形成的以城市和行政区为单元的封闭式经济发展模式已经不适应新形势下开放型经济的发展，必须通过区域内的联动发展，与沿海地区的联动发展以及与周边国家的联动发展，探索边疆经济快速发展的方式、方法和实现途径，

〔1〕 李南．“一带一路”背景下中国与东盟经济周期联动研究［J］．亚太经济，2017（2）．

促进边疆经济高质量发展，这也是边疆经济学领域迫切需要重点研究，并加以解决的重大课题。对边疆经济联动发展的研究，会推动形成促进边疆经济协调发展的方式、方法、实施途径和相关体制机制等，对丰富、完善经济学科具有重大理论意义和现实意义。

研究边疆经济学的联动发展时，既要研究经济总量发展的相关性，也要研究微观领域的相关性。如对区域间的联动发展，特别是随着价值链分工的变化，边疆地区与周边国家的贸易规模也在发生变化，贸易对经济联动的影响逐步从水平贸易转向垂直贸易（Imbs，2004）并试图以中间品贸易的方式对国际经济联动产生影响（Giovanni and Levchenko，2010）。在全球价值链分工下，边疆地区与周边国家的经济联系更加紧密。这种关系不仅表现为产业链本身的相互依赖，也会通过产业链的传递对周边国家经济产生较大的影响。在研究边疆经济学联动性的过程中，要立足于边疆地区的社会经济特点，以考察边疆地区联动发展的难点、重点和热点为切入点，以实现边疆经济发展和区域协调、周边国家合作发展等为目标，把握区域联动发展的理论基础，运用综合分析方法，构建相关模型，探讨边疆地区如何构建分工机制、联动发展机制以及联动区域利益协调机制等，推动边疆地区开放型经济高质量发展，提升边疆经济竞争力水平，促进区域、周边联动发展。

四、边疆经济政策的适应性

适应性的概念源于生态学领域，出自查尔斯·罗伯特·达尔文（Charles Robert Darwin）的生物进化论和自由选择学说，主要用来解释生物种群的进化与自然生存环境之间的关系，其后逐渐延伸至人类社会，随后适应性研究开始应用于人文科学、政治生态学、社会学、建筑学、地理学与可持续科学等领域。国外对适应性的研究和理论的构建比较早。在研究边疆经济学时，边疆经济政策的适应性是其中的重要内容，既包括边疆经济政策与生态环境的适应性，也包括政策对实现边疆经济社会可持续发展的适应性，还包括社会—生态系统适应性等。如边疆经济决策与可持续发展的适应性研究：为了实现可持续的发展，必须在不损害其经济活力、社会正义和环境完整性的情况下，提高边疆地区的适应能力、改善可持续发展相关的要素（包括基础设施的改善、获得政策的优惠、改善恶化的环境条件、培育高素质的人才等），促进边疆经济可持续发展。

在边疆经济发展过程中，有关政策的实施效果，由于各地的经济发展水平、政策环境等不同，其经济政策的适应性、效益性也各不相同，这时就需要对政策的适应性进行评价，探索不同条件下政策的适应性。为制定更有效的政策提供决策依据。

五、市场失灵与政府有效性

边疆经济学在研究边疆经济发展的市场与政府之间的关系时，与发达地区是不同的。根据实际情况，在边疆经济发展的过程中，一方面是市场的决定作用没有被充分发挥出来，出现“市场失灵”的现象；另一方面，政府的作用在不断扩大，起到主导作用，也就是说政府的主导作用是有效的。根据经济学的相关理论，市场的主导作用是在假设充分、竞争完备的条件下才能实现；但在现实中并不存在，特别是在边疆经济发展进程中的市场是不具备实现充分竞争条件的。所以，边疆经济发展中的市场不可能起决定性作用，常常出现“市场失灵”，这就需要政府这个看得见的手来发挥调节市场的作用，纠正“市场失灵”。边疆经济发展既要以市场机制为主体进行资源配置，又不能让它完全自发运行，政府应该发挥重要的作用，实现资源有效配置，“采取逆市场话的调节手段，避免市场失灵”[1]。因此，边疆经济学在研究的过程中，要深入研究“市场失灵”与“政府有效性”的相互作用、相互促进的关系，探索一条具有中国边疆经济发展的新路径。特别是在市场不充分不完善的背景下，如何促进边疆经济发展，既要不断地促进市场作用的不断增强，又要保证政府不过分干预市场，发挥政府“看得见的手”的作用等。

六、生产要素流动的不畅性

边疆地区由于其自身的特征，特别是受地级政治、国际关系周边外交等

〔1〕 王垚．经济学理论在中国边疆研究中的应用［J］．中国边疆学，2020（9）．

非经济因素的影响常常造成生产要素流动不畅，而边疆经济的发展最重要的就是要素的流动，没有要素的流动就无法形成区域之间分工、合作与竞争，也很难实现生产要素在区域内的最优配置。因此，边疆经济学必须研究要素流动的内在动力机制、相互之间的作用和流动的路径等。从相关经济理论中我们可以知道，要素的流动有其本身的特点和规律。首先，它具有追求高回报的趋利性，也就是说要素的流动是以追逐利益为目的。其次，要素流动数量与其距离的远近有关。这里的“远近”主要是指距离中心的远近，离中心越近输入量就越大，越远量越少。再次，要素流动的分散—集中—分散的阶段性特征。最后是要素流动组合的结构合理化规律。要素流动的过程，也是要素组合优化的过程，有其内在的动力机制。根据要素流动的客观规律，各种要素在流动过程中有其自己的特征。这种特征体现在 3 个方面：一是向收益最大化的方向移动，即要素在流动中带有明显的增值倾向，追求经济和非经济收益的扩大；二是向需求引力最大的方向移动；三是向最近的区域移动。一般来讲，要素流动过程中距离越近，信息传播越快，要素流动越便利，成本也越低。

从上述要素体现的规律性和特征来看，边疆地区应该是要素流入量最少的地方，但也有其独特的方面。如生产要素在一定空间依托一定区域的比较优势进行重新组合，达到资源的合理有效配置，实现产品的最优化产出，在满足人类各种消费需求的同时，在一定的区域构成不同的产业结构。边疆地区也是一样，生产要素经过不断优化，组合形成新的产业结构。但在这一配置过程中，受边际产出和边际报酬差异的影响，边疆地区生产要素的优化配置与沿海发达地区相比是不同的，效果也是不一样的。生产要素会在不同区域之间发生各种形式的转移，即生产要素流动。因此，边疆经济学一定要研究边疆经济活动中各种要素配置的作用、边疆地区特有要素流动的性质及规律、整体协调发展研究，以及具有边疆地区特征的要素流动的机制、动因等。这样才能够找到边疆经济发展过程中要素流动的内在规律、生产要素流动对区域产业结构的作用机制、区域之间的协调发展等诸多要素相互作用的机理，实现边疆经济发展要素的优化配置。

七、边疆资源的富集性

边疆地区矿产资源的富集性是边疆的一大特点，如何使富集的资源为经济发展服务，是最重要的。因此，边疆经济学要研究如何通过资源的利用实现“两个市场、两种资源”的有效利用；要发挥资源优势，与周边国家构建起具有特色优势的产业链、价值链和供应链；要创新与周边国家的国际经济合作模式。如推进跨境经济合作区、边境经济合作区、沿边重点开发开放试验区、跨境旅游试验区等建设，实现双方资源的有效利用，发挥边疆地区资源富集性的优势。

八、平台发展的引领性

我国边疆地区的开放始于1984年12月20日，对外贸易经济合作部经国务院批准发布了《边境小额贸易暂行管理办法》，中国边疆开放发展迈出了第一步。自1992年以来，我国累计批准设立了17个边境经济合作区、1个边境自由贸易区、9个沿边重点开发开放试验区、3个跨境经济合作区、2个重点旅游试验区、5个自由贸易试验片区等。这些开放平台建立以后，经济实力不断增长，特色产业体系初步形成，在边疆经济发展、对外开放、深化与周边国家合作等进程中起到了重要的推动作用，加快了边境贸易的发展，有力促进了沿边开放和边境地区经济社会发展。在新形势下，我国各类开放平台如何进一步扩大开放，推动经济快速发展、产业链加快构建等，成为引领边疆经济发展和新发展格局建设的重要课题，更需要我们进行深入的研究。

九、安疆富疆的功能性

边疆地区与其他地区不同的是在发展经济的同时也必须考虑本地的稳定与安全，也就是边疆地区安疆固疆的职能性，这是边疆地区的重要职责和任务。由于边疆处在不同的区位，其重要性也不一样。在历史发展的长河中，边疆在不同时期都发挥着重要的作用。在新的历史时期，一方面，边疆要发展经济；另一方面，必须要稳边、固边、安边。如何处理好这样的一个辩证关系，就需要边疆经济学理论给予边疆地区经济发展强有力的支持。《中共中央关于制定国民经济和社会发展第十四个五年规划和二〇三五年远景目标的建议》中明确提出“支持革命老区、民族地区加快发展，加强边疆地区建设，推进兴边富民、稳边固边”。这是国家从战略上统筹谋划、顶层设计，国家将在区域协调发展的大背景下推动边疆经济高质量发展。在新的形势下，特别是“双循环”新发展格局的建设背景下，边疆地区的重要性不断提升。但是如何建设好边疆、发展好经济、实现边疆地区的安全、稳定，进而将边疆地区建设成“双循环”新发展格局的战略枢纽等，需要边疆经济学进行深入研究，我们要从国家战略与边疆经济发展、边疆经济发展与边疆地区安全、对外开放与边疆地区稳定以及边疆地区经济发展与周边国家的关系等方面开展研究。

第五节　边疆经济学与其他经济学科的关系

一、边疆经济学与政治经济学的关系

边疆经济学同政治经济学的关系非常密切。政治经济学作为一门基础理论，它的许多基本原理和规律以及研究方法，为边疆经济学提供了理论指导，成为这一边缘学科的一个重要理论基础。研究边疆经济学，要以政治经济学剖析社会经济发展的一般规律所抽象出的原理、概念、范畴和方法论作为根本依据和理论来源。但无论是在研究对象、任务上，还是在研究内容上，二者都存在着重要差别。政治经济学的研究对象是人们的社会经济关系，是研究人类社会中支配物质资料生产、交换和分配规律的科学；边疆经济学则是具体地考察边疆地区经济和社会发展特殊矛盾和规律。在研究的任务上，政治经济学要揭示人类社会不同发展阶段社会经济运动的一般规律；边疆经济学则有地域上的限制，仅仅揭示边疆地区社会生产方式及其特点、结构及特殊规律。在学科研究内容上，边疆经济学较政治经济学更加广泛而具体，它除了研究边疆社会生产方式中的生产关系，还要研究生产力的发展变化，研

究边疆经济部门和产业以及边疆城镇、口岸、边防，发展边疆经济的政策以及与周边国家的经济关系、合作模式等。

二、边疆经济学与生产力经济学的关系

边疆经济学同生产力经济学的关系尤为密切。被人们誉为“富国兴邦的智囊科学”的生产力经济学同样是一门理论经济学，它同政治经济学一样是边疆经济学的重要理论基础。生产力经济学为边疆经济学提供理论上的论证和具体的指导原则以及新的科学的方法论。我国边疆地区，经济发展水平与沿海地区相比还有很大的差距，市场的决定作用在边疆地区无法体现，商品生产和交换不够畅通，生产力较为落后，人民生活水平还不高。以社会生产力的属性构成及其运动规律为研究对象的生产力经济学，向我们指明边疆经济学的重要任务，就是要历史、系统、全面地考察边疆经济特点，阐明把既有的、潜在的生产力要素和未来的、可能的生产力要素转化为现实的社会生产力和发展社会生产力的条件和途径，阐明边疆地区诸多生产力要素的优化组合、合理配置，从而使边疆地区摆脱穷困落后，走上富裕、昌盛、文明的道路。

三、边疆经济学与区域经济学的关系

边疆经济学同区域经济学有着密切的关系。一般来讲区域经济学的研究任务，包括3个方面：一是区域经济活动的空间分布；二是生产要素、货物和服务的区域流动；三是区域经济发展的动力。这三个方面相互作用构成了区域经济学理论体系。而边疆经济学研究的任务也具有这方面内容。边疆是一个特殊的区域，从这个意义上说，边疆经济学应该是区域经济学的一个新的分支，边疆经济学的研究对象又处于农村发展经济学、民族经济学、城市经济学等区域经济学分支学科之间，研究内容存在重合。但边疆经济学由于边疆的特殊性，又使其与其他理论研究的对象不同。也就是说，边疆经济学的某些研究方面与相关的一些内容紧密联系。但这些分支又各有其独立的研究对象、任务、内容和学科体系，彼此之间又不可替代。

四、边疆经济学与发展经济学的关系

边疆经济学同发展经济学也有密切联系。发展经济学是以发展中国家的经济发展问题为研究对象的，立足于经济上较为落后的发展中国家，从经济发展的角度来分析发展中国家经济增长、结构变化等。从这一角度来看，边疆经济学与其有相似的地方。边疆一般来讲都是比较落后的地区，比较不发达，市场化程度低，不管是经济增长的幅度，还是产业结构等都比较落后。这一点与发展经济学的研究对象类似，有重合的地方，所以发展经济学也可以为边疆经济学发展提供借鉴。但边疆经济学还要研究与周边国家的关系，以及与经济中心的关系等，这又与发展经济学有很大的不同。

五、边疆经济学与民族经济学的关系

从以上的分析来看，边疆经济学与很多学科都有一些关系，有些内容还有交叉，但这不妨碍边疆经济学的建立。正如厉以宁先生对新学科形成条件的总结："第一条件是在新的经济学分支学科形成以前，已经有一些经济学研究者从事有关问题研究了；第二条件是这一即将形成的、新的经济学分支学科确实有较大的发展空间，而且可以单独成为新的研究领域；第三条件是新的经济分支学科总是处于经济学同其他学科的交叉地带或边缘地带。因此，要形成一个新的学科分支学科，除了经济研究者的努力外，还有赖于与此有关的其他学科研究者的努力。[1]" 从这段论述中我们可以看出，这几个条件边疆经济学都具备。因此，构建边疆经济学是可能的，也是必要的。

第六节 边疆经济学的特点

边疆经济学的边缘学科的特点。它同许多学科都有一定的重合与渗透。例如，它同国土经济学、生产力布局学、人口经济学、环境经济学、旅游经

〔1〕 厉以宁. 可持续发展经济学（序）［M］. 北京：商务印书馆，2000.

济学、产业经济学、资源经济学、经济地理学、民族学、生物学、地质学、历史学、军事国防学、社会学、民俗学等经济学科、自然科学学科、社会学学科及其分支学科存在一定的联系。恰当处理好这种关系，有利于边疆经济学的完善和发展。

边疆经济学的研究对象和任务，决定了它具有许多不同于其他经济学科的特点。

一、整体性

边疆经济学把我国22800公里边界线内侧包括广袤腹地的社会经济区域作为一个完整体系来考察，具有整体性特征。在系统内，一个环节的变动会导致相关环节的连续性变动。边疆地区扩大对外开放，就带来口岸城镇及相邻地区的经济发展，交通、口岸、城镇基础设施的投资就要随之增加，这又会带来边疆社会的经济效益，称作“边界经济效应”。把我国9个省区边疆地域，边疆内各部门、各业、各经济环节、各层次等，组合成一个有机体，作总体性分析研究，发现并指明其共存的规律性。

二、空间地域的特殊性

边疆经济，顾名思义，就是把其研究的客观对象限制在陆地边疆这一特定的地域。虽然农村发展经济学、城市经济学、区域经济学等都有明显的地域性，但它们的地域性不同于边疆经济所特指地处边远且靠近邻国疆界包括相当广阔的腹地的经济，即地处国界、有接邻国家、沿国界内侧这一区域。边疆经济考察的这一区域，其经济社会现象和发展过程，具有相对独立的特征。例如，它是远离沿海发达地区和内地的特别边远的地域；它有对外开放的地理优势；由于其特殊的自然条件与地形地貌，东北部边疆不同于西北部边疆，而北部边疆又同西南部边疆，存在着种种差异，又地处边陲，同别国接壤，因而它易受国际之间政治与经济关系的影响，等等。因此，在边疆经济理论体系中，必须要反映这种种特点，不可把复杂的经济社会问题简单化。

三、综合性

边疆经济学虽然研究的范围有其特定的区域，但其研究的内容具有综合性。既要研究边疆经济发展与全国的不同；也要研究边疆区域内的经济结构、城镇、商品流通、市场、边境贸易、经济开发、自然资源、社会资源的开发与保护、经济运行、边疆经济社会的未来等。综合性是它的一大重要特点。

四、多学科兼容的交叉性

边疆经济作为理论经济学的分支学科，同生产力经济学、工业经济学、农业经济学、交通运输经济学、民族经济学等所研究的经济发展规律有直接联系，它们之间存在着纵向与横向的交叉；边疆经济同区域经济学及其分支学科农村发展经济学、城市经济学、环境经济学等分析的经济社会问题存在相兼关系，在“区域”意义上相互渗透；边疆经济学同国土经济学、经济地理、区域地理、人口学、生态学、经济史学等自然科学、人文社会科学，无疑有某种重叠。但是，边疆经济绝不是也不应当简单地重复生产力经济学、工业经济学、农业经济学、交通经济学等各门经济学的内容，而是要研究它们所阐述的内容和一般规律在边疆经济运动中的特殊运动形式。同样，边疆经济学也不是简单地复述区域经济学、区域地理学等学科的理论观点，而是着重研究在边疆这一特定范围内的农村、城镇、环境、生态等自然的、经济的、社会的特殊关系、矛盾和特点。总之，它们之间的关系，同当代许多学科一样，不是简单的重叠，而是彼此兼容又互相渗透，你中有我，我中有你，各有其存在与发展的客观必然性。

五、应用性

边疆经济学是我国社会主义现代化建设实践的需要，是在实践中产生的一门新学科，具有很强的应用性。对边疆经济理论和规律性的认识，来自边疆经济变革与发展实践；反过来，它又为边疆经济发展实践提供了理论指导。边疆经济学从边疆地区经济社会内部寻求生产力发展、经济起飞的潜能因素、自组织功能，揭示边疆经济社会发展的一般规律和特殊规律，是服务于我国边疆经济发展战略的制定、边疆经济建设需要的经济学科。这一学科的生命力，恰恰在于它具有很强烈的实践性、应用性。几十年来，我国边疆经济发展缓慢，政府的积极扶持和援助之所以没有收到启动、引发边疆经济尽快改观的预期效果，固然同多种制约因素有关，但最根本的问题是缺少专门的科学的经济理论指导，其盲目性、保守性、封闭性得不到消除，有利的客观潜在因素不能以整体的形式释放出巨大的能量，以致不能取得整个系统的最佳的经济社会效益。科学的理论，一经同人们的经济实践活动，就会产生巨大的力量。

第五章　边疆经济学的理论构架

边疆经济学是一个系统的概念，影响边疆经济发展的因素有很多，既有区位、要素、经济结构，也有与周边国家的政治关系、经济关系、外交关系，更有本国发展战略、政策取向、区际联动等。根据边疆地区的实际情况，边疆经济学的理论构建大致包括：边疆经济再造理论—非经济要素整合理论—区域经济联动发展理论边疆经济国际经济带理论、平台辅射经济理论等。

第一节　边境再造理论

边境再造理论的根本是对边疆地区的区位优势和要素优势进行再造，企业是再造的主体。与边境再造理论相关的最主要的理论是区位论和增长极理论。边境“再造”就是根据边疆地区的特殊区位、特色要素，以及特殊市场、特殊政策，充分发挥边疆地区区位功能优势，一般围绕边境区位优势、边境地区增长极展开。对于边疆地区来讲，既具有明显的区位优势，也存在明显的劣势。当边疆地区开放的程度不断加大、要素流动畅通且与周边国家边疆地区合作不断深化时，边疆地区优势凸显；当边疆地区开放程度低、政治不稳定、要素流动不畅、合作不紧密等，边疆地区的劣势就非常明显。随着中国改革开放的不断深化，特别是进入新时代，中国改革开放不断深入、“一带一路”实施、新发展格局建设等，边疆地区已经从改革开放的末梢变为前沿，在边疆地区已经出现和集中了一些具有创新能力的企业，并在有些经济空间的某一点集聚，形成新的增长极。“区域经济增长极”或“区域增长中心”基本形成，边疆地区已经具有明显的优势，具备了边境再造的基础和条件。

一、边境再造理论的基本假设条件

假设一：研究的对象是一个均质的区域，处于所属国家的行政边界范围内，且与毗邻国家存在地理和空间上的连接。

假设二：当地的厂商、消费者与非边疆地区的厂商、消费者具有相同的市场意识和市场行为。

假设三：边疆地区与本国非边疆地区及毗邻国家的基础设施能够实现高度的互联互通。

假设四：本国与毗邻国家是两个市场，具有至少两种资源，且可以在国际贸易规则下进行相互交换。

假设五：经济全球化和区域经济一体化的开放型经济发展环境保持不变。

二、边疆区位再造理论的核心观点

边疆地区处于一国具有行政管辖范围的边界，具有能够提供商品服务的能力，由于处于国内国外两个市场、两种资源的空间连接地带，其区位具有相对性、动态性、可塑性和创新性等特征，即随着内外环境朝着更开放的方向发展，边疆的区位要素可重新分解、扩散、组合，向成本比较低、综合经济利益高、资源优化配置优的方向集聚，使边疆地区的生产和资源要素组合进一步优化，产生新的竞争优势，从传统的中心—外围区域格局中的边缘区转变成经济发展的核心区，形成新的具有发展优势的区域。

三、边疆区位再造理论的解释模型

其一，对厂商运输成本的考量。M_1、M_2 分别为 A、B 两国的边疆区域，B 国代表本国，A 国代表邻国。集合 A_i = ｛A_1、A_2、$A_3 \cdots A_n$｝ 是 A 国的第 i 个市场，B_j = ｛B_1、B_2、$B_3 \cdots B_n$｝ 是 B 国的第 j 个市场。在两国海关达成一致协议的情况下，M_1、M_2 两地可互相提供生产原料，由于彼此相邻，在一般情况下，毗邻地区之间的距离趋向于0，则 M_1、M_2 两地在经济学意义上可组合成为一个原料市场 C，边疆地区市场 M_2 的原料运输距离 $d_f \to 0$。在基础设施互联互通的情况下，边疆地区的空间可达性与非边疆地区相同，则厂商生产同种商品时，B 国内非边疆地区厂商的原料运输距离大于边疆地区厂商，即 $d_j > d_f$，厂商原料运输总成本记为 T，则有 $T_f < T_j$。

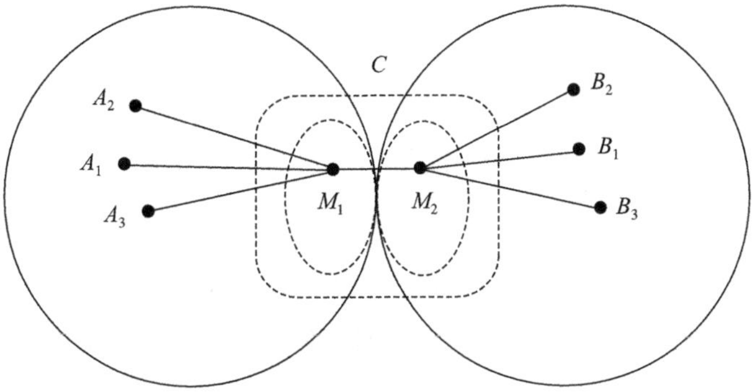

图 5－1　边疆再造理论

其二，对商品销售市场区的考量。在人类生活方式不断演进过程中，新技术、新业态加速发展，市场区不再局限于线下中心地区域，而是包括了线上、线下两个市场区。一般而言，线上市场区对于任何一个地区的厂商都是相同的。对于线下市场区，边疆市场区 M_2 虽然远离非边疆市场区 B_j，但距离是双向的，边疆地区厂商生产的商品与非边疆地区厂商生产的商品流入对方市场的运输距离相同。因此，在自由竞争市场中，边疆地区厂商的销售范围和非边疆地区厂商的销售范围没有差异。

其三，对劳动力要素的成本考量。随着经济全球化的进一步发展，A、B 两国的经贸合作日益密切，跨境劳务合作成为常态化跨境合作模式，在此条件下，边疆地区的劳动力资源为 B 国劳动力与 A 国劳动力的组合，边疆地区劳动力成本用 w_f 表示。由于跨境劳务的活动范围仅局限于边疆地区，无法进入非边疆地区开展劳动，因此 B 国其他市场区的劳动力仅来源于 B 国本身（不包含境外高层次人才引进的情况）。一般情况下，B 国的平均劳动力成本高于 A 国的劳动力成本。因此，边疆地区的劳动力成本普遍低于国内第 j 个市场的劳动力成本，即 $w_f < w_j$。

其四，对资本要素的成本考量。沿边金融的开放发展使边疆地区在对外融资、对外投资、对外贷款，推动人民币结算、人民币投资、人民币贷款等方面具有独特的地理优势。同时，国家对边疆地区采取多种资金扶持政策，对单个企业而言，在边疆地区的融资相较于非边疆地区便利化程度更高，成本更低。另外，根据级差地租理论，边疆地区远离国家、省（区）的政治中心，其土地价格、厂房租金、消费水平普遍低于非边疆地区。并且，边疆地区普遍设有互市贸易区，边民在互市贸易区交易的商品免关税，价格低于一般贸易商品。企业通过与边民合作，可获取价格低廉的生产原料。综合比较，企业在边疆地区投入金融资产成本、中间产品成本都低于非边疆地区。因此，厂商在边疆地区的要素成本普遍低于非边疆地区，即$r_f < r_j$。

其五，其他约束条件。在开放型经济环境中，对于一般贸易，关税壁垒的作用范围是一国所有地区的货物，而非仅针对边疆地区市场的货物，因此，A、B 两国间一般贸易的关税壁垒对边疆地区和非边疆地区的影响没有差异。但是，边疆地区承担着维护国门安全和生态屏障的职能，设有边防、海关等非边疆地区未设立的政府职能部门。在这些部门的监管下，边疆地区的经济发展有三点特殊约束：一是跨境劳务受监管，劳动力流动效率受影响；二是互市交易仅限于边民，互市交易区和互市商品受海关监管，属于非自由市场；三是边疆土地开发受控，土地要素利用效率受影响。不同的是，非边疆地区生产要素可以自由流动，并未受到此类约束。

其六，对最优化要素组合的比较。假设某区域的生产函数仅考虑基本的劳动力要素和资本要素，则边疆地区和非边疆地区的生产函数均可设定为$Q = f(L, K)$，其中，L 是劳动力要素，K 是资本要素。边疆地区受到的特殊约束条件最终作用于基本生产要素，取函数 $\varphi(K, L)$ 表示。则厂商以产量最大化为目标，以生产成本最小化为约束条件时，要素组合实现最优化。

1. 边疆地区生产要素组合最优化方程

目标函数：$\max Q = f(K, L)$

约束条件：$\min C = w_f L + r_f K + \varphi(K, L)$

拉格朗日函数：

$$F(K, L, \lambda) = f(K, L) + \lambda[C - w_f L - r_f K - \varphi(K, L)] \cdots\cdots①$$

则对生产要素求偏导数：

$$\frac{\partial F}{\partial K} = f_k(K,L) - \lambda r_f - \lambda \varphi_k(K,L)$$

$$\frac{\partial F}{\partial L} = f_L(K,L) - \lambda w_f - \lambda \varphi_L(K,L)$$

一阶条件等于0，可求要素组合最优解：

$$\frac{f_k(K,L)}{f_L(K,L)} = \frac{r_f - \varphi_k(K,L)}{w_f - \varphi_L(K,L)} \cdots\cdots ②$$

2. 非边疆地区要素组合最优化方程

目标函数：$\max Q = f(K, L)$

约束条件：$\min C = w_j L + r_j K$

拉格朗日函数：

$$F(K,L\lambda) = f(K,L) + \lambda[C - w_j L - r_j K] \cdots\cdots ③$$

则对生产要素求偏导数：

$$\frac{\partial F}{\partial K} = f_j(K,L) - \lambda r_j$$

$$\frac{\partial F}{\partial L} = f_j(K,L) - \lambda w_j$$

一阶条件等于0，可求要素组合最优解：

$$\frac{f_k(K,L)}{f_L(K,L)} = \frac{r_j}{w_j} \cdots\cdots ④$$

3. 边疆地区和非边疆地区要素组合

当边疆地区和非边疆地区的要素组合比例相同时，公式②与公式④相等，则可建立公式⑤。由于边疆地区生产要素成本小于非边疆地区，即 $r_f < r_j$、$w_f < w_j$，若要公式⑤等式成立，则可推出公式⑥、公式⑦。这表明，边疆地区的特殊生产约束条件 φ（K，L）函数是单调递减的，意味着当该约束条件逐渐变小时，边疆地区的最优要素组合与非边疆地区的最优要素组合趋同。换言之，当海关、边防等职能部门的监管对边疆地区生产要素的制约变小时，边疆地区朝着更加开放的环境发展，边疆地区的生产要素将进一步优化，在达到一定条件时，边疆地区与非边疆地区的要素组合比例相同。

$$\frac{r_f - \varphi_k(K,L)}{w_f - \varphi_L(K,L)} = \frac{r_j}{w_j} \cdots\cdots ⑤$$

$$\Rightarrow \begin{cases} r_f - \varphi_L(K,L) = r_j \\ w_f - \varphi_L(K,L) = w_j \end{cases} \cdots\cdots ⑥$$

$$\Rightarrow \begin{cases} \varphi_k(K,L) < 0 \\ \varphi_L(K,L) < 0 \end{cases} \cdots\cdots ⑦$$

4. 边疆地区与非边疆地区厂商的利润比较

如前所述，厂商在边疆地区和非边疆地区的实际生产要素成本和原料运输成本并不相同，所以厂商在两地的生产利润函数 π_f、π_j 也有所区别，分别如公式⑧、公式⑨所示。

$$\pi_f = PQ - w_fL - r_fK - T_f \cdots\cdots ⑧$$

$$\pi_j = PQ - w_jL - r_jK - T_j \cdots\cdots ⑨$$

$$s.t \begin{cases} w_f < w_j \\ r_f < r_j \\ T_f < T_j \end{cases}$$

$$\Rightarrow \pi_f > \pi_j$$

当边疆地区的特殊约束降低到一定程度时，厂商在边疆地区和非边疆地区的最优生产要素组合比例相等，在相同产量的情况下，厂商在边疆地区生产的利润高于在非边疆地区生产的利润。这意味着，当边疆地区内外部环境朝着更开放的方向发展，且开放水平达到一定程度时，追求利润最大化的厂商会选择从非边疆地区转移至边疆地区，则边疆地区的产业集聚能力会增强，区位熵由低转高，整体区位实现再创造，由经济发展的外围区转变成核心区。

第二节　非经济要素整合理论

边疆地区的经济、政治、社会等因素是相互依存的，边疆经济的发展既需要经济要素的优化配置，也需要非经济要素的促进作用，进而实现经济效益的最大化。如必要的社会和政治条件、稳定的周边环境、通畅的海关监管等，共同促进经济发展。也就是说，边疆经济的发展是在特定历史条件、特定的区域、特定的周边环境等条件下进行的，绝对不会超越其特定的社会政治条件、历史传承、文化影响、周边环境等。

边疆地区由于其所处的地理位置特殊，与周边国家有着悠久往来历史，彼此之间保持着较为紧密的合作关系，有着深厚的非经济因素的地理、文化、历史传承。因此，在边疆经济发展过程中，不仅受到经济要素的影响，还受到诸多非经济要素的影响，并且影响的作用越来越大。经济要素是指一个国家的经济制度、经济结构、产业布局、资源状况、经济发展水平以及未来的经济走势等，而非经济要素一般是指除经济要素以外的影响经济发展的其他各种因素，在边疆地区主要包括政治、军事、外交、安全、海关监管、科技、卫生、文化、教育等方面的因素。这些非经济要素对边疆经济发展的影响与其他区域是不同的，如军事对边疆经济的影响是巨大的。一旦在边境地区发生军事冲突，当地的经济就会受到很大的影响，双方国家就会停止经济往来，两国的经济合作随之停止。因此，在研究边疆经济的时候必须要考虑这些非经济要素，要整合对经济发展产生影响的非经济要素。

非经济要素整合理论就是将除了经济要素以外的所有要素，根据其对经济发展影响程度的不同，进行综合研究分析，形成非要素之间的协调化、互促化、依赖化，建立有效的应对机制，最大限度地促进经济发展，将风险防控到最低点。

第三节　区域经济联动发展理论

区域经济发展不平衡已经是我国经济发展进程中一个很重要的问题，既有历史原因也有现实原因，可以说是由多种原因、多种因素形成的。进入新时代，党中央积极推进区域协调发展战略，可以说“促进区域协调发展，是改革开放和社会主义现代化建设的战略任务，也是全面建设小康社会、构建社会主义和谐社会的必然要求"[1]。因此，在边疆经济发展的进程中，如何形成区域经济发展联动理论指导边疆经济发展，对构建边疆经济理论具有重要的理论价值和现实意义。因为边疆经济具有自己的特色，在研究内容和研究视角等方面都与区域经济学、空间经济学等学科不同。

一、区域联动发展的概念

联动"是指若干个相关联的事物，一个运动或变化时，其他的也跟着运动或变化"，即"联合行动"之意。对于边疆经济发展来讲，在边疆区域内是一个紧密相互联系、相互作用、相互合作的一个联合体，任何一个要素的变化就会引起其他相关联要素的变化。在边疆地区这种联动一种是跟9个省区除了边疆地区以外的区域联动，这种联动的变化比较明显。如边境贸易政策的变化对边境贸易的影响很大，直接影响到9个省区贸易发展，特别是边境贸易占有较大比重的边疆省区。比如受新冠肺炎疫情的影响，边境口岸关闭使口岸的旅游产业受到重大的影响，由此联动影响其他行业。另外一种的联动就是与周边国家边境地区的联动发展。由于边疆地区与周边国家的特殊的关系，在文化、经济发展、自然要素方面等有着诸多的相似之处，因此，具有极强的联动发展的条件，特别是在经济发展、国际经济合作等方面的联动发展。第三种是与国内其他区域的联动。特别是与发达地区的联动，可以实现优势互补共同发展。

区域联动理论就是指不同的区域之间为了促进经济发展，通过优势互补、资源整合等举措，建立健全区域合作机制、区域互助机制、区际利益补偿机制等，实现资源的优化配置，达到经济发展的最大效益。

二、区域经济协调发展

区域经济是在一定区域内经济发展的内部因素与外部条件相互作用而产

〔1〕 厉敏萍，曾光．城市空间结构与区域经济协调发展理论综述［J］．区域经济与城市发展，2012（6）．

生的生产综合体。在区域经济发展过程中，不同的区域由于自然条件和社会条件的不同，区域经济发展也各不相同。而这种不同也来自政府采取的不同的区域经济发展政策。一般来讲，区域经济至少包括以下基本内容：一是区域经济发展和经济量的时空变化关系；二是区域经济规模的分布、增减状况以及运行机制和运动轨迹；三是区域经济发展与地理因素、所处地缘区位的相互作用及其发展规律；四是生产要素与经济结构、产业结构、生产关系结构以及社会文化的互动作用和影响；五是国际环境与本国政策变化的影响及相互关系。在区域经济发展过程中，一个国家的地缘区位会对国际经济发展产生重要影响，是其基本要素。

“协调”（coordination）一词，从词面上看就是协商、协助、调和、调整等的意思。“协调的本质，在于解决各方面的矛盾，使整个组织和谐一致，使每一个部门、单位和组织成员的工作同既定的组织目标一致”；也有的学者认为协调分别为“协”和“调”——协就是帮助、帮忙、协商等意思，调就是调停、调解等意思，那协调就是帮忙解决两者（或者双方）之间的矛盾或两者之间存在的差别等问题。对协调的理解不同，对区域经济协调发展的理解也会有很大的差别。因此，学者对区域经济协调发展各有各的观点。

张敦富、覃成林（2001）认为，“区域经济协调发展是指区域之间在经济交往上日益密切、相互依赖日益加深、发展上关联互动的过程”；张可云（2007）认为，“区域经济协调发展是在区域经济发展非均衡过程中不断追求区域间的相对平衡和动态协调的过程，其最终目标是实现区域和谐”；蒋清海（1995）认为，“区域经济协调发展是指在各区域对内对外开放的条件下，各区域间所形成的相互依存、相互适应、相互促进、共同发展的状态和过程，并且形成决定这种状态和过程的内在稳定的运行机制”；高志刚（2002）认为，“区域经济协调发展是指在国民经济的发展中，主要从效率与均衡的角度考虑的既不同于均衡发展，也不同于非均衡发展的一种区域经济发展模式”；陈秀山、刘红（2006）指出“区域协调发展是指在国民经济发展过程中，既要保持区域经济整体的高效增长，又能促进各区域的经济发展，使地区间的发展差距稳定在合理适度的范围内并逐渐收敛，达到各区域协调互动、共同发展的一种区域发展战略”；等等。

三、区域经济联动发展路径

边疆经济发展的联动要以“一带一路”建设等重大战略为引领，结合边疆经济的发展，联动与其他区域的经济发展，促进区域间相互融通补充。以“一带一路”建设统筹推进沿海、内陆、边疆地区的联动，以六大经济走廊建设为重点，推进重大基础设施建设与互联互通，推动边疆地区与周边国家边疆地区之间的联动发展，构建起以边疆地区为纽带，联动国内与周边的国际经济合作模式，形成新发展格局的枢纽和节点。

以边疆地区的重点开放发展平台为基础，联动国内沿海、周边国家的边疆地区，共同推进产业链、价值链和供应链的构建，建立边疆地区与沿海发达地区之间的区域联动机制，形成产业的联动发展新模式。

推动边疆地区市场一体化建设，按照“建设统一、开放、竞争、有序的市场体系要求”，推动边疆地区市场与沿海地区的市场相互融合，探索建立边疆地区与沿海地区机制适宜、制度统一、模式共推、治理方式一致、区域市场联动的区域市场一体化发展新机制，促进边疆市场的形成。

第四节　边疆经济国际合作带理论

随着我国改革开放的不断深化，我国边疆经济得到了快速的发展，与周边国家的经贸合作也不断加深，关系越来越密切。特别是随着“一带一路”、精准扶贫、新发展格局等国家战略的实施，边疆经济发展已经成为国家战略的重要组成部分，边疆的改革开放已经从改革开放的末梢变为前沿，边疆地区已经形成独具特色和优势的主导产业和产业链。随着经济的发展，边疆地区的城市也得到了发展，逐渐形成了一批具有一定经济规模，对周边有一定辐射作用的边境中等城市。在此背景下，“边疆经济国际合作带”概念才具备提出的基础，进而提出构建边疆国际经济合作理论。

一、边疆经济国际合作带提出的理论依据

边疆经济国际合作带理论是在国际经济合作理论、区域经济学、城市经济带理论、交通经济带理论等的基础上，根据边疆经济发展与对外合作的实践提出的。

（一）国际经济合作理论

国际经济合作是指第二次世界大战以后，不同主权国家政府，国际经济组织和超越国家界限的自然人与法人为了共同的利益，在生产领域中以生产要素的移动与重新配置为主要内容而进行的较长期的经济协作活动。这一理论在边疆经济发展过程中讲的就是边疆地区与周边国家边疆地区之间的跨国境经济合作，这种合作的主体既包括主权国家政府，也包括国际组织、自然人和法人。合作采取的模式大致有3种：一是政府之间建立的跨国经济合作区，这是经主权国家批准，地方政府主导的一种合作方式；二是企业主导、地方政府批准在边疆地区建立的合作产业园区或工业园区，这种园区主要是利用两个市场、两种资源，以生产要素的移动或重新配置为主要内容的投资合作；三是具有投资能力的自然人或法人对边疆地区的投资，设立的企业，主要是利用边疆地区特殊的区位优势、生产要素和资源优势等，进行生产合作。

（二）城市群理论

城市群理论最早是由美国学者库恩于1910年提出，其后经过欧美等地区学者的不断丰富和完善，形成了国际上公认的城市群概念和理论。1957年，法国地理学家戈特曼（J. Gottmann）提出了最初的城市群概念，在对城市群描述中“运用了两个指标界定，即较大的总人口规模和高密度的人口分布”。在此基础上，我国学者又提出“大都市圈”“经济带”等概念。城市经济带是指：“在某个特定区域范围内，依托于某交通网络干线，服从于某种地理疆界的划分，以一个或两个以上的超大城市为核心，联合附近其他相邻城市和城镇，逐渐形成区域城市间和产业间频繁的人流、物流、资金流、信息流、技术流交互，同时又独具特色的带状城市群体（杨凤、秦书生，2007）。”在边疆经济国际合作带中也需要边疆地区的重要城市或城市带。以边疆地区的

地级城市或县级城市为重要主体，形成产业链，发挥其经济集聚、辐射、带动的经济功能，辐射周边国家的边境地区，深化与边疆地区的经济合作关系，达到互利共赢的目的。

（三）交通经济带理论

目前，关于交通经济带还没有一个统一的概念。翟伶俐认为："交通经济带是由交通干线带动其沿线范围内的区域经济产业发展而形成的一种特殊的带状区域"[1]，该定义主要强调的是交通干线的主导作用。杨荫凯、韩增林认为："交通经济带是依靠交通干线作为其发展轴线，依靠交通干线或者其附近范围内的经济发展水平较高的城市，经过沿线各种经济产业的交流合作，产生一定的集聚效应形成的沿交通干线分布的经济区域"[2]。张文尝定义交通经济带为"以交通干线作为依托，吸引了交通干线沿线范围内的大中城市，并形成了以第二、第三产业为主体的带状经济区域。它是一个由产业、客货流、城镇等因素集聚而形成的经济组织，在交通干线沿线地区和各个产业经济部门之间建立了密切的生产合作和技术经济联系"[3]。易江涛认为"交通经济带是建立在交通基础设施网络上，并且以一条主要交通干线为轴线，由于经济产业的发展和扩张都会追求良好的区位条件，在交通基础设施网络沿线条件较优越的区域形成了经济产业的聚集，并逐渐形成城镇乃至中心城市，这些地区的经济产业活动通过交通基础设施网络传导到整个大区域的交通干线上，通过交通干线的传送作用，实现区域内部与内部，内部与外部之间的经济产业联系，并逐渐形成了一条沿交通干线分布的带状经济产业区域"。[4]

二、边疆国际经济合作带的概念

对边疆国际经济合作带概念的理解：首先是边疆这个特殊的区域。之所以说特殊是因为其和其他区域不同，主要表现在有边境线、有监管等，要素

---

〔1〕 翟伶俐．城市空间拓展的点轴模式研究［J］．华中科技大学，2008.

〔2〕 杨荫凯．韩增林交通经济带的基本理论探讨［J］．人文地理，1999（2）：6－10.

〔3〕 张文尝．交通经济带的基本理论探讨［J］．人文地理，2002.

〔4〕 易江寿．交通经济带的机理及范围研究——以成内渝为例，2014.

的自由流动在此受到限制，市场的决定性作用不能充分发挥等。其次是国际经济合作，即不是自己国内的合作，是要与周边国家的边疆地区合作，或与其他国家合作。而这种合作是在双方互利互惠、合作共赢的前提下，既有政府主导，也有以企业为主体的经济合作。最后是带，并非一两个项目，而是一定的区域范围，这种范围既有城市，也有交通网络，还有产业集聚等众多要素。因此，边疆国际经济合作带聚集很多生产要素和资源要素的同时，又是国与国的合作，是属于中央事权。

因此，我认为边疆国际经济合作带是在相关国家中央事权主导下，以边疆地区政府为主体，以完善的交通综合网络为基础，以一个或几个城市或一组密切相关的城市为核心，以产业链、供应链、价值链的构建为重点，以开放合作为引领并联动周围一定地域、整合生产要素和资源要素、形成新的竞争优势、实现互利共赢、共同发展的国际经济协作区。这样的国际经济合作带的形成一定是在中央事权之下进行的一种合作，一般是以地方政府为主导推进。也就是说，合作需要中央政府的批准才能进行，这是因为合作过程中涉及很多事关国家主权的事宜，所以必须由国家之间达成协议才能进行。在中央政府批准后以地方政府为主体进行推进。比如中俄之间要形成中俄国际经济合作带，现阶段比较成熟的就是以中国的黑河市和俄罗斯的布市两个城市为核心，联动其他区域共同合作。在这个过程中就是以黑龙江省为主体来推动合作的进程。另外，形成这样的国际经济合作带一定要以完善的交通网络为基础。

合作一定是以构建产业链、价值链和供应链为重点，通过合作，整合现有的各种要素资源，形成双方新的竞争优势。这种合作一定是开放的，合作的双方要不断地扩大开放，以开放为引领，不断扩大改革开放，推动双方合作模式的创新，促进双方经济的发展。

三、边疆国际经济合作带形成的条件

（一）区位条件

边疆处于一个比较特殊的区域，从国内经济发展和对外开放来看，边疆地区处于国家边缘，存在生产力水平低、对外开放度不高、交通不便、人才短缺等问题；但从边境地区与周边国家合作的角度来看，又具有其他区域不具备的优势条件。如悠久的友好往来历史，边疆地区与周边国家地区往来历史悠久，文化风俗相近，甚至同一民族跨境而居等，这为加强合作奠定了基础。

（二）边疆城市

城市是边疆地区经济发展的重要支撑，聚集了资源、人才产业等多种要素，是边疆地区经济发展与对外合作的重要载体。在构建边疆国际经济合作带的过程中城市的发展非常关键，关乎经济带建设的模式、辐射的能力等。

（三）资源条件

在边疆地区的国际经济合作中，其社会经济活动会消耗大量各种各样的自然资源，特别是土地、水、生物、矿产等资源，可以说本区域以及近邻地区资源的种类、规模、质量、可开发利用程度等，决定了国际经济合作的模式、规模、深度以及双方利益的获得。这就要求边疆地区必须具备国际经济合作发展的各种资源条件。由于边疆地区的特殊区位使之具有丰富的资源优势，同时又具备市场的优势。因此，在国际经济合作的过程中，可以有效地利用两个市场两种资源，利用原产地规则实现国际经济合作效益的最大化，优化资源配置，推动国际经济合作的不断深化。

（四）人才条件

边疆国际经济合作带的建设必须有大量的高素质、懂经济、懂开放的国际型人才，才能更好地推动合作。从边疆地区现有的实际情况来看，这样的人才确实不多，这就需要我们千方百计地吸引人才参与边疆经济的建设。首先，要制定优惠政策吸引人才，包括从国外留学回来的学生、国内双一流学校毕业的研究生、博士生等。其次，要大大提高现有工作人员的工作能力，要对其进行培训，不是简单的培训，而是进行专业知识的培训。最后，可以聘用一些已经退休的经历丰富的、有事业心的、有开放意识的国家部委司局长，在继续发挥他们智慧的同时，也可以整合一些资源。

（五）产业合作

产业合作是边疆国际经济合作带中最重要的一项，要整合经济发展的基本要素，尤其是资金、人才、技术以及特色优势等。在国际经济合作带建设过程中，要实现双方的互惠互利、合作共赢的基本要求。因此，根据国际市场和双方的需求，构建起对边疆经济带具有拉动力、竞争力、引领力的主导产业链，不断推动国际经济合作向纵深发展。

（六）合作环境

国际经合作不是一国自己的事情，而是合作双方共同的事情。因此，第一，建立一个相互信任、办事高效、能够协调和解决问题的机构，是非常关键的；同时也需要一个稳定、开放、合作的周边环境，特别是合作过程中国家的决策。第二，还需要一个很好的合作环境，那就是按照规则办，逐渐营造一个国际化、法制化、便利化的营商环境。第三，要有一套完善的规章制度和奖励措施。特别是要制定有效的边疆经济发展宏观政策，构建促进边疆经济发展的政策体系，进而促进边疆国际经济合作带的形成。

第五节　平台辐射引领理论

“平台”一词本意是指高于附近区域的平面。一般引申为：供人们舒展才能的舞台；完成某项工作所需要的环境或条件；连接两个或两个以上的特定群体，为其提供相互合作的场所，搭建互动机制，促进相互合作的深化等，如电商平台为商品买方和商品卖方提供了连接平台；为其他低于自己的区域提供技术、资金的合作等。

在古汉语当中，有关平台的记载大致有两种：一是古台名，“在今河南商丘市东北。汉梁孝王筑，并曾与邹阳枚乘等游此”，唐代李白所作的《梁园吟》：“天长水阔厌远涉，访古始及平台间。平台为客忧思多，对酒遂作梁园歌。”二是提供休息、观景、眺望等而搭建的露台。唐代杜甫所作的《重过何氏》诗之三：“落日平台上，春风啜茗时。”宋代欧阳修所作的《河南府司录张君墓志铭》：“其平台清池，上下荒墟。”

总之，平台的概念也是随着经济社会的发展在不断变化的。因此，在边疆经济学里，关于平台，我将其界定为对外开放度比较高、与周边合作比较紧密、具有自己的经济发展特点和一定的经济规模、国家本省区给予一定的优惠政策支持的各类园区、城市等。如边境经济合作区、互市贸易区、沿边重点开发开放试验区、沿边地区的自由贸易试验区等。

一、平台辐射引领理论的来源

（一）辐射理论

辐射理论是指经济发展水平和现代化程度相对较高地区与经济发展较落后的地区之间进行资本、人才、技术、市场等要素的流动和转移，以及思想观念、思维方式生活习惯等方面的传播，以现代化的思想观念、思维方式、生活习惯替代与现代化相悖的旧习惯，从而进一步提高经济资源配置的效率，提高经济发展的水平。在辐射理论中，经济辐射的前提首先是对外开放，开放是辐射的关键；其次是生产要素和资源要素的自由流动，当发达地区或城市（国家）与落后地区或城市（国家）存在着互相辐射的条件时，辐射的现象就会出现。前者向后者传递先进的科学技术、资本、管理经验、信息、思想观念、思维习惯和生活方式等；后者向前者提供自然资源、人才、市场等。由于前者向后者传递了先进的生产资源，通过接触能够缩小两者在经济发展水平上的差距。在此前提下，促进双向经济发展，实现互利共赢的目的。

（二）新经济地理理论

新经济地理学将地理空间因素纳入了主流经济学的分析框架，引入规模报酬递增和不完全竞争假设，考虑运输成本、外部经济、路径依赖等问题，建立一般均衡模型，说明了经济活动的空间集聚、区域增长集聚以及地区对外贸易的形成机理。该理论认为可以通过贸易成本高低亦即贸易自由化程度衡量不同地区经济活动的集聚程度。其含义在于，当通过改进基础设施、减少贸易壁垒或是实施优惠性政策促进了贸易自由化时，沿边地区会吸纳更多资源和要素流动至本地区，当此种优势达到一定规模后，便可形成行业或是产业的地理集中，从而产生产业集聚；由此带来的规模报酬递增可以使本地区成为生产中心和消费大市场，又会吸纳更多市场主体和资源，因而形成了不断循环的累积效应，通过自我强化带动地区经济的持续增长。

（三）经济增长极理论

增长极理论最早是从物理学的“磁极”概念引申而来，认为“受力的经济空间中存在着若干个中心或极，产生类似‘磁极’作用的各种离心力和向心力，每一个中心的吸引力和排斥力都产生相互交汇的一定范围的场”。最早提出增长极理论的是法国经济学家佩鲁。经过学者的不断探讨研究，由法国经济学家布代维尔将增长极理论引入区域经济理论中，用它来解释和预测区域经济的结构和布局。后来，经过各国专家学者的完善丰富，使区域增长极理论成为指导区域经济发展的重要理论。

该理论主要观点是在区域经济发展进程中，主要依靠条件较好的少数地区和少数产业，形成带动经济发展的引擎，这就是经济增长极。增长极是围绕推进性的主导工业部门而组织的有活力的高度联合的一组产业，它不仅能迅速增长，而且能通过乘数效应推动其他部门的增长。

在此理论框架下，我们可以理解为经济增长先是由一个点到多个点再到面，再由局部到整体依次递进的一个动态过程，这个过程是有机联系、相互促进的一个系统。这个系统的物质载体或表现形式包括各类城市、各类园区、产业集群等。

二、平台辐射引领理论

（一）基本内容

根据上述的理论框架，我认为在边疆城市及各类园区经济发展的基础上，将生产要素和资源要素进行整合，辅以一定的优惠政策和项目支持，培育边疆经济发展的引擎，进而通过资本、人才、技术、市场等要素的流动和转移，辐射带动其他落后地区经济的发展，同时落后地区向发达地区提供发展所需的各种要素，促进双向经济发展，实现互利共赢的目标，这就是平台辐射引领理论。

这里的平台是指边疆地区的城镇、各类园区（边境经济合作区、跨境经济合作区、自由贸易试验区、重点开发开放试验区等），也可以通过整合城镇与园区、园区与园区等组成新的区域。而这个平台经过培育一定是能聚集边疆各种要素资源、使区域经济发展加快、并具有带动引领作用的。平台对其他区域经济发展具有辐射引领的作用，也就使其他区域经济与其共同发展。同时，其他地区对平台也有回流效应，即具有反作用的效应。

（二）形成条件

形成区域经济增长极应该具备以下几个条件。

第一，这个平台上应该有企业群体和企业家群体，并且必须具备创新能力。通过企业群体的创新，不断地提高企业的竞争能力，使企业的技术水平不断提高、人才队伍不断壮大、市场范围不断扩大等，使之对周围的区域经济发展起到辐射引领的作用。在这个过程中，创新成为经济发展的动力。

第二，在这个平台上必须形成相当规模的经济。也就是说，要想成为区域经济增长极，平台需要具备相当规模的资本、技术和人才的存量，这些要素的不断积累，形成要素的集聚，通过不断地投资、扩大经济发展的规模、提高经济发展水平和效率，逐渐形成规模经济。

第三，要具备良好的营商环境。任何经济的发展都需要良好的经济发展环境，经济增长极的培育也不例外。这既要求有适宜经济发展的公共基础设施、便捷畅通的交通、基本的信息提供等“硬环境”，又要具备经济发展的公共服务、市场公平环境、政府高效率运转和服务、保证市场公平竞争的法律制度、引进人才、留住人才等“软环境”。

第四，平台需要国家给予的一定政策支持。从现有的边疆经济发展的平台来看，不管是边境经济合作区、重点开发开放试验区，还是跨境经济合作区等，国家都给予了一定的优惠政策，通过优惠政策使得平台能够实现生产要素和资源要素的整合，迅速形成自己的竞争力，使经济规模不断扩大，形成经济增长极。

（三）理论作用的机理

受到地理、历史等原因的影响，不同边疆地区的经济发展也存在差异，发展水平也有较大的差距。随着改革开放进程的不断深入，经济发展水平等的差距也在不断拉大，表现在边疆地区与发达地区之间的经济发展水平出现了差距越来越大的现象。在这样的背景下，不管是边疆发展水平较高的区域，还是沿海地区发展水平较高的区域，相互之间通过不同强度的点、线、面等方式，辐射到发展相对落后的不发达地区，这种辐射是通过便利的交通体系、通畅的要素流动体系以及人才流动等方式实现。例如，道路、通信网络、人员流动等。发达地区对不发达地区通过资本、信息、技术、人才的流通以及对思想观念、思维方式、生活习惯的影响，来改造欠发达地区落后的思想与生活习惯，这种传播的作用对经济、文化、社会的影响是极其巨大的。在这里，我们把经济发展水平和现代化程度较高的地区称为增长极，增长极在这里也可以被称为辐射源。增长极的形成有两种方式：其一，自发形成的。由于某地区历史传承的资源禀赋较好，在漫长的历史演变过程中，在市场长期的流动过程中形成聚集地，久而久之形成各个方面都较有优势的区域增长极。主要特点是它是在充分的市场竞争中形成的，具有较强的发展动力和延续性。其二，政府扶持形成的规划性区域增长极。其典型的特征就是政府大力扶持，给予优厚的政策待遇，在经济发展过程中能很好地发挥应有的作用。因此，这两种增长极各有优点，同时也相互补充、相得益彰。

CHAPTER 2

第二篇

边疆经济发展实践

第六章　边疆经济发展的起步和过渡

党的十一届三中全会以来，中国开始了改革开放的新征程，经过40多年的改革开放，中国经济发展取得了举世瞩目的成就，成为世界第二大经济体。但我们也应该看到，在改革开放的进程中，中国区域经济的发展是不平衡的，特别是边疆地区的经济发展与东部沿海地区的经济发展有很大差距，而且区域之间经济发展的差距不断扩大，严重地影响了中国经济的总体增长。在我们总结中国改革开放40年成绩的时候，最重要的问题之一就是区域经济发展不平衡的问题。

自中华人民共和国成立以来，由于不同时期国家对边疆地区的战略定位不同，采取的政策不同，致使边疆经济发展速度也不相同。本文根据国家不同时期的发展战略将边疆经济发展分为1949—1978年、1979—1991年、1992—2001年、2002—2012年、2013年至现在等5个时期。

第一节　1949—1978年边疆经济发展的起步期

新中国成立以后，根据当时国际国内形势，我国把重点放在巩固国防、发展经济和满足居民生活需要方面，工业，尤其是重工业成为中国经济发展的重要内容，工业布局主要集中于沿海地区的同时，从国家整体战略考虑，也将其中的一部分布局在内地和边疆地区。如"一五"时期，全国设计的156个建设项目中，就有56项安排在东北，其中黑龙江22项、吉林11项、辽宁23项[1]；在铁路方

---

〔1〕 隋舵.2004中国区域经济发展报告——东北老工业基地复兴研究［M］. 北京：红旗出版社，2004.

面完成了集宁到二连、兰州到新疆等的铁路建设；公路方面如康藏线和青藏线等也都已经全部通车。这些铁路和公路的建成，加强了我国西北、西南广大地区同全国各地的联系；“三五”时期的三线建设加快了成昆铁路的建设，解决了西南地区的交通运输问题。在这样的背景下，边疆地区的经济发展开始起步。

在对外开放方面，东北地区在1948年与朝鲜签订了经济协定，并以此为基础于1953年签署了《中朝经济及文化合作协定》，丹东成为与朝开展互市贸易和经济合作最重要的口岸城市；在西北地区，对外开放以1950年中国与苏联签署的《中苏贸易协定》为开端，以新疆塔城的巴克图口岸和霍尔果斯口岸为重点，开展了与苏联的合作；在西南地区，由于与东南亚、南亚等国家外交关系的逐步建立，经贸往来也开展起来，逐渐开放了西藏亚东、广西的凭祥、东兴等口岸，西南边疆地区经济开始起步。

总之，在“一五”时期，由于国际环境较好，“一五”（1953—1957年）各项指标都完成得较好，特别是经济得到了快速的发展。这一时期，全国的工业建设向中西部倾斜的幅度比较大，“中西部所占比重比东部多9.9个百分点”〔1〕。

到了“二五”（1958—1962年）时期，由于“大跃进”的关系，加上边疆地区经济发展面临的复杂环境，使得“二五”计划各项指标都没有完成，进入调整时期。边疆地区也受到了严重的影响，特别是与苏联、印度等国关系的急剧恶化，使得边疆地区对外开放进入封闭期。

到了“三五”（1966—1970年）、“四五”（1971—1975年）时期，由于中国与苏联关系的变化，以及与以美国为首的资本主义阵营的关系变化，中国的战略重点发生了变化。面对着变化的国际环境和国内的“文化大革命”，中国的经济建设不得不考虑国家战备和政治需要，国家的工作重心开始由经济建设向政治运动和军事转变，指导思想也从以发展经济“解决吃穿用”为主，转变到“要准备打仗”为主，以政治和战备为中心，经济建设受到很大

〔1〕 胡长顺．中国工业化战略与国家安全［M］．北京：电子工业出版社，2011.

的冲击。

1953—1979 年，边疆地区的经济发展呈现两个特点：一是实际人均 GDP 与其他地区差距较大，处于较低水平；二是实际人均 GDP 增长率波动大，但与其他地区增长率的平均值基本持平。

第二节 1979—1991 年边疆经济发展的过渡期

这个阶段包括了我国国民经济计划的“五五”期末两年、“六五”“七五”共 12 年的时间，一直到 1991 年“八五”开始。“五五”计划实施的前期，虽然“文化大革命”已经结束，但是“文化大革命”的一些影响还存在，一些思想、行为等错误还未得到及时纠正，经济发展过程中的“左”的思想倾向依然存在，严重地影响了经济的发展。因此，可以说在党的十一届三中全会召开以前是经济发展的过渡时期，虽然此时中国经济各领域都开始出现自下而上的改革，但经济发展仍然存在过热与冒进的情况。在 1978 年党的十一届三中全会召开之后，中国经济发展打破了原来的模式，以农村开始试行家庭联产承包责任制和城市里出现私营经济为开端，开启了中国改革开放的新征程，中国开始了由封闭经济向开放经济、从计划经济向市场经济的转变。

改革开放初期，中国的首要任务是发展经济。为实现经济快速增长，这一时期中国采取了区域不平衡理论来促进改革开放。在区域选择上，把经济发展的重点放在了东部沿海地区，由原来区域均衡发展的理念转向以东部沿海地区为重点的发展理念。为顺利实现均衡发展向以东部沿海地区为重点的不均衡发展的转变，邓小平同时提出“两个大局”思想：一是东部沿海地区率先发展，中西部地区要顾全这个“大局”；二是 20 世纪末全国达到小康水平时，东部地区拿出更多力量帮助中西部地区加快发展，东部沿海地区也要服从这个“大局”。为促进东部沿海地区加快发展，1979 年中央政府决定在深圳、珠海、汕头和厦门试办特区，让东部沿海地区成为改革开放的前沿，这一时期的边疆地区发展以支持东部产业发展为中心。“五五”计划实施期间经济增长的速度加快，达到 6.5%，比“四五”时期高出近 1 个百分点。

党的十一届三中全会，开启了中国改革开放新征程，进入“六五”期间，基本任务是“继续贯彻执行调整、改革、整顿、提高的方针，进一步解决过去遗留下来的阻碍经济发展的各种问题，取得实现财政经济状况根本好转的决定性胜利”[1]。“六五”（1981—1985年）期间，为了满足沿海地区工业发展对原材料的需求，国家从东北和内蒙古东部地区调运煤炭5080万吨，从西北地区运出煤炭820万吨，西南地区运出的煤炭也达到770万吨；随着铁路技术的改造和运力的提升，1985年，内蒙古西部以及宁夏的煤炭外运能力由1980年的7200万吨增加到1.2亿吨，通往东北的出关运煤能力由1980年的1400万吨增加到2900万吨。如1985年，从云南经贵昆、湘黔、黔桂线的物资外运能力达到1200万吨，1980年又增加了400万吨。在公路建设方面，集中力量新建和改建了西南、西北地区干线公路网的青藏公路、新疆天山公路、甘肃兰州到陕西宜川公路、河北与内蒙古东部的平泉到双井子公路等。经过“六五”时期边疆地区的对外开放和发展，为第七个五年计划期间的国民经济和社会发展奠定了更好的基础，创造了更好的条件。

在对外开放方面，为了促进边疆地区的对外开放、活跃边疆地区经济、满足边民生产和生活的需要、促进邻国的经济往来、发展睦邻友好关系，当时的主管部门对外经济贸易部于1984年5月16日出台了《边境小额贸易暂行管理办法》。管理办法鼓励边境地区发展边境小额贸易，边境小额贸易由有关省、自治区人民政府管理。有关口岸开放、外事、安全、边防、海关、银行、商品检验、动植物检疫、工商行政管理等方面的工作，由省、自治区人民政府商请国务院有关主管部门办理，边境城镇之间的小额贸易，按照自找货源、自找销路、自行谈判、自行平衡、自负盈亏的原则进行。《边境小额贸易暂行管理办法》的出台促进了边境小额贸易的发展，也扩大了边疆地区的对外开放。为了进一步促进边境地区对外开放，1985年9月18日，国务院发布了《国务院关于口岸开放的若干规定》（国发〔1985〕113号），将口岸分为一类和二类，“一类口岸是指由国务院批准开放的口岸（包括中央管理的口

[1]《中华人民共和国国民经济和社会发展第六个五年计划》。

岸和由省、自治区、直辖市管理的部分口岸）；二类口岸是指由省级人民政府批准开放并管理的口岸。”[1]《规定》的发布进一步扩大了边疆地区的对外开放。1980 年中国边疆 9 个省区的国民生产总值为 986.4 亿元，到 1985 年 9 个省区的国民生产总值达到 1837.2 亿元，是 1980 年的 1.86 倍。

表 6－1　1979—1985 年边疆 9 个省区国民生产总值和增减

年份	国民生产总值（亿元）	增减（%）
1979	869.3	
1980	986.4	13.47
1981	1054.3	6.88
1982	1170	10.98
1983	1331.9	13.84
1984	1555.5	16.79
1985	1837.2	18.11

资料来源：根据边疆 9 个省区统计年鉴整理。

“七五”时期，全国各族人民认真遵循对内搞活经济、对外实行开放的总方针，取得了显著的成就。“七五”时期，国民生产总值平均每年增长 7.8%，国民收入平均每年增长 7.5%，工农业总产值平均每年增长 11%[2]。随着改革开放的不断深入，“七五”期间，我国根据独立自主、平等互利的原则，进一步加强了同世界各国的经贸关系，扩大进出口贸易、积极扩展利用外资和引进先进技术、加强经济技术交流等。重点在出口商品的构成、国际市场的开拓和出口商品的生产布局这三个方面。

在出口商品的构成方面重点要实现“由主要出口原料性的初级产品向主要出口制成品转变”“由主要出口粗加工制成品向主要出口精加工制成品转变”；在开拓国际市场方面，开辟新的国际市场，积极扩大同世界各国和各地区的经贸关系，逐步建立适应国际市场的销售体系和服务网络；在出口商品的生产布局方面，在继续发挥沿海地区优势的同时，扩大对边疆地区的开放，

〔1〕 1985 年 9 月 18 日，国务院发布的《国务院关于口岸开放的若干规定》（国发〔1985〕113 号）。
〔2〕 中华人民共和国国家统计局，1991 年 3 月 13 日。

建立中国特色的出口产品基地，逐步完善出口生产体系。

为了进一步促进边疆地区的经济发展和对外开放，“七五”期间，国家对边疆地区继续实施优惠政策，在财力、物力和技术方面给予支持的同时，要求沿海发达地区也要对边疆地区采取支持措施，国家进一步放宽政策，培育边疆地区经济发展新的内在动力，使边疆地区获得更快发展。1987 年 4 月，中共中央、国务院批准《关于民族工作几个重要问题的报告》，进一步强调指出：“新疆、西藏、云南等省区和其他一些少数民族地区，具有对外开放的优越地理条件，又有丰富的地下、地上资源和独特的旅游资源，进一步搞好开放，就能把某些劣势变成优势，加快经济的发展。”1988 年国务院回复《关于黑龙江省对苏联边境易货贸易和经济技术合作问题的批复》（国函〔1988〕61 号），同意黑龙江省“积极开展对苏联边境易货贸易和经济技术合作”，“经商苏方后，1988 年，争取再开密山、虎林、饶河、萝北、漠河、嘉荫六个对苏边境贸易口岸”，全面加强与苏合作，并同意在劳务、技术合作等方面由黑龙江省自主审批，同时也明确了“内蒙古自治区、新疆维吾尔自治区、吉林省、哈尔滨市的对苏边境易货贸易和经济技术合作，均按上述规定执行”。并且明确黑龙江省“对于《国务院关于加快和深化对外贸易体制改革若干问题的规定》（国发〔1988〕12 号）附录二中列出的一类出口商品和经贸部直接发放许可证的进出口商品名称，每年由省汇总报经贸部审批一次，其中属于国家限制进口的商品和出口粮食由经贸部转报国务院审批。凡属放开经营的进出口商品及限额以下的经济技术合作项目，由省自行审批，报经贸部备案”；对于“三来一补”、来料加工、合资企业进口的物资按国家有关规定享受减免税收的优惠待遇；对苏边境贸易的进口货物的税收仍按《国务院关于内蒙古自治区对苏、蒙边境贸易若干问题的批复》（国函〔1986〕155 号）的规定办理。如个别易货进口商品确有困难，单独报财政部、海关总署研处。

可以说，“七五”规划期间，我国边疆对外开放和经济发展取得了长足的发展。1986 年 9 个省区的国民生产总值合计为 2089.3 亿元，到 1990 年总额达到 3955.2 亿元，是 1986 年的 1.89 倍，年均增长 16.65%。

表 6-2　1986—1990 年边疆 9 个省区的国民生产总值和增减

年份	国民生产总值（亿元）	增减（%）
1986	2089.3	13.72
1987	2479.8	18.69
1988	3091.7	24.67
1989	3521.2	13.89
1990	3955.2	12.32

资料来源：根据边疆 9 个省区统计年鉴整理。

从改革开放之初，到 1990 年，经过 12 年的发展，我国经济取得了快速的发展。在这过程中，边疆经济与国家整体经济基本保持一致，在改革开放的进程中也得到了快速发展，年均增长保持在 15% 左右。在对外贸易方面，“从 1980—1990 年，边疆地区进出口贸易总额年均增长率为 25.1%，比同期全国与沿海进出口贸易总额年均增长率的 11.7% 和 16.4% 分别高 13.4 和 8.7 个百分点”，其中“出口年均增长率为 25.6%，进口年均增长率为 24%，出口年均增长率比全国平均高出 12.5 个百分点，进口年均增长率比全国平均高出 13.7 个百分点”[1]。

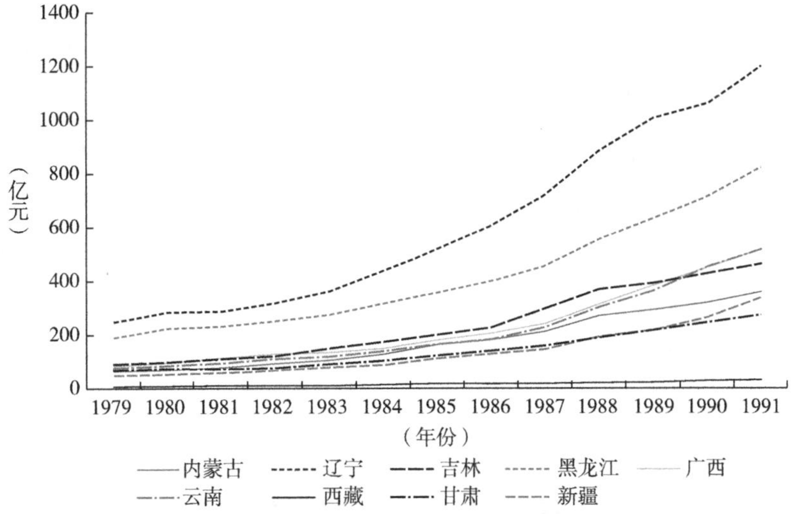

图 6-1　1979—1991 年边疆 9 个省区国民生产总值

资料来源：根据边疆 9 个省区统计年鉴整理。

〔1〕 常永胜，王桂芳．对外贸易与边疆经济发展［J］．实事求是，1995（1）．

第七章　1992—2001年边疆经济发展的加速期

进入“八五”期间（1991—1995年），党中央在《中共中央关于制定国民经济和社会发展十年规划和“八五”计划的建议》中提出在继续推进沿海地区经济的发展的同时，要选择一些内陆边境城市和地区，加大对外开放力度，促进这些地区对外贸易和经济技术交流的发展，使之成为我国对外开放窗口。并且要按照今后十年地区经济发展和生产力布局的基本原则，统筹好沿海与内地、经济发达地区与较不发达地区之间的关系，促进区域经济协调发展。有重点地加大对沿边地区经济发展的支持力度，发展具有本地优势和特色的加工工业，对沿边地区的经济发展实施优惠政策，加快陆地边境口岸的建设，积极发展边境贸易。1992年1月18日至2月21日，邓小平先后赴武昌、深圳、珠海和上海视察，发表了著名的南方讲话。邓小平在南方讲话中提出了“坚定不移地贯彻执行党的‘一个中心、两个基本点’的基本路线，坚持走有中国特色的社会主义道路，抓住当前有利时机，加快改革开放的步伐，集中精力把经济建设搞上去”“加快改革开放的步伐，大胆地试，大胆地闯”“抓住有利时机，集中精力把经济建设搞上去”“坚持两手抓，两手都要硬”等，并对深圳等经济特区的建设给予了高度的评价，推动中国改革开放进入了全面发展新阶段。正是在这样的背景下，边疆经济的发展也进入了快速发展阶段。

第一节　开放边境城市

1992年3月9日，国务院发布了《关于进一步对外开放黑河等四个边境城市的通知》（国函〔1992〕21号），“决定进一步对外开放黑龙江省黑河市、绥芬河市、吉林省珲春市和内蒙古自治区满洲里市四个边境城市”，“积极扩大对俄罗斯和独联体其他国家的边境贸易和地方贸易，发展投资合作、技术交流、劳务合作等多种形式的经济合作，合理利用当地的优势发展加工制造业和第三产业，促进边境地区的繁荣稳定”，“省和自治区可以在其权限范围内，授予四市人民政府在管理边境贸易和经济合作方面一定权限，权限内的边贸、加工、劳务合作等经济合同由市自行审批”。同时“‘八五’期间对为发展出口农产品而进口的种子、种苗、饲料及相关技术装备，企业为加工出口产品和进行技术改造而进口的机器设备和其他物料，免征进口关税和产品税（或增值税）”，要积极吸引外资，“省和自治区人民政府可以在权限范围内扩大四市人民政府审批外商投资项目的权限。经当地税务机关批准，外商投资企业的企业所得税减按24%的税率征收”，“允许独联体各国投资商在其投资总额内用生产资料或其他物资、器材等实物作为投资资本。这部分货物可按我国边贸易货的有关规定销售，并减半征收进口关税和工商统一税”，“可在本市范围内划出一定区域，兴办边境经济合作区”，“对边境经济合作区内产品以出口为主的生产性内联企业所得税率在当地减按24%的税率征收”，“八五”期间免征投资方向调节税，对边境经济合作区进行区内基础设施建设所需进口的机器、设备和其他基建物资，免征进口关税和产品税（或增值税），“八五”期间，边境经济合作区的新增财政收入留在当地，用于基础设施建设，“中国人民银行每年专项安排4000万元固定资产贷款（每市1000万元），用于边境经济合作区的建设，纳入国家信贷和投资计划”等。1992年，国家实施沿边开放战略，国务院先后颁布了一系列文件，批准珲春、黑河、绥芬河、满洲里、二连浩特、伊宁、博乐、塔城、畹町、瑞丽、河口、凭祥、东兴等13个城市为沿边开放城市，加上辽宁丹东，共批准设立了14个国家级边境经济合作区。

1992年9月18日，国家税务总局颁布了《关于进一步对外开放的边境、沿海和内陆省会城市、沿江城市有关涉外税收政策问题的通知》，其中对“乌鲁木齐、南宁、昆明、哈尔滨、长春、呼和浩特”等边疆省区的六个省会城市实施开放，“投资兴办的外商投资企业，凡属生产性的，减按

24%的税率征收企业所得税”，从事“技术密集、知识密集型的项目”、外商投资额在3000万美元以上且回收投资时间长的项目以及“能源、交通、港口建设的项目”　“经国家税务局批准，可减按15%税率征收企业所得税”。

第二节　出台政策鼓励边疆经济发展

一、“八五”期间

进入“八五”（1991—1995年）期间，为了进一步促进边疆经济发展，1991年国务院办公厅转发经贸部等部门《关于积极发展边境贸易和经济合作促进边疆繁荣稳定意见的通知》（国办发〔1991〕25号），“在1995年底以前，对由经贸部批准的边贸公司通过指定口岸进口的商品，除国家限制进口的机电产品和烟、酒、化妆品等商品外，减半征收进口关税和产品税（增值税）”，“边民互市进口的商品，不超过人民币三百元的，免征进口关税和产品税（增值税）”，“鼓励边境地区同毗邻国家的边境地区开展经济技术合作。在国家规定允许的限额内，由边境地区实施的合作项目，报省、自治区经贸主管部门审批。通过这类合作进口的商品，凡属对方支付我国劳务人员工资的部分，除国家限制进口的机电产品和烟、酒、化妆品等商品外，免征进口关税和产品税（增值税）；其余部分可视同边贸进口商品享受减半征税的优惠政策”；“适当简化边境贸易和劳务人员的出国手续”等。除此之外，各部委也出台了相应的支持政策，促进了边疆经济的发展。

地区国民经济生产总值快速增长。从1991年开始，9个省区经济快速发展，当年9个省区国民生产总值合计为4519.4亿元，同比增长14.27%，到1995年合计达到10928.0亿元，比1994年增长20.26%，年均增长率达到22.7%。

表 7-1 1991—1995 年边疆 9 个省区的国民生产总值和增减

年份	国民生产总值（亿元）	增减（%）
1991	4519.4	14.27
1992	5431.8	20.17
1993	7025.0	29.36
1994	9086.6	29.34
1995	10928.0	20.26

资料来源：根据边疆 9 个省区统计年鉴整理。

对外贸易出现新的增长态势。1991 年 9 个省区的对外贸易总额为 130.4 亿美元，同比增长 15.09%。到了 1995 年对外贸易总额已经达到 264 亿美元，同比增长 14.49%。除此之外，这一时期，边疆省区的边境小额贸易、边民互市、对外劳务输出、技术合作等都有了新的发展。

表 7-2 1991—1995 年边疆 9 个省区对外贸易总额和增减

年份	对外贸易总额（亿美元）	增减（%）
1991	130.4	15.09
1992	169.4	29.91
1993	199.2	17.59
1994	230.6	15.76
1995	264.0	14.49

资料来源：李光辉，等．中国沿边开放战略研究［M］．北京：中国商务出版社，2014.

二、“九五”期间

“八五”期间，国民生产总值年均增长 12%，基本实现 2000 年比 1980 年翻两番的目标，进入“九五”（1996—2000 年）时期，要“全面完成现代化建设的第二步战略部署”“实现人均国民生产总值比 1980 年翻两番”。在促进区域经济协调发展方面，特别是沿海与中西部平衡发展的问题，“更加重视支持中西部地区的发展，积极朝着缩小差距的方向努力”，支持欠发达地区发展经济。

为了鼓励边境地区积极发展与我国毗邻国家间的边境贸易与经济合作，国务院、国家相关部委先后出台了一系列文件，鼓励边疆地区的经济发展。

一是规范边境贸易。明确规定边民互市贸易是指边境地区边民在边境线20公里以内、经政府批准的开放点或指定的集市上，在不超过规定的金额或数量范围内进行的商品交换活动；边境小额贸易是指沿陆地边境线经国家批准对外开放的边境县（旗）、边境城市辖区内（以下简称边境地区）经批准有边境小额贸易经营权的企业，通过国家指定的陆地边境口岸，与毗邻国家边境地区的企业或其他贸易机构之间的贸易活动。边境地区已开展的除边民互市贸易以外的其他各类边境贸易形式，今后均统一纳入边境小额贸易管理，执行边境小额贸易的有关政策。

二是提高边民互市免税商品的额度。对于边民通过互市贸易进口的免税商品，1996年出台《关于边境贸易有关问题的通知》（国发2号文），将原来每人每天价值300元人民币提高到1000元人民币，在1998年的《关于进一步发展边境贸易的补充规定的通知》中又提高到3000元，“边民通过互市贸易进口的商品（仅限生活用品），每人每日价值在人民币3000元以下的，免征进口关税和进口环节增值税；超过人民币3000元的，对超出部分按法定税率照章征税”〔1〕。

三是实施“两减半”政策。“边境小额贸易企业通过指定边境口岸进口原产于毗邻国家的商品，除烟、酒、化妆品以及国家规定必须照章征税的其他商品外，‘九五’前3年（1996—1998年），进口关税和进口环节税按法定税率减半征收”〔2〕。1998年对外贸易经济合作部、海关总署《关于进一步发展边境贸易的补充规定的通知》，将优惠时间延续到“在2000年底前，继续实行进口关税和进口环节增值税按法定税率减半征收的政策”〔3〕。

---

〔1〕1998年11月19日对外贸易经济合作部、海关总署《关于进一步发展边境贸易的补充规定的通知》〔1998〕外经贸政策第844号。

〔2〕1996年1月3日，国务院《关于边境贸易有关问题的通知》（国发〔1996〕2号文）。

〔3〕1998年11月19日对外贸易经济合作部、海关总署《关于进一步发展边境贸易的补充规定的通知》〔1998〕外经贸政策第844号。

四是鼓励经济技术合作。“除边境贸易以外，与苏联、东欧国家及其他周边国家的易货贸易和经济技术合作项下进口的产品，一律按全国统一的进口税收政策执行”，“边境小额贸易企业凡出口国家实行配额、许可证管理的出口商品，除实行全国统一招标、统一联合经营的商品和军民通用化学品及易制毒化学品外，可免领配额、许可证”；对于与边境地区毗邻国家经济技术合作项下进出口商品的管理“执行边境小额贸易的进口税收政策”，“其承包工程和劳务合作项下换回的物资可随项目进境，不受经营分工的限制”，“边境地区外经企业与毗邻国家劳务合作及工程承包项下带出的设备材料和劳务人员自用的生活用品，在合理范围内，不受出口配额和经营分工的限制，并免领出口许可证”，“边境小额贸易企业通过指定边境口岸出口属招标管理的四种机电产品（黑白电视机、自行车、电风扇、单缸柴油机），可以视同一般机电产品出口，不受机电产品出口招标管理规定的限制，一律免领出口许可证”[1]。

这些政策的实施，促进了边疆经济的发展。“九五”期间，边疆经济获得了较快的发展，经济总量从1293.5亿元增长到2000年1943.8亿元，年均增长10.8%。

表7－3　1996—2000年边疆9个省区经济总额和增减

年份	经济总额（亿元）	增减（%）
1996	1293.5	18.4
1997	1430.8	10.3
1998	1602.2	5.1
1999	1761.5	9.9
2000	1943.8	10.4

资料来源：根据边疆9个省区统计年鉴整理。

〔1〕1999年6月9日，中华人民共和国对外贸易经济合作部《关于边境小额贸易企业出口四种招标机电产品免领出口许可证的通知》。

从上述分析来看，这个阶段正好经历了两个五年规划时期，从1991年到2000年，正是我国改革开放不断深入，开放型经济快速发展的阶段，我国的边疆经济这一时期也是如此，1992年，以邓小平南方谈话为标志我国的改革开放进入了快速发展阶段，沿边地区也随着这一趋势，进入了较快发展阶段，与周边国家的关系已经全部恢复，开放了沿边城市，并相应地建立起边境经济合作区，为边疆经济发展搭建起新的发展平台。随着改革开放的不断深入，国家把边疆经济发展纳入国家战略，先后出台了一系列国务院文件，支持边疆经济发展，特别是2000年3月西部大开发战略的实施，进一步促进了边疆省区的经济发展。在这十年中，边疆国民生产总值从1991年的4519.4亿元，增加到2000年的17614.7亿元，年均增长16.6%，如表7-4所示。

表7-4　1996—2000年边疆9个省区的国内生产总值和增减

年份	国内生产总值（亿元）	增减（%）
1996	12934.8	18.37
1997	14307.8	10.62
1998	15239.2	6.51
1999	16022.0	5.14
2000	17614.7	9.94

在对外贸易方面，从1996年的279.6亿元，增加到2000年340.2亿美元，年均增长11.7%。其中，辽宁省的对外贸易增长较快，10年之内对外贸易累计金额达到1411.9亿美元，在9个省区中总量最大。

表7-5　1996—2000年边疆9个省区对外贸易总额和增减

年份	对外贸易总额（亿美元）	增减（%）
1996	279.6	5.93
1997	286.4	2.41
1998	264.1	-7.77
1999	251.7	-4.69
2000	340.2	35.14

第八章　2002—2012 年边疆经济发展的调整期

2001 年 11 月，中国加入世界贸易组织，标志着中国重返世界经济舞台，开启了改革开放发展的新征程，中国经济发展也进入了“十五”时期。在此背景下，为了更好地融入世界经济发展的大潮，中国一方面要调整现有的边贸政策，与世界贸易组织接轨；另一方面，开始对边疆经济发展政策进行调整，既要符合世界贸易组织的规则，又要促进边疆经济发展。因此，党中央在《中共中央关于制定国民经济和社会发展第十个五年计划的建议》（2001—2006 年）中，提出“实施西部大开发战略，加快中西部地区发展，关系经济发展、民族团结、社会稳定，关系地区协调发展和最终实现共同富裕，是实现第三步战略目标的重大举措。”“促进西部边疆地区与周边国家和地区开展经济技术与贸易合作，逐步形成优势互补、互惠互利的国际合作新格局”[1]，把边疆经济发展纳入中国整体经济发展战略之中，开始谋篇布局。

第一节　2002—2006 年战略实施政策调整

一、西部大开发战略实施

2000 年 1 月，国务院成立了西部地区开发领导小组，开始实施西部大开发战略。西部大开发的范围包括“12 个省、自治区、直辖市，3 个单列地级行政区：四川省、陕西省、甘肃省、青海省、云南省、贵州省、重庆市、广西壮族自治区、内蒙古自治区、宁夏回族自治区、新疆维吾尔自治区、西藏自治区、湖北省恩施土家族苗族自治州、湖南省湘西土家族苗族自治州、吉

〔1〕 朱镕基．关于国民经济和社会发展第十个五年计划纲要的报告．北京：人民出版社，2002.

林省延边朝鲜族自治州"[1]。西部大开发战略代表着中国经济发展进入了一个新的阶段，国家从整体上统筹布局，既要充分考虑国内市场供求关系的根本性变化，也要考虑更多地利用市场机制的力量，进一步扩大对内和对外开放。西部大开发战略包括边疆省区甘肃省、云南省、广西壮族自治区、内蒙古自治区、新疆维吾尔自治区、西藏自治区和吉林省延边朝鲜族自治州等，面积合计478.53万平方公里，占边疆9个省区面积的80.7%[2]。2000年，西部大开发建设的主要任务和目标是"加快基础设施建设；加强生态环境保护和建设；巩固农业基础地位，调整工业结构，发展特色旅游业；发展科技教育和文化卫生事业。力争用5～10年时间，使西部地区基础设施和生态环境建设取得突破性进展，西部开发有一个良好的开局。到21世纪中叶，要将西部地区建成一个经济繁荣、社会进步、生活安定、民族团结、山川秀美的新西部"。经过5年的努力，西部大开发取得了显著的成就，西部地区国民生产总值"2000年至2005年，年均增长10.6%"；财政收入显著提升，"地方财政收入年均增长15.7%"；重大工程预计开工，"累计新开工70个重大建设工程，投资总规模约1万亿元"；交通运输基础设施不断完善，道路里程不断增加，"新增公路通车里程22万公里（其中高速公路6853公里），新增铁路营运里程近5000公里"；一批批新的项目不断完成，"新增电力装机4552万千瓦，新增民航运输机场10个，青藏铁路、西电东送和西气东输等重大建设工程相继建成"，为继续推进西部大开发奠定了坚实的基础。

二、兴边富民行动计划

几乎在西部大开发战略实施的同时，1999年由国家民委联合国家发展改革委、财政部等部门倡议发起的兴边富民行动也开始实施，这是一项发展边疆经济的重要举措，其范围主要是边疆9个省区、靠近边境的138个边境县（旗、市、市辖区）和新疆生产建设兵团的58个边境团场，土地面积197多

〔1〕 2000年10月，《国务院关于实施西部大开发若干政策措施的通知》国发〔2000〕33号。
〔2〕 中国地图集．北京：中国地图出版社，2014.

万平方公里。其宗旨就是振兴边境、富裕边民。在兴边富民行动中，国家民委、国家发展改革委、财政部等部委采取了一系列举措，促进了边境县、市、旗的经济发展。

三、实施东北地区等老工业基地振兴战略

20世纪90年代以前，东北三省是我国最重要的工业基地，也是我国经济相对发达的地区。但随着改革开放的不断深入，与沿海地区相比，东北地区经济发展相对缓慢，国民经济生产总值增长率和工业增加值增长率由改革开放初的近15%和20%下降到10%以下。为了进一步推动东北地区的经济发展，缩小区域间经济发展水平的差距，国家在2000年实施西部大开发战略之后，开始实施东北地区等老工业基地振兴战略。2003年10月，中共中央、国务院发布《关于实施东北地区等老工业基地振兴战略的若干意见》（以下简称《若干意见》），对东北地区等老工业基地的发展做出了明确的发展部署。《若干意见》明确了振兴东北地区等老工业基地的指导思想、方针任务和政策措施。其范围包括"辽宁、吉林、黑龙江三省和内蒙古自治区呼伦贝尔市、兴安盟、通辽市、赤峰市和锡林郭勒盟"，涉及145万平方公里土地和1.2亿人口。《若干意见》阐述了实施的意义、原则以及重要任务等，制定了振兴东北老工业基地的各项方针政策，开启了振兴东北老工业基地的征程。2004年3月，在《政府工作报告》中，进一步指出"统筹区域协调发展，推进西部大开发和东北地区等老工业基地振兴"，强调"要坚持推进西部大开发，振兴东北地区等老工业基地，促进中部地区崛起，鼓励东部地区加快发展，形成东中西互动、优势互补、相互促进、共同发展的新格局"。

四、边贸政策的调整

与此同时，国家对边境贸易政策也进行了调整，逐渐规范化，与世界贸易组织接轨。国家部委相继出台了《关于边境贸易方式钻石进口有关问题的通知》《关于我国与俄罗斯等独联体国家边境小额贸易外汇管理有关问题的通知》《关于边境小额贸易企业经营资格有关问题的通知》《边境贸易外汇管理

办法》《关于以人民币结算的边境小额贸易出口货物试行退（免）税的补充通知》《关于边境地区境外投资外汇管理有关问题的通知》《关于边境小额贸易项下进口货物适用税率的有关问题的公告》等，使边境贸易、边境外汇管理、边境企业的资格、边境税率等进一步规范化，取消了原有的边境贸易“两减半”政策，纳入对外贸易统一管理，“边境小额贸易出口，无论出口金额大小，边境小额贸易企业均应当按照出口收汇核销管理规定申领出口收汇核销单，办理出口报关、交单等手续”，实施政府转移支付的政策。

总之，西部大开发战略、振兴东北老工业基地战略和兴边富民行动计划的实施，促进了边疆经济发展、对外开放和区域经济协调发展。从2001年到2006年，9个省区国民经济总量从19438亿元增加到39083亿元，年均增长14.26%。对外贸易得到了较快的发展，从2001年的348.6亿美元增加到2006年的1012.7亿美元，突破千亿美元大关，年均增长16.6%[1]。

第二节　2007—2012年综合战略深度推进

经过“十五”时期，“我国综合国力明显增强，人民生活明显改善，国际地位明显提高”，国民生产总值年均增长9.5%，货物贸易进出口总额年均增长24.5%[2]，为“十一五”发展奠定了坚实的基础。2006年我国开启了国民经济发展第十一个五年规划（2006—2010年），边疆地区经济在“十五”发展的基础上，“要继续实施区域发展总体战略，深入推进西部大开发，全面振兴东北地区等老工业基地”，“加大对革命老区、民族地区、边疆地区、贫困地区发展扶持力度”，推进改革开放、推进发展。“国家加大对欠发达地区支持力度，鼓励发达地区对欠发达地区对口援助”，继续实施兴边富民“十一五”规划。

一、西部大开发进入新阶段

为了进一步推进区域经济协调发展战略，2006年3月，中共中央根据

〔1〕资料来源：根据9个省区统计年鉴计算而得。
〔2〕2006年3月15日，《中华人民共和国国民经济和社会发展第十一个五年规划纲要》。

《中共中央关于制定国民经济和社会发展第十一个五年规划的建议》编制了《中华人民共和国国民经济和社会发展第十一个五年规划纲要》，提出“西部地区要加快改革开放步伐，通过国家支持、自身努力和区域合作，增强自我发展能力。坚持以线串点、以点带面，依托中心城市和交通干线，实行重点开发”。在基础设施方面，重点“加强基础设施建设，建设出境、跨区铁路和西煤东运新通道，建成‘五纵七横’西部路段和八条省际公路，建设电源基地和西电东送工程”。要大力实施生态发展、绿色发展。“巩固和发展退耕还林成果，继续推进退牧还草、天然林保护等生态工程，加强植被保护，加大荒漠化和石漠化治理力度，加强重点区域水污染防治。加强青藏高原生态安全屏障保护和建设”。根据西部地区的资源优势，国家要“支持资源优势转化为产业优势，大力发展特色产业，加强清洁能源、优势矿产资源开发及加工，善公共服务”。根据西部地区人才短缺的实际情况以及今后发展需要，规划明确提出要“优先发展义务教育和职业教育，改善农村医疗卫生条件，推进人才开发和科技创新”。在对外开放和开展区域经济合作方面，重点是口岸的开放和发展，完善口岸的基础设施，因此，在“十一五”期间“建设和完善边境口岸设施，加强与毗邻国家的经济技术合作，发展边境贸易”。在实施西部大开发战略过程中，最重要的是资金的问题，针对如何解决资金的问题，“十一五”规划明确提出要“加大政策扶持和财政转移支付力度，推动建立长期稳定的西部开发资金渠道”[1]。2007年1月23日，《国务院关于西部大开发“十一五”规划的批复》（国函〔2007〕6号），对西部大开发做了详尽的部署。《西部大开发“十一五”规划》是以科学发展观为指导，要持续、稳定地提高西部地区城乡人民的生活水平，要使西部地区在基础设施建设、生态环境保护方面有新的发展，要使重点地区和重点产业的发展达到新的水平，要实现基本公共服务均等化并取得新的成就。《西部大开发“十一五”规划》提出了八个方面的重点任务，确定建立六个机制，同时为使每一项任务能够落地，在实施过程中都明确了重点工程。在利用外资方面要加大对外商开放

〔1〕 2006年3月15日，《中华人民共和国国民经济和社会发展第十一个五年规划纲要》。

力度，对外商在西部投资给予优惠政策。在规划中根据西部的特色提出了发展六大特色优势产业。2007 年 3 月 5 日，温家宝在第十届全国人民代表大会第五次会议上的《政府工作报告》中提出：要“认真落实西部大开发‘十一五’规划，重点是加强基础设施、生态环境建设和发展科技教育，发展特色优势产业”。

经过 5 年的发展，西部大开发取得了很好的成绩，促进了边疆经济的发展。“2010 年西部大开发的主要经济指标比 2005 年翻了一番以上”，“国民经济年均增长 13.6%，高于全国增长 2.4 个百分点”，“进出口贸易总额年均增长 26.1%”，高出全国进出口增速 4.2 个百分点，“新增公路通车里程为 36.5 万公里，新增铁路营业里程为 8000 公里”，“城乡居民收入比 2005 年分别增长 80% 和 85.7%，城乡面貌发生历史性变化”[1]。

二、进一步实施东北地区等老工业基地振兴战略

东北地区等老工业基地振兴战略实施以来，东北三省经济增速开始加快，逐步缩小了与全国的差距。2006 年 3 月在《中华人民共和国国民经济和社会发展第十一个五年规划纲要》中，对东北地区等老工业基地振兴的发展重点做了规划并提出相应的支撑工程。要“加快产业结构调整和国有企业改革改组改造，在改革开放中实现振兴。发展现代农业，强化粮食基地建设，推进农业规模化、标准化、机械化和产业化经营，提高商品率和附加值。建设先进装备、精品钢材、石化、汽车、船舶和农副产品深加工基地，发展高技术产业。建立资源开发补偿机制和衰退产业援助机制，抓好阜新、大庆、伊春和辽源等资源枯竭型城市经济转型试点，搞好棚户区改造和采煤沉陷区治理”等。

2007 年 3 月 5 日，温家宝在第十次全国代表大会第五次会议上做的《政府工作报告》进一步强调了实施东北地区等老工业基地战略的重点，指出“积极推进东北地区等老工业基地振兴，重点是加大产业结构调整的力度，搞

---

〔1〕 国家发改委《西部大开发“十二五”规划》，2012 年 2 月发布。

好重要行业、企业的重组改造，推动装备制造业、原材料加工业、高新技术产业和农产品加工业发展，加强商品粮基地建设等”。东北地区等老工业基地振兴战略的实施，使东北三省的经济得到了发展，2008 年东北三省地区生产总值占全国的比重升至 8.62%，比 2007 年高出 0.14 个百分点，这是进入 21 世纪后东北三省地区生产总值占全国的比重首次止跌回升。2008 年，东北三省地区生产总值增长率为 13.4%，超过全国平均水平 1.7 个百分点，这一增长率在四大板块中名列第一。以“十一五”规划实施以来的 3 年计算，东北三省经济增速为 13.7%，高于全国 0.5 个百分点，分别高于东部、中部和西部地区 0.5 个、0.5 个和 0.3 个百分点，是改革开放以来增长最快的时期。

三、支持革命老区、民族地区和边疆地区发展

对于革命老区、民族地区和边疆地区，在《中华人民共和国国民经济和社会发展第十一个五年规划纲要》中明确提出：“加大财政转移支付力度和财政性投资力度，支持革命老区、民族地区和边疆地区加快发展”，在发展经济的同时也要加强对三区的自然生态保护，要加大植树造林的力度，改善基础设施条件，建设绿色经济。在三区的发展中要注重人才培养。发展教育要从发展学前教育开始，加快普及义务教育，重点办好中心城市的民族初中班和高中班，建立健全民族大学，提高民族地区的教育水平，教育政策要向三区倾斜，鼓励毕业的大学生去三区工作，给予发展的空间和机会。“建设少数民族民间传统文化社区，扶持少数民族出版事业，建立双语教学示范区。加强少数民族人才队伍建设，稳定民族地区人才队伍”。在支持三区发展的进程中，要解决发展的根本问题，特别是要“支持发展民族特色产业、民族特需商品、民族医药产业和其他有优势的产业”，使边疆地区可持续发展。“优先解决特困少数民族贫困问题，扶持人口较少民族的经济社会发展，推进兴边富民行动”[1]。

四、继续实施兴边富民行动计划

为深入推进边疆经济快速发展，帮助边民尽快致富，党中央国务院决定

---

〔1〕 2006 年 3 月 15 日，《中华人民共和国国民经济和社会发展第十一个五年规划纲》。

继续实施兴边富民行动计划，并依据《中华人民共和国国民经济和社会发展第十一个五年规划纲要》，制定了《兴边富民行动“十一五”规划》（2007—2011年）。规划明确提出了发展总体目标和具体目标。

在总体目标中提出“重点解决边境地区发展和边民生产生活面临的特殊困难和问题，不断增强自我发展能力，促进经济加快发展、社会事业明显进步、人民生活水平较大提高，使大多数边境县和兵团边境团场经济社会发展总体上达到所在省、自治区和新疆生产建设兵团中等以上水平”。在具体目标中提出“一是边境地区交通、电力、水利等基础设施落后状况明显改善，边境一线的茅草房、危旧房基本消除。二是贫困边民的基本生活得到保障，边境农村最低生活保障制度加快建立。三是社会事业得到较快发展，边民教育、卫生、文化等基本公共服务条件明显改善。四是县域经济发展能力明显增强，地方财政收入和居民收入水平较大幅度提高。五是边境贸易得到较快发展，重点边民互市点和口岸设施建设得到加强，对外经济技术合作领域继续扩大。六是生态环境保护和建设取得重要进展。七是社会治安状况良好，睦邻友好关系进一步巩固，民族团结进步事业全面发展”等7个方面[1]。

同时，为了实现发展目标，规划确定了具体的任务，包括：加强基础设施和生态建设，改善生产生活条件；重点解决边民的贫困问题，拓宽增收渠道；大力发展边境贸易，促进区域经济合作；加快发展社会事业，提高人口素质；加强民族团结，维护边疆稳定等。

边民教育、卫生、文化等基本公共服务条件明显改善；县域经济发展能力明显增强，地方财政收入和居民收入水平较大幅度提高；边境贸易得到较快发展，重点边民互市点和口岸设施建设得到加强，对外经济技术合作领域继续扩大。

五、边贸政策调整

为进一步的发展边境贸易，对外商投资的企业给予过渡期的优惠政策，

---

〔1〕《国务院办公厅关于印发兴边富民行动“十一五”规划的通知》国办发〔2007〕43号。

对于《国务院关于进一步对外开放黑河、伊宁、凭祥、二连浩特市等边境城市的通知》（国函〔1992〕21号、国函〔1992〕61号、国函〔1992〕62号、国函〔1992〕94号）中提到的沿边开放城市的生产性外商投资企业，减按24%的税率征收企业所得税。根据《国务院关于进一步对外开放南宁、昆明市及凭祥等五个边境城镇的通知》（国函〔1992〕62号文），允许凭祥、东兴、畹町、瑞丽、河口五市（县、镇）在具备条件的市（县、镇）兴办边境经济合作区，并对在边境经济合作区内以出口为主的生产性内联企业给予税率的优惠政策，减按24%的税率征收。

对于边境贸易的发展，在2008年《国务院关于促进边境地区经济贸易发展问题的批复》中，明确规定要"加大对边境贸易发展的财政支持力度。同意自2008年11月1日起采取专项转移支付的办法替代现行边境小额贸易进口税收按法定税率减半征收的政策，并逐年增加资金规模"。这些资金专用于发展边境贸易和边境小额贸易企业能力建设。

同时，进一步提高边民互市进口商品免税额度，从原来的3000元抬高到8000元，从2008年11月1日开始执行。由财政部会同国务院有关部门研究制定边民互市进出口商品不予免税的清单。

国家级边境经济合作区的基础设施项目财政贴息贷款政策比照中西部地区执行，对于根据边境经济发展需要，在边境地区申请设立具有保税功能、货物从境内区域进入区内享受退税政策的跨境经济合作区等，由海关总署在全国海关特殊监管区域宏观布局规划中统筹考虑。

总之，"十一五"期间，我国综合国力大幅提升，2010年国内生产总值达到39.8万亿元，跃居世界第二位，国家财政收入达到8.3万亿元。国家实施的西部大开发战略、东北地区等老工业基地振兴战略、兴边富民行动计划以及对边贸政策的调整等，有力地促进了边疆经济的发展。2006—2010年，边疆地区国民经济生产总值从39083亿元增长到76025亿元，年均增长18%；对外贸易进出口总额从2006年的1012.7亿美元，增长到2010年的1883.4亿美元，年均增长14.2%，高于全国年均增长的13.6%；在利用外资方面，边疆9个省区也得到了快速发展，从2006年的121.6亿美元，增加到2020年的

336.9亿美元，是2006年的2.77倍，累计金额达到787.7亿美元，占全国利用外资的比重也从18.12%上升到30.97%。

2011年，我国进入“十二五”时期，这是我国开始建设全面小康社会的关键时期，“是深化改革开放、加快转变经济发展方式的攻坚期”[1]。“十二五”期间要“以科学发展为主题，以加快转变经济发展方式为主线，深化改革开放，保障和改善民生，巩固和扩大应对国际金融危机冲击成果，促进经济长期平稳较快发展和社会和谐稳定，为全面建成小康社会打下具有决定性意义的基础”[2]。开启新一轮西部大开发建设，全面振兴东北地区等老工业基地，加大对革命老区、民族地区、边疆地区和贫困地区扶持力度，切实改善老少边穷地区生产生活条件。2012年，中国共产党第十八次全国代表大会召开，开启了社会主义建设的新时期。

回顾总结，这一时期（2002—2012年）是中国经济快速发展的时期。在这一时期，国家先后实施了西部大开发战略、东北地区老工业振兴战略、兴边富民行动计划等，并在入世后对边贸政策进行了调整，这些战略和政策的实施促进了边疆经济的发展。

这一时期的发展涉及国家实施的三个五年计划，即“十五”计划（2001—2005年）、“十一五”规划（2006—2010年）和“十二五”规划的前两年，合计12年。这12年也是中国改革开放取得举世瞩目的发展阶段，2010年中国超过日本成为世界第二大经济体，中国经济发展模式也从外向型经济向开放型经济模式转变。

从国民经济发展来看，2001年加入世贸组织时，9个省区国民生产总值合计为16719.9亿元，占我国国民生产总值的17.5%；到2012年，边疆经济总量占我国国民生产总值的比重已经提升到19.2%，年均增长12.75%（见图8-1）。从各省区来看，辽宁省的国民生产总值规模最大，从2001年的

[1] 中共中央关于制定国民经济和社会发展第十二个五年规划建议［M］. 北京：人民出版社，2010：1.

[2] 中共中央关于制定国民经济和社会发展第十二个五年规划建议［M］. 北京：人民出版社，2010：5.

5033.1 亿元，增加到2012 年的24846 亿元，增长4.9 倍，其次是内蒙古、黑龙江、广西、吉林、云南、甘肃，最少的是西藏，2012 年有701.03 亿元（见图8－2）。

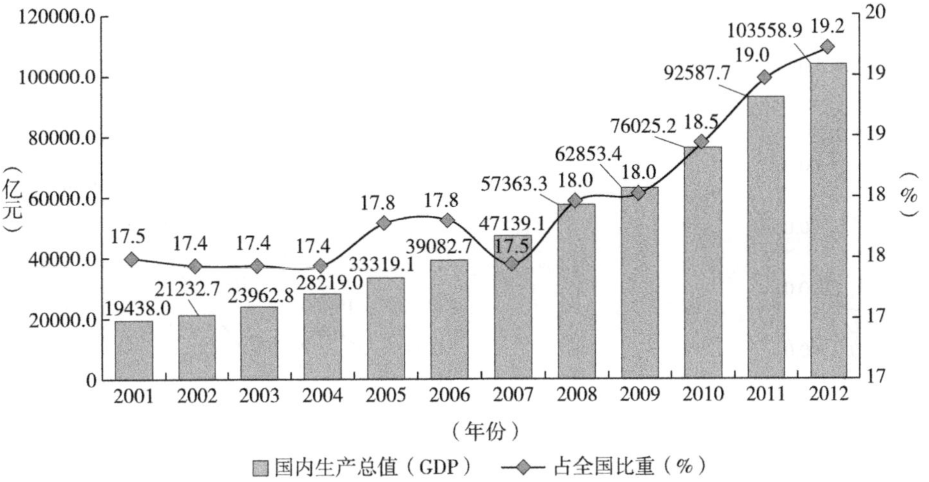

图8－1　2001—2012 年边疆9 个省区国民生产总值合计变化过程

资料来源：根据边疆9 个省区统计年鉴整理而得。

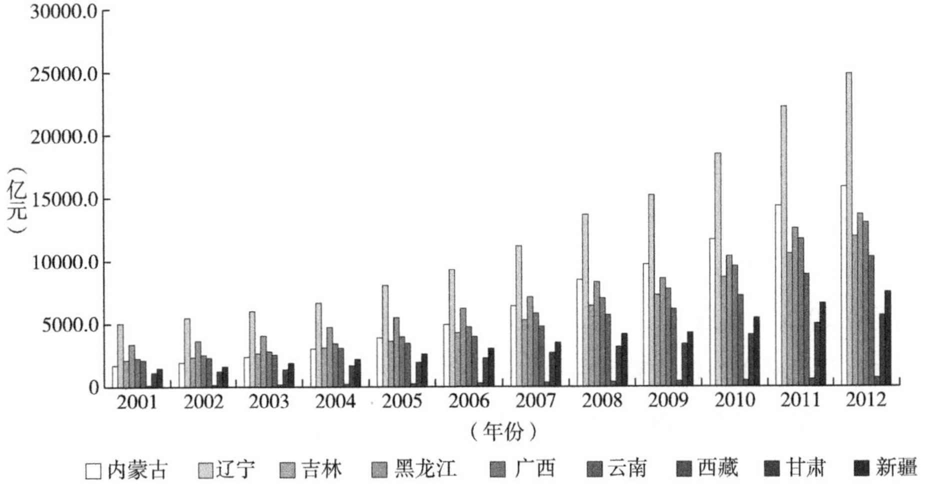

图8－2　2001—2012 年边疆9 个省区 GDP 平均增速情况

资料来源：根据边疆9 个省区统计年鉴整理而得。

从对外贸易总额来看，边疆对外贸易总额从2001年的348.6亿美元，增长到2012年的2654.9亿美元，年均增长17.37%（见图8－3）。从2001年至2012年，在9个省区中，对外贸易年均增长最快的省区是甘肃省，为35.04%，其次是西藏自治区为25.73%、云南省为23.51%、广西壮族自治区为22.3%、新疆省为21.74%、吉林省为19.8%、黑龙江省为18.44%、辽宁省为14.01%，最低的是内蒙古为13.65%（见图8－4）。

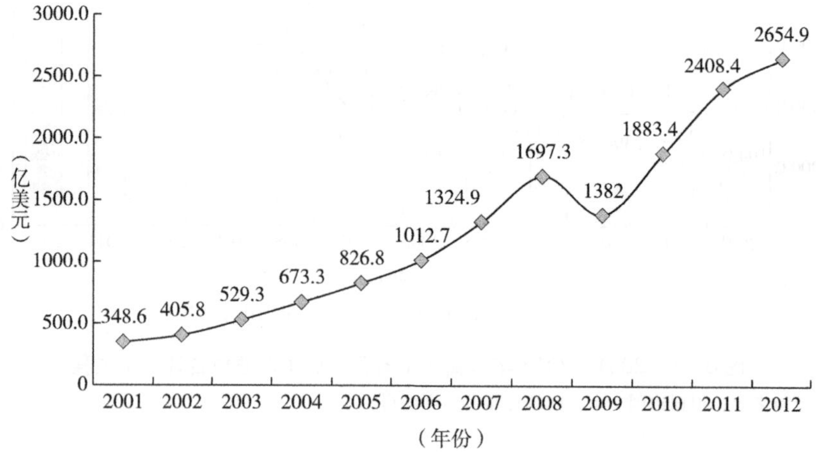

图8－3　2001—2012年边疆9个省区GDP总额变化趋势

资料来源：根据边疆9个省区统计年鉴整理而得。

随着改革开放的不断深入，在利用外资方面9个省区也在不断地加大力度，营造优良的营商环境，积极吸引外资。2001年边疆9个省区利用外资的总额为58.4亿美元，同比增长5.2%，占全国利用外资总额的11.76%，经过12年的发展和营商环境的改善，边疆9个省区利用外资的金额逐渐增加，特别是在2005年以后，一直保持加快的增长趋势（见图8－5）。2012年边疆9个省区累计利用外资金额达到441.2亿美元，同比增长11.03%，占全国利用外资的比重已经上升到38.94%（见图8－6）。

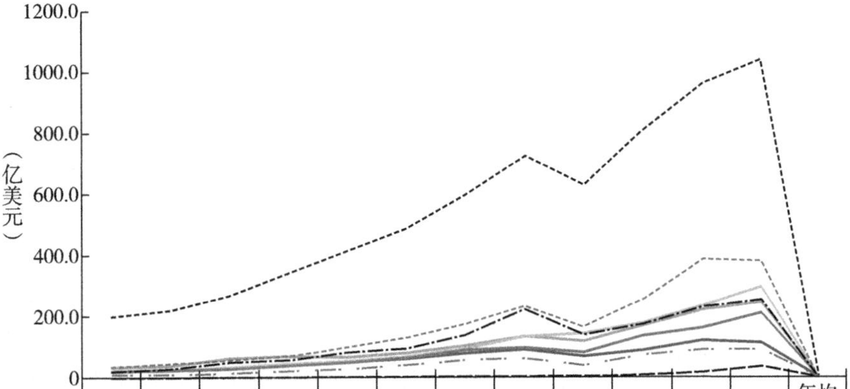

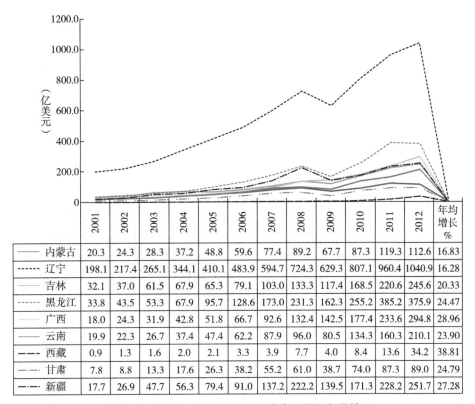

	2001	2002	2003	2004	2005	2006	2007	2008	2009	2010	2011	2012	年均增长%
—— 内蒙古	20.3	24.3	28.3	37.2	48.8	59.6	77.4	89.2	67.7	87.3	119.3	112.6	16.83
------ 辽宁	198.1	217.4	265.1	344.1	410.1	483.9	594.7	724.3	629.3	807.1	960.4	1040.9	16.28
—— 吉林	32.1	37.0	61.5	67.9	65.3	79.1	103.0	133.3	117.4	168.5	220.6	245.6	20.33
------ 黑龙江	33.8	43.5	53.3	67.9	95.7	128.6	173.0	231.3	162.3	255.2	385.2	375.9	24.47
—— 广西	18.0	24.3	31.9	42.8	51.8	66.7	92.6	132.4	142.5	177.4	233.6	294.8	28.96
—— 云南	19.9	22.3	26.7	37.4	47.4	62.2	87.9	96.0	80.5	134.3	160.3	210.1	23.90
— — 西藏	0.9	1.3	1.6	2.0	2.1	3.3	3.9	7.7	4.0	8.4	13.6	34.2	38.81
—·— 甘肃	7.8	8.8	13.3	17.6	26.3	38.2	55.2	61.0	38.7	74.0	87.3	89.0	24.79
—·— 新疆	17.7	26.9	47.7	56.3	79.4	91.0	137.2	222.2	139.5	171.3	228.2	251.7	27.28

图 8－4　2001—2012 年边疆 9 个省区货物贸易情况

资料来源：根据边疆 9 个省区统计年鉴整理而得。

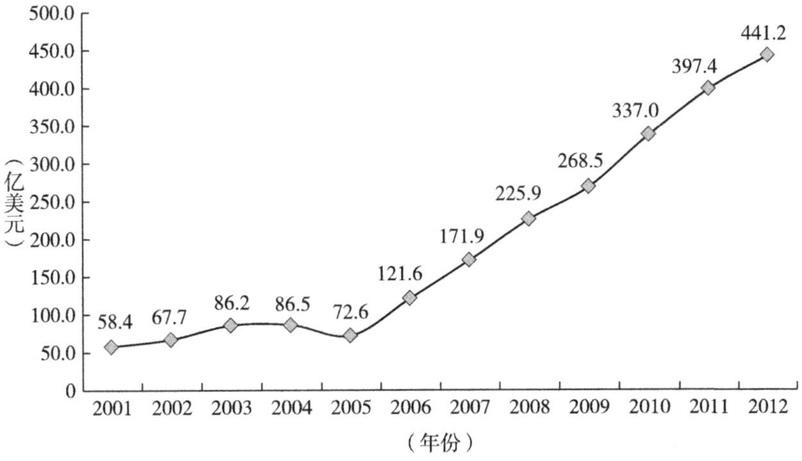

图 8－5　2001—2012 年边疆 9 个省区利用外资总额趋势

资料来源：各省区国民经济和社会发展统计报告、统计年鉴、政府公报。注：2002—2005 年西藏数据缺失。

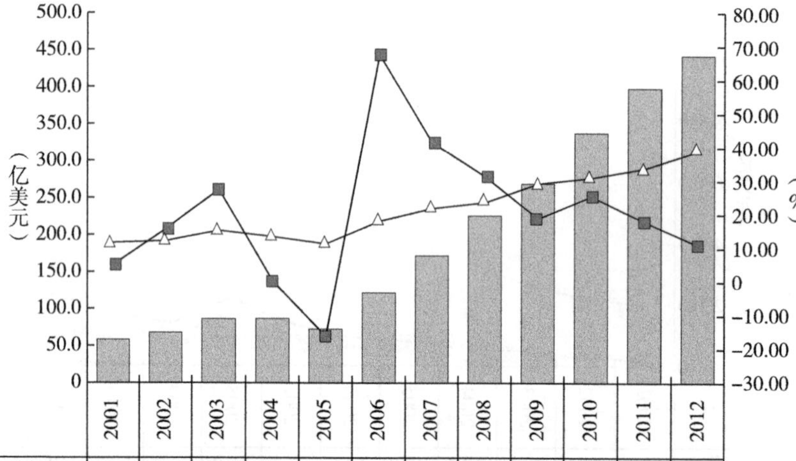

	2001	2002	2003	2004	2005	2006	2007	2008	2009	2010	2011	2012
外资总额	58.4	67.7	86.2	86.5	72.6	121.6	171.9	225.9	268.5	337.0	397.4	441.2
平均增速%	5.2	15.8	27.4	0.3	-16.1	67.5	41.4	31.4	18.9	25.5	17.9	11.03
占全国比重%	11.8	12.3	15.4	13.5	11.4	18.1	21.9	23.7	29.3	31.0	33.8	38.9

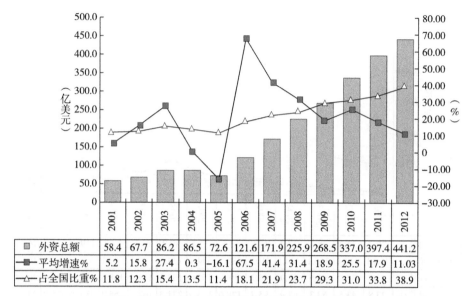

图 8-6　边疆 9 个省区利用外资及在全国占比情况

资料来源：各省区国民经济和社会发展统计报告、统计年鉴、政府公报。注：2002—2005 年西藏数据缺失。

自 2000 年开始，至 2012 年，西部大开发累计新开工重点工程 187 项，投资总规模为 3.68 万亿元，有力地促进了西部地区的经济发展。国民经济总产值从 2001 年的 16719.92 亿元，增到 2012 年的 95703.1 亿元，总量增长 5.7 倍（见图 8-7）。

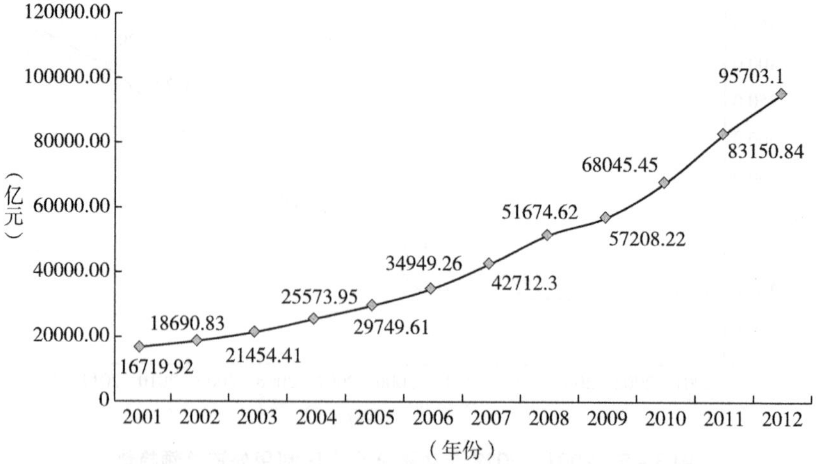

图 8-7　2001—2012 年西部地区国民经济总产值变化情况

资料来源：各省区国民经济和社会发展统计报告、统计年鉴、政府公报。

对外贸易也得到了快速发展，进出口总额从2001年的173.5亿美元，增加到2012年的2340.9亿美元（见图8－8）。在这期间，对外贸易一直保持增长的态势。

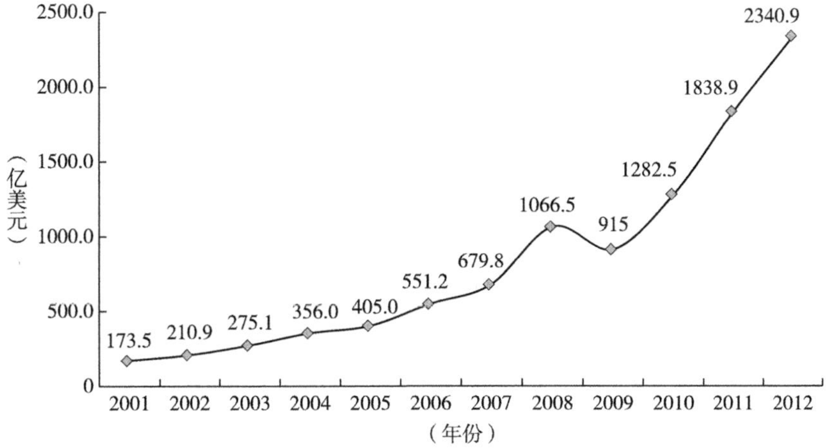

图8－8　2001—2012年西部地区进出口总额变化情况

资料来源：各省区国民经济和社会发展统计报告、统计年鉴、政府公报。

在利用外资方面，从2001年的36.18亿美元，增加到2012年的336.09亿美元。从趋势来看，一直保持增长的态势（见图8－9）。

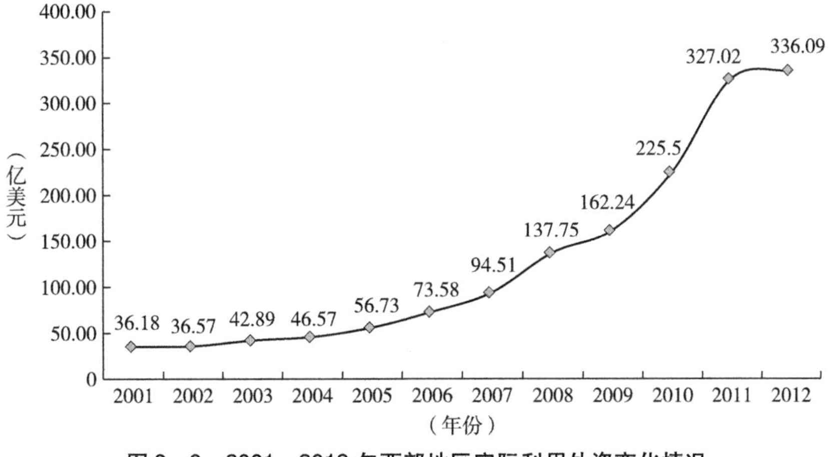

图8－9　2001—2012年西部地区实际利用外资变化情况

资料来源：各省区国民经济和社会发展统计报告、统计年鉴、政府公报。注：2002—2005年西藏数据缺失。

2012年11月，江泽民在党的十七大报告中进一步提出，继续“实施西部大开发战略，关系全国发展的大局，关系民族团结和边疆稳定。要打好基础，扎实推进，重点抓好基础设施和生态环境建设，争取十年内取得突破性进展”。因此，边疆经济发展纳入“十二五”规划。

第九章 2013年到现在的创新发展阶段

党的十八大以来，中国经济社会发展进入了新的时期，边疆经济发展也进入了创新发展阶段。这一时期，党中央、国务院提出了“实施区域发展总体战略核主体功能区战略”，“坚持把深入实施西部大开发战略放在区域发展总体战略优先位置，给予特殊政策支持”，“全面振兴东北地区等老工业基地，完善现代产业体系”，“加快沿边地区开发开放，加强国际通道、边境城市和口岸建设，深入实施兴边富民行动”[1]。可以看出，党中央、国务院高度重视边疆经济发展，开始从区域经济协调发展角度来对边疆经济发展进行统筹谋划、顶层设计、战略推进、科学布局、创新发展。

第一节 “五年规划”统筹谋划

一、边疆经济发展上升国家战略

有关区域经济协调发展，国家在“十五”“十一五”期间已经开始谋划，到了“十二五”期间，进一步地深入推进。在2011年《中华人民共和国国民经济和社会发展第十二个五年规划纲要》中明确提出：“加大对革命老区、民族地区、边疆地区和贫困地区扶持力度。进一步加大扶持力度，加强基础设施建设，强化生态保护和修复，提高公共服务水平，切实改善老少边穷地区生产生活条件”，“深入推进兴边富民行动，陆地边境地区享有西部开发政策，支持边境贸易和民族特需品发展”。从“十二五”规划纲要中的具体内容来

---

〔1〕 中共中央关于制定国民经济和社会发展第十二个五年规划的建议［M］. 北京：人民出版社，2010.

看，与“十一五”规划建议相比，国家对边疆经济发展的支持力度进一步加强。在“十一五”规划当中提出的“保护自然生态，改善基础设施条件”“发展学前教育”“加强少数民族人才队伍建设，稳定民族地区人才队伍”“支持发展民族特色产业、民族特需商品、民族医药产业和其他有优势的产业”等基础上，进一步提出了在加强基础设施的同时，要进一步建设好沿边地区的公共服务设施，改善边疆地区的生活和生产条件，使得边疆地区都享受西部大开发的政策。大力发展边境贸易，形成具有边疆特色的产业支撑体系，培育边疆经济发展新的竞争优势。同时，为了促进边疆经济的发展，在“十二五”规划中，明确规定“实行地区互助政策，开展多种形式的对口支援”。这也就说明边疆经济发展，不仅仅是边疆地区自己的事情，也是全国的事情。先发展起来的东部沿海地区要对口支援边疆地区的经济发展，形成优势互补、互利共赢、协调发展的区域经济新格局，逐渐推动实现地区平衡发展。

在 2012 年 11 月，胡锦涛在党的十八大报告中指出：“继续实施区域发展总体战略，充分发挥各地区比较优势，优先推进西部大开发，全面振兴东北地区等老工业基地，大力促进中部地区崛起，积极支持东部地区率先发展。采取对口支援等多种形式，加大对革命老区、民族地区、边疆地区、贫困地区扶持力度。”进入“十三五”时期，边疆经济在“十二五”发展的基础上，进一步统筹推进，对边疆地区的经济发展和对外开放进行了全面的部署。

二、开放平台建设加快

提出了“推进边境城市和重点开发开放试验区等建设”，这是边疆经济发展的关键。环顾我国的边疆地区只有两个地级市，一个是辽宁的丹东，另一个是黑龙江省的黑河市。但这两个市的经济总量有不大，2019 年丹东的国民生产总值只有 768 亿元人民币，黑河市也只有 578.9 亿元，经济总量小，很难起到辐射周边，带动沿边经济发展的作用。因此，必须加强边疆地区的城市建设，在边疆地区逐渐布局，形成近 30 个地级市。同时，要在边疆地区加快经济发展和对外开放的平台建设，服务于国家对外开放战略。2012 年以来，我国先后在边疆地区设立广西东兴、云南勐腊（磨憨）、云南瑞丽、内蒙古二连浩特、内蒙古满洲里、黑龙江绥芬河—东宁、广西凭祥、广西百色、新疆塔城等 9 个沿边重点开发开放试验区（以下简称“试验区”）。各试验区不断深化改革、扩大开放，推出了一系列创新举措，各项建设任务进展顺利，实施效果明显，经济社会和谐发展，现已成为沿边地区经济发展的重要引擎、对外合作的重要载体、产业集聚的重要平台和转型发展的重要基地，在推进“一带一路”建设、促进边疆经济发展、深化与周边国家经贸合作、稳边固边安边等方面都发挥了十分重要的作用。在新的形势下，特别是新发展格局的背景下，试验区将要承担起更重要的国家战略任务。因此，要加快重点试验区的建设，使之成为国家战略在边疆地区落地的重要载体。到 2021 年 5 月，全国沿边重点开发开放试验区已经有 9 个，特别是百色、塔城重点开发开放试验区的面积都是地级市全域，其重要性可见一斑。

三、基础设施建设加快

“加强基础设施互联互通，加快建设对外骨干通道”。这是从“一带一路”高质量建设、形成内外联动东西互济、海陆统筹开放新格局等战略角度加强布局。设施联通是“一带一路”的“五通”之一，也是“一带一路”的优先领域。通过基础设施的互联互通，将边疆地区与周边国家和“一带一路”沿线国家连接起来，逐步形成连接亚洲各次区域以及亚欧非之间的基础设施网络，实现国际运输便利化。自 2013 年“一带一路”倡议提出以来，我国加大了与沿线国家的合作力度，在铁路、港口、航空运输和电网等领域的合作都取得了快速的发展。特别是在六大经济走廊建设方面，形成了“六廊六路多国多港”的合作主骨架，一批合作项目取得实质性进展，如中老铁路、中泰铁路等部分路段已经开工建设。与此同时，在边疆地区实施了交通基础设施改造提升工程，加快对边疆地区的基础设施建设，对已经建设的公路、铁路、高铁进行提升，对没有建设的进行规划建设，特别是沿边道路的建设和畅通意义重大。

四、明确战略定位

根据边疆省区的实际进行战略定位，在规划中提出“推进新疆建成向西开放的重要窗口、西藏建成面向南亚开放的重要通道、云南建成面向南亚东南亚的辐射中心、广西建成面向东盟的国际大通道。支持黑龙江、吉林、辽宁、内蒙古建成向北开放的重要窗口和东北亚区域合作的中心枢纽。加快建设面向东北亚的长吉图开发开放先导区”。这是第一次在国家五年规划中对边疆省区进行定位，表明边疆省区在国家总体战略中地位的提升。新疆根据其自身的区位优势和经济发展的实际定位为向西开放的窗口，主要是向中亚地区以及欧洲开放，特别是作为“一带一路”的核心区和欧亚大陆桥的关键枢纽，新疆将发挥着重要的作用。对西藏的定位是要向南亚开放，建成向南亚开放的重要通道，这是发挥西藏的区位优势，通过向南亚的开放推动西藏经济的发展，是党中央、国务院综合分析国际国内形势以及西藏经济社会发展内在规律和阶段性特征，从国家总体发展战略来看，这既有利于“一带一路”的建设、构建全方位开放新格局，也有利于西藏加快开发开放、加快发展开放型经济。云南、广西是要建成南亚东南亚的辐射中心和国际大通道，这就要求云南、广西发挥自己的区位优势，重点加强与南亚、东南亚的合作，成为我国深化与南亚、东南亚合作关系的桥头堡。要深入实施铁路、公路项目的建设，特别是中越、中老、中缅国际通道高速公路境内段全线贯通，建设面向南亚、东南亚（东盟）的国家大通道。在航空方面，要构建以云南、广西为中心的西南国际航空枢纽，形成面向南亚、东南亚的国际和地区客货运航线网络体系，实现对南亚、东南亚国家的首都和重点城市全覆盖。建设以云南为中心的商贸物流枢纽，形成对南亚、东南亚的全辐射。至于黑龙江、吉林、辽宁、内蒙古四个边疆省区主要是建成向北开放的重要窗口和东北亚区域合作的中心枢纽，形成我国面向俄罗斯、蒙古、日本、韩国等国的开放窗口中心。这种对于边疆省区的布局，形成了新时期我国边疆省区对外开放新格局，即从国家总体战略出发，边疆省区既完成、落实了国家战略，又为边疆经济提供了新的发展机遇。

第二节　兴边富民深入推进

随着我国改革开放的不断深入和全面建成小康社会进入决胜阶段，“一带一路”建设高质量推进，区域协调发展战略不断深化，国家全面脱贫攻坚顺利展开，我国与周边国家经贸关系发展也进入新阶段，深入推进兴边富民行动迎来了新的发展机遇。

从2011年到2015年国家实施了《兴边富民行动规划（2011—2015年）》，明确提出了“十二五”期间的目标和任务。从目标来看，“十二五”期间的主要目标是“基础设施进一步完善”，主要是提升边疆基础设施的水平，实现乡乡村村通公路，改善口岸、互市、边防哨所的交通条件，解决农村安全用电问题，实现“边民生活质量明显提高”“社会事业长足进步”“民族团结、边防巩固、睦邻友好”“沿边开发开放水平显著提升”“特色优势产业较快发展”等。主要任务包括：加强基础设施建设、着力改善和保障民生、促进民族团结和边防稳固、提升沿边开发开放水平、促进特色优势产业发展等。通过《兴边富民行动规划（2011—2015年）》的实施，“边境地区综合经济实力明显增强，基础设施和基本公共服务体系不断健全，边民生产生活条件大幅改善，对外开放水平持续提高，民族团结和边防巩固效果突出，各族群众凝聚力和向心力显著增强，为边境地区全面建成小康社会奠定了坚实基础”[1]。在这一时期，国家加大了对西部地区的投资，从2000年的0.15亿元，增加到2015年的23.36亿元，五年间累计投入117.27亿元，2015年边疆地区国民生产总值达到8595.1亿元，相比2010年增长了66.6%，新增公路2.2万公里，2015年边境地区农民纯收入9487元，相比2010年增长101.1%，同比增长15.5%，超过全国平均增速2.38个百分点。

进入“十三五”期间，国家加快了对边疆经济发展的支持，2017年5月28日由国务院办公厅发布了《兴边富民行动“十三五”规划》，规划指出：

〔1〕 国务院办公厅《兴边富民行动“十三五”规划》，2017年5月28日发布。

“随着我国全面建成小康社会进入决胜阶段，‘一带一路’建设加快推进，区域协调发展不断深化，脱贫攻坚全面展开，国家对边境地区全方位扶持力度不断加大，我国与周边国家关系的发展进入新阶段，深入推进兴边富民行动面临难得的机遇”。国家也进一步抓住机遇，大力推进边疆经济发展，《兴边富民行动“十三五”规划》提出了：围绕强基固边推进边境地区基础设施建设、围绕民生安边全力保障和改善边境地区民生、围绕产业兴边大力发展边境地区特色优势产业、围绕开放睦边着力提升沿边开发开放水平、围绕生态护边加强边境地区生态文明建设等建设任务。《兴边富民行动“十三五”规划》的实施取得了较好的成绩。

2021 年是“十四五”规划的开局之年，兴边富民行动计划将在总结“十三五”规划的基础上加快实施，“加强边疆治理，推进兴边富民”，奋力开创兴边富民行动新局面，为建设现代化强国作出贡献。

第三节　持续深入实施西部大开发战略

进入新时期，西部大开发的力度进一步加大，战略布局更加清晰，功能定位更加完善。2012 年 2 月，国家发改委进一步明确了战略部署的基本思路；2019 年 8 月，以国家发展改革委的名义印发了《西部陆海新通道总体规划》，进一步明确到 2025 年将基本建成西部陆海新通道；2020 年 5 月，《中共中央、国务院关于新时代推进西部大开发形成新格局的指导意见》出台，西部大开发的功能更加清晰。

一、西部地区经济社会取得较快发展

党的十八大以来，由于西部大开发战略的推进，西部地区经济取得了较快的发展。在国民生产总值方面，2013 年到 2019 年有了较快的增长。从 2013 年的 106837.7 亿元，增加到 2019 年的 181961.6 亿元（见图 9－1），增长了 70.3%。

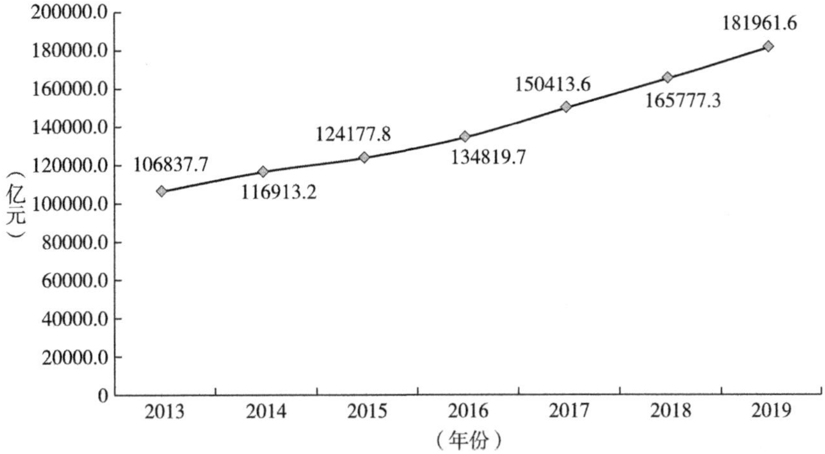

图 9－1　2013—2019 年西部地区国民生产总值变化情况

资料来源：根据西部各省区统计年鉴整理而得。

通过实施西部大开发战略，西部地区社会消费品总额也得到了快速增长，从 2013 年的 38970.1 亿元，增加到 2019 年的 69671.5 亿元（见图 9－2），增幅达到 78.8%。

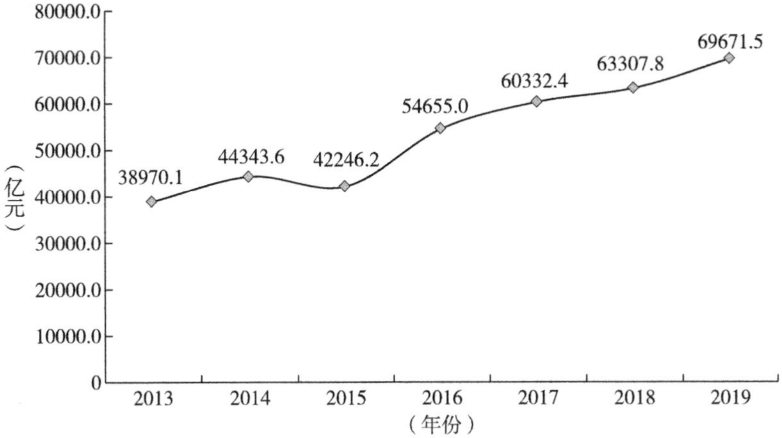

图 9－2　2013—2019 年西部地区社会消费总额变化情况

资料来源：根据西部各省区统计年鉴整理而得。

西部大开发的推进也进一步促进了西部地区对外开放，对外贸易总额也出现了快速增长。2013 年西部地区的进出口总额为 2782.0 亿美元，2014 年比 2013 年同比增长 20.2%，2019 年西部地区进出口额为 3974.5 亿美元，比 2013 年增长 1192.5 亿美元。（见图 9－3）

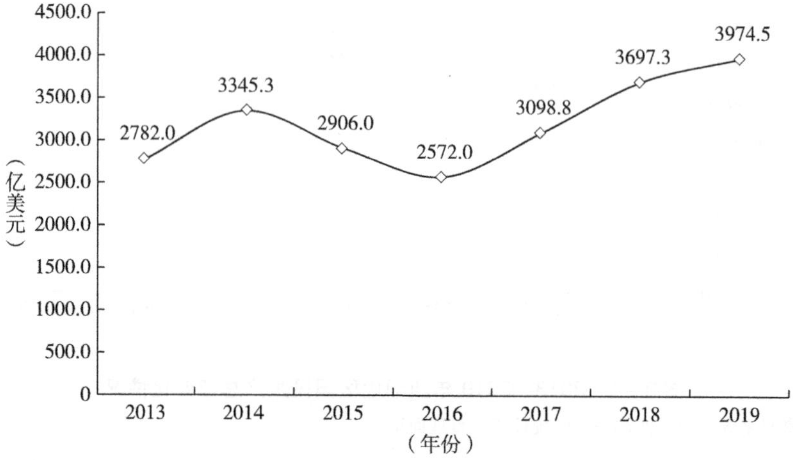

图 9－3　2013—2019 年西部地区进出口总额变化情况

资料来源：根据西部各省区统计年鉴整理而得。

西部地区在利用外资方面，从 2013 年到 2019 年呈现出波浪式的发展态势。最高利用外资的年份是 2018 年，利用外资额为 381 亿美元，最低的年份是 2017 年，利用外资额为 345.8 亿美元。（见图 9－4）

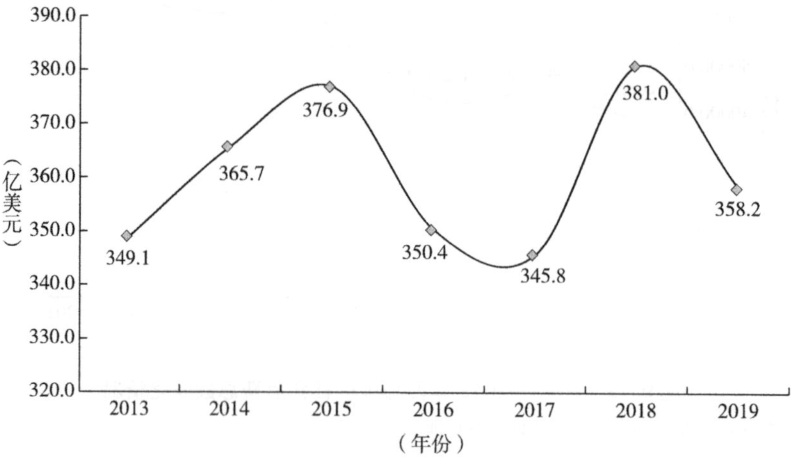

图 9－4　2013—2019 年西部地区实际利用外资额变化情况

资料来源：根据西部各省区统计年鉴整理而得。

二、西部大开发战略思路更加清晰

进入“十三五”时期，国家进一步推进区域协调发展战略，在“十三五”规划中明确提出“深入实施西部开发、东北振兴、中部崛起和东部率先的区域发展总体战略，创新区域发展政策，完善区域发展机制，促进区域协调、协同、共同发展，努力缩小区域发展差距”。《中华人民共和国国民经济和社会发展第十三个五年规划纲要》在认真总结西部大开发经验的基础上，围绕开放型经济发展、区域协调发展、对外开放等主线，“进一步明确了深入实施西部大开发战略部署的基本思路。把深入实施西部大开发战略放在优先位置，更好发挥‘一带一路’建设对西部大开发的带动作用”。在西部大开发战略实施的过程中，要畅通西部地区与国内、国外的通道，进一步提高基础设施建设水平，建设商贸物流枢纽，改善西部地区对内对外交通落后的局面。要发挥西部地区的区位优势和资源优势，发展具有特色的产业链，特别是具有资源优势和旅游优势的产业链。搭建开放型经济发展的平台，设立一批国家级产业转移示范区，发展产业集群，在边疆省区设立跨境经济合作区、沿边重点开发开放试验区等。推进自贸试验区建设，实行先行先试，打通开放型经济发展的问题点、难点和堵点，促进开放型经济高质量发展。在西部大开发的进程中，要坚持新发展理念，在经济发展过程中，要更加注重经济发展的质量和效益，达到资源的优化配置。要在西部大开发中布好局，更加注重因地制宜、分类指导，更加注重解决全局性、战略性和关键性问题。

第四节　东北地区等老工业基地振兴

进入新时期，党中央高度重视东北地区等老工业基地的振兴，习近平总书记多次对东北地区等老工业基地振兴作出讲话、指示和批示，并多次去黑龙江、吉林、内蒙古等地调研。2015 年 12 月，习近平总书记主持召开中共中央政治局会议，审议通过《关于全面振兴东北地区等老工业基地的若干意见》，东北地区等老工业基地振兴进一步加快，“十三五”规划明确提出“大力推动东北地区等老工业基地振兴”“加大支持力度，提升东北地区等老工业基地发展活力、内生动力和整体竞争力”。2017 年 3 月，习近平总书记在参加十二届全国人大五次会议辽宁代表团审议时指出，“要推进供给侧结构性改革，推进国有企业改革发展，推进干部作风转变，深入实施东北老工业基地振兴战略”。

党的十九大报告进一步指出要“实施区域协调发展战略。加大力度支持革命老区、民族地区、边疆地区、贫困地区加快发展，强化举措推进西部大开发形成新格局，深化改革加快东北等老工业基地振兴，发挥优势推动中部地区崛起，创新引领率先实现东部地区优化发展，建立更加有效的区域协调发展新机制”。可以说，进入新时期，东北地区等老工业基地的振兴与发展，对于推进区域协调发展，坚持和发展中国特色社会主义，以及在错综复杂的国际形势下，稳定东北亚政治经济形势等都具有十分重要的意义。东北地区具备振兴的基础条件，从发展基础来看，具有先进装备制造业基地、重大技术装备战略基地、国家新型原材料基地、现代农业生产基地和重要技术创新与研发基地等，基础条件较好。在建设现代化强国的过程中应该发挥优势，坚持新发展理念、构建新发展格局，转变经济发展方式进行结构性改革，成为全国重要的经济支撑带。

CHAPTER 3

第三篇

边疆经济发展“十四五”展望

第十章 “十四五”期间边疆经济发展的基础

“十三五”时期我国边疆地区经济发展取得了显著成就。“十四五”时期是我国全面建成小康社会、实现第一个百年奋斗目标之后，乘势而上开启全面建设社会主义现代化国家新征程，向第二个百年奋斗目标进军的第一个五年。在这个时期，边疆地区经济发展既面临复杂多变的国际国内形势，也面临难得的发展机遇。因此，边疆地区要抓住新时期发展机遇，全面贯彻落实党的十九大以来关于沿边开放发展的战略部署，更好地促进沿边地区“十四五”时期开放型经济高质量发展，推动形成全方位对外开放、建设“双循环”发展新格局，构建经济、社会全面开放发展新体系，促进沿边地区经济社会全面健康发展，提升边疆地区人民生产生活水平，实现边疆和谐繁荣新局面。

第一节 综合经济实力显著增强

边疆9个省区GDP总体呈上升趋势。2015年以来，边疆9个省区经济GDP迅速增长，总体呈上升趋势，特别是2019年边疆9个省区GDP为13.6万亿元，增速为7.3%，高于全国GDP增速的6.1%，其中，云南、西藏和广西增长最快，GDP增速分别为11.2%、9.6%和8.2%。2020年上半年，受新冠肺炎疫情影响，在全国GDP增速为-1.6%的情况下，边疆9个省区逆势增长，增速为4.2%，其中云南、西藏、新疆和广西增长显著，分别为39.9%、23.0%、21.2%、14.6%。

“十三五”时期，中国GDP增速呈倒“U”型，边疆9个省区GDP增速在波动中上升，除2016年增速为负值（-1.3%，主要是2016年辽宁GDP出现了负增长）外，其他年份均为正值，但低于全国GDP增速，且GDP总量占

全国 GDP 总量的比重呈下降趋势，这表明边疆 9 个省区在全国经济发展中处于落后地位。（见图 10 – 1）

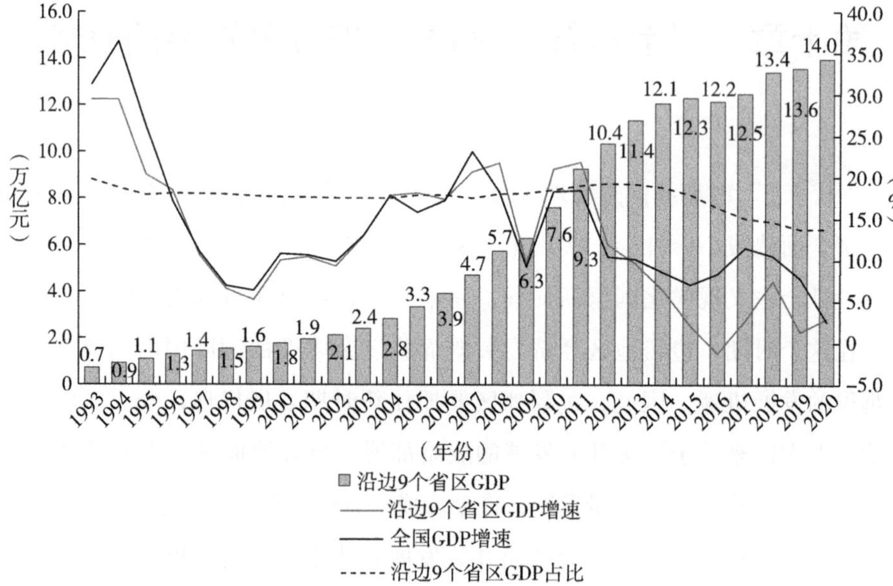

图 10 – 1　1993—2020 年边疆 9 个省区 GDP 情况

资料来源：商务部。

边疆 9 个省区第二、第三产业增长强劲。2019 年，边疆 9 个省区第二产业增加值为 4.7 万亿元，较 2018 年增加 5.6%，自 2015 年来，首次实现正增长。其中，云南、西藏、内蒙古和广西增长最快，增速分别为 9.6%、9.1%、7.6% 和 4.7%，西藏第二产业增加值首次超过 600 亿元，达到 635.6 亿元。第三产业增长最为显著，2015 年第三产业超过第二产业成为边疆 9 个省区经济发展主力军，随后一直保持快速增长，如图 10 – 2 所示。2019 年，边疆 9 个省区第三产业增加值首次超过 7 亿元，较 2018 年增加了 7.6%，较 2011 年翻了一番。其中，2019 年西藏、云南、甘肃、新疆和广西的第三产业增长最为快速，增速分别为 10.4%、10%、8.8%、8.7% 和 8.6%。

社会消费品总额稳步上升。2015—2019 年，边疆 9 个省区全社会消费品总额呈上升趋势，在全国的比重较为平稳，保持在 16% ~17% 之间。2019 年边疆9个省区全社会消费品总额比2015年增长了28.2%，除2018年外，边疆9个省区的社会消费品增速均低于全国水平。2015年边疆地区社会消费品零售总额为50541.02亿元，占全国的16.8%，其中，辽宁、黑龙江、吉林地区的社会消费品零售总额居边疆地区前三位，分别为12773.8亿元、7640.2亿元、6646.46亿元，三省社会消费品零售总额共占当年边疆地区社会消费品零售总额的54%。2019年边疆地区社会消费品零售总额为64791.24亿元，占全国的比重由2015年的16.8%下降至2019年的15.7%。边疆地区社会消费品零售总额在全国占比仍然偏低，反映出边疆地区人民的物质文化生活水平仍与全国其他地区存在一定差距，缺乏社会商品购买力。

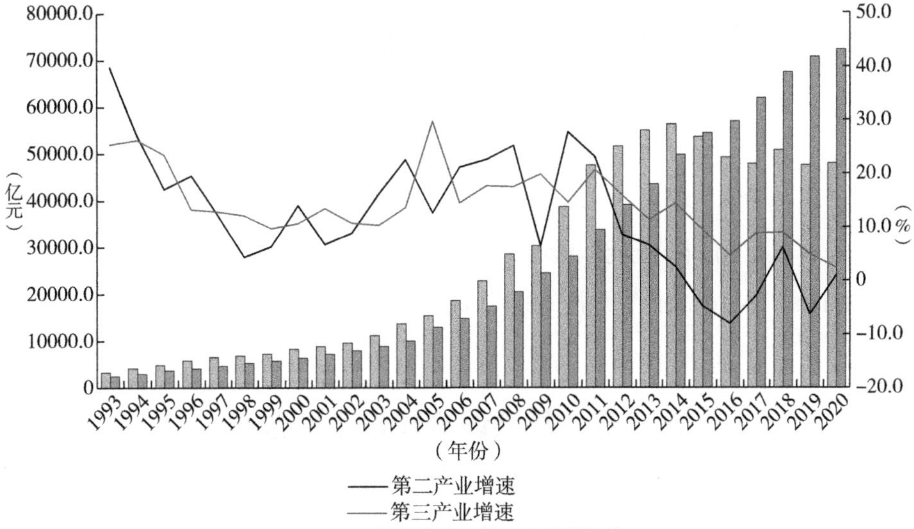

图10-2　1993—2020年边疆9个省区第二、第三产业增加值情况

资料来源：国家统计局。

分省区看，2015—2019年辽宁省的社会消费品总额位居第一位，在全国的占比在9省区中位列第一，但该占比呈明显的下降趋势，除云南在全国的占比呈缓慢上升外，其他省区占比情况比较平稳。从消费主体看，2019年边疆9个省区的乡村消费品零售额比2015年增加38%，增速高于城镇消费品零售额增速的26%，在消费差距上，2015年边疆9个省区的城镇消费品零售额

由乡村消费品零售额的7.4倍下降为2019年的6.7倍，边疆9个省区的城乡消费差距呈缩小趋势。（见图10－3）

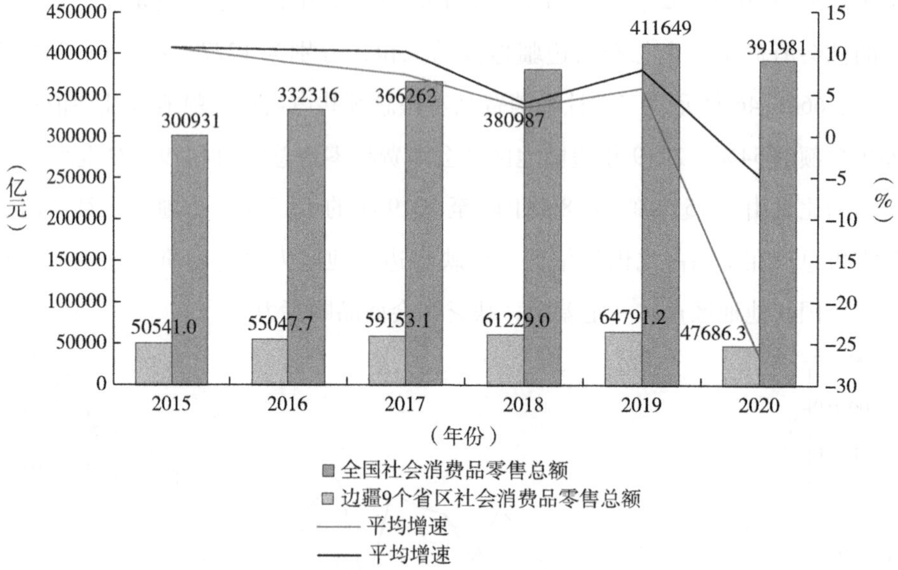

图10－3　2015—2020年边疆9个省区社会消费品零售情况

资料来源：各省政府网、商务厅、统计局、EPS数据库。

第二节　基础设施建设不断改善

一、云南

20年以来，云南省在兴边富民行动中一共投入资金超过2800亿元[1]，有力推动了边境地区快速发展。云南省政府相继实施两轮“沿边三年行动计划”[2]，使边境地区产业得到进一步发展、基础设施进一步完善。第一轮实施范围为沿边373个行政村，覆盖3783个自然村，同时兼顾沿边19个农场，

〔1〕昆明市民族宗教事务委员会。

〔2〕《云南省深入实施兴边富民工程改善沿边群众生产生活条件三年行动计划（2015—2017年）》《云南省深入实施兴边富民工程改善沿边群众生产生活条件三年行动计划（2018—2020年）》。

推进抗震安居、产业培育、基础设施等6项工程31个子工程的建设，投入资金150亿元。自实施以来，373个行政村硬化路达标率100%，边境乡镇和沿边行政村全部通4G移动电话、有线宽带互联网〔1〕。

在一轮又一轮兴边富民行动的推动下，边境地区基础设施建设迈上新台阶。文山壮族苗族自治州、红河哈尼族彝族自治州进入高铁时代，25个边境县（市）全部通二级以上公路，其中9个通高速公路。澜沧景迈机场、沧源佤山机场建成通航，边境地区通航运营机场达到9个。边境地区城乡公路通畅率达100%，乡村公路硬化率达100%〔2〕。新开工63项重点水源工程，滇中引水和乌东德、白鹤滩水电站等重大项目建设进展顺利，提高了沿边一线农村水利条件。存量危房全面清零，饮水安全问题得到有效解决。农村卫生厕所普及率达到82%，城镇建成区、A级景区全部消除旱厕。实现边境乡镇行政村（社区）广播电视网络全覆盖，实现行政村4G网络全覆盖和光纤接入，具备100M以上宽带接入能力，自然村的网络覆盖率达到85%〔3〕。

二、广西

20年来，广西先后4次组织实施兴边富民行动大会战［相关政府文件：《广西壮族自治区人民政府办公厅关于印发广西兴边富民行动基础设施建设大会战实施方案的通知》（桂政办发〔2008〕88号）、《广西壮族自治区人民政府办公厅关于印发边境3~20公里兴边富民行动基础设施建设大会战实施方案的通知》（桂政办发〔2009〕143号）、《广西壮族自治区人民政府办公厅关于印发广西壮族自治区兴边富民行动大会战实施方案的通知》（桂政办发〔2012〕313号）、《广西壮族自治区人民政府办公厅关于印发广西基础设施补短板“五网”建设三年大会战总体方案（2020—2022年）的通知》（桂政办发〔2020〕11号）等］，共投入资金125.94亿元，组织实施13.83万个项

---

〔1〕 中国新闻网．第二轮则以110个沿边乡镇878个行政村和19个边境农场为范围，投入资金126.1亿元。

〔2〕 昆明市民族宗教事务委员会。

〔3〕 云南省人民政府云南网。

目，使边境地区县、乡、村三级基础设施条件从全区中下水平提升到了中上水平。广西边境地区已实现所有县（市、区）通高速公路、乡乡通硬化路、村村通硬化路。边境地区均建有二级以上公路客运站，全部乡镇均开通客车，具备条件的建制村通客车率达99.8%。3个边境市中防城港、百色2市通了高铁，8个边境县（市、区）公路总里程达8383公里，实现县县通高速公路、乡乡通等级沥青（水泥）路、村村通硬化路，基本形成了以高速公路为主骨架、国省干线公路协调衔接的城乡联网、通达顺畅的公路网络。农村自来水普及率达83.75%，用电问题全面解决，光纤网络通达边境地区中的全部行政村，4G网络在边境地区乡镇、行政村实现全覆盖。广播电视覆盖率达98.3%以上。

三、西藏

西藏持续加大对边境地区基础设施建设和民生事业的倾斜扶持力度。2017年西藏召开全区边境工作会议，研究制定《关于加快边境地区发展的意见》；2017年印发《西藏自治区边境地区小康村建设规划》，在全区21个边境县112个边境乡镇628个边境一线、二线村实施边境小康村建设；2018年出台《西藏自治区贯彻落实国家兴边富民行动“十三五”规划的实施意见》。“十三五”以来，西藏自治区发放少数民族发展资金（兴边富民）共计47.1029亿元，其中国家民委发放资金达26.9029亿元，自治区配套资金20.2亿元，全部统筹整合用于脱贫攻坚产业发展和边境小康村建设工作[1]。

目前，西藏已形成由铁路、公路、民航、邮政构成的综合交通运输网络。截至2019年2月底：西藏铁路运营里程总计达785公里，公路通车里程达到97387公里，其中高等级公路里程达到660公里；已开通92条国内国际航线，通航城市达48个[2]；西藏地区21个边境县城通油路，112个边境一线乡镇通公路、通硬化路率分别达100%、96%，628个边境一线、二线行政村通公

[1] 西藏自治区民族事务委员会。
[2] 2020年西藏政府工作报告。

路、通硬化路率分别达100%、71%，948个自然村通公路、通硬化路率分别达80%、19%；边防公路里程达3616公里，边境地区区域交通网络初步形成。全面落实安全饮水项目，县城公共供水普及率达69%[1]。边境14个县主电网基本建成；覆盖率约80%，完成88个边防点供电和206个边境小康村电网建设及改造任务[2]。实施5G试点。广播电视综合人口覆盖率分别达到98.1%和98.6%[3]。

四、新疆

20年来，兴边富民行动成效显著，已成为新疆边境地区经济社会发展的稳定器、加速器和助推器。脱贫攻坚方面，2014—2019年，新疆34个边境县市共投入财政专项扶贫资金共计151.07亿元，其中17个边境贫困县市投入财政专项扶贫资金达126.33亿元，促进了边境贫困县市产业培育和壮大，改善了生产生活条件，大大增强了贫困人口自我发展能力和抵御风险能力。交通方面，基础设施条件全面强化，沿边铁路、公路建设全面推进，全区所有地、州、市迈入高速公路时代，公路、铁路实现互联互通，56条支线互飞航线全面开通。15个一类陆路口岸公路全部实现硬化，7个口岸实现与二级及以上公路连接，边境地区区际交通网络初步形成，“疆内环起来、进出疆快起来”的目标取得重大进展。农田水利设施基本完善，近五年全区完成水利建设投资共计1442亿元，建成高效节水灌溉面积达3868万亩，农业机械化、高效节水灌溉水平位于全国前列。农村饮水安全保障明显提高，妥善解决了30万余名居民、5万余名学校师生的饮水安全问题，发展节水灌溉达267万亩，边境团场直接受益人口超过30万人。清洁能源普及率明显提高，新疆加快综合能源基地建设，能源利用绿色转型提速。电网清洁能源装机容量达3697.13万千瓦，占新疆电网总装机容量的40.15%，清洁能源分布呈现全面布局、区域发展的特点，各类型发展状况基本均衡。信息基础建设方面，目

[1] 2020年西藏政府工作报告。
[2] 西藏自治区民族事务委员会。
[3] 2020年西藏政府工作报告。

前全区所有乡镇和具备条件的建制村实现100%通硬化路、通客车、通动力电、通光纤宽带。

五、甘肃

交通方面，截至2019年底，甘肃省公路总里程达到15.14万公里，基本形成了以省会兰州为中心，高速公路为主骨架、普通国省道为干线、县乡公路为分支、沟通全省城乡、连接周边省区的放射状公路网。高速公路达到4453公里，14个市州政府驻地全部通高速公路。二级及以上公路达到1.58万公里，86个县、市、区政府驻地均有二级及以上公路连通。农村公路达到12.09万公里，全省具备条件的乡镇和建制村硬化路已达到100%。清洁能源方面，甘肃省在有效解决新能源消纳问题的基础上，因地制宜发展风电、光电、太阳能热发电，并利用生物质能、地热能等新能源，通过不断扩大清洁能源在工业、交通、供暖等领域应用，持续推进城乡用能方式转变，逐步形成节能环保、便捷高效、技术可行、应用广泛的清洁能源消费市场。饮水安全保障水平明显提高，全省农村自来水普及率达到90%，农村集中式供水覆盖人口比例达93%，全省86个县、市、区全部建立了县级农村饮水安全专管机构，解决了1453万农村人口饮水安全问题，圆满实现了现行标准下的农村饮水安全目标。

六、内蒙古

“十三五”以来，内蒙古自治区民委累计向全区20个边境旗、市、区投入中央及自治区少数民族发展资金达11.54亿元，其中向边境贫困旗、市下达资金达6.06亿元，占比52.51%。公共交通方面，边境地区已实现了具备条件的苏木乡镇和建制村全部通硬化路、通客车，公路总里程达到4.5万公里，其中：高速公路1155公里、一级公路1859公里、二级公路4903公里、三级公路9184公里。20个边境旗、19个市区已开通高速公路和一级公路，口岸公路交通运输网络初步形成。用电问题全面解决，20个边境、市区已实现电网全覆盖，部分居住分散的牧民通过新能源系统解决用电问题。边境地区与蒙古国南部地区目前已建成7条供电线路，主要满足蒙古国口岸及其周边采矿项目、居民等用电需求。农村饮水安全保障方面，针对边境牧区特殊的自然地理条件和生产生活方式，实施了牧区储水窖工程，工程以打井和供水基本井为主，自来水和储水窖为补充，让边民喝上“放心水”。信息通信方面，重点扩大光纤宽带网络和移动4G网络在边境地区的有效覆盖。目前全区行政村通宽带率已达98%，提前完成国家“十三五”规划中行政村宽带网络覆盖率的目标，边境地区通信网络基础设施落后的面貌得到彻底改变。边境地区提速降费工作成效显著，下载速率累计提升5.6倍，资费累计下降64%。

七、黑龙江

20年来，全省测算分配给边境地区少数民族发展资金达141043.5万元，占全省总资金的49%，合理布局基础教育、医疗服务，进一步改善少数民族生产生活条件，增强自我发展能力，各族群众的幸福指数显著提升。目前，赫哲族、锡伯族、柯尔克孜族、鄂伦春族、俄罗斯族已经具备了实现全面小康的基础和条件，可以率先实现小康目标。

积极开展对口帮扶，借助各民主党派、民营企业家的经济资源和经济实力深入实施产业扶贫、智力扶贫、医疗扶贫、就业扶贫、公益扶贫，吸引更多的特色优势产业项目和精英人才在民族地区落户建设、扎根服务。2018年全省5个贫困县（市）全部摘帽。2019年包括23个少数民族村在内的289个建档立卡贫困村全部出列，建档立卡人口全部脱贫，贫困发生率下降到0.004%，远远低于全省0.07%的平均水平。

八、吉林

吉林省先后制定出台了《关于实施“强基富民固边”工程支持边境地区加快发展的意见》《加快沿边地区开发开放实施方案》《关于加强和改进新形势下民族工作的实施意见》等文件，形成了一整套支持边境地区发展的政策体系。

基础设施明显改善。10个边境县（市）中有7个实现了高速公路连接，边境地区所有乡（镇）、建制村全部实现通公路。延吉机场迁建，长白山机场扩建，白山机场新建，珲春机场、和龙通用机场、龙井通用机场建设前期工作有序推进。沈阳至白河高速铁路计划开工。松江河至长白铁路、珲春至东宁铁路和长春至图们扩能改造 3 个项目已纳入《国家中长期铁路网规划(2016—2030 年)》。投入 7.02 亿元，解决包括 10 个边境县市在内的农村居民饮水困难问题，全力确保边境地区农村居民喝上安全水。

九、辽宁

20 年来，辽宁省始终高度重视兴边富民行动工作，兴边富民行动实施以来，辽宁省成立了兴边富民行动领导小组，先后编制兴边富民行动“十一五”“十二五”“十三五”规划，2019 年省委办公厅、省政府办公厅印发《关于深入推进兴边富民行动的实施意见》。丹东市是辽宁省唯一的边境市，支持丹东开展兴边富民行动，持续改善边民生产生活条件，关系我国东北边陲安全稳定，对于促进边境地区和平繁荣稳定，具有重要意义。

丹东地区基础设施明显改善。“十三五”时期，累计安排省以上投资 23.8 亿元，实施干线公路建设改造工程 1037 公里，农村公路建设改造工程 2340 公里。干线公路二级以上公路比重及农村公路铺装率大幅增加，边境地区乡镇、建制村实现 100% 通硬化路，重要旅游景区已实现与干线公路连接，市到县、县际间实现二级路连接，农村公路通达深度和通畅水平进一步提升，为边境地区经济发展提供了强有力的交通运输保障。全面实施农村安全饮水工程，建成饮水安全工程 4389 处，安全饮水普及程度为 100% 。边境地区 4G 移动电话用户达到 193.4 万户。

第三节　民生保障水平不断提高

一、边民收入水平不断提高

在全面贯彻落实《兴边富民行动“十三五”规划》的过程中，边境地区根据自身的资源禀赋、区位优势、产业基础、生态条件以及与周边国家毗邻地区的互补性，大力发展特色农业、加工制造业和服务业，有效解决了边民最关心、最直接、最现实的就业问题，显著改善了边境地区各族人民群众的生产生活条件，同时也加快了边民脱贫致富的步伐。

从城镇居民人均可支配收入可知，2015 年至 2019 年，城镇居民人均可支配收入从 29001 元提高到 35465 元，“十三五”期间提高了 22.3%，如图 10 - 4 所示。其中，内蒙古城镇居民人均可支配收入连续三年位列边疆 9 个省区中第一，高于边疆 9 个省区人均可支配收入 5052 元；西藏城镇居民人均可支配收入增速在边疆 9 个省区中位居第一，表现出强劲的发展势头。（见图 10 - 4）

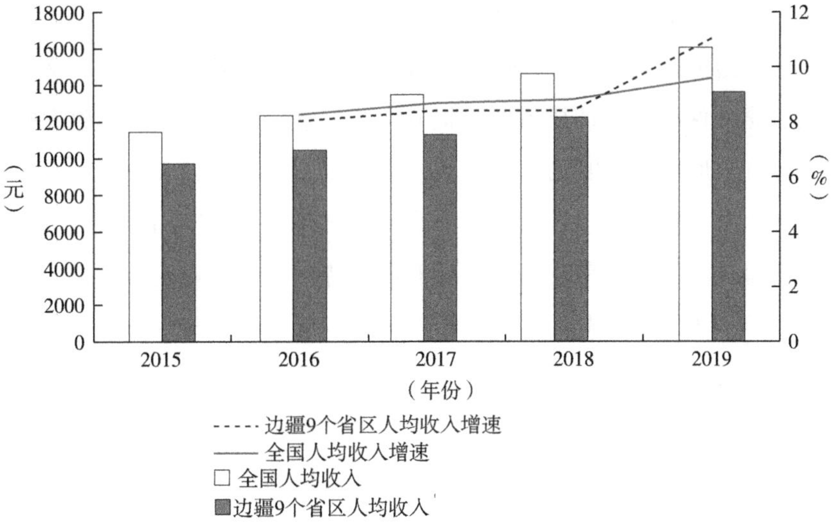

图 10 - 4　2015—2019 年边疆 9 个省区城镇居民人均可支配收入情况

资料来源：国家统计局。

从农村居民人均可支配收入看，2016 年至 2019 年，边疆 9 个省区农村居民人均可支配收入从 10444 元提高至 13621 元，“十三五”期间边疆 9 个省区农村居民人均可支配收入提高了 30.4%，增速高于边疆 9 个省区城镇居民人均可支配收入的增速。其中：辽宁农村居民人均可支配收入连续三年在边疆 9 个省区中位居第一，并且高于全国平均水平；西藏农村居民人均可支配收入增速在边疆 9 个省区中位居第一。“十三五”期间农村居民人均可支配收入增速保持两位数的水平。

二、居民社保福祉持续增进

“十三五”期间，边疆9个省区参加城镇职工养老保险人数增加了66%，2019年比2015年增加2350万人。参加城乡居民养老保险人数增加了36%，2019年比2015年参保人数增加1789万人。参加城乡居民基本医疗保险人数增加了241%，2019年比2015年参保人数增加12864万人。参加失业保险人数增加了243%。

（1）广西。二十年兴边富民行动，广西始终把保障和改善民生作为一切工作的出发点和落脚点，持续推进边境地区为民办实事工程，促进边民安心守边固边。边境地区各族群众收入持续增加，住房、教育、医疗、文化、养老等得到全面保障，生活质量明显提升，获得感、幸福感和安全感大幅度提升，对党和政府的满意度也不断提高。2020年，边境地区农村贫困人口全部脱贫，贫困县全部摘帽。20年来，传统农林产业、边贸互市商品落地加工、跨境和边境旅游等一批惠及边境地区群众的特色优势产业发展迅速，如宁明甘蔗“双高”基地、中越跨境自驾游等不断发展壮大。基本公共服务领域主要指标达到或接近全区平均水平，总体实现基本公共服务均等化。城乡居民住房问题整体解决。学前教育毛入园率均达到87%以上，义务教育巩固率均达到93%以上，高中阶段教育毛入学率均达到80%以上。大力实施基层医疗卫生机构能力建设行动计划，实现村级标准化卫生室全覆盖。医联体建设、远程医疗“县县通”惠民工程建设稳步推进，一定范围内实现了“大病不出县”的目标，城乡居民参保率达97.36%。村级公共服务中心覆盖率达100%，县级图书馆（文化馆）、乡镇综合文化站覆盖率达100%。边民生活补助经过5次提高，达到每人每年2520元。

（2）新疆。新疆连续多年将财政支出的70%以上用于保障和改善民生，全面推进城乡教育一体化，义务教育阶段适龄儿童入学率达99.9%，实现九年义务教育全覆盖。贫困人口基本医疗保险、养老保险和大病保险参保率均达100%，乡镇卫生院标准化率达100%，实施零就业家庭动态清零。

（3）西藏。基本公共服务体系逐步健全，“两基”攻坚全面完成，实现乡乡有卫生院、村村（建制村）有卫生室，城乡居民养老保险实现全覆盖，“农家书屋”等文化设施普遍建立，群众文化生活日益丰富。建成玉麦幸福美丽边境小康乡，建成边境小康村 153 个，边民生产生活条件进一步改善。

（4）黑龙江。黑龙江省用于边疆地区经济发展的资金在不断增加，据不完全统计，20 年来全省用于边疆的资金逐年增加，占全省总资金的 49%，特别是用在居民社保福祉方面的资金增加最快。边疆地区的康养、医疗、健身等基础设施的建设，使社会福利的基础条件不断改善和提高，进而促进黑龙江省边境地区居民社会福祉的提升。

第四节　沿边开放水平显著提高

一、贸易增长态势明显

1. 进出口总额占全国的比重稳步上升

2019 年，在国际形势严峻、全国货物贸易进出口总额下降的背景下，边疆九省货物贸易进出口总额保持正向增长，较 2018 年增加 5.9%（以人民币计价，名义增长率）。边疆九省进出口总额占全国比重稳步提升，约为 6.5%。其中，东北地区货物贸易进出口总额依然占据边疆九省的半壁江山，约占 50.6%，云南、广西两省区共占 34.1%。新疆、广西和云南进出口额增长较快，增速分别为 18.5%、14.4% 和 12.8%。2020 年上半年，边疆 9 个省区的进出口受到重创，9 省区进出口总额同比下降 7.1%，下降幅度大于全国整体水平（3.2%），其中，西藏、黑龙江、新疆、内蒙古和云南等地降幅达两位数，分别为 45.35%、15.9%、11.5%、10.5% 和 10.4%。（见图 10－5）

2. 边境小额贸易进出口波动明显

2015 年第一季度—2020 年第三季度边疆 9 个省区边境小额贸易有升有降。2017 年边境小额贸易出现了显著增长，增速高于全国货物贸易进出口 4 个百分点；2018 年边境小额贸易表现平平，增速低于全国货物贸易进出口近 9 个百分点；2019 年高于全国货物贸易进出口 3 个百分点；2015 年、2016 年和

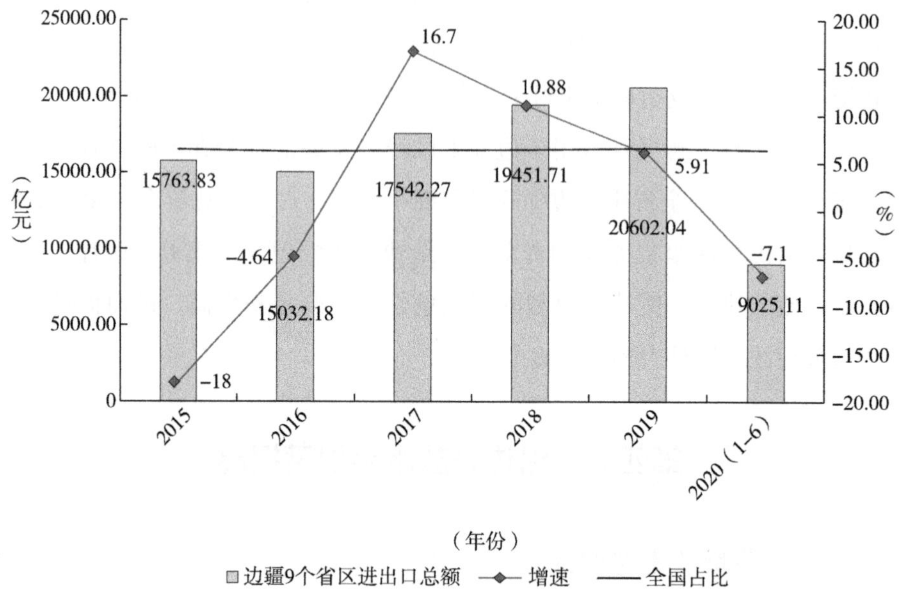

图 10－5　2015—2020 年上半年边疆 9 个省区进出口情况

资料来源：根据各省区国民经济和社会发展统计公报统计。

2020 年 1—9 月边境小额贸易降幅较大，且 2019 年的进口降幅大于出口降幅。2020 年受新冠肺炎疫情影响，边境小额贸易受到较大影响，降幅达 10.6%，比全国货物贸易进出口降幅（3.2%）高 7 个百分点，其中进口降幅高于出口降幅 3 个百分点。在边疆 9 个省区中，新疆、广西、内蒙古和黑龙江 4 省区的边境小额贸易额占全国边境小额贸易的 80% 以上，其中广西和黑龙江的边境小额贸易增长较为显著。（见图 10－6）

3. 边民互市贸易发展较快

边民互市贸易是我国沿边地区对外贸易的重要组成部分，对兴边富民、维护边境稳定有着积极的推动作用。目前，随着边民互市贸易点的建设和改造，以及《边民互市贸易管理办法》和《边民互市进口商品不予免税清单》的修订，互市点及其周边基础设施建设得到明显改善。同时，部分省区也在探索边民互市与兴边富民、脱贫攻坚等相结合的互市贸易新方式，推动边民互市贸易的转型升级，提高边民的收入水平。从统计结果来看，2017 年以来，

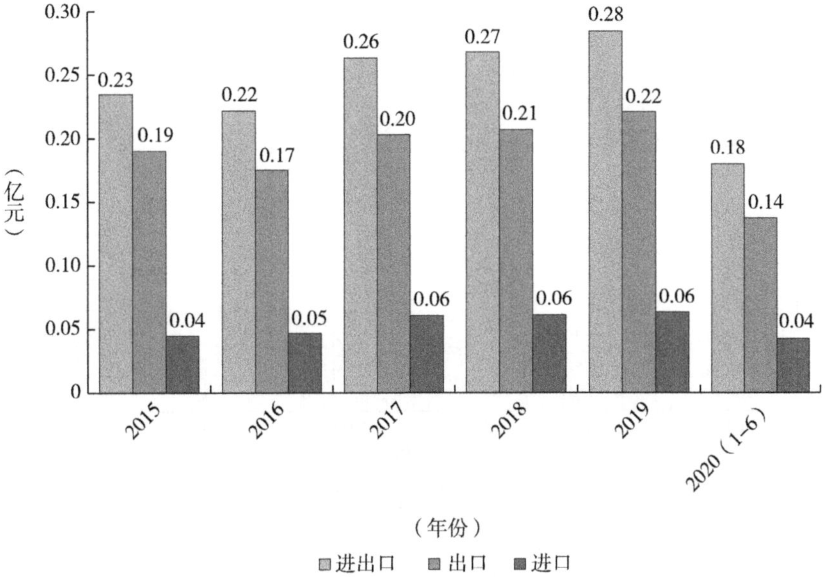

图 10－6　2015—2020 年第三季度边疆 9 个省区进出口情况

资料来源：海关总署。

边民互市贸易额呈现连续下滑趋势，2018 年、2019 年和 2020 年上半年的降幅达到 1.29%、10.87% 和 31.10%，边民互市贸易受国际贸易形势、与邻国的经贸合作关系、本国和邻国的边贸政策调整等因素影响较大。（见图 10－7）

广西 2019 年边境小额贸易进出口总额、边民互市贸易进出口总额均位列全国沿边省区第一。近 3 年来，广西防城港市边民互市贸易额达 1100 亿元，年均增速约为 30%；成立边民互助组和边民信用互助社 355 个，平均每天约有 1.2 万名边民参与边贸互市；边贸产品落地加工试点企业 28 家，实现加工产值 40 亿元。广西边贸已经从过去肩挑手扛的小买卖变成千亿元的大产业，当地政府通过创新边民无纸化“集中申报”系统和互市进口商品“直通车入厂区”等改革措施，有效降低了加工企业运输物流成本。此外，通过扩大 32 种落地加工商品品种、推广核定扣除税收优惠政策、安排专项资金补助企业运营等措施，为边贸创新发展提供了强有力的政策保障。目前，广西在发展边民互市贸易过程中所形成的“边贸＋金融改革”“边贸＋电商”“边贸＋文化旅游”等可复制推广的“边贸＋”发展模式已在全国边境城市进行推广，

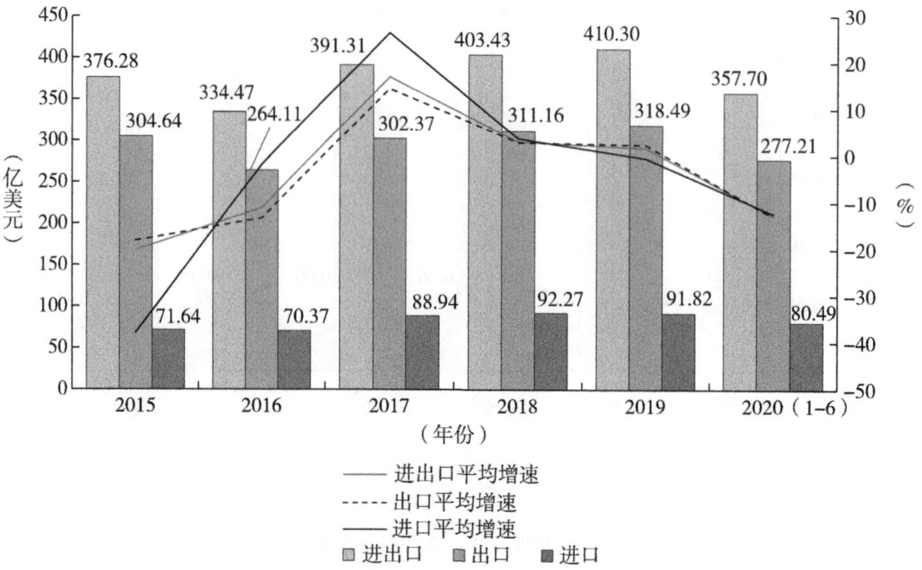

图 10-7　2015—2020 年上半年全国边民互市贸易额情况

资料来源：海关总署。

边境地区脱贫攻坚工作取得明显成效。

内蒙古满洲里 2019 年互贸区进出口交易额为 5.24 亿元，同比增长 52.23%；二连浩特 2019 年互市贸易区商品交易额达到 3.45 亿元，其中出口商品交易额为 3.33 亿元，进口商品交易额为 1208 万元。目前，随着中俄关系的日益密切和国家层面利好政策的接连出台，互贸区的改革创新能力持续增强，并通过互贸商品异地共享、互贸开店、互贸电商、互贸加工等措施有效释放互贸区的发展潜力，最终实现“真边民、真商品、真交易、真发展”的互市贸易发展环境，以及“边民增收入、企业得发展、政府创税收”的三赢局面。

丹东国门湾中朝边民互市贸易区是辽宁省内唯一的边民互市贸易区，是丹东促进对朝贸易发展的新平台。但受联合国制裁的影响，2018 年 1 月 23 日开始已无法进口朝鲜农产品，导致互贸区进口商品品种大幅减少，2019 年 1 月份进口额仅 441 万元，同比下降 94%，边民参与互市交易的积极性也受到影响。对此，当地政府大力发展互市商品精深加工产业，实现互市商品产业化和提高附加值；建立和发展具有丹东特色的互市商品品牌，发挥品牌效应；进一步完善支持“互市商品+落地加工”相关产业规划，带动互市贸易转型升级及周边加工、物流等产业发展，从而更好地发挥富民政策效益。

珲春中俄互市贸易区已成为俄罗斯海产品向我国内地输入的集散地和国内轻工商品对俄输出的重要窗口。据统计，2019 年珲春中俄互市贸易区贸易总额为 9.8 亿元，创该区运行以来贸易额度最高值，其中进口额和出口额分别为 4.8 亿元和 5 亿元。而且，为了推动互市贸易区的发展升级，珲春市正在按照口岸区、互贸区、购物区、休闲区一体化思路积极推动互贸区扩容提质，实现境内境外商品互动、免税完税商品互动、旅游购物人员互动，打造口岸贸易旅游生态圈，推动旅游和贸易的“双增长”。

黑龙江东宁互贸区经过一年多的不断探索和努力，通过边民互贸结算中心代理代办服务等便利化措施，缩短了互市贸易结算流程，有效解决了边民互市贸易“人到、证到、货到、钱到”的“四同时”问题，方便了边民结算，助推了边民互市贸易规范化发展，推进了人民币国际化进程，为促进边民互市贸易商品落地加工、拉动地方就业、增加地方税收提供资金保障。此外，东宁政府组织当地部分群众成立边民合作社和边民互助组，在全省率先采取“抱团发展”方式做大做强边民互市贸易，积极推进外贸产业转型升级，目前牡丹江边民互市贸易额占全省四分之三以上。

云南河口县为了突出边民在互市贸易中的主体地位，提升边民及边民组织参与互市贸易的便利性和能力，自主创新推出了“跨境电商+边民互市”的互市电商跨境出口模式，以在中方京东、淘宝、天猫等知名第三方销售平台，越南 Shoppe、Lazada、Tiki 等主流销售网站及社交平台 Facebook 开设网店为基础，通过边境贸易商品分拣中心数字化管理手段规避监管盲区和提高服务水平，通过运输车辆“重进重出”的运输方式和“一票多人”的交易方式降低运输成本，通过网上申报、政府查验、拼车通行的方式提升通关效率、降低交易成本，从而规范有序地扩大边境贸易，促进境内境外融合发展。据海关统计，2019 年云南边民互市贸易额为 272 亿元，增长了 12.8%。

西藏自 2018 年批准设立亚东、吉隆、普兰 3 个边民互市贸易区以来，各口岸边民互市贸易规范化、规模化进一步加快。近年来，西藏自治区边民互市贸易发展日趋活跃、活力不断攀升，通过开展“党建+边贸”等系列活动鼓励引导更多边民参与边民互市贸易，通过深化藏博会、藏尼经贸洽谈等交流合作机制，提升边境口岸外贸通道的核心竞争力，通过持续扶持西藏自治区特色产品出口，切实发挥边境贸易兴边富民的带动作用，通过提升吉隆口岸和樟木口岸货运通道功能，使西藏自治区成为内地与南亚的纽带，其特殊的区位发展优势进一步凸显。据海关统计，2019年西藏自治区边民互市贸易总额为2.20亿元，增长了120.5%。

新疆巴克图口岸通过推动中哈边民互市转型发展试点项目，逐渐从“过境口岸”向“产业口岸”转变，同时也逐渐成为进出口货物的集散地、物流产业的集聚区，为助推中哈跨境经济合作增添“新动能”。该口岸至转型升级以来，人流量、过货量和商品交易额均得到稳步增长，业务范围从哈萨克斯坦拓展到俄罗斯、吉尔吉斯斯坦、乌兹别克斯坦和蒙古国等国。接下来，为了进一步推动巴克图边民互市贸易区的发展，当地政府将以铁路公路和旅游边贸为重点，突出“建平台、强交通、活商贸、优产业、兴合作”，切实把沿边的区位优势转化为发展优势，开创兴边富民新局面。

二、利用外资环境不断改善

“十三五”期间，在以习近平同志为核心的党中央坚强领导下，各部门、各地政府发挥合力，以“放管服”改革为抓手，推动资源配置和企业行为的市场化，强化事中、事后监管，不断提升政务服务能力和服务水平，推动我国营商环境持续改善。

良好的营商环境是一个国家或地区经济软实力的重要体现，是一个国家或地区综合竞争力的重要方面，2019年在世界银行等国际组织发布的营商环境报告中，我国在全球的排名再次实现高位提升，连续两年成为全球营商环境改善幅度最大的十个经济体之一，营商环境改革成就举世瞩目。

1. 广西

《2020年广西营商环境调研报告》显示，2020年，九成以上的企业对广西营商环境持满意态度，比 2018 年提高了 25.4%，营商环境得到了持续改善。调研报告显示，2020 年广西营商环境建设基本实现三年行动计划目标，在各省、市、区营商环境评价中居全国中上水平，开办企业、不动产登记、缴纳税费、办理破产等指标达到国内一流水平，保护中小投资者、跨境贸易、执行合同、获得信贷等指标接近国内一流水平，其他营商环境指标亦有不同程度提升。2018—2020 年持续跟踪调研显示，企业对广西营商环境总体评价向好，连续三年得到改善：在不同所有制企业中，外资企业对广西营商环境的评价最高，获得感不断增强，投资信心持续提升；从行业角度看，服务业、传统制造业以及其他行业超九成受访企业对基础设施环境评价满意；通关效率大幅提升，得到企业普遍认可；减税降费效果明显，企业对财税服务环境认同度高；市场准入便利提升，政务服务“354560”提速行动得到有效实施；企业开办“一窗通”等事项已经步入全国先进行列，群众办事“难点”得到有效解决，服务“堵点”得到有效疏通。

2. 西藏

2019 年以来，西藏自治区的营商环境建设水平全面提升，为全区经济社会健康发展提供了坚实基础。取得的成效主要表现为释放“四大发展红利”。一是制度完善红利，全面实施了 2019 年版《市场准入负面清单》，已基本建立了公平竞争审查制度，投融资体制改革进一步深化，并积极探索企业投资项目承诺制改革，提振投资信心。二是开办准入红利，新增市场主体 6.66 万户，同比增长 27.8%；平均每天新登记 235 户，同比增长 35.1%；全区各类市场主体达 32.5 万户，同比增长 20.0%。三是高效运营红利，“政务服务一网通办”网站正式运行，自治区级申请类行政权力事项网上可办率达 98% 以上，市县级申请类行政权利事项网上可办率达 82% 以上。口岸便利化程度进一步提升，进口、出口整体通关时间为 9.97 小时和 0.08 小时，分别位居全国第三和第一。四是成本降低红利，居民电价下调 10%，一般工商业电价在 2018 年下调 11.8% 的基础上再次下调 10%，全面执行降价政策以来，为工商业及居民用户年节约用电成本达 1.42 亿元，综合降价幅度达到 10.88%。今年，为应对新冠肺炎疫情影响，自治区再次阶段性降低工商业电价 5%，切实减轻了工商业用户用电负担。

2020年西藏自治区政府印发《2020年优化营商环境工作方案》，制定“三简化、五提升”等12类35项措施，在行政审批和公共服务领域提出具体量化目标，实施了一批切口小、见效快、可操作性强的措施。这些措施重点围绕企业开办登记、用能报装、不动产登记、获得信贷、纳税等企业全生命周期的各个环节，研究提出推进简化办理环节、压减申报材料、压缩办事时间、降低经营成本、提速行政审批、方便群众办事等具体措施。

3. 新疆

“十三五”期间，新疆市场监管部门完成100项“证照分离”改革任务，实现“二十六证合一”；取消50类工业产品生产许可证，对4类省级发证的企业实行“先证后核”；区内一般企业开办时间从“十二五”末的30多个工作日压缩至现在的4个工作日。新疆全面推行“双随机、一公开”监管措施，19家成员单位按照自身职责严格落实抽查任务，实现了对市场的全方位监管。“进一次门，查多项事”，切实减轻了企业负担，解决了过去巡查制监管下存在的任性执法、执法扰民、随意执法等问题。“十三五”期间，新疆全力优化营商环境，制定出台了《新疆中小微企业“十三五”发展规划》《关于促进中小企业健康发展实施意见》等一系列政策，加大对中小微企业的财政金融支持力度，持续优化中小微企业政策环境。

新疆还对现行政策措施中涉及地方保护、指定交易、市场壁垒等方面的措施进行重点清理。目前，全区共审阅规范性文件和有关政策措施20多万件，修订或废止限制公平竞争的政策措施77件，为各种所有制主体依法平等使用资源要素、公开公平公正参与竞争、受到法律保护营造了良好的制度环境。截至2020年11月底，全区登记在册的市场主体达200.3万户，比2015年末增长了79.9%。

4. 内蒙古

2019年内蒙古自治区盟市营商环境评价情况显示了2019年相比2018年各项营商环境指标的变化情况。开办企业方面，平均办理时限由2018年的8.15个工作日减少到4.54个工作日，减少了3.61个工作日；平均申请材料由 2018 年的 19. 11 件减少到 12. 92 件，减少了 6. 19 件；平均办理时限以及平均申请材料两项指标与 2018 年相比有了明显改善。

（1）不动产交易登记方面。平均办理环节由 2018 年的 5. 03 个环节减少到 3. 11 个环节，减少了 1. 92 个环节；平均办理时限由 2018 年的 11. 79 个工作日减少到 10. 51 个工作日，减少了 1. 28 个工作日；平均申请材料由 2018 年的 25. 08 件减少到 17. 18 件，减少了 7. 9 件。与 2018 年相比，平均办理环节、办理时限、申请材料指标均有明显改善，但各个环节依然存在较大改进空间。

（2）办理建筑施工许可方面。平均办理环节由 2018 年的 16. 77 个环节减少到 14. 01 个环节，减少了 2. 76 个环节；平均办理时限由 2018 年的 150. 97 个工作日减少到 113. 05 个工作日，减少了 37. 92 个工作日；平均申请材料由 2018 年的 99. 41 件减少到了 88. 80 件，减少了 10. 61 件。平均办理环节、办理时限、申请材料指标与 2018 年相比进步较为明显。

（3）获得电力方面。平均办理环节由 2018 年的 4. 39 个环节增加到 4. 42 个环节，增加了 0. 03 个环节；平均办理时限由 2018 年的 13. 27 个工作日减少到 10. 70 个工作日，减少了 2. 57 个工作日；平均申请材料由 2018 年的 12. 61 件减少到 7. 53 件，减少了 5. 08 件。与 2018 年相比，平均办理时限和申请材料这两个环节进步较为明显，办理环节数稳中略增，需加大改进工作力度。

（4）纳税方面。平均办理时限由 2018 年的 2. 09 个工作日减少到 0. 50 个工作日，减少了 1. 59 个工作日；平均申请材料由 2018 年的 4. 14 件减少到 1 件，减少了 3. 14 件。随着网上纳税服务平台的不断优化以及网上办税缴税的普及，纳税服务的平均办理时间和申请材料数量都有了较大的减少。

（5）获得用水用气用暖方面。从办理环节、时限、申请材料等方面来看，盟市间差异较大，获得用气办理时限最大差距为 84. 5 天，获得用暖办理时限最大差距为 67. 5 天，进步空间较大。

（6）跨境贸易方面。全区部分盟市涉及此项指标，从结果来看，此项工作由国家垂管部门负责，统一运用全国系统办理业务，整体差距较小。

（7）政务服务方面。测评的 11 项内容中，有 9 项满意度在 90% 以下，群众对政务服务中心办事效率满意度只有 81. 03%，全区平均满意度仅为

71.16%，最高与最低相差41.91%，在所有测评指标中差异最大。

（8）获得信贷方面。企业融资便利度、融资成本满意度较低，分别为70.19%、71.24%，问题相对集中。征信系统信息准确满意度最高为88.59%。全区平均满意度为69.83%，最高与最低相差34.47%，盟市间差异明显。

5. 黑龙江

2020年11月，国家统计局黑龙江调查总队对营商环境评价专项调研结果显示，全省13个地市512家企业对黑龙江省当前营商环境现状的总体评价满意度达到99.4%，其中非常满意占28.9%，比较满意占41.4%，基本满意占29.1%，不满意占0.6%。企业对营商环境满意度高，政府改善营商环境效果得到肯定，但与发达省（区、市）相比尚有进步空间，打造吸引企业经济发展的软实力环境，仍需多方努力。

营商环境改善效果突出。企业表示，各地政务服务中心窗口增加了，提示板清晰了，办事效率提高了，审批流程加快了，工作人员更亲切了，政府真正做到了“让百姓少跑腿、信息多跑路”。现在一些事项可以实现网上办、就近办，减轻了来回奔波的负担，并且十分便捷。回答有关近三年黑龙江省营商环境改善程度的问题，39.8%的被调查企业表示有“很大改善”，55.1%表示“有所改善”，仅5.1%感觉到“没什么变化”。

企业对在当地继续经营信心很足，“非常有信心”占37.1%，“比较有信心”占44.7%，“还行”占17.0%，仅有1.2%的企业表示“不太有信心”，没有企业表示“完全没信心”。被调研企业中，33.6%的企业表示“未曾考虑过搬离当地”。优惠政策、融资成本、经营场所成本、劳动力成本是企业可以持续在当地经营的最重要因素，以上四项企业选择“比较重要”或“非常重要”所占比重均超过20%。其余因素的选择由高到低依次为基础设施、税收、信用环境、行政服务、法治环境等方面。

6. 吉林

“十三五”期间，吉林省深入推进政务服务线上线下集成融合，深化“互联网+政务服务”，加快推进政务服务“一网通办”和企业、群众办事“只进一扇门”“最多跑一次”，积极打造掌上能办、网上通办、政务大厅全程可办、线上线下融合的便民利企政务服务模式。

2016年，政务服务“一张网”正式上线对外提供服务；2017年，《吉林省深入推进“互联网+政务服务”工作实施意见》出台，规范政务服务“一张网”建设；2018年，推行“一窗受理、集成服务”改革，努力营造“办事不求人”“谁来都一样、谁审都一样”的办事氛围。

2019年，《吉林省进一步深化“互联网+政务服务”加快推进政务服务“一网、一门、一次”改革工作方案》出台，创新探索省级统筹的“数字政府”新模式；2020年，以提升政府网上政务服务能力为统领，坚持“数聚赋能”，打造“智能化”政务服务。

如今，省、市、县三级数据共享平台全部开通上线，166项政务服务事项实现省内“一网通办”；省市县各级100个高频事项实现“最多跑一次”；省本级政务服务事项“一窗”受理比例89.2%，市县达到70%以上。

7. 辽宁

辽宁省在打造良好的营商环境方面，组织开展“整治营商环境突出问题百日行动”，努力打造“办事方便、法治良好、成本竞争力强、生态宜居”的营商环境，取得了显著成效。在加强法治化营商环境建设中，辽宁省最高法院提出推动实现“三个不用找关系”目标，召开专题会议进行部署，出台《关于推动实现“三个不用找关系”的实施意见》，细化23项措施推动落实。积极推进涉民企“挂案”清理，截至2020年11月底，已清理化解滞留在司法办案环节久拖不决的涉民企“挂案”258件，为一大批民营企业解决了后顾之忧。

三、开放平台建设成就显著

随着我国全面建成小康社会进入决胜阶段，“一带一路”建设加快推进，区域协调发展不断深化，脱贫攻坚全面展开，边疆各地区充分认识到加快边疆地区发展在党和国家工作全局中的重大作用。对此，各有关地方和部门正加快以边境经济合作区、跨境经济合作区、重点开发开放试验等开放平台为载体，以互联互通的设施网络建设为基础，通过发展跨境旅游、跨境物流、跨境电商和跨境金融积极探索边疆地区开发开放新模式、新经验、新体制，从而积极推动边疆地区经济社会协调发展，改善民生及保护生态环境，深化与周边国家睦邻友好合作，形成边疆开放新高地和全方位开放新格局。

1. 边境经济合作区

边境经济合作区作为集双边贸易、加工制造、生产服务、物流采购等功能于一体的特殊经济功能区，已成为睦邻友好、务实合作、互利共赢的经济合作典范和提升边疆开放水平、促进对外合作交流、推动区域经济一体化的重要载体平台。目前，为了提升边境地区承接产业转移的能力，有关地区和部门正积极推动边境经济合作区与东部地区等国家级经济技术开发区开展“一对一”合作，并努力从基础设施、创新条件、中介服务、政策支持、制度规范等方面优化营商环境，积极打造亲商、安商、富商的浓厚氛围，为产业发展提供公平公正的市场竞争环境。此外，为了提高边境经济合作区在产业集聚程度、产业集群发展、产业链条构建等方面的能力，边疆省区根据自身区域功能定位、资源环境承载能力、产业基础与发展潜力、基础设施支撑条件、境内外合作意向等综合因素，加快推动边境经济合作区加工制造、边境贸易、商贸物流、休闲旅游等特色产业和相关新兴产业发展，从而构建起能够充分利用国内外两个市场、两种资源的产业体系和面向周边的特色产业集群，推动边境经济合作区成为集贸易中心、加工中心、物流中心、信息交流中心、转运仓储中心、展示交易中心等功能于一体的多功能综合性产业区，如表 10－1 所示。

表 10－1　国家级边境经济合作区分布情况

序号	省/区	合作区名称	批准时间
1	内蒙古（2）	满洲里边境经济合作区	1992 年 9 月
2		二连浩特边境经济合作区	1993 年 6 月
3	辽宁（1）	丹东边境经济合作区	1992 年 7 月
4	吉林（2）	珲春边境经济合作区	1992 年 3 月
5		和龙边境经济合作区	2015 年 3 月

续表

序号	省/区	合作区名称	批准时间
6	黑龙江（2）	绥芬河边境经济合作区	1992年3月
7		黑河边境经济合作区	1992年3月
8	广西（2）	东兴边境经济合作区	1992年9月
9		凭祥边境经济合作区	1992年9月
10	云南（4）	临沧边境经济合作区	2013年9月
11		河口边境经济合作区	1992年9月
12		畹町边境经济合作区	1992年9月
13		瑞丽边境经济合作区	1992年12月
14	新疆（4）	博乐边境经济合作区	1992年12月
15		伊宁边境经济合作区	1992年12月
16		塔城边境经济合作区	1992年12月
17		吉木乃边境经济合作区	2011年9月

2. 跨境经济合作区

跨境经济合作区是指根据两国边境地区对外开放的特点和优势，划定特定区域，赋予该区域特殊的财政税收、投资贸易政策以及配套的产业政策，并对区内进行跨境海关特殊监管，从而吸引人流、物流、资金流、技术流、信息流等各种生产要素集聚，实现两国边境地区的充分互动和优势互补，并进一步通过辐射效应带动周边地区发展。

目前，为了充分发挥跨境经济合作区在促进互联互通和探索国际经贸合作新模式等方面的优势，有关部门正加快完善边境地区地方政府对外合作机制，充分发挥其对外开放窗口的作用，进一步加强与周边国家的政策沟通、设施联通、贸易畅通、资金融通和民心相通，同时积极创建出口商品质量安全示范区、推广电子商务运用，结合各自区位优势和特色产业做大做强旅游、运输、建筑等传统服务贸易，推进金融、教育、文化、医疗等服务业有序开放，从而带动与相邻国家边境地区的经济往来。此外，为了便利贸易投资和人员往来，推进产业合作，边境地区允许两国边境居民持双方认可的有效证件依法在两国许可边境范围内自由通行，对常驻边境市从事商贸活动的非边境地区居民实行与边境居民相同的出入境政策，以及对周边国家合作项目项下人员出入境给予通关便利。如表 10 - 2 所示。

表 10 -2 跨境经济合作区分布情况

序号	省/区	合作区名称	批准时间
1	内蒙古（1）	二连浩特——扎门乌德中蒙跨境经济合作区	2015
2	广西（3）（在建）	中越凭祥——同登跨境经济合作区	2007
3		中国东兴——越南芒街跨境经济合作区	2010
4		中国龙邦——越南茶岭跨境经济合作区	2017
5	云南（3）	中国河口——越南老街跨境经济合作区（在建）	2010
6		中老磨憨——磨丁跨境经济合作区	2010
7		中缅瑞丽——木姐跨境经济合作区（在建）	2017
8	新疆（1）	中哈霍尔果斯国际边境合作中心	2005

3. 重点开发开放试验区

党的十八大以来，我国经济社会发展进入新时代，边疆地区开放发展也迎来了新的机遇。加快边疆重点开发开放试验区的建设不仅成为我国推动形成全面开放新格局的重要组成部分，也是全面实现两个百年目标、推进“一带一路”建设、实现周边外交、加快区域协调发展、稳边固边兴边等目标的需要。

自 2012 年重点试验区启动建设获批以来，至今已经有广西东兴、云南瑞丽、内蒙古满洲里、内蒙古二连浩特、云南勐腊、黑龙江绥芬河—东宁、广西凭祥等 9 个重点试验区启动建设。如表 10 - 3 所示。

在建设过程中，各重点试验区紧紧围绕《沿边重点开发开放试验区》确定试点任务，不断深化改革、扩大对外开放、实行先行先试、不断创新，各项建设任务进展顺利，取得了明显效果，发展态势良好。经过几年的建设，重点试验区综合经济实力不断提升，开放型经济发展水平不断提高；重点领域改革不断深化，营商环境持续优化；特色优势产业初步形成，新旧动能转换加快；基础设施逐步完善，国际大通道枢纽基本形成；城镇建设成效突出，公共服务能力不断地提升；民心相通不断加强，国际交流与合作更加紧密。实践证明，重点试验区已成为我国边疆地区经济社会发展的新增长极、边疆地区对外开放推动形成全面开放新格局的引领、深化与周边国家和地区经济合作的重要平台、先行先试探索边疆地区发展新路径的试验田、“一带一路”建设的战略支点。

（1）经济实力大幅提升，开放型经济水平显著提高

自2012年重点试验区获批以来，各重点试验区不断创新，经济发展速度不断加快，综合经济实力大幅提升，已经成为边疆地区经济发展的引擎。东兴、瑞丽、满洲里重点试验区，2012—2018年，地区生产总值年均增长速度分别是9.8%、17.3%、8.1%，分别高于全省1.6、6.8、0.6个百分点。2019年上半年，瑞丽、勐腊（磨憨）、凭祥地区国民生产总值分别达到10%、9%、8.4%，领先全国和省区平均水平。

2018年，重点开发开放试验区生产总值继续增长。其中，凭祥试验区生产总值最高，达1016.5亿元，同比增长11.3%；其次为东兴试验区，生产总值达635.3亿元，同比增长8.9%。值得一提的是，部分试验区改变了过去长期排名于本省区下游的落后局面，经济增长速度明显快于本省平均水平。

试验区固定资产投资保持较快增长，对社会投资具有较强吸引力，对试验区经济发展发挥了较强的支撑作用。2018年，重点开发开放试验区中，凭祥试验区固定资产投资总量最高，达1016.5亿元，其次为东兴试验区，固定资产投资总量达541亿元。

试验区积极参与和融入“一带一路”建设，对外开放水平不断提高，外向型经济加快发展。2018年，重点开发开放试验区中，凭祥试验区进出口总额最高，达1475.7亿元，其次为瑞丽试验区进出口总额，达732亿元，第三为东兴试验区进出口总额，达672.3亿元。

（2）重点领域改革推进，国际化营商环境持续优化

试验区不断深化改革，体制机制创新取得突破，在国际贸易、跨境金融、劳务合作等方面积累了一批可复制可推广的经验，营商环境不断优化。凭祥

试验区建立了全国第一个国检试验区——中国—东盟边境贸易凭祥（卡凤）国检试验区，实行“三创三优”模式（创新工作机制、创新业务模式、创新通关便利化举措和优化进口、优化出口），大幅降低了出口门槛。东兴试验区口岸联检部门与越南芒街口岸联检部门完善会晤机制，推进自助通关、预约通关、集中通关、随到随检等口岸监管创新，推进通关“单一窗口”“一站式作业”和跨境贸易人民币结算业务，实现海关、检验检疫、边检、交通运输等部门联合查验，合作机制的创新有力带动了边疆经济快速增长。此外，东兴试验区还开展了跨境劳务“一站办证，全域用工”模式，并复制到凭祥地区，对跨境劳务合作进行规范化管理。瑞丽试验区建立了“一馆二站三中心”外籍人员服务管理体系，开通边检“绿色通道”，关检合作开展一次性报关、一次性报检、一次性放行的“三个一”改革试点，创立了瑞丽中缅货币兑换中心，创建了引导中缅货币兑换汇率的“瑞丽指数”，设立了我国境外首个对缅非现金跨境结算服务点，全面打通中缅银行间双向汇兑渠道。

（3）特色产业迅速成长，新旧动能转换逐渐加快

产业是边疆地区经济发展的关键，试验区建设以来，大力培育主导产业。各试验区坚持传统产业和新兴产业并重，并把特色产业作为主攻方向，经过几年的努力，一些具有特色的大项目在试验区落地生根，加快促进了重点试验区出口加工、特色农业、机械制造业、现代服务业和特色旅游等优势特色产业快速发展。二连浩特试验区加快推进边境特色产业发展，以节水环保为前提，积极推动木材、铁矿石、建材、畜产品加工业规模化和规范化发展，一批进出口加工项目建成投产。与此同时，二连浩特试验区还加快推进跨境旅游业发展，建成伊林驿站和中蒙国际马术演艺基地等景点景区。东兴试验区积极打造面向越南市场的出口加工、有色金属、钢铁、海洋工程装备、船舶修造、高端装备制造等产业，广西盛隆冶金、广西金川有色金属和广西金源镍业等重大项目相继投产，防城港钢铁基地、生态铝工业基地加快建设，红沙核电二期、盛隆技改等项目稳步推进。满洲里试验区加快建设边疆产业体系，促进工业经济和电子商务快速发展。2018 年规模以上工业增加值增长 4.1%，同时，电子商务企业数量为 130 家，电子商务交易额突破 12 亿元，

较2015年分别增长838%、140%，获评自治区电子商务示范基地。此外，满洲里试验区全面推进全域旅游服务体系建设，成功入选全国十大全域旅游目的地，2018年俄籍旅客首次突破6万人次，实现交易额4.2亿元。瑞丽重点试验区引进了北京汽车、重庆银翔摩托等大型企业集团，形成了瑞丽的八大产业品牌。

（4）基础设施逐步完善，国际大通道枢纽基本形成

各试验区不断加强基础设施互联互通，全面推进综合交通运输网络建设，中老铁路、泛亚铁路西线开工建设，南宁至防城港高速铁路、瑞丽至陇川高速铁路、中越北仑河二桥、绥芬河—东宁机场等一批重点项目建成投入使用。勐腊试验区积极推进勐腊至勐满高速公路、勐醒至江城边疆高速公路和勐远至关累高速公路、勐腊机场建设，重点推动合作区互联高速、磨憨至老挝万象、磨憨—磨丁口岸货运专用通道等境外和境内互联互通项目建设，积极打造以铁路、公路为主，航空、水运为辅的综合交通运输网络。绥芬河试验区着力构建集铁路、公路、海运和航空为一体的现代化交通网络格局，向外对接俄远东大开发战略、冰上丝绸之路和“滨海1号”国际交通走廊，推动“哈牡绥俄亚”货运班列常态化运行，龙江“出海口”全面畅通；向内推动牡丹江至绥芬河铁路扩能改造全线贯通进程，积极融入牡丹江1小时经济圈、哈尔滨2小时经济圈以及辐射吉林和韩国、日本等国家的2小时航空经济圈。凭祥试验区全面参与西部陆海新通道建设，加快打通连接东盟国家和我国西南中南地区、东部沿海地区的双向通道。通边铁路方面，南宁至崇左城际铁路全线开工建设，湘桂线南宁至凭祥段扩能改造工程、云桂边疆铁路项目已纳入国家《中长期铁路网规划》；通边公路方面，南友高速公路、崇靖高速公路先后建成通车，中越友谊关—友谊口岸货运专用通道、中越浦寨—新清货运专用通道、宁明爱店口岸货物通道等3条跨境通道建成通车。

（5）民心相通不断加强，国际交流与合作更为密切

试验区积极与周边国家加强经济技术合作和人文交流，逐步成为共建“一带一路”和睦邻、安邻、富邻的重要平台。满洲里成功加入“大图们”倡议物流委员会，并与俄罗斯鄂木斯克市、额尔登特市以及蒙古国乔巴山市

缔结友好城市，与俄罗斯克拉斯诺亚尔斯克市和新西伯利亚市签署全方位合作协议，与伊尔库茨克州和布里亚特共和国建立司法合作关系，试验区建设与远东开发互动格局不断完善。瑞丽试验区启动了缅中友谊广场、105码卫生院等一批对缅援助项目前期工作，实施中缅边境教育合作计划；与宋庆龄基金会合作筹措1000万元建立中缅民生基金，在边境一线实施了一批民生项目，大大促进了缅北基础设施、资源利用和农、林、牧、渔业技术、水利水电等方面的开发，改善和提高了缅北边民的生存条件、生活质量和生产技能。二连浩特试验区不断深化国际交流合作，累计招收蒙古学生3500多名，内蒙古师范大学二连浩特学院与蒙古国国立大学、国立教育大学签订了联合办学协议；设立了蒙古国患者接诊处，年均接诊蒙古国患者5000余人次；成功举办二连浩特—扎门乌德全民健身综合运动会等系列国际友好交流活动。

（6）城镇建设成效突出，公共服务能力不断地提升

试验区不断加大民生投入，基本公共服务能力持续提升，居民生活和生产条件稳步改善。2018年试验区常住人口之和较上年增加6%，户籍人口之和增加10%，人口集聚能力逆势增强。东兴试验区城镇化率由2012年的64.4%提升到2017年的70.91%，提高了6.51个百分点；人民生活水平和人均收入得到较快提高，城镇居民人均可支配收入从2011年的21780元提升到2018年的37861元，年均增长率高于全区平均水平；农村居民人均纯收入从2011年的7246元提高到2018年的16305元，年均增长率高于全区平均增长速度。瑞丽试验区2017年新增城镇就业2.5万人，转移农村劳动力就业33.6万人次，扶持创业1.5万户，带动就业4.6万人，教育投入年均增长14.1%，城乡办学条件明显改善，城乡医疗服务体系更加完善，基本公共卫生服务更加公平，覆盖城乡的社会保障体系基本建立。勐腊探索建立了县区融合发展体制，把勐腊县和勐腊试验区紧密融合在一起，构建了功能齐备的服务体系。此外，勐腊试验区注重生态文明建设，2017年，勐腊通过了国家重点生态功能区县域生态环境质量监测评价与考核，区域森林覆盖率从86.2%上升到88%，区域整体环境质量持续优良。

表 10－3　重点开发开放试验区分布情况

序号	省/区	试验区名称	批准时间
1	内蒙古（2）	满洲里重点开发开放试验区	2012
2		二连浩特重点开发开放试验区	2014
3	黑龙江（1）	绥芬河—东宁重点开发开放试验区	2016
4	广西（3）	东兴重点开发开放试验区	2012
5		凭祥重点开发开放试验区	2016
6		百色重点开发开放试验区	2020
7	云南（2）	勐腊（磨憨）重点开发开放试验区	2015
8		瑞丽重点开发开放试验区	2012
9	新疆	新疆塔成重点开发开放试验区	2020

4. 边疆口岸发展

陆路边境口岸城市作为对接国际市场的桥头堡和门户窗口，主要以过货通关服务、产品加工服务、口岸商贸服务等传统口岸经济发展模式为主，产业结构单一，产品加工处于进出口产品粗加工与冶炼加工阶段，在进出口贸易加工型、矿产能源资源深加工型、保税物流加工型、国际产能合作型、国际大宗商品交易型、国际贸易金融服务型等产业服务方面发展较为欠缺。对此，各陆路边境口岸城市与周边沿线国家在生态环保、文化旅游、健康医疗、国际产能、金融创新、人才交流等领域开展全面合作。比如，在生态环保方面创建两国生态保护机制，共筑边境区域生态安全，打造“绿色丝绸之路”；在文化旅游方面开发跨境旅游线路，打造跨境文化旅游合作；在健康医疗方面强化传染病疫情通报、疾病防控、医疗救援、传统医药领域互利合作，携手打造“健康丝绸之路”；在国际产能方面向各国提供优质和环境友好的产能和先进技术设备；在金融创新方面打造数字资源合作平台，推动人民币跨境结算，创新金融产品；在人才交流方面推动人才培养、联合办学、经贸人才合作等，携手打造“智力丝绸之路”，从而共同培育发展跨境经济产业合作链条，扩大国际经济合作领域与范围，强化自身在“一带一路”建设中的枢纽地位，推动口岸由门户节点向中心平台转化。如表 10－4 所示。

表 10－4　中国边疆口岸分布情况

（单位：个）

省/区	航空口岸	水运口岸	铁路口岸	公路口岸
辽宁	2	9	1	1
吉林	2	1	3	11
黑龙江	4	15	2	4
内蒙古	4	0	2	12
甘肃	2	0	0	1
新疆	3	0	2	14
西藏	1	0	0	3
云南	4	2	1	11
广西	3	9	1	7
合计	25	36	12	64
全国	74	135	21	76
占全国比重	33.8%	26.7%	57.1%	84.2%

资料来源：国务院发展研究中心调研报告《我国沿边口岸开放发展的现状》。

5. 边境旅游试验区

我国边境地区旅游资源独具特色，具有发展旅游业得天独厚的优势。目前，边境旅游已逐步成为与出国旅游、港澳台旅游并驾齐驱的三大出入境旅游市场之一，对于扩大入境旅游发挥着越来越重要的支撑作用。2018 年，国务院同意设立内蒙古满洲里、广西防城港为国家首批边境旅游试验区，探索以文化和旅游体制机制改革为指向的制度创新，全力构建全区域、全要素、全产业链的边境旅游发展新模式。其中满洲里边境旅游试验区为了促进试验区由旅游通道向旅游目的地的转变，正加快推动旅游业特色化、国际化、全域化发展，比如推进“旅游＋城镇化”营造特色城市风格、完善商贸旅游中心功能，推进“旅游＋文化”完善红色交通线遗址等旅游产品，推进“旅游＋会展”提升中国满洲里中俄蒙国际旅游节、冰雪节影响力，推进“旅游＋健康”挖掘中、俄、蒙医药资源，发展医疗旅游、养生康体保健等旅游产品，以及探索建立与“一带一路”沿线国家城市旅游合作新机制，深化与俄蒙毗邻地区旅游市场、产品、信息、服务融合发展等，从而全面推进试验区形成独具特色的边境旅游产品体系，同时也对中、俄、蒙文旅交融合作窗口、国际化旅游城市、边疆民族地区和谐进步示范区的建设起到积极的推动作用。如表 10－5 所示。

表 10－5　2015—2019 年满洲里市边境旅游接待情况

指标＼年份	2015	2016	2017	2018	2019
全年国内外游客（万人）	53.7	70.3	82.8	82.3	84.5
国内游客（万人）	10.5	9.4	11.3	11	10.2
入境游客（万人）	43.1	60.9	71.5	71.3	74.2
旅游总消费（亿元）	46.3	116	130	144.4	157.6
国内旅游总消费（亿元）	—	—	—	—	—
国际旅游外汇消费（亿美元）	2.4	2.8	4	4.2	3.8

注：—表示数据不可得。

资料来源：根据满洲里市国民经济和社会发展统计公报整理。

防城港边境旅游试验区是以打造中越跨境旅游目的地、中越旅游产业融合发展实践区和中国—东盟旅游合作先行区为目标，通过推进"旅游＋村镇""旅游＋商贸""旅游＋节庆""旅游＋文化""旅游＋体育"等"旅游＋"形式，打造一批民族风情浓郁的少数民族特色村镇，加强与越南等东盟国家的旅游交流合作，充分发挥地方特色以促进旅游购物，推出一批内涵丰富、参与性强、融入感佳的节庆产品并推动中国—东盟马拉松、海上国际龙舟等比赛，从而提高旅游对经济和就业的综合贡献水平，推动构建全域旅游共建共享新格局。此外，为了探索边境旅游转型升级新动能，防城港边境旅游试验区开展海上跨境旅游新市场和塑造国际陆海旅游新通道，以推动陆地旅游产品与海上旅游产品互动、陆上丝绸之路和海上丝绸之路相结合，建设功能完善、跨区域的旅游环线，推进建成一流的集国际客运、金融服务、商业贸易、文化休闲、旅游度假、高端医疗为一体的边疆邮轮经济先行区，拓展陆海互联枢纽服务功能，提升与东南亚国家旅游互联互通水平，塑造中国西部便捷顺畅的国际陆海旅游南向通道新优势，深度融入中国—东盟旅游线路建设和"一带一路"南向通道建设。如表 10－6 所示。

表 10-6　2015—2019 年防城港市边境旅游接待情况

指标 \ 年份	2015	2016	2017	2018	2019
全年国内外游客（万人）	1361.86	1585.65	2034.01	2765.37	3671.44
国内游客（万人）	1345.77	1568.79	2016.35	2746.71	3651.69
入境游客（万人）	16.10	16.86	17.66	18.66	19.75
旅游总消费（亿元）	100.64	129.23	169.10	240.19	335.01
国内旅游总消费（亿元）	97.40	125.37	164.83	235.40	329.39
国际旅游外汇消费（亿美元）	0.53	0.58	0.63	0.72	0.81

资料来源：根据防城港市国民经济和社会发展统计公报整理。

6. 跨境旅游合作区

中越德天—板越瀑布跨境旅游合作区是 2015 年 11 月份中越两国政府签署的首个跨境旅游合作区，旨在借助跨境旅游合作区的平台载体和辐射效应，进一步深化与越南及其他“一带一路”沿线国家经贸、投资和人文交流，推动中越全面战略合作伙伴关系迈上新台阶。经过 4 年左右的时间，中越德天—板越瀑布跨境旅游合作区基本达到开放条件，但由于新冠疫情的原因一直没有开放试运营。该合作区不仅通过深入挖掘历史文化、地域特色文化、民族民俗文化、传统农耕文化等方式有效提升传统工艺产品品质和旅游产品文化含量，而且通过提升科技水平、文化内涵、绿色含量和增加创意产品、体验产品、定制产品，提供更多精细化、差异化旅游产品和令人更加舒心、放心的旅游服务，不断促进合作区经济效益、社会效益、生态效益的相互促进和共同提升，而且，为了改善公路通达条件，提高旅游景区可进入性，强化旅游客运、城市公交对旅游景区、景点的服务保障，推进城市绿道、骑行专线、登山步道、慢行系统、交通驿站等旅游休闲设施建设，打造具有通达、游憩、体验、运动、健身、文化等复合功能的主题旅游线路，这些措施的实施对于实现中国—东盟旅游合作互利共赢均具有重要的标志性意义。

7. 边疆自由贸易试验区

2019 年 8 月 26 日，国务院新设 6 个自贸试验区，分别是山东、江苏、广西、河北、云南和黑龙江。其中广西、云南和黑龙江位于边疆地区，是我国首次在边疆地区布局自贸试验区，对于助推边疆开放、辐射带动边疆发展、为我国进一步密切同周边国家经贸合作、提升边疆地区开放开发水平、提供可复制、可借鉴的改革经验具有重要的推动作用。

（1）广西自由贸易试验区

经过一年的发展，广西自贸试验区已完成《中国（广西）自由贸易区总体方案》赋予的120项改革试点任务中的58项，累计完成率达48.3%；下放自治区级行政权限162项，落实“证照分离”改革全覆盖试点事项545项；新设企业10561家，其中外资企业85家。除此之外，广西自由贸易试验区还取得以下主要成果。

一是“放管服”改革不断深化。广西自贸试验区以加快政府职能转变为核心，以“简易办”改革为主要抓手，加快推动行政管理体制改革、行政审批制度优化、营商环境建设，进一步利企便民，推动营商环境不断优化，使企业对开办企业、办理施工许可、获得电力的满意度达到80.44%、90%、86.62%。2020年以来，自治区政府分两批共取消、下放和调整86项行政许可事项。围绕支持自贸试验区建设，分两批共下放162项自治区级行政权力事项到自贸试验区，努力做到“片区事不出区”。另外，政府全面开展工程建设项目审批制度改革，压减审批时间和环节。精简工程建设项目审批环节和事项，分类优化审批流程，实现从立项到竣工验收和公共设施接入服务的全流程监督。

二是投资自由化不断显现。全面落实“外资准入负面清单+外商投资信息报告”，放宽投资准入门槛，建立健全投资服务体系。截至2020年7月，自贸试验区企业数量超过1.4万家，其中外资企业近200家，实际利用外资额1.4亿美元，占广西同期利用外资额的13.8%。与此同时，广西自贸区也在通过金融创新来提升贸易投资自由化便利化。2020年上半年，人民银行南宁中心支行搭建银企沟通交流平台，持续推动金融资源精准对接自贸区企业，助推自贸区高质量发展取得阶段性成果。截至2020年5月末，自贸区企业贷款新增37.28亿元，结存余额252.39亿元。2020年1—6月，自贸区涉外企业实现跨境外汇收支 17.16 亿美元，跨境人民币收支 115.77 亿元，二季度跨境外汇和人民币业务量较一季度分别增长 21% 和 150%。此外，人民银行南宁中心支行建立广西自贸区金融创新沟通机制，实现广西自贸区金融创新业务和主要金融指标定期归集；鼓励金融机构在广西自贸区设立分支机构，从而更好地服务广西自贸区内的企业。

三是贸易便利化水平不断提高。加快建设国际贸易“单一窗口”，主要业务应用率达到近 100%。发挥东盟的区位优势，促进跨境电商、平行进口汽车等新业态发展。创新“边境贸易 + 落地加工”模式，推动产业升级。截至 7 月，累计进出口额达到 1307.84 亿元，占广西同期进出口额的 30.9%。我国是全球贸易大国，通过“单一窗口”建设，能够极大提高国际贸易供应链各参与方间的互联互通，进一步促进政府职能转变，优化口岸管理和服务机制，释放更大的改革红利。

四是通关便利化水平不断提升。广西自贸试验区积极推动友谊关口岸实行全信息化智能通关，联检部门实施“多卡合一”“人脸识别”作业，实现一站式“秒通关”（30 秒以内），通关时间缩短 80% 以上，为企业降低年成本约 2 亿元，成为全国边境陆路口岸首创。大力推进与新加坡、马来西亚等东盟国家的 AEO（经认证的经营者）互认，落实“中欧安全智能贸易航线试点计划”。积极构建以中国—东盟跨境金融改革创新为代表的金融开放生态，位于南宁片区的中国—东盟金融城累计引入金融机构（企业）134 家，2020 年 1—7 月跨境人民币结算额 345 亿元，人民币在东盟国家使用规模和影响力持续增强。继续推行实施“两步申报”“提前审结、卡口验放”“国际会展检验检疫”等监管模式，这些措施有利于加强贸易便利化管理，推动实施原产地自主声明和预裁定制度。

五是金融创新能力及开放度不断扩大。推动面向东盟的人民币区域挂牌交易、现钞调运和人民币贸易结算，推动人民币国际化。加快构建促进金融全产业链发展的政策体系，加快金融要素的集聚。区内首笔跨境资产转让、跨境人民币贸易融资资产转让、跨境贸易人民币付款等业务落地实行。

六是现代服务业不断创新发展。积极深化制度改革，推动国际化合作升级、人才储备强化、医药产业集聚、文化旅游发展，形成产业发展新动能。加快建设中国—东盟信息港、加强与东盟国家北斗导航、大数据、人工智能等产业合作。

七是通道门户建设不断完善。完善与国际陆海贸易新通道沿线国家地区的合作机制，实现海铁联运班列与中欧班列无缝衔接。经友谊关口岸的中越直通车范围延伸至西部重要节点城市，打造面向东盟的门户机场。开展多式联运“一单制”“一口价”多通道机制改革。

建设好自贸试验区，不仅是中央赋予广西的一项重大任务，也是推动广西高水平开放的使命。要建设特色鲜明、引领中国—东盟开放合作的高水平、高标准自贸试验区，不仅要在“特”字上做文章，还要在“建”字上下功夫，积极开展差异化探索，其中要重点做好以下几点。

一是形成一批制度创新的改革试点案例。也就是要形成可复制可推广的案例，这也是各个自贸试验区建设的核心任务。下一步工作重点要聚焦几个方面来创新：第一个是聚焦支持陆海贸易新通道，要在通关便利化等方面实现创新；第二个是聚焦边境经济合作，创新制度来推动边境经济的发展；第三个是聚焦面向东盟的产业链的重构，特别是在打造中国与东盟经济的合作方面，打造出四条产业链。比如下一步要重点推动中马“两国双园”汽车产业链，再比如稳步推进与越南边境地区的电子信息产业链，又比如食品加工，特别是在边境地区落地加工、边民互市贸易加落地加工模式还需要继续推动。

二是大力改善营商环境，进一步促进自贸试验区开放型经济的集聚。法治化的营商环境也是检验自贸试验区开放程度的一个重要标志。所以，在推动营商环境改善的同时还要打造法治化的环境。下一步，政府要推动《中国（广西）自由贸易试验区条例》尽快通过，并付诸实施，以使片区的改革工作在法制保障的前提下实现大胆试、大胆闯、自主改。在营商环境方面还将引进第三方评估，进一步推动三个片区聚焦国际一流的营商环境，按照世界银行的标准来改善三个片区的营商环境。通过改善营商环境，进一步推动三个片区主导产业的集聚。开放型经济发展也是自贸试验区的一个重要指标，也就是“引进来”和“走出去”，下一步在推动营商环境改造当中，要通过推动《中国（广西）自由贸易试验区条例》立法来促进产业的集聚。

（2）云南自由贸易试验区

云南自由贸易试验区在制度创新方面取得了如下的丰硕成果。

一是开启一、二级市场规范边民互市贸易，实现边民互市跨境结算全流程电子化。云南自由贸易试验区紧扣106项试验任务，开启一、二级市场规范边民互市模式，实现边民互市跨境结算全流程电子化；出台16项金融改革创新制度性文件，推动跨境人民币业务创新发展；在全省率先开展“货物贸易电子单证审核”业务；开立省内首单电子营业执照账户和首单自贸区外汇NRA账户结汇业务；首次在云南省开放商业保理业务；创新市场主体信用修复机制，建立“统一行政处罚公示时限”制度，实行包容审慎监管；按市场化方式设立专业化投资基金取得实质性进展。

二是建立外籍务工人员管理长效机制，搭建“一站式”服务平台和利用“一网化”管理，为外籍务工人员提供就业机会，提升创业服务。探索“互联网+招商”“云招商”等方式。疫情期间，云南自贸试验区积极探索“互联网+招商”模式，开展多种形式的“网上”招商、“不见面”招商。举办自贸试验区“云招商”推介活动，通过片区集中“云签约”等方式签订合作项目27个，投资金额约263亿元人民币，成功引入普洛斯、华为、印度赛诺等重点企业。昆明片区成功申报国家第一批“装备制造新型工业化产业示范基地”，形成以云内动力、台工精密机械、昆钢重装等企业为代表的先进装备制造业集群；引入浙江康恩贝、云南省工投在区内投资实施工业大麻生产项目；与云南干细胞有限公司合作建设脐带血造血干细胞库；与驻昆基地航空公司、银行等对接，布局融资租赁、保税物流及跨境金融等现代服务业。红河片区围绕加工及贸易、大健康服务、跨境旅游、跨境电商等重点产业，成功签约总投资3000万元以上项目31个。德宏片区充分利用姐告边境贸易区“境内关外”政策，深入拓展“互联网+免税购物”发展模式，第三国商品通过转口或过境贸易方式聚集姐告边境贸易区进行展示、销售、仓储，线下购物、线上销售、区内代购等方式同时开展。

三是建立“一室两国”双边政府部门边境应急协商会晤常态化机制，加强与周边国家如缅甸、越南的沟通，促进双边友好合作。

四是与越南签订《出境保险车辆代查勘、代定损合作协议》，建立车辆保险代查勘、代定损合作机制，促进了云南自由贸易试验区跨境车辆保险便利化，切实保障了往来人员、车辆及货物的安全。

五是开立省内首单电子营业执照账户，这项举措标志着电子营业执照在云南省金融领域的拓展应用，推动了企业登记注册与银行开户流程深度融合。

六是开立首单自由贸易试验区外汇 NRA 账户结汇业务，各金融机构充分发挥各自优势，根据不同国家、区域特点，探索建立健全人民币 NRA 账户划转、境外银行直开账户代理清算、港澳大小额跨境支付等特色结算平台，搭建辐射南亚、东南亚国家的跨境人民币结算平台，建设以人民币跨境支付系统为基础的结算渠道，推进人民币面向南亚、东南亚国家的国际化进程。

七是首次在云南省开放商业保理业务，创新市场主体信用修复机制，建立“统一行政处罚公示时限”制度，实行包容审慎监管。

八是按市场化方式设立专业化投资基金取得实质性进展。

九是目前已报送商务部 37 项可复制推广的实践案例，昆明片区推荐报送的《乘自贸东风 以党建引领“双创”扬帆新时代——云南自由贸易试验区昆明片区“党建引领双创高质量发展”案例》，成功入选首届全国自贸片区党建创新案例。加入全国制度创新联盟，加强跨区域产业深度合作和项目需求对接。片区之间建立工作协调交流机制，各有侧重、各具特色的制度创新格局已经形成。

下一步云南自由贸易试验区将采取以下四大举措助推高质量发展。

一是围绕制度创新促开放。全力推进制度创新，采取“一一对应”方式，每项试验任务“一个方案、一套标准、一组案例”，做到“试成一项、推广一项”。

二是围绕招商引资增动能。坚持党政主要领导用主要精力抓招商，每月至少外出一次上门招商，对大项目亲自协调推进；以跨境电商、平行进口、融资租赁等为突破口，大力培育数字化、网络化、智能化、融合化新兴市场主体，加速新业态新模式集聚；全力推动重点产业项目落地开工；严格执行外商投资准入国民待遇加负面清单管理制度，增强外资入区吸引力。

三是围绕平台载体夯基础。加快推进“一口岸多通道”建设，畅通面向南亚、东南亚的国际物流大通道；配合推进昆明国际航空枢纽和空港型国家物流枢纽建设，支持开展面向南亚、东南亚的国际多式联运业务；打造跨境物流公共信息平台，推进“互联网+物流”融合发展；依托进博会、南博会、商洽会等已有平台，加强区域商贸合作、产业转移和人文交流；搭建便利化知识产权公共服务平台，加速科技创新成果转化。

四是围绕营商环境优服务。加快省级、州市级管理权限下放，完善行政审批和服务事项清单；实行“先建后验”工作机制，进一步压缩精简工程建设审批服务管理流程，推进“互联网+监管”系统建设，加强商事仲裁和法律服务保障。

（3）黑龙江自由贸易试验区

黑龙江自由贸易试验区挂牌一周年以来，紧紧围绕“推动东北全面振兴全方位振兴、建成向北开放重要窗口”的要求，以可复制可推广为基本要求，大胆实践、积极探索，扎实推进各项改革试点任务落实。哈尔滨海关立足黑龙江自贸试验区目标定位和发展需求，突出边疆和对俄特色，坚持以制度创新为核心，先后出台了多项支持措施和创新举措，助力片区发挥优势、错位发展，推动自贸试验区体制机制创新。

一是聚焦转变政府职能，持续优化营商环境。哈尔滨、黑河、绥芬河三个片区全力推动“互联网+政府服务”，在负面清单、外资企业登记注册便利化、一网通办、容缺受理、不见面审批等方面大胆创新，制定“最多跑一次”清单、“办事不求人”清单，实现“最多跑一次”和“一次不用跑”，提高了行政效率，优化了工作流程，缩减了企业成本。哈尔滨片区对照世界银行标准引入第三方权威评估机构开展营商环境评价和优化，深度推进“一枚印章管审批”“证照分离”全覆盖、“承诺即开工升级版”等制度改革。黑河、绥芬河片区在政务体系建设、出入境便利化、信用体系建设等方面取得了显著成效，自贸试验区推动建设法治化市场化国际化的营商环境，已成为代表黑龙江营商环境的高标准样板。在支持措施上，从推进大通关、搭建大平台、畅通大通道、服务大创新4个方面出台20项支持措施，为促外贸稳增长发挥了积极作用。在提升贸易便利水平、推动贸易转型升级方面提出：支持自贸试验区医药类企业发展，支持农业“走出去”，优化进口肉类检疫监管模式等措施；在支持边疆地区开放、打造开放合作平台方面提出：支持服务会展经济发展，支持自贸试验区设立食用水生动物指定监管作业场地，支持自贸试验区木材加工产业发展等措施；在落实“一带一路”倡议、支持物流枢纽建设方面提出：支持黑龙江省开展内贸货物跨境运输业务，支持企业依托中欧班列、哈绥俄亚陆海联运大通道开展国际中转集拼业务，支持大黑河岛设立国际游艇码头口岸等措施；在发挥高地引领作用、推进创新驱动发展方面提出：优化黑河对俄购电运营主体进口电力通关模式，支持黄大豆1号期货保税交割业务，支持黑河片区、绥芬河片区内有条件企业开展“两头在外”的工程机械、农业机械保税维修业务等措施。

二是聚焦试点任务落实，大力开展改革创新。24个省直部门出台28个配套支持文件、近400项高质量政策措施支持自贸试验区，为自贸试验区建设提供了完备的制度保障。目前，总体方案89项改革试点任务已实施86项，实施率达96.6%，在同批6个新设自贸试验区中名列前茅。在制度创新上，以促进贸易便利化为目标，形成了“落地一批、申报一批、储备一批”的海关制度创新滚动工作模式。先后有两批4项创新举措获海关总署备案，在黑龙江自贸试验区先行先试。根据边境贸易粮食进境批次多、批量小的特点，从优化检疫许可流程和指定加工管理角度出发，提出了“优化黑龙江边境自贸片区进境俄罗斯粮食检疫流程”创新举措，解决边境贸易进境粮食企业办理检疫许可时审批环节多、周期长、手续烦琐等问题。

三是聚焦深化对俄合作，全力探索边疆经验。黑河边境经济合作区率先建设国内首个俄电加工区，2021年以来电力进口额为3.9亿元。绥芬河片区实施舱单归并、中俄监管互认等通关便利化改革，2021年以来，“哈绥俄亚”陆海联运发运34班列、3158个标箱，中欧班列发运96列、8358个标箱。绥芬河片区互市贸易完成过货量6.77万吨、交易额3.8亿元，参贸边民9.12万人次。

四是聚焦推动产业集聚，积极开展招商引资工作。为支持黑龙江省中医药产业和中俄边境地区中药材产业规模化发展，提出了“俄罗斯低风险植物源性中药材试进口”创新举措，根据国内急需、风险可控的要求，将允许进口的中药材种类由5种扩大到15种；根据黑龙江加工贸易行业发展需要，提出了“优化加工贸易料件消耗申报核销管理”创新举措，依托企业自主声明简化前置审批手续，强化事中事后监督；主动对接服务中俄黑龙江公路大桥建设，提出了“跨境运输车辆监管信息一站式备案”创新举措，打造信息共享、执法互助、方便快捷的跨境运输车辆监管信息系统，实现进出境车辆监管资源共享、信息共用，畅通国际物流通道。

五是聚焦推动产业集聚，夯实政策支撑体系。优化产业布局和要素支撑，切实把自贸试验区建设作为深化产业结构调整的新引擎、东北振兴的新动能、推动向北开放的新引领。近年来，紧紧围绕推动东北全面振兴全方位振兴，建设引领中国对俄罗斯及东北亚开放合作的重要窗口和平台，深耕“试验田”。哈尔滨片区出台“黄金30条”“新驱25条”、黑河片区出台“招商十条”、绥芬河片区出台《绥芬河片促进经济发展扶持办法》等多项含金量十足的支持政策，24个中省直部门制定28个政策支持文件，提出近400项高质量政策措施支持自贸试验区，初步形成黑龙江自贸试验区的政策支撑体系，激发市场活力，增强自贸试验区要素集聚力和辐射带动力，为黑龙江开放和经济高质量发展注入新动能。

围绕装备、能源化工、食品、新材料、生物医药及医疗器械、新一代信息技术、种业及农机装备等七大领域，引导自贸试验区产业集聚。深圳（哈尔滨）产业园、北药产业园、光电产业园、中俄跨境综合物流枢纽、中俄木材加工交易中心、长城电脑等一批重点项目入驻，良好的营商环境和最佳商务成本，使自贸试验区正成为黑龙江投资兴业新热土。

下一步，黑龙江自贸区将以企业需求为导向引入区块链、大数据等技术手段，创新监管模式扩大“多仓联动”布局的覆盖面和规模，提升跨境商品集货配送能力，逐步完善线下支撑体系，开通国际包裹线路，完善配套功能，建设跨境电商产业链。

第五节　实现生态良好绿色发展

一、广西

坚持生态优势金不换理念，走绿色发展道路，生态文明建设成果丰硕。二十年兴边富民行动，广西始终围绕打造“山清水秀生态美”的金字招牌，统筹生态文明建设和经济发展，更好地把生态优势转变为发展优势。退耕还林还草、石漠化治理、天然林资源保护、重点防护林体系建设、人工造林等重大生态工程有序推进，山水林田湖一体治理机制、生态保护补偿机制、国门生物安全查验机制逐步完善，边境地区森林覆盖率达65.89%，生态安全屏障牢固建立。截至2019年底，沿边地区成功创建了1个自治区级生态市（凭祥市）、6个自治区级生态乡镇、76个自治区生态村。8个边境县共有自治区级以上生态公益林758.5万亩，天然商品林面积80.5万亩；累计完成石漠化综合治理工程林业项目任务12575.2公顷。在那坡县、靖西市、大新县、龙州县、凭祥市和宁明县等6个县，实施山、水、林、田、湖草生态保护修复试点工程66个。边境地区农村生活污水治理、土壤污染防治项目扎实推进。国家重点生态功能区县那坡县生态环境质量监测与评价结果基本稳定，生态环境保持优良。

二、云南

截至2020年，沿边地区累计建成3个国家生态文明建设示范市县（西双版纳傣族自治州、保山市、怒江傈僳族自治州），建成2个“绿水青山就是金山银山”实践创新基地（保山市腾冲市、贡山独龙族怒族自治县），2个省级生态文明州（保山市、怒江州）和5个省级生态文明县（河口县、西盟县、泸水市、福贡县、陇川县）[1]。

---

〔1〕 资料来源：2020年云南省生态环境厅关于拟命名省级生态文明州（市）县（市、区）的公示。

在实践过程中，不少地方探索出了符合当地实际的创新之路，总结了很多宝贵的创新经验。西双版纳傣族自治州确立“保护生态环境、发展生态经济、弘扬生态文化、建设生态文明”的思路，连续3年从生态转移支付资金中安排给全州每个乡镇200万元经费用于生态创建工作。保山市坚持生态立市战略，持续高位推动生态创建，从2016年起市财政通过增加县（区）重点生态功能区转移支付资金，对成功创建并获得命名的国家生态乡镇给予奖励。腾冲市突出生态经济发展，涌现出一批具有代表性的示范点[1]。怒江州深入推进生态文明建设示范州创建、“两江”流域生态修复和“怒江花谷”生态建设。先后出台《关于在脱贫攻坚中保护好绿水青山的决定》与《怒江州林业生态脱贫攻坚区行动方案》[2]。2019年，怒江州新增国家级公益林202万亩，森林生态效益补偿资金达7612.8万元；完成陡坡地生态治理等营造林20.4万亩，累计种植各类苗木2041万株；28个乡镇通过省级生态文明乡镇审查，218个行政村被命名为省州级生态文明村。泸水、福贡2个省级生态文明县（市）创建通过验收[3]，其中，泸水市六库镇的城市空气质量优良天数比例为100%。怒江州全州县级以上集中式饮用水水源地水质均达Ⅱ类标准，饮用水环境质量优良率为100%；全州境内主要河流，怒江、澜沧江水系监测断面水质保持在Ⅲ类以上，独龙江监测断面水质保持在Ⅱ类以上，地表水环境质量达标率为100%[4]。地级城市空气质量优良天数比率超过98.1%。治理水土流失面积5516平方公里。新增生态护林员8.8万，森林覆盖率达62.4%[5]。

三、西藏

西藏深入实施生态安全屏障保护与建设规划，生态领域投入资金增幅20%以上。其中，沿边的错那县勒布沟被评为“中国天然氧吧”。截至

[1] 资料来源：云南日报。
[2] 资料来源：中国环境报。
[3] 资料来源：2020年怒江傈僳族自治州人民政府工作报告。
[4] 资料来源：中国环境报电子报。
[5] 资料来源：2020年云南省政府工作报告。

2019年底，沿边地区成功创建了1个自治区级生态市（日喀则市）、13个自治区级生态乡镇（县）、162个自治区生态村[1]全面开展江河流域综合规划编制。城镇绿色建筑面积达428.2万平方米。4058人搬出极高海拔生态保护区。日喀则珠峰保护有新举措，拉萨的山、水、林、田、湖、草生态系统保护修复试点工程进展顺利，那曲科学植树取得阶段性成果。重点区域生态公益林、防沙治沙、“两江四河”流域造林绿化持续开展。新增造林130.7万亩。有条件的地方消除“无树村”“无树户”“无树单位”的目标任务全部提前完成[2]。

四、新疆

“十三五”时期，新疆边境地区生态文明建设取得重大成果，2020年1—9月自治区14个城市平均优良天数比例为75.2%，同比增加1.4个百分点，建成投运城镇生活污水处理厂111座，实现边境所有地级市、县市污水处理能力全覆盖，自治区85个工业集聚区污水集中处理设施已建设完成83个，已创建化肥减量增效示范县11个，示范面积达24.77万亩，地膜回收率为76.4%。污染防治三大战役齐头并进，带动了新疆生态环境质量整体改善。

五、甘肃

“十三五”时期，生态文明建设取得重大成果。大气、水、土壤三大保卫战取得明显成效，14个市州政府所在城市空气质量平均优良天数比率稳定在90%以上，38个地表水国考断面水质优良比例均达到国家考核要求，湿地面积稳定在169.39万公顷左右，治理水土流失面积9.09万平方公里，草原植被覆盖度超过52%。

六、辽宁

聚焦绿色发展，着力实施生态护边工程。下拨省以上生态环境保护和污

〔1〕资料来源：2019年关于对西藏自治区级生态村居、乡镇、县区名单的公示。
〔2〕资料来源：2020年西藏政府工作报告。

染防治资金3.8亿元，主要用于蓝天、碧水、青山、净土、农村环保五大工程建设。目前，丹东新区污水处理厂、东港和宽甸两地三镇污水收集项目建设进展顺利，抵边乡镇11个村污水治理设施建设基本完工，边境地区人工造林、封山育林、森林抚育等工作有序推进，边境地区初步实现经济与生态环境协调发展。

第六节　服务“一带一路”作用增强

共建“一带一路”倡议提出以来，中国与“一带一路”沿线国家贸易规模持续扩大，2014—2019年贸易值累计超过44万亿元，年均增长率达到6.1%，我国已经成为沿线25个国家最大的贸易伙伴。2019年，对“一带一路”沿线国家进出口总值9.27万亿元，增长了10.8%，该数字高出外贸整体增速7.4个百分点，占进出口总值比重将近30%，比2018年提升了2个百分点。由此可见，与“一带一路”沿线国家贸易呈现良好的发展势头。

凭借天然的区位优势以及蓬勃发展的国际物流通道，边疆9个省区与“一带一路”沿线国家的国际合作呈现良好的发展态势。其中，2019年内蒙古自治区对“一带一路”沿线国家进出口额为713亿元，比去年同期增长1.9%，占同期内蒙古自治区外贸进出口总额的65.1%。2019年云南省与“一带一路”沿线国家实现贸易额1628.1亿元，同比增长14.9%。黑龙江与“一带一路”沿线62个国家开展贸易往来，进出口额实现1486亿元，增长4.6%；其中，对俄罗斯进出口总额为1270.7亿元，同比增长4%，占同期黑龙江省对“一带一路”沿线国家进出口总额的85.5%。辽宁对“一带一路”沿线和中东欧国家进出口总额分别增长5%和10%左右。2018年吉林省对“一带一路”沿线国家贸易进出口总额达380亿元，超过全省外贸总额比重的四分之一，2020年1—2月吉林省对“一带一路”沿线国家进出口保持增长，进出口金额56.5亿元，增长2.2%，占全省进出口总值29.4%。

2016年至2020年8月底，甘肃省对“一带一路”沿线国家累计实现进出口贸易额802.7亿元，其中2019年为201.2亿元，增长3.5%，占全省进出口总额的53%。“十三五”以来，甘肃省在“一带一路”沿线国家和地区设立12个商务代表处，在哈萨克斯坦、俄罗斯等地设立海外仓、批发中心等营销网点111个，完善国际营销服务体系。

2019年1—5月，西藏对“一带一路”沿线国家和地区的进出口总额达13.80亿元，同比增长12.2%。在与“一带一路”沿线国家贸易中，尼泊尔为最大的出口市场，1月至5月，对尼泊尔出口总额达13.78亿元，同比增长11.85%。2019年1—12月，预计广西全区对外投资协议额为9.3亿美元，对外承包工程完成营业额6.5亿美元。

2020年1—9月，广西对“一带一路”沿线国家进出口额增长1.5%。2018年，新疆口岸对“一带一路”沿线36个国家和地区进出口额实现2915.4亿元，同比增长13.5%，占同期新疆口岸进出口贸易额的98.2%。值得一提的是，作为丝绸之路经济带核心区标志性工程的乌鲁木齐国际陆港区，截至2020年5月，中欧班列已累计开行3400余列，其中2019年开行1102列，班列发展速度和规模居全国前列。

第七节　脱贫攻坚成效显著

在2014年发布的全国832个贫困县名单中，边疆9个省区有344个[1]，占比达40%以上。其中，沿边的138个边境县有60个属于国家级贫困县，占比达到43%。截至2020年10月，在国务院扶贫开发办公室发布的《832个国家贫困县历年摘帽名单》中，仅剩余6个，“国家级贫困县+边境县”计划在2020年脱贫摘帽。至此，边疆9个省区的国家级贫困县实现了90%以上的脱贫摘帽，138个边境县中国家级贫困县的占比由42%下降到4%，“十三五”时期的脱贫攻坚成效显著，如图10-8、表10-7、表10-8所示。

[1] 国务院扶贫开发领导小组办公室. http://www.cpad.gov.cn/art/2014/12/23/art_343_981.html.

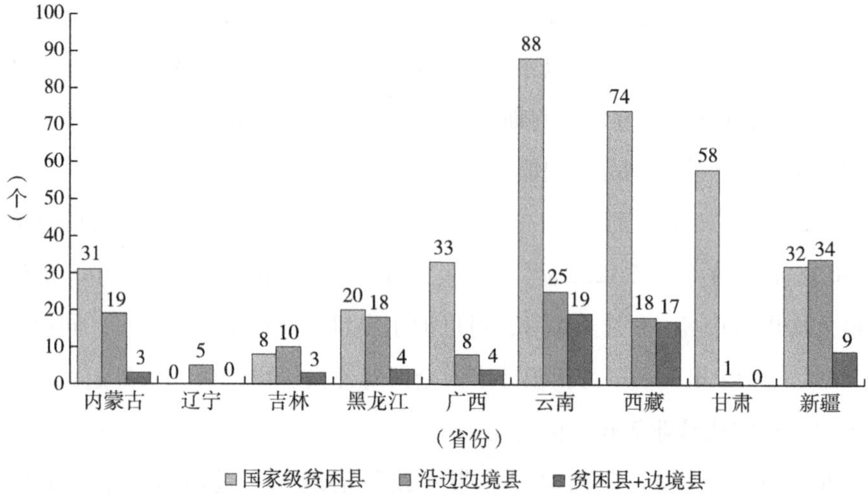

图 10－8　边疆 9 个省区国家级贫困县、边境县统计

表 10－7　2014 年我国边疆省区“边境县＋国家级贫困县”名单

边疆省区	边境县＋国家级贫困县（60 个）
内蒙古自治区（3 个）	四子王旗、阿尔山市、科尔沁右翼前旗
吉林省（3 个）	龙井市、和龙市、安图县
黑龙江省（4 个）	绥滨县、饶河县、同江市、抚远市
广西壮族自治区（4 个）	大新县、宁明县、龙州县、那坡县
云南省（19 个）	澜沧县、西盟佤族自治县、江城哈尼族彝族自治县、孟连傣族拉祜族佤族自治县、镇康县、沧源佤族自治县、耿马傣族佤族自治县、麻栗坡县、马关县、富宁县、绿春县、金平苗族瑶族傣族自治县、勐海县、勐腊县、芒市、陇川县、泸水市、福贡县、贡山独龙族怒族自治县
西藏自治区（18 个）	洛扎县、错那县、浪卡子县、定结县、定日县、康马县、聂拉木县、吉隆县、亚东县、岗巴县、仲巴县、萨嘎县、噶尔县、普兰县、日土县、札达县、墨脱县、察隅县

续表

边疆省区	边境县+国家级贫困县（60个）
新疆维吾尔自治区（9个）	和田县、叶城县、塔什库尔干塔吉克自治县、阿图什市、阿合奇县、乌恰县、阿克陶县、青河县、吉木乃县

资料来源：根据国务院扶贫办2014年发布的832个贫困县名单整理。

表10－8　2020年我国边疆省区“边境县+国家级贫困县”名单

边疆省区	边境县+国家级贫困县
广西壮族自治区（1个）	那坡县
云南省（3个）	澜沧县、泸水市、福贡县
新疆维吾尔自治区（2个）	叶城县、阿克陶县

2012—2019年，广西累计减少贫困人口932万人，年均减贫116.5万人，46个贫困县摘帽（25个国定贫困县、21个区定贫困县），2019年末广西贫困发生率1.2%，比上年末下降了2.1个百分点，向着消除绝对贫困迈出了一大步，如图10－9所示。贫困地区居民收入取得较快增长。2019年贫困地区（33个国家贫困县）农村居民人均可支配收入11958元，比2018年增长11.1%，扣除价格因素实际增长6.7%，高于全区农村居民人均可支配收入实际增速1.0个百分点。

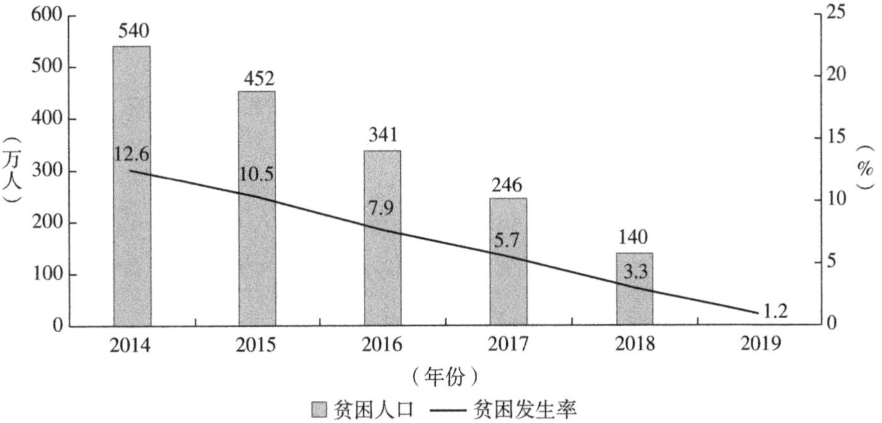

图10－9　2014—2019年广西贫困人口与贫困发生率状况

资料来源：由广西国民经济与社会发展统计公报整理。

2015 年至 2019 年末，云南省累计减少贫困人口 405 万人，年均减贫 81 万人，贫困发生率从 12.7% 降至 1.8%，脱贫攻坚成效明显[1]。截至 2020 年 4 月末，全省累计实现 95% 的贫困人口脱贫、95% 的贫困村出列、90% 的贫困县摘帽，150 万人通过易地扶贫搬迁实现“挪穷窝”“斩穷根”，创造了历史奇迹[2]，如图 10－10 所示。

截至 2019 年末，新疆累计实现 73.76 万户共 292.32 万人脱贫、3107 个贫困村出列、25 个贫困县摘帽，贫困发生率由 2013 年底的 19.4% 降至 1.24%。“十三五”期间，新疆通过城乡低保标准动态调整机制，紧跟社会经济发展水平，每年确定的新疆城乡低保标准略高于国家扶贫标准，确保了兜底对象稳定脱贫，充分发挥了社会救助在打赢脱贫攻坚战中的兜底作用。

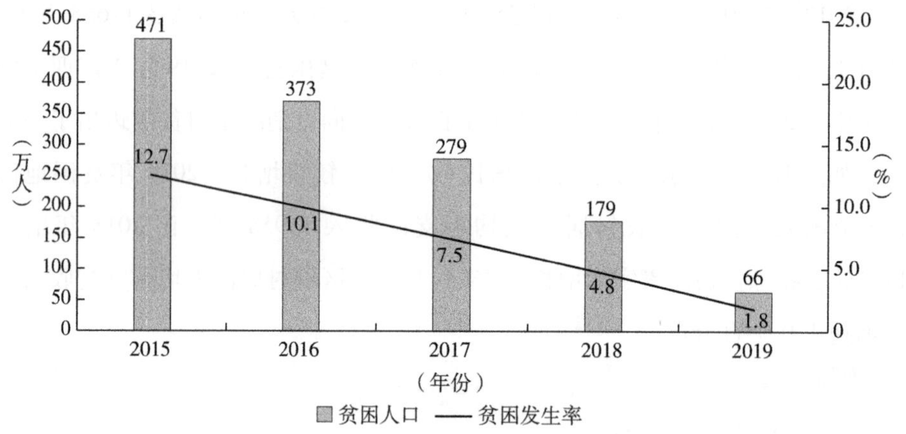

图 10－10　2015—2019 年云南省贫困人口与贫困发生率状况

资料来源：由云南省国民经济与社会发展统计公报整理。

2013 年至 2019 年末，内蒙古自治区的贫困人口从 157 万人减少至 1.6 万人，累计减少贫困人口 155.4 万人，年均减贫人数 22.2 万人，贫困发生率由 11.7% 下降至 0.11%，累计下降 11.59 个百分点。

〔1〕 2019 年度云南省国民经济与社会发展统计公报。

〔2〕 2020 年度云南省政府公作报告。

2017 年，甘肃省贫困发生率为 9.7%，比上年下降 2.9 个百分点。按照每人每年 2300 元（2010 年不变价）的农村贫困标准计算，2018 年末甘肃省农村贫困人口为 120 万人，比上年末减少 80 万人；农村贫困发生率 5.8%，比上年下降 3.9 个百分点。如图 10－11 所示。全年贫困地区农村居民人均可支配收入 7687 元，比上年增长 10.3%。按照每人每年 3218 元（2010 年不变价）的农村贫困标准计算，2019 年末甘肃省农村贫困人口 46 万人，比上年末减少 75 万人；贫困发生率 2.2%，比上年下降 3.6 个百分点。全年贫困地区农村居民人均可支配收入 8591.7 元，比上年增长 11.8%，比全省农村居民人均可支配收入增速高 2.4 个百分点[1]。

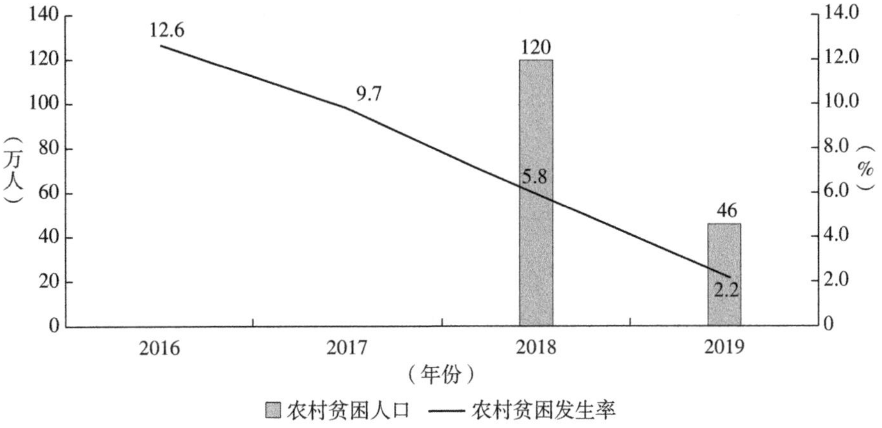

图 10－11　2016—2019 年甘肃省农村贫困人口与贫困发生率状况

资料来源：由甘肃省国民经济与社会发展统计公报整理。

2015 年，西藏贫困人口为 59 万人，贫困发生率高出全国 19.5 个百分点，是全国贫困发生率最高、贫困程度最深、扶贫成本最高、脱贫难度最大的区域。2016 年到 2018 年，西藏累计实现 55 个贫困县（区）摘帽，4813 个贫困村（居）退出，47.8 万建档立卡贫困人口脱贫，贫困发生率从 25.2% 降至 6% 以下，贫困群众生活水平明显提高，贫困地区面貌明显改善，2019 年提前实现脱贫摘帽。贫困群众人均可支配收入增幅持续保持在 16% 以上。截至

〔1〕 2018 年、2019 年、2020 年度甘肃省国民经济与社会发展统计公报。

2019 年底，西藏 74 个县（区）全部脱贫摘帽，取得了可喜的成果。

2019 年，黑龙江省 1109 万农村贫困人口脱贫，连续 7 年每年减贫 1000 万人以上；贫困发生率为 0.6%，比上年下降 1.1 个百分点，向着消除绝对贫困迈出一大步，如图 10－12 所示。贫困地区居民收入增长较快。2019 年贫困地区农村居民人均可支配收入为 11567 元，比上年增长 11.5%；扣除价格因素实际增长 8.0%，高于全国农村居民人均可支配收入实际增速 1.8 个百分点[1]。

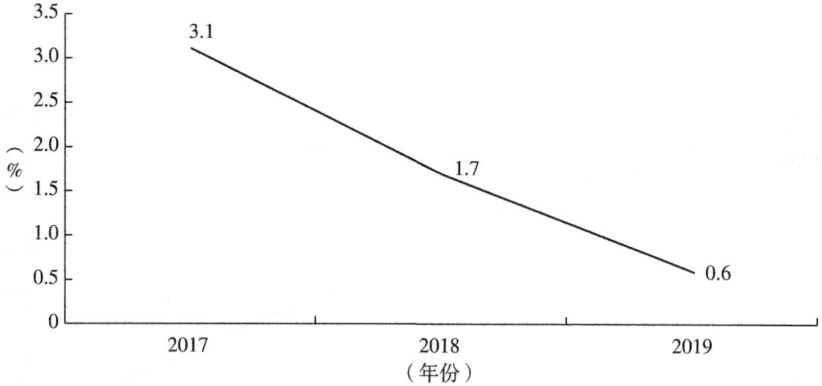

图 10－12　2017—2019 年黑龙江省贫困发生率状况

2012 年至 2019 年末，吉林省累计减少 191 万贫困人口。2019 年，全省贫困人口减少到 10063 人，贫困村全部出列、贫困县全部摘帽，“两不愁三保障”总体解决，区域贫困瓶颈持续破解，基础设施和公共服务持续加强，群众满意度不断提高。截至 2020 年，辽宁省 15 个省级贫困县全部摘帽，1791 个贫困村全部销号，全省农村贫困人口由建档立卡之初的 126 万人减少到 2019 年底的 1.42 万人，贫困发生率由 5.4% 下降到 0.06%。

〔1〕 2019 年黑龙江省统计公报解读．http://tjj.hlj.gov.cn/sjgzdt/202003/t20200330_77136.html.

第十一章　“十四五”期间边疆经济发展面临的问题

自国家实施沿边开放战略以来，经过改革开放四十多年建设，边疆地区开放发展程度不断加深，开放水平不断提高，取得了显著成效。但总体上看，由于边疆地区普遍地处偏远，经济基础薄弱，又受到周边国家经济发展水平低、市场发育不健全的制约，边疆地区整体发展仍落后于全国平均水平，地缘优势尚未得到充分发挥，加快边疆开放还存在诸多问题和挑战，特别是当前国际形势剧烈变化，我国发展面临百年未有之大变局。正确认识和处理这些问题，对边疆地区经济社会健康、稳步发展具有重要意义。

第一节　世界经济形势严峻，对边疆发展提出更高要求

新冠肺炎疫情背景下的全球经济进入低迷期，全球经贸格局发生重大改变。当前，新冠病毒的蔓延和影响可能成为一种常态化趋势，边疆地区开放发展面临新的形势，发展环境不确定性增强。可以预见的是，在未来很长一段时期，世界经济将仍处于深度调整期，发达国家生产率增长缓慢、投资低迷、债务高起、金融动荡，经济复苏仍处于低速轨道，改善幅度有限。新兴市场和发展中国家经济结构性矛盾突出，内需不振、能源资源出口收入缩水、资本外流，经济增速连续放缓，叠加新冠肺炎疫情影响，有可能进一步导致逆全球化。未来经济的发展，无论是美、欧等发达经济体，还是新兴市场和发展中国家，都需要作出深刻调整，这种调整是一个漫长的过程，由此世界经济极有可能进入长期的低速增长期，而在此期间全球生产消费和国际贸易

的增长空间将相对有限。面对全球经贸格局变化，我国对外开放战略也作出适应性调整，其中扩大边疆地区开放，深化与周边国家经济合作水平，构建周边以我国为主的供应链、产业链、价值链，将成为应对全球经贸格局变化、完善我国对外开放格局、补齐我国全方位开放短板的关键一环，这对边疆经济发展提出了更高的要求。

第二节　周边环境复杂多变，与周边国家合作层次偏低

周边环境复杂多变。我国周边邻国众多，各国政治制度和经济发展水平各异，民族、宗教问题错综复杂，地缘环境复杂，敏感问题交织，政治形势多变，给我国边疆地区带来诸多不稳定因素。伴随着我国的和平崛起、美国“亚太战略”的实施以及全球化格局的重大变化，周边环境面临多重压力，一方面，我国与周边国家在领土、领海、岛屿等方面争端不断，产业竞争压力与对外投资合作冲突加大；另一方面，来自恐怖主义、环境、能源等非传统安全问题的威胁也在日益增加。

合作层次偏低。沿边地区担负着我国和周边国家之间几乎所有的经济贸易、客运、货运往来的任务，是我国与邻国交流的重要通道，并且在两个国家之间甚至多个国家之间的经济贸易交流中起着至关重要的作用。当前，我国沿边开放合作方式单一，层次较低，毗邻的朝鲜、俄罗斯、蒙古国、哈萨克斯坦、缅甸、老挝、越南等国，与我国接壤地区多为该国落后地区、边远或待开发地区，远离其国内中心市场，产业基础薄弱，投资吸引力不强，自主发展能力严重滞后。周边国家边境口岸基础设施建设普遍薄弱，毗邻地区的道路设施、水电等基础设施不能适应日益扩大的双边经贸合作的需要。相比而言，我国沿边地区开放开发的基础相对比较好，开放开发的热情也比较高。周边国家政策的不确定性比较大，由于政治互信不足，周边国家普遍对我国防范心理较重，虽然在中央政府层面与我国达成合作协议，但在实际操作层面深入协调不足，政策难以落到实处。

第三节　沿边发展基础薄弱，严重制约经济高质量发展

总体上看，我国沿边大部分地区地处偏远，自然条件艰苦，远离中心城市，基础设施条件差，公共服务配套弱，人口密度较低，发展基础相对薄弱。

“通道经济”特征仍较为突出。近年来，我国边疆地区贸易实现较快速度增长，但与其他贸易方式相比，边境贸易的发展相对滞后，主要体现在贸易总量小、产品档次低等方面。2000 年以来，边贸进出口占全国进出口的比重一直保持在 1% 左右。2019 年，我国边境小额贸易 2831.5 亿元，其中出口额 2200.1 亿元，进口额 631.4 亿元。边贸出口商品结构单一，以纺织、小机电、百货、农副产品等劳动密集型和资源密集型产品为主，批量小、品种杂、经营分散；进口则以资源类的农、副、林、水产品为主。这些贸易产品附加值较低，易受自然条件、交通运输等因素影响。从目前情况看，边境贸易产品主要依靠内地省份供应，进口货物的相当部分也都直接销往内地，没有在当地实现仓储、加工等环节的增值，目前边贸发挥的仍是物流作用，“通道经济”的特征仍十分突出。究其原因是周边国家需求量大的产品在边境地区没有形成规模生产力，产业链条过短，难以在本地形成高附加值产品。由于“通道经济”特征，在互市贸易中，企业是实际上的经营主体，负责集中组织货源和交易，边民配合企业完成免税进口手续，获得的报酬相对较低，边贸富民惠民的政策效果没有得到充分释放。

边疆开放平台建设相对滞后。边境口岸、边境城市、自由贸易试验区、沿边重点开发开放试验区以及边境（跨境）经济合作区等平台是我国沿边开放的前沿阵地，是边疆地区开展国际贸易、边境贸易以及经济技术合作的重要门户，但就目前发展水平而言，它们所承载的经济功能并未得到充分发挥。建设资金不足、基础设施落后严重制约了边疆开放进程，建设资金不足已成为制约边境地区快速发展的主要瓶颈。沿边地区基础设施建设、公共事业项目及产业转型升级发展基本依靠地方财政，而边疆地区地方财力普遍不足。1992 年、1993 年批准设立的边境经济合作区，目前已步入还债高峰期，财政

负债率上升较快。发展空间受限，经过多年的商贸化和城市化发展，原划定的边境经济合作区及各类园区大多数已被城市建设占用，各地普遍反映建设用地指标不够是当前发展最大的制约因素，很多边境经济合作区皆面临重大项目选址和落地困难的窘境。政策支持不够，以边境经济合作区建设为例，在设立之初，各项政策支持和国家的扶持力度较大，形成了快速发展的局面。国家“八五”期间，曾赋予边境经济合作区的有关财政、税收、金融、外贸等多方面的扶持政策已陆续到期或取消，导致目前沿边地区边境经济合作区等平台，相比国内其他开放平台，没有任何政策优势。

沿边开放发展政策支撑体系亟待完善。一直以来，我国沿边开放政策主要是以边境贸易政策为主，未形成统揽全局的政策支撑体系。当前沿边地区的政策法规呈现明显的滞后性、政策缺乏连续性和可操作性。关于边境小额贸易政策，国家初期对边境小额贸易进口货物，实行关税、增值税减半征收政策（即通常所说的“双减半”）。随着财政政策的调整和外贸管理体制改革的深化，从2004年开始边境小额贸易企业由审批制改为登记制；从2008年起，以边境地区财政转移支付办法取代原来的“双减半”政策。关于边民互市政策，《国务院关于边境贸易有关问题的通知》（国发〔1996〕2号文件）规定，边民每人每日通过互市贸易带进的物品，价值在1000元以内免征进口关税和进口环节税；从1999年1月1日起，免税额度提高至3000元；从2008年11月1日起，免税额度提高至8000元。为了进一步加快边疆开放进程，促进边疆地区更好、更快发展，我国边疆开放政策开始涉及加快建设边境经济合作区、互市贸易区和出口加工区、加快建设和完善边境口岸设施等更广泛的边疆开放内涵，特别是《国务院关于支持沿边重点地区开发开放若干政策措施的意见》（国发〔2015〕72号文）的印发实施，从8个方面提出了31条政策措施支持边疆开发开放。

2019年9月，国务院办公厅出台了《关于促进边境贸易创新发展的指导意见》等政策，但由于种种原因这些导向性政策在实施过程中往往缺乏具体政策措施的配套支持，大部分无法落地，对边疆开放的促进作用也有待进一步加强。

第四节　高端要素聚集缺乏，很难形成高质量发展支撑

随着我国城市群建设的推进，资金、人才、技术等高端要素进一步集聚核心城市，制约沿边地区产业创新发展能力。首先，人才缺乏，由于沿边地区大多为末线城市或县区，不仅吸引不到优秀人才，本地人才的流出对当地而言更是雪上加霜。其次，创新平台少，沿边地区缺乏高等院校和高水平的科研教育基地，培养人才能力弱，科研水平低下。而且边境城市规模小、产业基础薄弱、承接产业的专业能力不足、缺乏腹地支撑、难以有效集聚经济资源并成为带动力强的地区经济中心，导致与相邻国家或地区的经贸合作推进缓慢。再次，资金缺乏，由于人才、创新平台的缺乏，创新型企业不愿意投资沿边地区，制约了沿边地区技术创新和承接跨境高新技术项目的能力。最后，沿边地区对沿边重点开发开放试验区、沿边金融综合改革试验区等赋予的优惠政策不够深入，投融资、基金设立、人才激励、出入境审批等领域存在部分政策落实不到位、推出的一系列改革措施影响力不够大、可推广可复制的经验较少、“试验”效应不强等问题。依托国家战略平台进行的开发开放政策与预期效果仍有一定差距，对区域内改革创新、经济社会发展的引领带动作用不明显。

第五节　基础设施建设滞后，成为高质量经济发展难点

沿边地区地处我国传统意义上的偏远地区，地理环境差，大部分都位于山区或荒漠草原地区，经济长期封闭，开发建设较晚。受自然条件差、历史欠账多、发展基础薄弱等因素的影响，沿边地区的交通、水利、通信、电力和城镇等基础设施建设长期滞后。虽然近些年来在国家有关部门的大力支持下，沿边地区的基础设施建设速度加快，基础设施状况有了较大改善，但基础建设依然是薄弱环节，总水平落后的问题仍然十分突出，难以适应今后沿边地区开发开放的要求。以西部沿边地区为例，大部分基础设施处于供给不

足状态。在交通方面，沿边地区没有形成完善的网络系统，公路、铁路不够密集，公路等级低、路况差，与口岸对接不通畅，严重制约了沿边地区的跨境贸易往来和产业合作。以图们江地区为例，1991 年图们江地区国际开发计划正式提出，但其后多年一直进展缓慢，其中通道不畅就是一个重要的原因，在图们江区域交通基础设施方面，存在国家间通道建设标准不一致、口岸设施发展不平衡、道路网有断点等问题，严重制约了该地区的合作发展与物流畅通；在云南，与云南毗邻的缅甸、老挝、越南等都属于相对落后的国家，国内公路、铁路等基础设施比较滞后，如缅甸从 2009 年 11 月才开始关注国内基础设施的建设与改造，目前正在加大投资力度改造仰光—勃固—密铁拉—曼德勒、腊戍—木姐、九谷—木姐—南坎等 19 条国内公路。周边国家基础设施建设投入严重不足，在一定程度上也制约着与云南的互联互通建设。可见，基础设施建设滞后，严重影响沿边地区高质量发展。

第六节　周边不安全性凸显，影响沿边地区高质量发展

沿边地区是连接两国的交界区，是与周边国家交往的前沿，是不同国家和民族政治、经济、文化、宗教等事务频繁往来的场所，其社会的整体稳定与发展，对我国地缘安全起着“牵一发而动全身”的影响。我国陆地边界线超过 2.28 万公里，海岸线长约 3.2 万公里，与 14 个国家陆地相邻，与 9 个国家隔海相望。由于周边邻国众多，各国政治制度和经济发展水平各异，民族、宗教问题错综复杂，现实或潜在热点问题集中，这些都给我国边疆地区带来许多新的社会影响。近年来，一方面，我国与周边国家在领土、领海、岛屿等方面争端不断，产业竞争压力与对外投资合作冲突加大；另一方面，来自恐怖主义、环境、能源等非传统安全的问题威胁也在日益增加。比如，中亚地区是多种思想、文化、宗教相互作用的交会点，也是世界上各种文化、思想、宗教相互冲撞最激烈的地区之一，生活着 100 多个大大小小的民族和部落；南亚地区和印度东北地区近年来安全局势有所恶化，印度东北地区的分离主义活动与恐怖主义活动有向印度周边溢出和扩散的趋势，同时中印关系也出

现新的问题；东南亚的泰国、缅甸、越南、柬埔寨和老挝的贪腐现象都十分严重，而贪腐问题造成的直接影响是东南亚国家金融体制的透明度低、国家金融风险大、银行信用低，对收入分配产生消极影响，扭曲公共政策和消除贫困的社会目标等，由此间接产生了民族宗教问题、贫困问题、社会贫富差距拉大等问题。

第十二章　“十四五”期间边疆经济发展面临的形势

“十四五”期间，我国发展仍然处于重要战略机遇期，但机遇和挑战并存。从世界经济来看，疫情的短期重大负面冲击已经显现，并正在加速世界经济、科技和治理格局的深刻调整和演化。在此背景下，国际环境的不稳定不确定因素将大大增加，“十四五”时期我国经济社会发展也将因此面临新的困难和挑战。

第一节　国际形势

从国际看，全球经济格局将发生变化。世界经济存在陷入长期低迷的风险，并给经济全球化发展带来深远影响。从短期来看，在疫情冲击下世界经济出现“二战”后最严重萎缩和大规模失业。2020 年 10 月国际货币基金组织估计，2020 年全球经济增长为 -4.4%。从现有的疫情分析来看，疫情不是短期的，而是已经进入常态化的状态。世界各国均不同程度地受到疫情冲击，全球经济格局将发生变化。从中长期来看，世界经济很可能陷入低迷。疫情不仅不能改变发达国家长期形成的结构性问题，反而加重了这一问题，后疫情时期世界经济陷入长期低迷的风险甚高，并将在相当程度上殃及新兴和发展中经济体的稳定。

世界政治格局将进一步呈现出多极力量深度分化组合态势。伴随疫情冲击，在不考虑大国之间发生剧烈地缘冲突等重大事件的情况下，当前“一超多强”格局将加速演化。“十四五”期间，美国仍将是世界首要大国，但其全球政治领导力因美国政府单边主义政策和疫情防控不力而大幅下降。能否快速恢复盟友对美国的忠诚和支持将是拜登新政府面临的重大外交挑战。与此同时，我国的国际领导力将继续上升，并成为仅次于美国的全球力量。由于英国脱欧、社会失稳外加疫情冲击，欧洲一体化进程步履维艰，加倍努力后欧洲方可实现其心目中的美中欧“三极世界”之愿景。在未来世界中扮演“关键平衡者”角色，展示了俄罗斯的自我国际定位及其影响力。随着中美或中美欧博弈加剧，经济长期低迷的日本和因疫情冲击经济快速增长之后戛然而止的印度，在世界格局中的相对重要性上升，尽管它们在超大经济体之间维持平衡关系并非易事。

世界科技格局将以新兴领域竞争日益激烈为主要特点。未来五年，为谋求在新一轮国际科技竞争中的主导权，世界主要大国在以下新兴科技领域的竞争或封锁与反封锁将更加激烈：一是以 5G 为代表的新一代信息通信技术；二是以高速运算能力为特征的量子计算与其他技术的融合；三是人工智能与其他技术的融合；四是以基因工程为代表的现代生物技术；五是以外太空探测为代表的航天科技。与此同时，科技强国与弱国之间的科技鸿沟将继续加宽加深。

全球治理格局将呈现出 4 种可能情景。一是现存多边或诸边抑或全球或区域体系垮塌，世界各国以邻为壑，甚至进入丛林战争，霸权国家肆无忌惮，强权即真理成为处理国际关系的基本准则。二是多边或全球体系全面坍塌或名存实亡，以主要国家之间博弈为特征的世界多极化呈现出区域集团化态势。区域主义本身也将进行重组，有些地区合作机制会得到加强，有些会被创立，有些则被改组，不排除有些将消亡。三是出现两个或多个平行体系，它们以产业链断裂至少是部分脱钩为标志，结果是肢解或淡化了多边体系，其具有多重划分标准，主要包括对体系规则的理解和执行、经济体社会政治经济制度，也涉及文明背景和意识形态等因素。四是再全球化进程得以启动，新冠肺炎疫情作为全世界共同的敌人，特别是其带来的短期巨大冲击力，让人类开始警醒，深切感受到所有人早就结成一个命运共同体，我们应该做并且能够做的，就是携手并肩巩固、完善和创新现有全球多边体系。比较而言，第一种情景出现的概率较低。在后 3 种情景中，对我国较为有利的是区域合作的巩固与扩展和多边体系的改革与完善。最终哪一种情景变为现实，取决于主要经济体之间的博弈。

第二节　国内形势

从国内看，我国已进入高质量发展阶段，要加快构建以国内循环为主，国际国内相互促进的新发展格局。国内大循环的作用愈加重要，内需市场活力和潜力将充分被释放，消费对经济发展的基础性作用进一步增强，并成为拉动国民经济增长的第一驱动力。新时代西部大开发新格局的推进形成，将为沿边地区以共建“一带一路”为引领，强化开放大通道建设，加快沿边地区开放发展起到促进作用。长三角经济带、粤港澳大湾区、京津冀等区域发展战略实施，区域经济发展与协作进一步加强，联动发展与合作已经成为新的特点。西部陆海新通道建设上升为国家战略，广西作为“一带一路”海陆统筹的重要枢纽成为现实，也将成为通向东盟时间最短、服务最优、效率最高、效益最好的国际贸易大通道，对打通中国—东盟双循环生产、流通、消费环节具有重要推动作用。

第三节　发展影响

在百年未有之大变局的背景下，我国发展既面临新的风险和挑战，也将迎来新的机遇。

未来五年，国际环境变化给我国发展带来的主要风险和挑战如下：一是美国新政府联合盟国与伙伴国加大对我国的制衡力度。这些国家联合施压，迫使我国接受于己不利的、包括经贸、金融、人权与安全等领域的多重国际新规则，或打造将我国排除在外的不平衡的平行体系，进而实现其迟滞我国发展、占领所谓道义制高点、进而长期主导世界的战略图谋。二是全球供应链出现裂痕甚至部分断裂，外部需求增长面临诸多不确定性。作为全球制造业大国，我国在全球产业链和价值链中具有举足轻重的地位。此次疫情、主客观上均使各国认识到对外依存度过高带来的风险，以致全球供应链“去中国化”成为长期趋势。三是国际责任与义务加重。美国将联合西方国家进一步剥夺我国作为发展中国家在对外经贸合作和利用国际资源等方面的合法权益，迫使我国承担更多的国际责任和义务。但同时，其他发展中国家期待我国为世界发展提供更大帮助和支持。四是海外利益保护任务更加艰巨。一些国家及其民众将疫情责任推向中方。在国外敌对媒体的渲染下，反华排华情绪有可能进一步上升，我国驻外公民、华人华侨的生命财产安全以及中资企业和国家资产因此受到严重威胁。另外，此次美国总统选举引发的危机，有可能引致不甘于做“跛鸭总统”的特朗普在对华政策上铤而走险。

国际环境变化也给我国顺利实现“十四五”发展目标创造了机遇与空间。当前和未来一段时期，我国仍处在发展的战略机遇期，进一步发展的空间主要表现在以下五个方面。一是疫情冲击快速缩小了中美之间的产出差距并产生强大的惯性，进一步扩大了我国已有的大市场效应，从而为我国运用市场规模优势构筑良性外部环境提供了强大的物质基础。二是我国抗击疫情取得重大战略成果，率先实现生产和生活的正常化，增强了世界经济复苏的信心，凸显了我国的制度优势，提升了我国国际影响力和道德感召力。三是随着经济影响力和道德感召力的提升，特别是我国顺应各国人民对合作共赢的普遍诉求，提出建立开放型世界经济新体制，增大了我国参与和引领全球经济治理改革的力度，提高了话语权。四是随着疫情防控的常态化，在线科技、人工智能、大数据等数字化技术加快运用，将持续驱动新业态、新模式、新产业加速成长。五是成功应对外部环境变化带来的诸项挑战的过程便是化危为机的过程，并特别表现在借供应链压力调整以完善国内产业布局的过程之中。同时，西方世界内部不断激化的社会政治经济矛盾，无疑将成为其推行外交政策的掣肘。

第十三章　“十四五”期间边疆经济发展的任务

“十四五”期间沿边地区的发展要继续深化对外开放，坚持贯彻新的发展理念，转变发展方式、优化经济结构、培育新的增长动力，推动经济发展提质增效，促进要素跨国界的自由流动，建设开放型经济体系，发展高质量的开放型经济。

第一节　谋划“五位一体”全方位发展布局

沿边地区的经济发展和扩大开放是我国新时代推动形成全面开放新格局的重要组成部分，是我国建设“一带一路”的支撑，更是我国经济社会发展的重要屏障和深化我国与周边国家、地区经济合作的重要前沿。在新时代的开放发展中，我们要全面推进沿边地区“五位一体”的全方位布局，通过体制机制的创新，实现沿边地区经济、政治、社会、文化、生态统筹等“五位一体”的科学发展，构建沿边地区的现代经济体系。

一、经济建设是根本

沿边地区的经济建设是沿边地区的政治、文化、社会、生态文明的前提和基础，其核心是激发边疆群众的创造性，发展生产力，为沿边地区现代化建设奠定坚实的物质生活基础。经济建设中，发展必须是科学发展，经济增长必须是实实在在和没有水分的增长。要以提高发展质量和效益为中心，以供给侧结构性改革为主线，加快形成引领经济发展的体制机制和发展方式，深入实施创新驱动发展战略，推动科技与经济深度融合，促进新型工业化、信息化、城镇化、农业现代化同步发展，形成区域协调发展新格局，发展更高层次的开放型经济。

二、政治建设是保障

政治建设就是继续推进并深化政治体制改革，发展社会主义民主政治，建设法治边疆，给每个有能力的边疆人创造平等的地位、均等的发展机会。政治建设中，坚持党的领导、人民当家做主、依法治国有机统一，以保证人民当家做主为根本，以增强党和国家活力、调动人民积极性为目标，以加强党的领导为根本保证，把制度建设摆在突出位置，加快建设社会主义法治国家，推进国家治理能力和治理体系现代化。

三、文化建设是引领

文化建设就是用先进的价值观武装国民，提供强有力的精神动力和智力支持，营造丰富多彩的新生活。文化建设中，坚持把社会效益放在首位，社会效益和经济效益相统一。以社会主义核心价值观为引领，加强思想道德建设和社会诚信建设，丰富文化产品和服务，发挥文化引领风尚、教育人民、服务社会、推动发展的作用。

四、社会建设是条件

社会建设就是不断创新社会管理模式。社会建设中，解决好人民群众最关心、最直接、最现实的利益问题，在学有所教、劳有所得、病有所医、老有所养、住有所居上持续取得新进展。围绕构建中国特色的社会管理体系，加快形成党委领导、政府负责、社会协同、法治保障的社会管理体制，提高公共服务共建能力和共享水平。正确处理人民内部矛盾，建立健全党和政府主导的维护群众权益的机制。

五、生态建设是基础

生态建设就是提供幸福、健康、宜人的生活环境。生态建设中，要加快建设资源节约型、环境友好型社会，形成人与自然和谐发展的现代化建设新格局，加快绿色发展，推进美丽中国建设，为全球生态安全和人类可持续发展作出新贡献。

第二节　统筹推进立体交通网络体系建设

统筹推进沿边地区的基础设施建设，形成沿边地区互联互通的基础设施体系，构建沿边地区立体交通网络，增强沿边开放发展的支撑保障。

一、加快口岸基础设施建设

加强和完善边民互市点基础设施、城镇基础设施、园区基础设施、信息化基础设施建设，围绕提高口岸通关效率，加快贸易畅通和人员往来，加快提升口岸功能，重点加强一、二类口岸联检大楼、口岸验货场、仓储、货场、停车场、保税仓库、现代化口岸查验设施、网络通信设施等相关配套基础设施建设，完善口岸道路、水、电、垃圾和污水处理等设施，规划建设口岸货客运车辆专用通道。提升海关卡口查验设备和设施档次，加快建设电子口岸、数字口岸公共平台，推动电子化通关，推动在口岸建设国际贸易“单一窗口”，共享标准化数据，加快推进形成电子口岸跨部门共建、共管、共享机制。建设保税物流联网监管系统，对货物进、出、转、存情况进行实时、动态管理，提升口岸物流运作效率。完善口岸行政功能区、综合服务区、商贸区、进出口产品加工及仓储区布局。

二、加快推进公路运输网络建设

支持沿边地区加快与周边国家的国际公路运输通道建设，建设百色至龙邦、昆明至河口、昆明至磨憨、昆明至瑞丽、保山至腾冲、喀什至红旗拉普、乌鲁木齐至霍尔果斯、哈尔滨至黑河、双辽至集安等高速公路；统筹推进沿边地区公路网建设，畅通219国道（喀纳斯至东兴）和331国道、满洲里至阿尔山、抚远至同江、凭祥至防城港、崇左经那坡至富宁等沿边公路网建设，实现我国沿边公路的畅通；合作建设跨境公路，打通缺失路段，畅通瓶颈路段，优化提升繁忙路段，尽快形成畅通的沿边道路，包括连接全部边境口岸、所有沿边城镇的高等级公路网络。

三、加快构建铁路运输大动脉

推进泛亚铁路的互联互通，加快建设中缅铁路境内大理至瑞丽段、中缅铁路玉溪至磨憨段、湘桂铁路南宁至凭祥段的扩能改造工程，规划研究腾冲至猴桥铁路、防城港至东兴铁路；打造面向东盟贯通中南半岛国家的快速铁路通道，全力推进中朝、中俄、中缅、中老等铁路建设，谋划建设临高铁产业园和高铁经济圈，促进高铁物流业发展。加快建设以六大经济走廊为重点的铁路运输大动脉。

四、优化航空网络和机场布局

计划在五年之内完成边疆地区主要枢纽机场国际化的构建，支持构建以边疆省区主要城市（省会或地级市）为机场枢纽、边境城市支线为辅、面向周边国家的国际航空网络体系。加快发展支线机场和通用机场，积极推进丹东、白山、通化、抚远、黑河、满洲里、二连浩特、哈密、阿拉泰、塔城、伊宁、喀什、和田、林芝米林、阿里昆莎、日喀则和平、腾冲、临沧、百色等机场的改扩建工程；搬迁延吉、牡丹江、佳木斯等机场；建设集安、建三江、吉隆、河口、东兴等机场。

五、加快边境物流通道建设

以共同打造“陆路黄金通道”为抓手，以边境口岸为依托，整合现有物流资源，积极建设物流通道，打造国际物流枢纽。深化实施贸易通道建设，建设丹东、珲春、东宁、黑河、二连浩特、阿拉山口、霍尔果斯、瑞丽、东兴等商贸物流通道；加快建设图们、龙井、集安、绥芬河、同江、珠恩嘎达布其、满洲里、甘其毛都、金策、塔城、吉隆、河口、百色等口岸能源资源物流通道建设；推动有条件的沿边口岸成为以集聚和发散为主的沿边口岸中转枢纽，在现有综合保税区的基础上完善保税仓建设，加强沿边物流中心、基地建设；加强与沿边国家的协商合作，加快签署双边汽车运输协定，推进跨境运输车辆牌证互认，放宽直通业务车辆备案条件，为从事跨境运输的车辆办理出入境和通行手续提供便利和保障，促进货车跨境运输便利化通关的常态化。

六、加快推动多式联运建设

引导建设集货“无水港”，择优布局内陆无水港，重点考虑在中心城市、交通枢纽城市、物流交通城市、外向型经济活跃地区、边境口岸等地区科学布局内陆无水港物流节点。结合沿边国家及国内市场需求、西南腹地经济结构等，调整优化内陆无水港货物结构，并成立专门服务货运无水港的物流发展公司，在货物承接、业务培训、技术服务等方面与其他无水港城市实现全程“一站式”服务，激发内陆无水港活力。另外，加强多种运输方式衔接。整治恢复国际航运网，在协调完善快速铁路网、高速公路网、等级公路网和区域通用机场网建设的同时，推进铁路与其他运输网络之间重要衔接性项目建设，建成集约高效的多式联运综合交通，增强沿边开发开放发展的战略支撑力。加快铁路场站复合化提升改造，建设能力匹配的公路、连通物流园和开发区的铁路连接线以及换装设备，促进通关、换装多式联运有机衔接，提高货物中转的便捷性、兼容性和安全性。开展港口“最后一公里”建设专项行动，提高主要港口水铁联运比例，加大进港铁路专用线等配套设施建设力度，解决集疏运建设“最后一公里”问题。规划新建若干通用机场，推动有条件的通用机场纳入全国通用机场建设。

第三节　建设沿边地区现代经济发展体系

进入新时代，中国要实现“两个一百年”的奋斗目标，实现中华民族伟大复兴的中国梦，这需要全国各民族、各地区的共同努力，既需要东部地区的率先发展，也需要沿边地区的经济发展迎头赶上。这就要求我们贯彻新发展理念、坚持社会主义市场经济改革方向、坚持解放和发展社会生产力，建设现代经济体系。

一、大力发展实体经济

加大力度支持实体经济的发展。支持距边境线20公里以内的中小企业复制适合本企业发展的自由贸易试验区创新经验，减免企业五年的营业税；对于边民自主创业实行“零成本”注册，对符合条件的边民可按规定申请10万元以上的创业担保贷款，五年之内减免所得税；对于大型国有企业在沿边地区投资设厂，给予享受自贸试验区内的政策；对于外资企业采取准入前国民待遇和负面清单的管理模式。

二、培育沿边主导产业

加快发展沿边地区的加工制造业、能源创业、现代服务业、电子商务产业，推动互联网、大数据、人工智能和实体经济深度融合，形成新的主导产业。重点支持构建以“一带一路”建设为重点、以周边国家为目标的、具有沿边特色的产业链、价值链和供应链，在创新引领、绿色生态、跨境贸易、电子商务、跨境合作、跨境金融等领域培育新增长点、形成新动能。支持传统产业优化升级，加快发展现代服务业，瞄准国际标准提高水平。对于评估后真正达到国际标准的技术，国家给予资金支持。

三、构建沿边经济发展全产业链

培育沿边经济发展的产业链。沿边地区改革开放以来，经济社会得到了较快的发展，但仍然没有结合沿边地区各省区的实际、经济发展的特色，对产业发展做好明确的定位。因此，我们要根据沿边地区发展的不同优势、特色以及相邻国家情况，做好产业发展的定位。要密切关注沿边国家地区的未来发展趋势，提前做好跨国种植产业链、跨国种植加工产业链、跨国制造优势产业链布局。围绕沿边农产品加工产业基地建设，依托国内农业、工业、市场营销等优势，扶持和引导一批农产品加工企业和种植大户开展跨境农产品、水果等标准化、规模化原料生产基地建设，推进生产加工一体化发展，务实开展有机农业、生态农业、精致农业、休闲观光农业、光伏农业合作，不断提升跨境种植业合作水平。创新农业发展，加大外商投资农业和引进农业核心技术力度，加快农作物良种繁育基地和优质农产品基地建设，培育现代农业龙头企业。另外，结合边境经济合作区、跨境经济合作区等政策“红利”，大力发展循环经济、新型矿产与林产品跨国产业链。大力发展精深加工和循环经济，积极推动本地企业入驻外方跨区开办分厂，延伸上下游产业链。积极承接东部地区铜、铝、稀土加工产业，鼓励支持与外方矿产企业、加工企业合作，以发展新型功能材料为主攻方向。充分利用国际国内“两种资源、两个市场”，以产业生产基地为龙头，以跨境合作区、综合保税区、边境经济合作区等为载体，建立相关产业跨境加工合作链。

大力发展跨国服务产业链。围绕面向国际大通道发展需求，大力发展跨境旅游、国际物流、跨境金融、跨境电子商务，积极推进沿边全域旅游、跨境旅游合作区建设，鼓励跨国采购企业和供应商落户发展货物贸易、服务贸易和技术贸易。鼓励发展区域性、专业性展会和论坛，大力发展优势产品专业会展、国际性贸易会展，带动沿边会展业发展。加快扩展跨境劳务合作，采取灵活的管理方式，延长跨境务工人员停留时间，完善跨境务工人员管理体制机制，充分释放跨境劳动力的“红利”，吸引和承接东部产业转移。创新跨境劳务合作机制，探索建设边境跨境劳务合作试验区，建设人力资源服务产业园区，支持沿边产业园区在批量劳务输入、境外高级人才入境与居留等方面，探索建立与相邻国家的开放合作新机制，推进跨境从业人员职业资格互认；为企业用工在办理劳务许可、居留和出入境等手续方面提供便利，放宽签证、居留许可有效期限；为符合条件的东盟青年精英和海内外高层次人才在项目申报、创新创业、评价激励、服务保障等方面给予政策倾斜。

加快提升跨国经营价值链。按照延长产业链、提高增值含量的要求，在促进内外资加工贸易协调发展的同时，加强加工贸易产业分类评估，明确细化禁止、限制类产业目录，建立准入退出机制，通过财税、金融、品牌认证等手段加大引导力度，积极培育核心竞争力。加快发展总部经济，支持鼓励跨国公司和国内大型企业集团在沿边地区设立物流中心、采购中心、研发中心、销售中心、中介服务中心、培训中心、旅游和会展服务中心等机构，并逐步发展成为区域总部。鼓励支持沿边本土企业建立跨国物流、营销体系，鼓励和引导传统、优势制造业把部分生产环节和制造转移到外地，形成本土型总部。加强与重点高校合作力度，加快建立沿边产学研基地。以建设口岸物流园和物流中心为重点，牢牢把握食品制造、有色金属、木材加工等重点优势领域，加强对国际运营商、贸易商和期货经纪商的引进，大力发展网上展示、交易等服务，拓展大宗商品服务范围和合作空间，建设具有话语权和影响力、服务沿边开发开放的大宗商品进口基地、信息中心和定价中心。

完善优化跨国物流链。加强与新欧亚大陆桥经济走廊、中国—中南半岛经济走廊、中—蒙—俄经济走廊、中巴经济走廊、中缅印孟经济走廊、中国—中亚—西亚经济走廊沿线国家的跨国物流节点合作，推进与沿线多边海关特殊监管区域、国际陆港、口岸等的协调发展，鼓励和引导区域内物流园区联动发展，建立和完善在区域内外物流节点的布局，抱团参与国内和国际物流市场竞争。推进物流通道建设，结合发展边境贸易，加快物流基础设施互联互通，着力构建服务于产业合作、原料输送和跨国合作的立体、联运式物流通道，大力发展集装箱联运物流链、跨国电商物流链。结合沿边开放平台、产业园区建设，加快建设一批物流设施、物流市场、物流集散地，构筑大物流体系。培育跨国物流市场主体，通过联合、兼并、资产重组等方式，整合物流资源，创新特色服务，壮大企业规模和实力。鼓励物流企业建立跨国联盟，培育现代化跨国物流龙头企业，大力发展和引进第三方、第四方跨国物流企业，推动物流业与制造业、商贸业联动发展。积极构建服务于中国—沿线国家贸易和营销网络、跨境电子商务的物流支撑体系，为国内企业“走出去”和跨国物流业务提供服务保障。在现有的边境口岸选出 20 ~ 30 个作为试点，初步形成重点发展的产业集聚口岸，进而形成物流基地，作为“一带一路”建设六大经济走廊的物流支点。

加快发展跨国信息链。加强跨国信息平台建设，建立跨国大宗商品采购信息服务平台、跨国产业技术合作信息服务平台、跨国电商平台、跨国物流信息平台、跨国创客平台等。引入及培育跨国产业、物流、科技交流、金融等中介服务机构，搭建中介机构信息服务平台，建立健全中介机构动态管理体制机制。尽快理顺跨境电子商务发展和管理体制机制，推进报关、检验、支付、外汇、税收等贸易环节改革，完善企业收结汇、跨境支付、电子商务出口退税等制度。

四、加快建设沿边创新型经济

创新是引领发展的第一动力，是建设现代化经济体系的战略支撑。沿边地区要瞄准国内、世界科技前沿，强化基础研究，实现前瞻性基础研究、引领性原创成果重大突破。加强边疆地区应用基础研究，构建边疆经济学理论体系，指导边疆地区的经济发展；支持边疆地区拓展实施国家重大科技项目，突出关键共性技术、前沿引领技术、边疆地区实际应用技术等，为建设边疆现代经济体系、网络边疆、交通边疆、数字边疆等提供有力支撑；加强边疆地区创新体系建设，支持边疆地区建设创新科技力量平台，从国内外引进大批具有国际水平的战略科技人才、科技领军人才、青年科技人才和高水平创新团队。深化科技体制改革，建立以企业为主体、市场为导向、产学研深度融合的技术创新体系，对中小企业创新给予大力支持，促进科技成果转化。

第四节　推进“一带一路”倡议中重点枢纽工程建设

“一带一路”建设使沿边地区从发展滞后的区域变为对外开放的前沿，成为“一带一路”六大经济走廊建设的重要节点，以及与沿线国家实现政策沟通、设施联通、贸易畅通、资金融通和民心相通（简称“五通”）的重要起点。沿边地区的开放发展，应以“一带一路”建设为统领，整合现有的各类园区，深化改革、扩大开放，全面推进沿边城市合理布局，加快建设沿边重点开发开放试验区，全面建设边境经济合作区。

一、推进沿边城市布局

切实推进六大经济走廊的吉林（珲春）、黑龙江（黑河、同江、绥芬河)、内蒙古(满洲里、二连浩特)、新疆(霍尔果斯、塔城)、西藏(吉隆)、云南(瑞丽、河口、磨憨)、广西(东兴、靖西、凭祥)等节点城市(口岸)建设;建设好“一带一路”、双循环发展新格局的战略支点和枢纽,做好城市布局,形成丹东、延龙图、珲春、集安、抚远、同江、黑河、满洲里、二连浩特、霍尔果斯、喀什、塔城、吉隆、瑞丽、畹町、凭祥市 、东兴市等沿边重点城市,对内带动沿边地区经济发展,对外辐射周边国家。

二、加快建设试验区

以自贸试验区为引领,以沿边试验区为重点,大力推进沿边地区的开发开放。加大沿边重点开发开放试验区建设,允许复制推广自由贸易试验区的创新成果和经验,完善相关政策体系,打通开放型经济发展的难点和堵点。拓展与周边国家在贸易、投资、资源开发、基础设施、物流等领域的合作,使之成为推进“一带一路”建设的重要承载平台,将沿边重点开发开放试验区建设成为产城融合、边境区域性加工制造、境外资源合作开发、生产服务、区域性国际物流采购等多功能为一体的特殊经济功能区,充分发挥其辐射、带动和示范作用,把资源和区位优势转化为产业优势和市场竞争优势,促进边民就业、维护边疆稳定。

三、增设边境经济合作区

改革开放以来,我国沿边地区经国家批准设立的边境经济合作区有 17 个,它们对沿边地区经济发展、改革开放起到了很大的推动作用。进入新时代,沿边地区发展还要增加边境经济合作区的数量,特别是在条件成熟的市县,如吉林的集安、黑龙江的抚远、同江、内蒙古的策克、西藏的吉隆、云南的腾冲、广西的宁明等。

四、发展旅游试验区

沿边地区旅游资源丰富,具有良好的基础条件,并且已经成为支撑沿边地区经济发展的重要产业。自《国务院关于支持沿边重点地区开发开放若干政策措施的意见》发布以来，国家只批准防城港和满洲里为沿边重点旅游试验区，但政策也不到位。因此，“十四五”期间要增加旅游试验区的数量，在沿边地区整合现有的旅游资源要素形成特色旅游产业链，成为沿边地区发展高质量开放型经济的重要支撑。

五、做好重点项目落实

加大推进“一带一路”关键项目在沿边地区的落地，对沿边地区进行新的战略布局。以基础设施互联互通、产能合作及各类园区为抓手，建设好“一带一路”产业合作园区、“双循环”发展新格局的枢纽节点示范性项目；推进沿边地区与相邻国家沿边地区的合作，推动跨境经济合作的建设，大力推进次区域经济合作，在已有经验的基础上，推进“早期收获”合作计划，让有关国家不断有实实在在的获得感等。

第五节　构建沿边开放型经济新体制机制

一、营造国际化的营商环境

根据沿边地区不同特点，充分利用黑龙江、云南、广西的自由贸易试验区先行先试，探索沿边地区新的发展路径，创新发展模式，对标国际经贸规则，营造国际化、法制化、便利化的营商环境，构建沿边地区开放型经济体制机制；推进“证照分离”改革全覆盖，深化“一事通办”改革；对标国际标准，在开办企业、办理建筑许可、登记财产等方面加大改革力度。推进重要工业产品生产许可制度改革，探索建立普通注销登记制度和简易注销登记制度相结合的市场主体退出制度。

二、赋予沿边新的权利

赋予重点开发开放试验区先行先试的权利，实施特殊的法律政策支撑体系，推动沿边地区开发开放，加快构建沿边开放型经济新体制；创新沿边地区新的发展模式，实施自由贸易试验区与其他园区的联动发展，赋予园区复制推广自贸试验区创新经验的权利，实现政府职能转变，积极有效承接国家赋权，建立适应沿边开放型经济发展、高效精简的体制机制。

三、加强政府职能转变

实行大部门管理体制改革，实现“小政府、大服务”，按照放宽市场准入、加强事中事后监管的原则探索推动行政体制改革，加强知识产权保护，实行负面清单管理制度，重点加强投资贸易促进、涉外管理、财税管理、土地管理、社会稳定等方面工作。构建符合沿边特点的创新管理机制。

调整完善省级管理权限下放内容和方式，优化经营范围登记改革试点，探索实施投资项目先建后验管理新模式，全面推行“互联网＋政务服务”模式，涉企政务服务事项实现“应上尽上、全程在线”。继续探索创新公共部门绩效管理模式，建立企业信用制度。

四、创新发展模式

降低各种制度性成本，通过培育创新主体，集聚创新要素、打造创新网络、推进产业创新和区域创新等途径，培育创新的土壤，营造激励创新的市场环境，构建起符合沿边地区经济发展的创新治理体系。创新对外合作机制。通过建立多双边定期会晤机制，创新国际产能合作机制、国际劳务合作机制和贸易机制，与毗邻国形成优势互补、各具特色、协调一致、互利共赢的国际合作模式。

第六节　健全边疆地区开放发展治理体系

一、修订现有法律

修订、完善不适应沿边地区开发开放的现有法律，特别是在通关便利化、经济贸易往来、行政执法、非传统安全问题等方面的法律亟待修订和完善，如调整执行《中华人民共和国地方各级人民代表大会和地方各级人民政府组织法》《中华人民共和国外资企业法》《中华人民共和国中外合资经营企业法》和《中华人民共和国中外合作经营企业法》规定的有关行政审批条款；暂停或修改《外国人在中国就业管理规定》《中华人民共和国出入境管理法》《外国人在中国永久居留审批管理办法》和《外国人在中国永久居留享有相关待遇的办法》（人社部发〔2012〕53号），以及《中华人民共和国外汇管理条例》和《边境贸易外汇管理办法》的部分条款，使之更适合沿边开放型经济发展的需要，在条件成熟时制定边疆地区经济发展法。

二、出台地方法规

要加强地方立法，对沿边开放型经济新机制进行立法管理。探讨在沿边开放发展中需要的法律保障，在借鉴国际经验的同时，及时反映相关法律诉求，如签订双边规范性条约、争取国内立法部门授权等，健全边境地区开发开放法律体系。

第七节　打造沿边地区跨境金融服务新体系

一、拓宽融资渠道，吸引外资银行

鼓励更多的国内商业银行给试验区内企业提供优惠和配套的金融服务，吸引实力雄厚的外资银行为区内企业提供多元化、优质的金融服务和资金支持。设立试验区投资基金，通过引入地方投资和社会资本等，发展试验区内短板产业，引导生产要素向试验区集聚。

二、推进金融产品创新，着力服务质量提升

根据试验区内对金融服务的需求，创新金融服务，按照试验区内“产业引导、基金化运作”模式，重点发展供应链金融。针对企业跨境产业链在不同阶段对于资金的需求，提供不同期限、结构的金融服务产品。扩大出口信

用保险规模和覆盖面，创新出口信用保险承保模式。支持保险公司创新跨境保险业务，大力发展金融科技。支持期货交易所在重点地区设立商品期货交割仓库，支持沿边重点地区规范发展矿产权、林权、碳汇权和文化产品交易市场。完善金融专业服务和中介服务体系，支持与金融相关的专业服务机构规范发展。

三、推进跨境金融机制创新

以跨境货币业务、边贸金融服务创新为重点，成立跨境人民币结算中心，开展个人贸易跨境人民币结算。完善金融组织体系建设，推进“引金入边”，推动业务类别多样化和金融主体多元化，大力发展跨境电子商务，拓宽跨境电子商务支付结算渠道，降低支付机构准入条件和支付结算成本，推动建立跨境零售支付平台。建立期货交易中心、产权交易中心等资本市场，支持境外银行机构对设立在试验区内的企业或项目发放人民币贷款，推动试验区发展离岸金融业务。推动跨境人民币业务创新，加快推进多层次资本市场建设。积极配合中国人民银行，推动人民币跨境结算从经常项目向资本项目延伸。完善边境贸易专项转移支付政策。加强金融监管，做好风险防控，规范金融市场秩序。

第八节　筑牢边疆经济发展生态安全屏障

加强生态环境保护，融合水系、绿地、森林、耕地，构建完整的试验区生态网络。划定生态保护红线，大力开展生态修复，完善多元化生态补偿机制。提高资源利用效率，试验区要率先实施能源、水资源、建设用地等总量和强度“双控”行动，探索开展碳排放权交易试点。扩大绿色低碳能源的开发利用规模，推广和发展绿色建筑、绿色交通等。发展绿色产业。积极开展特色小镇建设，培养创建一批特色鲜明、传承民俗文化、生态优美的特色小（城）镇，创新经济发展模式，促进边境地区的城镇化，最终实现固边、安边、兴边、稳边的目标。

第九节　加快构建边疆地区文旅发展体系

一、改革创新边境旅游制度

推动试验区改革探索边境旅游制度，深度融入“一带一路”建设。重点改革创新人员、自驾车、团体旅游便利化等制度，形成推动边境旅游蓬勃发展的制度保障。推动旅游免签政策，实施“互免签证、自由进出”的特殊开放运行模式，建立跨境车辆互认机制，简化通关手续，优化通关大环境。实施边境游办证试点，赋予沿边地区跨国旅游异地办证、团体旅游办证、因私出国（境）证件的审批事权。

二、大力发展文旅产业

推动试验区加大文化和旅游融合，发展边境文化旅游产业。重点落实和完善旅游投融资、用地、人才等政策，构建产业融合发展格局和共建共享模式。利用边境特色旅游资源，打造边境新型旅游产品，鼓励发展特色餐饮、文化演艺、旅游商品研发、土特产加工销售等产业，提高旅游资源利用率和产业附加值。完善边境全域旅游服务设施，加快推进边境旅游集散中心、咨询服务中心、停车场、通景道路、旅游标识标牌、应急救援等旅游基础设施和旅游公共服务设施建设。

三、大力发展跨境智慧旅游

夯实智慧旅游发展信息化基础，协调外方加快双边重点涉旅场所的无线上网环境建设。建立完善的跨境旅游信息基础数据平台，实现旅游信息数据向各级旅游部门、旅游企业、电子商务平台开放。建立跨境游客服务体系，建立健全信息查询、旅游投诉和旅游救援等方面信息化服务体系，积极培育集合旅游相关服务和产品的电子商务平台。实施“旅游＋”战略，建设智慧旅游管理体系，建立健全跨境旅游应急指挥平台，提升旅游应急服务水平。

第十节　创新沿边与其他区域经济合作模式

创新与东中部地区合作模式，加快引导产业转移。沿边重点开发开放试验区应积极加强东部和中部地区合作，实现区域协调。沿边重点开发开放试验区的发展需要资金、人才、技术、管理等方面的支持，同时又为沿海及中部地区产业优化升级提供了产业转移承接地。未来发展，需充分发挥国际劳务合作优势，利用周边劳动力成本较低的优势，大量承接东部地区产业转移。积极鼓励沿海地区与沿边重点开发开放试验区建立以资本为纽带的互利双赢合作模式，将产业转移和输出管理模式相结合，共同开发建设沿边重点开发开放试验区，促进沿海和发达地区开放型产业向沿边地区转移，形成分工合理的沿海、沿边地区对外开放格局。

第十一节　推动边疆地区建设人才支撑体系

一、培育引进开放型人才

加快培养引进开放型人才，既要加强对本地人才的教育培训，又要积极引进先进地区及海外高层次人才和专家，围绕产业布局，扎实推进人才培养、引进、流动、使用，形成人才集聚区，打造“人才小高地”。制定开放型人才引进培育政策，探索在平台建设、人才管理、待遇分配、创业基金、服务保障等方面先行先试。

二、提高沿边地区人才待遇

进一步整合优化沿边地区行政、事业机构设置，合理配置编制资源，完善干部职工工资待遇政策，争取中央逐步提高沿边地区财政供养人员津贴补贴标准。要综合利用好国家和地方对艰苦边远地区考试录用公务员、公开招聘事业单位工作人员的倾斜照顾性政策措施，进一步解决沿边地区“招人难”

问题。沿边地区要进一步落实提高基层待遇的各项政策，所招录的公务员符合当地人才引进政策条件的，可由当地出台具体办法，享受当地人才引进优惠政策。年度机关绩效奖励、考核评优、表彰奖励等向沿边地区基层公务员倾斜，支持沿边县（市、区）党委、政府申报设立评比达标表彰项目。继续加大招募“三支一扶”大学生的力度，在指标分配上向沿边地区倾斜，并提高相关待遇。

三、提升沿边教育水平

建设沿边国际学校（或国门学校），培养适应沿边开发开放的专业人才。加快发展职业教育，促进沿边劳动力自由流动。在沿边地区引进职业教育和培训机构，建立面向沿边国家的国际教育中心，鼓励沿边国家的学生到沿边地区就读，提高劳动力素质，培养相关就业技能。允许中国及沿边国家劳动力到跨境经济合作区就业，促进沿边国家劳动力在跨境经济合作区内自由流动。

APPENDIX

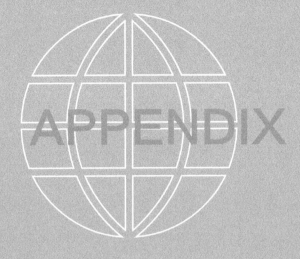

附 录

沿边开放政策汇编

Ⅰ. 1984 年《边境小额贸易暂行管理办法》

【颁布时间】1984 - 12 - 20

【失效时间】1994 - 5 - 16

【颁布单位】对外经济贸易部

一、为了活跃边境地区经济，更广泛地满足边民生产和生活的需要，增进两国边民的交往，发展睦邻友好关系，特制定本办法。

二、本办法所称边境小额贸易，是指我国边境城镇中，经省、自治区人民政府指定的部门、企业同对方边境城镇之间的小额贸易，以及两国边民之间的互市贸易。

三、边境小额贸易在双方商定的边境口岸和贸易点进行。

四、边境小额贸易由有关省、自治区人民政府管理。有关口岸开放、外事、安全、边防、海关、银行、商品检验、动植物检疫、工商行政管理等方面的工作，由省、自治区人民政府商请国务院有关主管部门办理。

五、边境城镇之间的小额贸易，按照自找货源、自找销路、自行谈判、自行平衡、自负盈亏的原则进行。

六、边境城镇之间的小额贸易，应照章征收关税、产品税或增值税。

七、边民互市贸易应当在一定的限额范围内进行。具体限额由省、自治区人民政府自行规定，送经贸部、海关总署备案。

八、边民互市贸易的商品，在限额以内的免征关税、产品税或增值税。

九、凡属违禁物品一律禁止进出口。

十、凡需领取许可证的进出口商品，由经贸部授权有关省、自治区经贸厅（委、局）审批办理。

十一、边境小额贸易每年执行情况和统计数字，由省、自治区经贸厅（委、局）报经贸部备案。

十二、边境小额贸易要严格遵守国家法律和行政法规的规定。各省、自治区人民政府要结合本地区的情况，制定切实可行的具体办法，以利于边境小额贸易的发展。

Ⅱ.1985 年《国务院关于口岸开放的若干规定》（国发〔1985〕113 号）

随着我国对外贸易、国际交往和旅游事业的发展，将进一步开放新的口岸。为加强口岸开放的审批工作，特制定本规定。

一、本规定所指口岸是供人员、货物和交通工具出入国境的港口、机场、车站、通道等。口岸分为一类口岸和二类口岸。一类口岸是指由国务院批准开放的口岸（包括中央管理的口岸和由省、自治区、直辖市管理的部分口岸）；二类口岸是指由省级人民政府批准开放并管理的口岸。

二、口岸的开放和关闭，由国务院或省级人民政府审批后公布执行。

三、凡开放口岸，应根据需要设立边防检查、海关、港务监督、卫生检疫、动植物检疫、商品检验等检查检验机构，以及国家规定的其他口岸机构。

四、两类口岸的具体划分：

（一）以下为一类口岸：

1. 对外国籍船舶、飞机、车辆等交通工具开放的海、陆、空客货口岸；

2. 只允许我国籍船舶、飞机、车辆出入国境的海、陆、空客货口岸；

3. 允许外国籍船舶进出我国领海内的海面交货点。

（二）以下为二类口岸：

1. 依靠其他口岸派人前往办理出入境检查检验手续的国轮外贸运输装卸点、起运点、交货点；

2. 同毗邻国家地方政府之间进行边境小额贸易和人员往来的口岸；

3. 只限边境居民通行的出入境口岸。

五、报批程序：

（一）一类口岸：由有关部（局）或港口、码头、车站、机场和通道所在地的省级人民政府会商大军区后，报请国务院批准，同时抄送国务院口岸领导小组、总参谋部和有关主管部门。

（二）二类口岸：由口岸所在地的人民政府征得当地大军区和海军的同意，并会商口岸检查检验等有关单位后，报请省级人民政府批准。批文同时送国务院口岸领导小组和有关主管部门备案。

六、报批开放口岸应附具下列资料：

（一）对口岸开放进行的可行性研究报告，以及口岸的基本条件、近三年客货运量、经济效益和发展前景的资料。

（二）根据客货运输任务提出的有关检查检验单位、口岸办公室、中国银行等机构设置和人员编制方案。

（三）检查检验场地和办公、生活设施等规划，以及投资预算和资金来源。

七、对外开放前的验收：

（一）新开放的口岸，在开放前必须对其交通安全设施、通信设施、联检场地、检查检验等单位的机构设置和人员配备，以及办公、生活设施等进行验收。验收合格后，才能宣布开放。

（二）一类口岸，由国务院口岸领导小组办公室负责组织验收；二类口岸，由所在省、自治区、直辖市口岸办公室或其他主管口岸工作的部门负责组织验收。

八、临时进出我国非开放区域的审批权限：

（一）临时从我国非开放的港口或沿海水域进出的中、外国籍船舶，由交通部审批，并报国务院口岸领导小组备案。报批前应征得军事主管部门和当地人民政府以及有关检查检验单位的同意，并安排好检查检验工作。

（二）临时从我国非开放机场起降的中、外国籍民用飞机，由中国民用航空局征得军事主管部门同意后审批，非民用飞机由军事主管部门审批，并报国务院口岸领导小组备案。报批前应征得当地人民政府和有关检查检验部门的同意，并安排好检查检验工作。

（三）临时从我国非开放的陆地边界区域进出境的中、外国籍车辆和人员，由省级人民政府审批。报批前应征得当地省军区和公安部门的同意，并安排好检查检验工作。

九、口岸开放应有计划地进行，按隶属关系分别列入国家或地方口岸开放计划。国务院有关部门和省、自治区、直辖市应将口岸开放计划（草案），于计划年度前两个月报国务院口岸领导小组，并抄报国家计委、劳动人事部和检查检验单位的有关主管部门。

十、开放口岸检查检验设施建设资金来源：

（一）中央管理的口岸，由中央负责解决；地方管理的口岸，由地方负责解决。

（二）国家新建开放的港口、码头、车站和机场（含军用改为军民合用的机场）等口岸建设项目（包括利用外资和中外合资项目），以及老口岸新建作业区和经济开发区的新港区等项目，所需联检场地应与港口、码头、车站、机场等主体工程统一规划。所需投资包括在主体工程之内。检查检验单位办公、生活土建设施（包括宿舍）的投资，由口岸建设项目的主管部门组织有关单位研究，统一汇总报国家计委审批。批准后，投资划拨给口岸所在地的省、自治区、直辖市，由地方统一规划，统一设计施工。军用改建为军民合用机场的口岸项目，应事先征得空军或海军同意，如在机场内建设，建设单位可提出要求，由空军或海军统一规划。

（三）各部（局）直属的原有港口、码头、车站和机场需要对外开放时，所需联检场地，原则上要利用原有建筑设施。如确需扩建、新建，应由港口、码头、车站和机场的主管部门投资建设。检查检验单位的办公、生活土建设施（包括宿舍）的投资，原则上由各自主管部门解决。对确有困难的，国家或地方给予适当补助，由地方统一建设，投资交地方包干使用。

（四）地方新开口岸，所需联检场地和检查检验单位的办公、生活土建设施（包括宿舍），由地方统一投资，统一建设。

（五）国际海员俱乐部的建设规划和投资来源，比照（二）、（三）、（四）项规定解决。

（六）检查检验单位所需的交通工具、仪器设备等，由各自主管部门解决。

（七）联检场地内，划给检查检验单位的办公和业务用房（包括水、电、市内电话），应由港口、码头、车站和机场（包括军民合用的机场）的经营单位免费提供。

十一、本规定由国务院口岸领导小组办公室负责解释。

十二、本规定自发布之日起施行。

国务院

一九八五年九月十八日

Ⅲ. 1988 年《关于黑龙江省对苏联边境贸易和经济合作问题的批复》（国函〔1988〕61 号）

黑龙江省人民政府：

由中央办公厅转来的中共黑龙江省委《关于放宽黑龙江省与苏联边境易货贸易政策的报告》收悉。经研究，同意你省积极开展对苏联边境易货贸易和经济技术合作，并请你省统筹安排、加强管理。现将有关问题批复如下：

一、同意你省在已开的对苏边境贸易口岸之外，经商苏方后，一九八八年，争取再开密山、虎林、饶河、萝北、漠河、嘉荫六个对苏边境贸易口岸。抚远等七个边境县镇，视今后中苏双方需要和可能，再陆续商苏方开通。届时由你省按《国务院关于口岸开放的若干规定》（国发〔1985〕113 号）的精神报国务院主管部门审批。

二、同意你省自行审批对苏劳务合作项目和劳务人员出国手续，报经贸部备案。对苏劳务合作项目，由你省确定的地方国际经济合作公司和有权输出劳务的机构承办。对苏劳务合作项目的收入分配应兼顾国家、地方、承办机构、个人的利益，请你省商国家有关主管部门拟订具体办法。

三、同意你省的对苏贸易机构由你们自行审批，报经贸部备案。

四、同意你省以及齐齐哈尔、牡丹江、佳木斯市同苏联地方、部门建立易货贸易、生产合作、合资经营、合作经营、老企业改造、新建企业、技术转让、“三来一补”、承包工程、提供劳务等方式的经济贸易联系，但不宜同苏联的城市结成对口城市关系。

关于你省和齐、牡、佳三市对苏边境易货贸易货单和经济技术合作项目清单的审批，根据下放权力、简化手续的原则，明确如下：属《国务院关于加快和深化对外贸易体制改革若干问题的规定》（国发〔1988〕12 号）附件二中列出的一类出口商品和经贸部直接发放许可证的进出口商品货单，每年由你省汇总报经贸部审批一次，其中属于国家限制进口商品和出口粮食由经贸部转报国务院审批。凡属放开经营的进出口商品及限额以下的经济技术合作项目，由你省自行审批，报经贸部备案。

五、“三来一补”、进料加工、合资企业进口的物资按国家有关规定享受减免税收的优惠待遇。对苏边境贸易的进口货物的税收仍按《国务院关于内蒙古自治区对苏、蒙边境贸易若干问题的批复》（国函〔1986〕155 号）的规定办理。如个别易货进口商品确有困难，单独报财政部、海关总署研处。

六、同意尽量将你省对苏边境易货贸易的货运量补充列入对苏铁路运输计划，并请你省充分利用河运或其他方式运输。

七、对苏边境易货贸易和经济技术合作项目完成的金额，列入中苏贸易总额统计，有关进出口合同执行情况月报表及经济合作项目执行情况要及时报经贸部。

八、内蒙古自治区、新疆维吾尔自治区、吉林省、哈尔滨市的对苏边境易货贸易和经济技术合作，均按上述规定执行。此项工作经贸部负责协调。

国务院

一九八八年四月十九日

Ⅳ. 1991 年《国务院办公厅转发经贸部等部门关于积极发展边境贸易和经济合作促进边疆繁荣稳定意见的通知》

各省、自治区、直辖市人民政府，国务院各部委、各直属机构：

经贸部、国家民委、财政部、国家税务局、海关总署、国务院机电设备进口审查办公室《关于积极发展边境贸易和经济合作促进边疆繁荣稳定的意见》，已经国务院批准，现转发给你们，请遵照执行。

开展边境贸易和经济合作，对于促进我国边境地区经济发展，增强民族团结，繁荣、稳定边疆，巩固和发展我同周边国家的睦邻友好关系都具有重要意义。各边境省、自治区和国务院有关部门要按照发挥优势、通贸兴边、加强管理、健康发展的方针，进一步做好这项工作。各边境省、自治区自行制定的边境贸易管理办法及有关政策，凡与本通知有抵触的，均应按本通知执行。

国务院办公厅

一九九一年四月十九日

关于积极发展边境贸易和经济合作促进边疆繁荣稳定的意见

国务院：

遵照国务院领导同志的指示，由经贸部、国家民委、海关总署、财政部、国家税务局、国务院机电设备进口审查办公室等单位共同组成的国务院边贸政策调查组，于去年十月至十一月，分赴黑龙江、广西、新疆和云南四省（区）对边贸情况进行了调查。根据调查情况，我们认为，进一步开展边境贸易和经济合作，对于促进我国边境地区经济发展，增强民族团结，繁荣、稳定边疆，巩固和发展我同周边国家的睦邻友好关系都具有重要意义。要进一步做好这项工作，既要继续支持和鼓励边境地区充分发挥本地区优势，积极发展边境贸易和经济合作，又要统一指导，加强管理，解决边境贸易发展中存在的政策不够配套、管理措施不够健全等问题，保证边境地区对外经济贸易工作继续沿着健康的轨道稳步发展。现就有关问题提出如下意见：

一、边境贸易的形式及管理办法。

（一）边境小额易货贸易，系指沿陆地边界线经国家批准对外开放的县、市和个别地、州、盟有易货贸易经营权的国营外贸公司，与毗邻国家边境地区的贸易机构（企业）之间进行的小额易货贸易。从事这种边境贸易的外贸公司（以下简称边贸公司），由经贸部根据国发〔1989〕74 号文件及国家有关规定审批。

（二）边民互市贸易，系指边境地区边民在政府允许的开放点或指定的集市上，在不超过规定的金额或数量范围内，根据自产、自销、自用的原则进行的商品交换活动。边民互市贸易点，由各边境省、自治区人民政府根据国家有关规定，商国务院有关部门和所在大军区同意后，统一组织开办，并制定管理办法。

（三）中缅边境民间贸易，指在两国边民互市基础上发展起来的，由边境地区的国有企业与缅甸边境地区的私人企业（商号）之间，在海关监管下，以当面易货交割或双方认可的货币支付交易方式进行的小额贸易。目前这种形式的边境贸易仅限于中缅边境地区开展。中缅边境民间贸易，在经贸部指导下，由云南省人民政府根据国家有关规定，统一组织管理。云南省人民政府批准经营边境民间贸易的企业名录，须报经贸部备案。云南省人民政府应对现有经营边境民间贸易的企业进行清理整顿，加强协调管理，防止多头对外，抬价争购，削价竞销。

二、国家对边境贸易实行税收优惠政策。

（一）在一九九五年底以前，对由经贸部批准的边贸公司通过指定口岸进口的商品，除国家限制进口的机电产品和烟、酒、化妆品等商品外，减半征收进口关税和产品税（增值税）。通过边贸公司代理进口商品，不得享受上述优惠政策。边贸进口货物如销往边境省、自治区外，应补交原减征的进口关税和产品税（增值税）。海关、工商行政管理和税务部门要加强监管，违者严肃查处；情节严重者，可由经贸部取消其边贸经营权。

（二）边民互市进口的商品，不超过人民币三百元的，免征进口关税和产品税（增值税）；超过人民币三百元的，对超过部分按国家税法规定税率征收进口关税和产品税（增值税）。对烟、酒、化妆品一律照章征税。

（三）对中缅边境民间贸易进口货物的税收优惠政策，由海关总署会同国务院有关部门另行制定，公布实施。

（四）广西、云南对越南的边境小额贸易，在中越关系正常化以前，由广西壮族自治区、云南省人民政府制定税收优惠政策和管理办法，报海关总署会同国务院有关部门审核批准后实施。

（五）新疆对巴基斯坦和西藏对尼泊尔、印度的边境小额贸易，继续执行现行税收优惠政策。

三、边境贸易应按照自找货源、自营易货、自行平衡、自负盈亏的原则进行。允许边贸公司在经贸部核准的计划、配额内，经营出口少量边境地区自产的第二类出口商品和实行许可证管理的第三类出口商品。易货进口本省、自治区自用的第一、二类进口商品，不受进口经营分类限制。易货进口机电产品的审批办法，仍按国家现行规定执行，审批时适当放宽。易货进口属于国家进口配额管理的商品，由各边境省、自治区经贸部门商计委向经贸部申请进口配额，经贸部在国家计委下达的全国易货进口配额内审核安排。在核准的计划、配额内，经贸部可授权委托其特派员办事处或有关省、自治区经贸主管部门代理发放进出口许可证，海关凭证放行。进口化肥、农药、农膜等属于国家专营管理的商品在国内销售，应按国家有关专营管理规定执行。

四、鼓励边境地区同毗邻国家的边境地区开展经济技术合作。在国家规定允许的限额内，由边境地区实施的合作项目，报省、自治区经贸主管部门审批。通过这类合作进口的商品，凡属对方支付我劳务人员工资的部分，除国家限制进口的机电产品和烟、酒、化妆品等商品外，免征进口关税和产品税（增值税）；其余部分可视同边贸进口商品享受减半征税的优惠政策。对支付我劳务人员工资的部分，要严格按合同审核和管理。对方以实物支付的国家实行进口许可证管理的商品，可统一纳入边境省、自治区经济合作进口配额申请计划。

五、适当简化边境贸易和劳务人员的出国手续。各边境省、自治区可根据实际情况，先确定一、两个边境地、州、盟，经国务院批准，自行审批边境贸易和经济技术合作业务人员赴毗邻国家边境地区。凡根据国家间协议实行边境通行证管理办法的地区，出国人员可持边境通行证多次往返进出；未实行边境通行证管理办法的地区，出国人员可持因公普通护照实行一次审批、一年内多次有效的办法。

六、加强对边境贸易和经济合作的统一指导和协调管理。经贸部是全国边境贸易和经济合作的业务主管部门，全国性的边境贸易和经济合作政策及管理措施，由经贸部商国务院有关部门制定。各边境省、自治区人民政府应按照国家有关规定，制定具体实施办法，切实加强对边境贸易和经济合作的领导。各边境省、自治区经贸主管部门对本地区同毗邻国家的边境贸易和经济合作业务进行统一指导，并对各边贸公司在商品经营范围、市场客户、进出口价格等方面，进行必要的协调管理。

七、抓紧制订和完善边境贸易货物、人员出入境的各项管理办法，严格依法管理。边境省、自治区各级人民政府，既要积极支持边境贸易和经济合作的发展，又要采取切实有效措施，加强边境管理，制止人员、货物非法出入境，严厉打击走私、贩毒和敌对势力的渗透破坏活动，保障边防安全。新开设的边境贸易过货口岸和边民互市点，必须在健全管理机构、落实管理措施，并经主管部门验收后，才能正式对外开放。

以上意见，如无不妥，请批转执行。由国务院有关部门据此抓紧制定各项具体管理办法和措施，尽快下达实施。

经贸部

国家民委

财政部

国家税务局

海关部署

国务院机电设备进口审查办公室

一九九一年四月八日

V. 1992 年国务院《关于进一步对外开放黑河等四个边境城市的通知》（国函〔1992〕21 号）

黑龙江省、吉林省、内蒙古自治区人民政府：

国务院决定进一步对外开放黑龙江省黑河市、绥芬河市、吉林省珲春市和内蒙古自治区满洲里市四个边境城市。

黑河、绥芬河、珲春、满洲里四个边境城市进一步开放后，要积极扩大对俄罗斯和独联体其他国家的边境贸易和地方贸易，发展投资合作、技术交流、劳务合作等多种形式的经济合作，合理利用当地的优势发展加工制造业和第三产业，促进边境地区的繁荣稳定。

四个边境城市实行以下政策：

一、边境贸易和对外经济合作，按国务院批准的《关于积极发展边境贸易和经济合作促进边疆繁荣稳定的意见》（国办发〔1991〕25号）和国家其他有关规定执行。省和自治区可以在其权限范围内，授予四市人民政府在管理边境贸易和经济合作方面一定权限，权限内的边贸、加工、劳务合作等经济合同由市自行审批。四市可由经贸部批准各增加一两家市级边贸公司。

二、鼓励发展加工贸易和创汇农业。“八五”期间对为发展出口农产品而进口的种子、种苗、饲料及相关技术装备，企业为加工出口产品和进行技术改造而进口的机器设备和其他物料，免征进口关税和产品税（或增值税）。

三、要积极吸收国内和国外的投资，促进经济发展。目前第一步着重引进独联体各国和国内企业的投资，发展出口贸易；并积极创造条件，将吸收外商投资扩大到其他国家和地区。省和自治区人民政府可以在权限范围内扩大四市人民政府审批外商投资项目的权限。经当地税务机关批准，外商投资企业的企业所得税减按24%的税率征收。

允许独联体各国投资商在其投资总额内用生产资料或其他物资、器材等实物作为投资资本。这部分货物可按我边贸易货的有关规定销售，并减半征收进口关税和工商统一税。

四、可在本市范围内划出一定区域，兴办边境经济合作区，以吸引内地企业投资为主，举办对独联体国家出口的加工企业和相应的第三产业。边境经济合作区具体范围，由国务院特区办公室会同有关部门审定。

五、对边境经济合作区内产品以出口为主的生产性内联企业，其生产出口规模达到一定额度的，经经贸部批准，给予对独联体国家的进出口经营权，具体规模额度标准，由经贸部研究确定。内联企业的企业所得税率在当地减按24%的税率征收，如内联投资者将企业利润所得解回内地，则由投资方所在地加征9%的所得税。“八五”期间免征投资方向调节税。

六、边境经济合作区内的内联企业和外商投资企业在独联体国家易货所得，允许自行销售，进口时减半征收关税和工商统一税。属于国家限制进口的商品，要按国家有关规定办理进口审批手续。

七、边境经济合作区进行区内基础设施建设所需进口的机器、设备和其他基建物资，免征进口关税和产品税（或增值税）。“八五”期间，边境经济合作区的新增财政收入留在当地，用于基础设施建设。

八、“八五”期间，中国人民银行每年专项安排四千万元固定资产贷款（每市一千万元），用于边境经济合作区的建设，纳入国家信贷和投资计划。

黑龙江省、吉林省、内蒙古自治区人民政府对进一步开放的四个边境城市要加强领导，帮助做好建设和发展的统筹规划，建设规模一定要与发展的可能性相适应，不可铺大摊子。在扩大对外开放加快经济建设的同时，加强社会主义精神文明建设，加强经济调控管理，保障边境安全稳定和各项工作的健康发展。

国务院

一九九二年三月九日

Ⅵ. 1992 年国家税务局《关于进一步对外开放的边境、沿海和内陆省会城市、沿江城市有关涉外税收政策问题的通知》（国税发〔1992〕218 号）

各省、自治区、直辖市税务局，各计划单列市税务局，海洋石油税务管理局各分局：

最近，国务院决定对外开放乌鲁木齐、南宁、昆明、哈尔滨、长春、呼和浩特、石家庄、太原、合肥、南昌、郑州、长沙、成都、贵阳、西安、兰州、西宁、银川等 18 个边境、沿海和内陆地区省会（首府）城市，重庆、岳阳、武汉、九江、芜湖等 5 个长江沿岸城市，实行沿海开放城市政策。根据中央进一步扩大对外开放的政策和国务院有关文件的规定，现将有关涉外税收政策问题明确如下：

一、在乌鲁木齐等十八个边境、沿海和内陆地区省会（首府）城市及重庆等五个长江沿岸城市市区投资兴办的外商投资企业（以下简称市区企业），凡属生产性的，减按 24% 的税率征收企业所得税。但从事下列项目的生产性外商投资企业，经国家税务局批准，可减按 15% 税率征收企业所得税：

1. 技术密集、知识密集型的项目；

2. 外商投资额在 3000 万美元以上，回收投资时间长的项目；

3. 能源、交通、港口建设的项目。

二、对市区企业征收的地方所得税，需要给予减税、免税优惠的，由市人民政府决定。

三、外商在中国境内没有设立机构而有来源于开放城市市区的股息、利息、租金、特许权使用费和其他所得，除依法免征所得税的以外，都减按10%的税率征收所得税。其中提供的资金、设备条件优惠，或者转让的技术先进，需要给予更多减税、免税优惠的，由市人民政府决定。

四、市区企业作为投资进口、追加投资进口的本企业生产用设备、营业用设备、建筑用材料，以及企业自用的交通工具和办公用品，免征工商统一税。

五、市区企业生产的出口产品，除原油、成品油和国家另有规定的以外，免征工商统一税；内销产品照章征税。

六、市区企业进口的原材料、零配件、元器件、包装物料等，用于生产出口产品的部分，免征工商统一税；用于生产内销产品部分，照章征税。

七、在市区企业中工作或者居住的外籍人员，携带进口自用的安家物品和交通工具，凭市人民政府主管部门的证明文件，在合理数量内免征工商统一税。

八、上述有关外商投资企业所得税的减征、免征，自1992年度起执行；有关股息、利息、租金、特许权使用费及工商统一税的减征、免征，自1992年9月1日起执行。

国家税务总局

一九九二年九月十八日

Ⅶ. 1993年国务院《关于整顿边地贸易经营秩序制止假冒伪劣商品出境的通知》（国发〔1993〕68号）

各省、自治区、直辖市人民政府，国务院各部委、各直属机构：

近年来，我国同周边国家边境贸易、地方易货贸易（以下简称边地贸易）迅猛发展，对加快边境地区经济发展，促进我国同周边国家的经贸往来，增进我与周边国家的友好关系，起了积极作用。但与此同时，假冒伪劣商品通过边地贸易及“旅游贸易”等各种渠道不断流入独联体等周边国家市场，损害了当地消费者的利益，严重败坏了我国商品的信誉，对外造成很坏影响。

为制止假冒伪劣商品出境，维护我对外贸易信誉，促进边地贸易健康发展，现就有关问题通知如下：

一、整顿边地贸易经营秩序、制止假冒伪劣商品出境，既是关系边地贸易发展前途和生命力的一件大事，也是关系国家和民族声誉的一个政治问题。各级人民政府、各有关部门对此要有充分认识，并采取切实有效措施，抓紧抓好这项工作。

二、要鼓励、支持中央各部门和各省、自治区、直辖市所属外经贸公司、有进出口经营权的生产企业发挥主渠道作用，采取积极措施，拓展同独联体等周边国家的经贸关系，努力推销出口国产优质合格商品。外贸公司和经批准有易货贸易经营权的其他各类企业必须依法经营，遵守国家的有关政策、规定，认真贯彻“以质取胜”战略，不收购、不代理经营假冒伪劣商品。

对实行卫生注册登记的出口商品（饮料、酒类、小食品、罐头、肉类等），外贸公司和其他有易货贸易经营权的企业必须从获得卫生注册登记证书的生产厂家收购出口。

三、各边境省、自治区对挂靠在有边地贸易经营权企业下面并开展对外经营活动的各类企业（即“挂靠公司”），要认真进行清理，今年十月底以前要将清理结果报外经贸部。

四、要加强对生产企业的质量监督管理工作，禁止生产假冒伪劣产品。对制造和收购出口（或向外国人出售）假冒伪劣产品的企业和个人，要按国务院和有关部门制定的规定进行处罚，对情节严重、触犯刑律的，要按照全国人大常委会《关于惩治生产、销售伪劣商品犯罪的决定》，移交司法机关，依法追究刑事责任。

对举报生产、销售假冒伪劣商品案的有功人员要给予奖励，保护举报人的合法权益。

五、公安、检察机关对相互勾结、以各种方式贩运假冒伪劣商品出境的违法犯罪行为要依法及时立案侦查，依法严厉打击破坏边地贸易经营秩序的违法犯罪分子。公安机关要配合工商行政管理机关和技术监督管理机构，坚决清理和取缔加工、生产、储存、销售假冒伪劣商品的窝点，对违法犯罪分子要依法从重惩处。

六、工商行政管理机关要加强对边民互市和中外民贸市场的管理。在边民互市或中外民贸市场开展经营活动的工商企业和个体工商户，应严格按照工商行政管理机关核准的经营范围和经营方式进行经营活动。经营者在批发商品时必须开具合法票据，禁止无照经营，禁止销售假冒伪劣商品。

七、各地技术监督管理机构要对边民互市和中外民贸市场经营的商品进行质量监督检查，加强监督抽查和“打假”的力度，并会同有关执法机关对生产和销售假冒伪劣商品的企业和个人依法从严查处。

八、出境旅客个人随身携带自用物品，必须遵守国际旅客运输的有关协定和规定；无双边或多边协定的，前往独联体各国等国家，应严格按国家和交通运输管理部门有关行李运输的规定办理。

九、各级商检机构对边地贸易和边民互市贸易出境的商品，一律实行检验。当前商检的重点是服装、鞋类、电器、食品等商品。合同有规定的按合同检验；合同规定不明确的按我国有关标准检验；没有合同的凭销售发票按我国有关标准检验。对涉及安全、卫生的商品一律按进口国官方的标准要求检验。经检验不合格的商品，即使外方确认，也不准放行。无合同、无销售发票、无产地、无生产厂名称的商品不予检验、不得放行。

十、海关对进出境旅客携带的行李物品要按有关规定办理进出境手续。对中外旅客携运的商业性货物要依照客货分流的原则加强监管。法定商检货物和本通知规定需要检验的物品，一律凭商检机构出具的检验证书、放行单或在报关单上加盖的印章验放。

中外旅客携运的商业性货物应办理商检、报关和托运手续。有报关权的单位均可接受旅客委托，代办报关手续。商检机构对报关出口的货物应严格按规定进行商检。

十一、凡经国务院批准开放的边境口岸都必须设立海关和商检机构，并应具备相应的检查检验场所；凡未经国务院批准开放、恢复的一类口岸和未经省、自治区、直辖市人民政府批准开放的二类口岸，应于一九九三年底前关闭。季节性的边境口岸也要加强海关监管和商品检验。

已列入我国政府与周边国家政府开放口岸协定的边境口岸，应由外交部统一协调，尽早通过外交途径予以确认，同时抓紧海关、边防、商检和口岸单位的筹建工作。地方人民政府要支持边境口岸机构和设施的建设。

十二、各边境省、自治区人民政府近期要组织专门力量，在海关、商检、边检、工商、技术监督及公检法等有关部门共同配合下，认真查处典型案例，依法从严从重惩处。各口岸的联检机构及各有关部门要在地方政府的领导下，忠于职守、廉洁奉公、密切配合、齐抓共管，将制止假冒伪劣商品出境工作抓出成效。

国务院

一九九三年九月二十三日

Ⅷ. 1993 年关于下发《边境贸易进出口商品检验管理办法》的通知（国检检〔1993〕34 号）

各直属商检局：

《边境贸易进出口商品检验管理办法（试行）》经过一年的试行，基本上是可行的。根据当前的情况，对有关问题进行了修改，现将《边境贸易进出口商品检验管理办法》发给你局，请按照执行。在执行中有何问题，及时报国家局。

商检局

一九九三年四月二十二日

附一　边境贸易进出口商品检验管理办法

第一条　为了促进边境贸易的发展，加强进出口商品检验、鉴定和监督管理，维护贸易各方的合法权益，根据《中华人民共和国进出口商品检验法》（以下简称《商检法》），《中华人民共和国进出口商品检验法实施条例》（以下简称《商检法实施条例》）和国家有关规定，制定本办法。

第二条　本办法适用于边境小额贸易、边境民间贸易、边民互市贸易和边境地区的地方贸易等贸易方式的进出口商品检验管理工作。

第三条　商检机构依法对边境贸易中的进出口商品实施检验的范围：

一、列入《商检机构实施检验的进出口商品种类表》的进出口商品和法律、行政法规规定必须经商检机构检验的进出口商品；

二、对出口食品的卫生检验和出口动物产品检疫；

三、边境贸易合同规定由商检机构检验出证的商品；

四、对外贸易关系人申请的鉴定业务和委托检验的商品。

第四条　商检机构对未列入本办法第三条一、二、三款的进出口商品，可进行抽查检验。

第五条　商检机构在受理边境贸易进出口商品报验和检验时，可根据本地区边境贸易的特点，从实际出发，区别对待，采取灵活方式及时检验、出证或者办理放行手续。

报验时应提供有关合同、协议等必要的单证。

第六条　边境地区的地方贸易、边境小额贸易和边境民间贸易的进出口商品，合同有规定的按合同规定检验；合同没有规定或者规定不明确的按出口国有关标准检验。涉及安全、卫生项目进口国有规定的按进口国规定检验。安全、卫生项目不合格的进出口商品，即使买方确认，也不准放行。

第七条　实行安全质量许可制度的进口商品，按《进口商品安全质量许可制度实施细则》办理。

第八条　口岸商检机构接到进口到货通知单后，对能在口岸进行检验、鉴定的进口商品，应就地进行检验。

不能在口岸进行检验的进口商品，口岸商检机构要及时办理易地检验手续，通知到货地商检机构进行检验。

第九条　对外贸易关系人申请的鉴定业务和委托检验的商品，按贸易关系人约定的标准对申请鉴定和委托检验的项目进行鉴定和检验。

第十条　实施质量许可证和卫生注册、登记的出口商品，商检机构按有关规定进行管理。边境贸易经营单位应收购获得商检机构颁发的质量许可证或者卫生注册、登记证书的生产厂的商品，并凭依向产地商检机构报验。

第十一条　商检机构在管辖地区内可派员到货物存放地或者贸易现场对

进出口商品进行取样检验、查验、鉴定和监督管理。

第十二条　经铁路联运直接过境需要商检证书的出口商品，由发货地商检机构检验合格后，签发检验证书。

非铁路联运的出口商品，由发货地商检机构签发出口商品检验换证凭单或者放行单，对出具换证凭单的商品，口岸商检机构按有关规定查验换证，办理放行手续。经检验或者查验不合格的商品不准放行出口。

第十三条　商检机构对边境贸易进出口商品检验后签发的有关证单，需在证单上加盖“边境贸易”字样的印章。“边境贸易”印章，由国家商检局统一规定。

第十四条　凡违反本办法规定的，按《商检法》《商检法实施条例》及有关规定进行惩处。对在边贸贸易出口商品检验中查出的制售假冒伪劣商品的单位和个人，依照《商检法实施条例》第五十二、五十三条从严处理。

第十五条　商检机构依照本办法进行检验管理和办理鉴定业务，按照有关规定收取费用。

第十六条　设在边境地区的商检机构可根据边境贸易特殊需要，因地制宜，根据本办法制定实施检验的进出口商品范围和检验管理实施办法。

第十七条　本办法由国家商检局负责解释。本办法发布后自一九九三年六月一日起实施。一九九二年六月一日发布的原《边境贸易进出口商品检验管理办法（试行）》同时废止。

附二　关于对《边境贸易进出口商品检验管理办法（试行）》的修改说明

随着改革开放的进一步深入，边境贸易迅速发展，我局在一九九二年发布的《边境贸易进出口商品检验管理办法（试行）》，经过一年的试行基本上是可行的。但由于我边境贸易经营渠道多，货物来源复杂，一些假冒伪劣商品通过各种渠道不断流入俄罗斯等周边国家市场。为防止假冒伪劣商品的进出口，进一步加强和完善对边境贸易商品的检验和管理，保证进出口商品的质量，维护我国商品在国际市场上的信誉，为此我局依据《商检法》和《商检法实施条例》的规定，并坚持“认真检验、宽严适度、灵活措施、方便出口”的边贸工作方针。在征求有关各方面意见和调查研究的基础上对《边境贸易进出口商品检验管理办法（试行）》的有关条款进行修改和补充：

一、一九九二年十月七日经国务院批准，十月二十三日由国家进出口商品检验局发布的《中华人民共和国进出口商品检验法实施条例》是《商检法》的配套法规，是《商检法》的具体化，所以在原第一条制定边贸管理办法的依据中和第十四条对违反本办法的惩处中增加了根据《商检法实施条例》的字样。

二、在原第六条“对进出口商品有合同规定的按合同检验，对合同没有规定或规定不明确的只检验使用性能……”修改为“按出口国有关标准检验，对涉及安全、卫生项目的商品，进口国有规定的一律按进口国规定进行检验。经检验安全、卫生项目不合格的进出口商品，即使买方确认，也不准放行。”

三、原第十四条的惩处内容根据《商检法实施条例》第五十二条“已报验的出口商品属于假冒伪劣商品的，由商检机构或者商检机构合同有关主管部门责令生产、经营单位停止生产和出口假冒伪劣商品，并可以监督销毁有关商品，单处或者并处有关商品等值以下罚款。”和第五十三条“有关本条例……第五十二条所列行为，情节严重……对直接责任人员依法追究刑事责任。”为依据增加“对在边境贸易出口商品检验中查出的制售假冒伪劣商品的单位和个人，依照《商检法实施条例》第五十二、五十三条从严处理”以引起重视。

四、对个别条款进行了文字修改，如原第六条、第十一条、第十二条等。

Ⅸ. 1993 年国务院批转国家计委、国家经贸委、财政部《关于开放口岸检查检验　配套设施建设意见的通知》（国发〔1993〕44 号）

各省、自治区、直辖市人民政府，国务院各部委、各直属机构：

国务院同意国家计委、国家经贸委、财政部《关于开放口岸检查检验配套设施建设的意见》，现转发给你们，请遵照执行。

国务院

一九九三年六月十五日

关于开放口岸检查检验配套设施建设的意见

国务院：

为了适应改革开放的要求，加强口岸开放的审批工作，理顺口岸检查检验配套设施基本建设投资渠道，确保口岸主体工程与检查检验配套设施的同步建设，提出以下意见：

一、口岸开放规划的制定

（一）口岸开放规划的内容包括：口岸名称、建设规模、任务量、检查检验机构及其人员编制、建设资金及来源等。

（二）一类口岸开放规划编报程序。

1. 各省、自治区、直辖市新开一类口岸的五年规划，由各省（区、市）口岸管理部门会同同级计划、财政部门制定，报国家口岸办。

2. 国务院口岸主管部门根据各地编报的规划，会同国家计委、财政部、人事部并商有关部门同意后，制定全国一类口岸开放的五年规划，经国务院批准后列入国家和地方五年规划。

3. 凡列入全国一类口岸开放五年规划的项目，由项目所在地的省（区、市）人民政府按规定的程序提前报国务院，国务院口岸主管部门商有关部门同意后，会同国家计委、财政部、人事部审核，并报国务院批准后，分别列入国家和地方的年度计划。具体要求按《国务院关于口岸开放的若干规定》（国发〔1985〕113号）办理。

（三）二类口岸开放的规划由各省（区、市）自行制定。

二、口岸检查检验配套设施建设的资金来源

（一）一类口岸检查检验配套设施建设的资金来源。

口岸现场检查检验设施应与港口、机场、车站、通道等主体工程统一规划、统一设计、统一投资（即口岸现场检查检验设施投资列入主体工程投资之内）、统一建设。口岸检查检验单位的办公、业务（非现场部分）和生活配套设施建设的资金来源按以下原则解决：

1. 主要为全国各地服务的国家重点口岸，承担其他省（区、市）国际客货运量占本口岸总量60%以上的，其所需检查检验单位的办公、业务和生活用房的建设投资由中央负担60%，地方负担40%。中央负担的投资，由国家计委和财政部各负担50%。

2. 主要为本省（区、市）服务，同时也承担部分其他省（区、市）国际客货运量的国家一类口岸，其他省（区、市）的国际客货运量占本口岸总量20%以上、60%以下的，其所需检查检验单位的办公、业务和生活用房建设投资由中央负担40%，地方负担60%。中央负担的投资，由国家计委和财政部各负担50%。

3. 凡是基本上为本省（区、市）服务的一类口岸，其所需检查检验单位的办公、业务和生活用房的建设资金，由地方负担。

4. 口岸检查检验单位所需的交通工具、仪器设备等，由各主管部门负责解决。

5. 港监、船检所需的办公、业务和生活用房的投资，由交通部门负责解决。

6. 地方政府除了按上述原则解决自己应承担的部分投资外，要无偿提供口岸检查检验部门的办公、业务和生活用房等设施所需的建设用地。免交地方出台征收的各种税费。

7. 国家口岸办根据口岸开放五年规划和中央补助的范围，提出口岸检查检验配套设施建设每年需要中央补助的投资计划报国家计委、财政部，由国家计委和财政部审核后在年度计划（预算）中予以安排。中央补助的投资由国家计委、财政部按照批准的计划，分别下达给口岸所在省（区、市）政府，包干使用。地方安排的建设资金报国家计委、财政部备案。

8. 一类口岸的开办费，由地方政府负责解决。

（二）二类口岸检查检验设施的建设资金、开办费，全部由地方负担。

三、口岸人员用房建设标准

（一）一类口岸检查检验单位办公、业务和生活用房的建设标准，由国家计委、财政部、国务院口岸主管部门参照当地有关建设标准制定，建筑标准不得超过当地水平。

（二）二类口岸检查检验配套设施建设标准，可参照一类口岸标准执行。

四、国际海员俱乐部的建设标准，参照上述规定执行。

五、现有一类口岸扩建和现有口岸任务量有较大增长，确需增加口岸检查检验单位编制并建设办公、业务和生活用房的，也按上述规定执行。

以上意见如无不妥，请批转各地区、各有关部门执行。

国家计委

国家经贸委

财政部

一九九三年四月二十四日

X. 1996年国家经济贸易委员会、对外贸易经济合作部、海关总署关于印发《边境小额贸易机电产品进口管理实施办法》的通知（国经贸机〔1996〕201号）

黑龙江省、吉林省、辽宁省、云南省、广西壮族自治区、内蒙古自治区、西藏自治区经贸委（经委、计经委）、外经贸委（厅、局），新疆生产建设兵团经委，哈尔滨、长春、大连、乌鲁木齐、拉萨、满洲里、呼和浩特、昆明、南宁海关：

为贯彻《国务院关于边境贸易有关问题的通知》（国发〔1992〕2号），根据《机电产品进口管理暂行办法》，为简化边境小额贸易进口机电产品的管理，现将《边境小额贸易机电产品进口管理实施办法》印发你们，请认真贯彻执行。

国家经济贸易委员会

对外贸易经济合作部

海关总署

一九九六年三月二十九日

边境小额贸易机电产品进口管理实施办法

第一条　根据《国务院关于边境贸易有关问题的通知》（国发〔1996〕2

号）和《机电产品进口管理暂行办法》，为简化边境小额贸易进口机电产品的管理，特制定本办法。

第二条 本办法所称边境小额贸易，指沿陆地边境线经国家批准对外开放的边境县（旗）、边境城市辖区内经批准有边境小额贸易经营权的企业，通过国家指定的陆地边境口岸，与毗邻国家边境地区的企业或其他贸易机构之间进行的贸易活动。

边境地区已开展的除边民互市贸易以外的其他各类边境贸易形式进口机电产品，均统一纳入边境小额贸易管理。

前款所称边民互市贸易，指边境地区边民在边境线 20 公里以内、经政府批准的开放点或指定的集市上，在规定的金额或数量范围内进行的商品交换活动。

第三条 有边境小额贸易经营权的企业通过国家指定的陆地边境口岸进口原产于毗邻国家的机电产品，包括配额产品、特定产品和登记产品，均按照本办法管理。

边民通过互市贸易进口的机电产品，每人每日价值在人民币 1000 元以下的，不纳入本办法管理，按海关有关监管规定办理。

第四条 边境小额贸易进口配额产品的管理

一、各边境省、自治区机电产品进口办公室（以下简称边境省区进口办）应于每年 10 月 31 日前向国家机电产品进出口办公室（以下简称国家机电进出口办）申报下年度用于本地区边境小额贸易所需进口配额产品。国家机电进出口办经综合平衡纳入全国配额产品进口方案，报国务院审批。

二、国家机电进出口办将国务院批准的边境小额贸易进口配额总量切块，按产品（不含汽车及关键件）专项下达到各边境省区进口办。

国家机电进出口办为保证边境小额贸易正常进行，在全年进口配额下达前，每年底预安排下年度进口配额。当年第三季度视执行情况，对下达的年度进口配额进行一次调整。

三、用于边境小额贸易的配额不得挪作其他贸易用。

四、国家机电进出口办授权各边境省区进口办，在国家下达的边境小额贸易进口配额内，审批本地区边境小额贸易企业通过国家指定的陆地边境口岸进口原产于毗邻国家的配额产品。

五、边境小额贸易企业进口配额产品（除汽车及关键件外），应按行政隶属关系向主管省区进口办领取并填写《机电产品进口申请表》（一式二份），由主管省区进口办审核并签发《进口配额证明》。

六、边境小额贸易企业进口汽车及关键件，应填写《机电产品进口申请表》（一式二份）并附有关情况说明，由边境省区进口办转报国家机电进出口办审批，并由国家机电进出口办签发《进口配额证明》。

七、边境小额贸易企业进口汽车及关键件以外的配额产品，应凭边境省区进口办签发的《进口配额证明》向本省、自治区外经贸管理部门申领《进口许可证》；海关凭《进口配额证明》和《进口许可证》验放。

边境小额贸易企业进口汽车及关键件，应凭国家机电进出口办签发的《进口配额证明》向外经贸部授权的发证机关申领《进口许可证》；海关凭《进口配额证明》和《进口许可证》验放。

第五条　边境小额贸易进口特定产品的管理

一、国家机电进出口办授权各边境省区进口办，审批边境小额贸易企业通过国家指定的陆地边境口岸进口原产于毗邻国家的特定产品。

二、边境小额贸易企业进口的上述特定产品，可不采取招标方式采购。

三、边境小额贸易企业进口特定产品，应按行政隶属关系，向主管省区进口办领取并填写《机电产品进口申请表》（一式二份），由主管省区进口办审核并签发《机电产品进口证明》。

海关凭边境省区进口办签发的《机电产品进口证明》验放。

第六条　边境小额贸易企业进口登记产品，按行政隶属关系，向主管省区进口办领取并填写《机电产品进口申请表》申请登记；主管省区进口办核发《机电产品进口登记表》；海关凭《机电产品进口登记表》验放。

第七条　边境小额贸易进口机电产品所用《进口配额证明》《机电产品进口证明》和《机电产品进口登记表》的有效期、更改程序及本办法未规定的有关事项均按国家经贸委、外经贸部、海关总署联合发布的《配额产品进口管理实施细则》《特定产品进口管理实施细则》和《机电产品进口登记须知》有关规定执行。

第八条 边境省区进口办要严格执行机电产品进口统计制度，按要求及时传输进口数据。

边境省区进口办应于每月 5 日前将上月委托发证的存档联和废证退国家机电进出口办备案。

国家机电进出口办对边境小额贸易进口配额产品和特定产品执行情况，定期进行清理检查。

第九条 对于违反本办法越权审批或超配额签发进口证明及许可证等问题的单位，国家机电进出口办和外经贸部将视情节轻重予以通报批评，直至暂停或撤销授予的审批权和发证权。触及法律者，将依法追究刑事责任。

对有违反海关法行为的，海关将按照《中华人民共和国海关法》和《海关行政处罚实施细则》进行处理。

第十条 本办法由国家机电进出口办负责解释。

第十一条 本办法自 1996 年 4 月 1 日起执行。

Ⅺ. 1996 年海关总署、对外贸易经济合作部关于下发《边民互市贸易管理办法》的通知

哈尔滨、长春、大连、乌鲁木齐、拉萨、满洲里、呼和浩特、昆明、南宁海关，黑龙江、吉林、辽宁、西藏、内蒙古、新疆、广西、云南外经贸委（厅）：

现将《边民互市贸易管理办法》发送给你们，请以第 56 号海关总署令对外发布并认真遵照执行，有关问题通知如下：

一、我国陆路边境线很长，各边境地区情况相差很大，很难在一个管理规定中将各种情况归纳进去。因此，本规定仅就边民互市贸易所应具备的条件和边民互市的品种、金额限制做出规定，各边境海关应根据实际情况制定实施细则。

二、边民互市贸易区（点）的设立，应由边境省、自治区人民政府批准，各地不应随意设立边民互市贸易区（点）。对规模较小，无封闭条件的边民互市贸易的管理，省、自治区政府可参照本办法商各直属海关制定具体管理办

法并报海关总署备案。

三、游客经边检和当地公安机关同意，进出边民互市贸易区（点）的，海关可按边境地区居民携带物品限量掌握。

四、对气候恶劣，自然条件差，情况确实特殊的边境地区，边民互市的地点可就近设在边境口岸或其附近地区，具体地点由省、自治区政府商直属海关决定并报海关总署、外经贸部备案。

中华人民共和国海关部署

中华人民共和国对外贸易经济合作部

一九九六年三月二十九日

边民互市贸易管理办法（海关总署令第56号）

第一条　为了促进边境地区居民互市贸易的健康发展，繁荣边境经济，加强海关监督管理，根据《中华人民共和国海关法》和其他有关法律、法规制定本办法。

第二条　边民互市贸易是指边境地区边民在我国陆路边境20公里以内，经政府批准的开放点或指定的集市上、在不超过规定的金额或数量范围内进行的商品交换活动。

开展边民互市贸易应符合以下条件：

（一）互市地点应设在陆路、界河边境线附近；

（二）互市地点应由边境省、自治区人民政府批准；

（三）边民互市贸易区（点）应有明确的界线；

（四）边民互市贸易区（点）的海关监管设施符合海关要求。

第三条　我国边境地区的居民和对方国家边民可进入边民互市贸易区（点）从事互市贸易。

我国边境地区的商店、供销社等企业，如在边民互市贸易区（点）设立摊位，从事商品交换活动的，按照边境贸易进行管理。

第四条　边境地区居民携带物品进出边民互市贸易区（点）或从边境口

岸进出境时，应向海关如实申报物品的品种、数量和金额，并接受海关监管和检查。

第五条 边境地区居民每人每日从边境口岸或从边民互市贸易区（点）内带进的物品，价值在人民币1000元以下的，免征进口关税和进口环节税；超过人民币1000元不足5000元的，对超出部分按《对入境旅客行李物品和个人邮递物品征收进口税办法》规定征税；超出人民币5000元的按《中华人民共和国海关进口税则》征收进口关税和进口环节税，并按进出口货物办理有关手续。

第六条 边境双方居民和从事商品交换活动的企业均不得携带或运输国家禁止进出境物品出入边民互市贸易区（点）。

国家限制进出口和实行许可证管理的商品，按国家有关规定办理。

第七条 对具备封闭条件并与对方国家连接的边民互市场所，对方居民携带物品进境时，应向驻区监管的海关申报并接受海关监管。

第八条 对当地未设海关机构的，省、自治区政府可商直属海关委托地方有关部门代管，地方政府应加强管理，并制定实施细则商海关同意后实施，海关应给予指导并会同当地政府不定期检查管理情况。

第九条 各级海关要加强对边民互市贸易的管理，严厉打击利用边民互市贸易进行走私违法的活动。对违反《海关法》和本办法规定的，海关按照《海关法》和《海关法行政处罚实施细则》进行处理。

第十条 本办法由海关总署负责解释。

第十一条 本办法自一九九六年四月一日起施行。

Ⅻ. 1996年外经贸部、海关总署关于《边境小额贸易和边境地区对外经济技术合作管理办法》的通知（〔1996〕外经贸政发第222号）

黑龙江省、吉林省、辽宁省、甘肃省、内蒙古自治区、新疆维吾尔自治区、新疆生产建设兵团、广西壮族自治区、云南省、西藏自治区外经贸委（厅、局）、哈尔滨、长春、大连、乌鲁木齐、呼和浩特、满州里、南宁、昆明、拉萨海关：

发展边境贸易和边境地区对外经济技术合作，对促进我国边境地区经济发展，增强民族团结，繁荣、稳定边疆及巩固和发展我国同周边国家的睦邻友好关系，具有重要意义。为鼓励我国边境地区积极开展与我国毗邻国家的边境小额贸易和对外经济技术合作，促进边境贸易健康、稳定发展，根据《国务院关于边境贸易有关问题的通知》（国发〔1996〕2 号）的精神，对外贸易经济合作部和海关总署联合制定了《边境小额贸易和边境地区对外经济技术合作管理办法》现印发给你们，请遵照执行。

对外贸易经济合作部
海关总署
一九九六年三月二十九日

边境小额贸易和边境地区对外经济技术合作管理办法

一、总则

第一条　为加强对我国边境小额贸易和边境地区对外经济技术合作的规范管理，维护边境小额贸易和边境地区对外经济技术合作的正常经营秩序，促进边境贸易健康、稳定发展，根据《国务院关于边境贸易有关问题的通知》，特制定本办法。

第二条　本办法所指可以开展边境小额贸易和边境地区对外经济技术合作项目的地区（以下简称边境地区）系指我国与毗邻国家有陆地接壤的边境县（市、旗）和经国务院批准的边境开放城市的辖区。

第三条　全国性的边境贸易和边境地区经济技术合作政策及宏观管理措施，由对外贸易经济合作部（以下简称外经贸部）会同国务院有关部门研究制定。

二、边境小额贸易

第四条　本办法所指边境小额贸易系指我国边境地区经批准有边境小额贸易经营权的企业（以下简称边境小额贸易企业），通过国家指定的陆地边境口岸，与毗邻国家边境地区的企业或其他贸易机构之间进行的贸易活动。

第五条　边境小额贸易企业通过指定边境口岸进口原产地在我国毗邻国家的产品，除烟、酒、化妆品以及国家规定必须照章征税的其他商品外，“九五”前3年（1996年至1998年），进口关税和进口环节税按法定税率减半征收。国家规定必须照章征税的商品品种由海关总署公布下达。

第六条　边境小额贸易企业，在外经贸部核定的总数内，根据外经贸部制定的条件，由各边境省、自治区外经贸主管部门进行审批，报外经贸部核准，并由外经贸部抄送海关总署及国务院有关部门备案。

第七条　边境小额贸易企业总数的核定依据以下原则：

（一）外经贸部将根据各边境省、自治区边境地区的国民生产总值和进出口贸易额及边境地区的实际情况，核定各边境省、自治区边境小额贸易企业总数；

（二）已在边境地区工商行政管理部门登记注册，并已经外经贸部批准获得进出口经营权的外贸公司、易货贸易公司、边贸公司和自营进出口的生产企业，均可在批准的经营范围内经营边境小额贸易。

第八条　边境小额贸易企业首先应是在边境地区工商行政管理部门登记注册的企业法人，并具备以下条件：

（一）注册资金不得少于50万元人民币；

（二）须有固定的营业场所和开展边贸必备的设施和资金；

（三）有健全的组织机构和适应经营边贸的业务人员。

第九条　各边境省、自治区边境小额贸易企业须通过以企业注册地为主及相毗邻的经国家批准正式对外开放的陆路边境口岸开展边境小额贸易（经国务院批准的江山、企沙、石头埠及果子山4个边地贸过货口岸包括在内）。

第十条　各边境省、自治区可指定1－2家有经营实绩或经营能力的边境额贸易企业，通过指定边境口岸，经营向本盛自治区毗邻国家出口边境地区自产的国家组织统一联合经营的出口商品，以及进口国家核定公司经营的进口商品，经营企业名单报外经贸部核准，并由外经贸部抄送海关总署及国务院有关部门。

第十一条　除国家规定实行统一联合经营和核定公司经营的进出口商品外，开展边境小额贸易可不受贸易方式和经营分工的限制。经批准享有边境小额贸易经营权的企业，均可经营除第十条以外的进出口业务。

第十二条　边境小额贸易企业出口统一联合经营的出口商品、实行配额招标的出口商品、军民通用化学品、易制毒化学品及我在国际多、双边协议中承诺限量出口的商品，原则上按国家制定的现行办法办理。

各边境省、自治区属边境地区自产的国家统一联合经营的出口商品的品种及年度出口配额，1996 年由外经贸部根据其前三年的生产数量、出口实绩和增长率进行核定下达，以后参照上年的出口量和增长率核定下达。

关于边境小额贸易中涉及出口配额招标商品将在招标管理办法中另行规定。

第十三条　边境小额贸易企业经营出口除上述以外的配额、许可证管理商品，免领配额、许可证，但要接受外经贸部和国家计划委员会的宏观管理，在外经贸部下达的指标内，海关凭边境小额贸易企业出口合同及各边境省、自治区外经贸主管部门下达的文件验放。

第十四条　边境小额贸易企业不得以任何形式允许其他企业以本企业名义经营边境小额贸易。

第十五条　边境小额贸易企业不得通过边境口岸进口第三国的商品及经营向第三国出口业务。

第十六条　为及时掌握和了解边境小额贸易进出口情况，各边境省、自治区外经贸主管部门应加强边境小额贸易进出口情况的统计、上报工作，须将本省区每季度边境小额贸易进出口情况上报外经贸部，并于每年 1 月底以前将上年边境小额贸易进出口情况汇总上报外经贸部。

第十七条　边境小额贸易享受一般贸易出口退税政策，并按一般贸易出口退税办法办理出口退税手续。

三、边境地区对外经济技术合作

第十八条　本办法所指边境地区对外经济技术合作系指我国边境地区经外经贸部批准有对外经济技术合作经营权的企业（以下简称边境地区外经企业），与我国毗邻国家边境地区开展的承包工程和劳务合作项目。

第十九条　边境地区外经企业须报外经贸部审批。边境地区外经企业的审批依据以下原则：

（一）已经外经贸部批准的边境地区外经公司，均可开展与毗邻国家边境地区的承包工程和劳务合作业务；

（二）经国家批准的一类边境口岸所在边境地区，可选择一家边境小额贸易企业，报外经贸部批准后，开展与毗邻国家边境地区的承包工程和劳务合作业务。

第二十条 边境地区外经企业同毗邻国家边境地区签订的承包工程和劳务合作的合同须报外经贸主管部门备案，并申领《在毗邻国家开展承包工程和劳务合作进出口物品批准书》（以下简称《批准书》）。

第二十一条 单项承包工程项目金额在100万美元（含100万）以下单项劳务合作项目在100人（含100人）以下的合同，报边境省、自治区外经贸主管部门备案，由其核发《批准书》。边境省、自治区外经贸主管部门每月将上述合同汇总后报外经贸部备案。

单项承包工程项目金额在100万美元以上或单项劳务合作项目在100人以上合同、由各边境省、自治区外经贸主管部门报外经贸部备案，由外经贸部核发《批准书》。

备案材料包括中外文合同及合同备案表各一式两份。

第二十二条 边境地区外经企业与毗邻国家边境地区开展承包工程和劳务合作项下带出的设备、材料和劳务人员自用生活物品、除涉及实行配额招标的出口商品、军民通用化学品、易制毒化学品及我在国际多、双边协议中承诺限量出口的商品外，以合理范围内，不受经营分工和出口配额的限制，并免领出口许可证。海关凭按本办法第二十一条规定经外经贸主管部门备案的合同及其设备、材料、物品清单和《批准书》验放。

第二十三条 承包工程和劳务合作项下带出的设备、材料和劳务人员自用物品，如涉及实行配额招标的出口商品、军民通用化学品、易制毒化学品及我在国际多、双边协议中承诺限量出口的商品，其合同不论金额大小，一律报外经贸部审批。海关凭经外经贸部批准的合同及其设备、材料、物品清单、《批准书》和出口许可证验放。

第二十四条 边境地区外经企业与毗邻国家边境地区开展承包工程和劳

务合作项下换回的原产于毗邻国家的物资，不受经营分工的限制，按项目合同规定的品种和数量进境。

开展承包工程和劳务合作项下换回的原产于毗邻国家的物资，不受经营分工的限制，按项目合同规定的品种和数量进境。海关凭有关外经贸主管部门批准备案的合同和《批准书》验放。

第二十五条　边境地区外经企业毗邻国家边境地区开展承包工程和劳务合作项下进出境的货物，应从指定的边境口岸进出。

第二十六条　边境地区外经企业与毗邻国家边境地区开展承包工程和劳务合作项下换回的原产于毗邻国家的物资，执行边境小额贸易的进口税收政策。

每批（次）物资进境时，边境地区外经企业须持有关外经贸主管部门批准备案的合同及《批准书》，向其项目备案（主管地）海关申请办理减税手续，经海关审核后，在核定的数量内签发减税证明书，通知进口地海关凭以验放。进口地海关应在《批准书》背面的有关项目栏内予以签注每批（次）实际进口品种、数量。在达到合同规定的品种和数量后，海关停止办理有关货物进口手续。

四、附则

第二十七条　对违反《海关法》及本办法规定的边境小额贸易企业和边境地区外经企业，外经贸部将视情节轻重给予必要的处分直至取消其边境小额贸易经营权或对外经济技术合作经营权；海关将依照《海关法》和《海关行政处罚实施细则》进行处理。

第二十八条　各边境省、自治区人民政府应根据国家有关规定，结合本地区的实际情况，制定具体实施办法；各边境省、自治区外经贸主管部门应指定机构，负责统一指导和协调管理本省、自治区的边境贸易和边境地区对外经济技术合作业务；各边境省、自治区外经贸主管部门和各级海关要切实加强对边境贸易和边境地区对外经济技术合作的管理。坚决打击走私和违法经营活动，维护边境贸易的正常经营秩序。

第二十九条　本办法由外经贸部、海关总署负责解释。

第三十条　本办法自 1996 年 4 月 1 日起执行。过去有关规定与本办法规定不一致的，以本办法为准。

XIII. 1996年国务院《关于边境贸易有关问题的通知》（国发〔1996〕2号）

各省、自治区、直辖区人民政府、国务院各部委、各直属机构：

为了鼓励我国边境地区积极发展与我国毗邻国家间的边境贸易与经济合作，国家近年来先后制定了一系列有关扶持、鼓励边境贸易和边境地区发展对外经济合作的政策措施。这些政策措施有力地促进了我国边境地区经济发展，对增强民族团结，繁荣、稳定边疆，巩固和发展我国同周边国家的睦邻友好关系，起到了积极作用。随着我国改革的不断深化和进一步扩大开放，这些政策措施需要按照建立社会主义市场经济体制的总体要求，做出必要的调整、规范和完善。现就有关问题通知如下：

一、关于边境贸易管理形式

根据我国开展边境贸易的实际情况，参照国际通行规则，目前对我国边境贸易按以下两种形式进行管理：

（一）边民互市贸易，系指边境地区边民在边境线20公里以内、经政府批准的开放点或指定的集市上，在不超过规定的金额或数量范围内进行的商品交换活动。边民互市贸易由外经贸部、海关总署统一制定管理办法，由各边境省、自治区人民政府具体组织实施。

（二）边境小额贸易，系指沿陆地边境线经国家批准对外开放的边境县（旗）、边境城市辖区内（以下简称边境地区）经批准有边境小额贸易经营权的企业，通过国家指定的陆地边境口岸，与毗邻国家边境地区的企业或其他贸易机构之间的贸易活动。边境地区已开展的除边民互市贸易以外的其他各类边境贸易形式，今后均统一纳入边境小额贸易管理，执行边境小额贸易的有关政策。边境小额贸易的管理办法由外经贸部商国务院有关部门制定。

二、关于边境贸易进口关税和进口环节税收问题

边民通过互市贸易进口的商品，每人每日价值在人民币1000元以下的，免征进口关税和进口环节税；超过人民币1000元的，对超出部分按法定税率照章征税。由海关总署据此调整有关监管规定。

边境小额贸易企业通过指定边境口岸进口原产于毗邻国家的商品，除烟、酒、化妆品以及国家规定必须照章征税的其他商品外，“九五”前3年（1996年至1998年），进口关税和进口环节税按法定税率减半征收。

除边境贸易以外，与苏联、东欧国家及其他周边国家的易货贸易和经济技术合作项下进口的产品，一律按全国统一的进口税收政策执行。

三、关于边境小额贸易的进出口管理问题

边境小额贸易企业经营权，根据外经贸部统一规定的经营资格、条件以及在核定的企业总数内，由各边境省、自治区自行审批。边境小额贸易企业名录须报外经贸部核准，并抄报国务院有关部门备案。未按规定批准并报备案的企业，一律不得经营边境小额贸易。开展边境小额贸易原则上不受贸易方式和经营分工限制。

允许边境省自治区各指定1至2家边境小额贸易企业，通过指定边境口岸，经营向我国陆地边境毗邻国家出口边境地区自产的国家指定公司联合统一经营的商品，以及进口国家实行核定公司经营的进口商品。经营企业名单需报经外经贸部核准。

边境小额贸易企业凡出口国家实行配额、许可证管理的出口商品，除实行全国统一招标、统一联合经营的商品和军民通用化学品及易制毒化学品外，可免领配额、许可证，但要接受外经贸部和国家计委的宏观管理。在外经贸部切块下达的指标内，海关凭企业出口合同和各边境省、自治区外经贸管理部门下达的文件验放。

国家计委、国家经贸委（国家机电产品进出口办公室）每年根据上年度边境小额贸易进口情况和国内市场供求情况，专项给各边境地区下达一定数额的边境小额贸易进口配额。在核准的配额内，由外经贸部授权各边境省、自治区外经贸管理部门发放进口许可证。边境小额贸易企业凡进口国家实行配额管理的进口商品，海关凭边境省、自治区发放的配额证明和进口许可证放行。对边境小额贸易企业经营实行特定管理和登记管理的进口商品，也要适当简化手续，具体办法由国家计委、国家经贸委（国家机电产品进出口办公室）分别商有关部门制定下达。

四、关于与边境地区毗邻国家经济技术合作项下进出口商品的管理问题

边境地区经外经贸部批准有对外经济技术合作经营权的企业（以下简称边境地区外经企业），通过与毗邻国家边境地区经济合作进口的商品，执行边境小额贸易的进口税收政策。其承包工程和劳务合作项下换回的物资可随项目进境，不受经营分工的限制。边境地区外经企业与毗邻国家劳务合作及工程承包项下带出的设备材料和劳务人员自用的生活用品，在合理范围内，不受出口配额和经营分工的限制，并免领出口许可证。

对边境地区外经企业与边境地区毗邻国家经济技术合作项下进出口的商品，海关凭外经贸主管部门的批准文件验放，具体管理办法由外经贸部和海关总署联合制定下达。

五、关于加强边境贸易管理问题

各边境省、自治区人民政府要按照国务院和有关部门的统一规定，制定具体实施办法，指定边境贸易主管部门，切实加强对本省、自治区边境贸易和经济合作的领导与管理，促进边境贸易健康发展。

国务院各有关部门要根据本通知的有关规定，抓紧制定配套的管理办法，积极支持边境贸易和边境地区对外经济合作的发展。外经贸部要会同有关部门及时研究、制定全国性的边境贸易和经济合作政策及宏观管理措施。海关在加强服务的同时，要加大监管力度，严厉打击走私活动，保证边境贸易政策的执行。

本通知自 1996 年 4 月 1 日起执行，过去有关规定凡与本通知不符的，以本通知为准。

国务院

一九九六年一月三日

XIV. 1996 年海关总署关于转发《国务院关于边境贸易有关问题的通知》的通知（署监〔1996〕304 号）

哈尔滨、长春、大连、乌鲁木齐、拉萨、满洲里、呼和浩特、昆明、南宁海关：

现将《国务院关于边境贸易有关问题的通知》（国发〔1996〕2 号）转发

给你们，请认真研究执行，并将有关问题通知如下：

1. 过境小额贸易包括边境地区开展的易货贸易、现汇贸易、互利经济合作（工程承包、劳务输出）、以及除边民互市贸易以外的其他各类边境贸易形式，并统一执行边境小额贸易的有关政策。

2. 从事边境小额贸易的企业，应由所在省、自治区根据外经贸部规定的经营资格、条件及核定的企业总数内审批，报外经贸部核准后，到主管地海关备案。未履行上述手续企业所从事的边境小额贸易，视同一般进出口贸易，不得享受税收优惠。

3. 经省、自治区批准并报外经贸部核准的边贸企业，原则上不受贸易方式和经营分工的限制。但出口边境地区自产的属国家指定公司联合统一经营的商品和进口国家实行核定公司经营的进口商品，应由省、自治区指定，并经外经贸部核准、主管海关备案。

4. 边贸企业出口商品，除全国统一招标、统一联合经营和军民通用化学品及易制毒化学品按国家有关规定办理外，属配额、许可证管理的商品，海关凭企业出口合同及各边境省（区）外经贸管理部门下达的文件验放。有关企业在出口前应持上述文件及合同报主管地海关审核同意后，方可到口岸办理货物出口手续。

5. 边贸企业进口属配额、许可证管理的商品，海关凭边境省（区）发放的配额证明和许可证放行；属特定管理和登记管理的商品，海关凭有关部门发放的证明验放（具体办法由国家有关部门另行下达）。有关企业在进口前应持上述证明、证件及合同报主管地海关审核同意，凭主管海关签发的减免税证明，到口岸办理征税验放手续。

6. 边境小额贸易进出口口岸限定于国家正式对外开放的陆路边境口岸以及经国务院批准的江山、企沙、石头埠、果子山等 4 个边地贸过货口岸。边贸企业须通过相毗邻国家的边境口岸从事边贸进出口活动。

对国家限定口岸进口的汽车、汽车配件及其他商品的管理，仍按国家现行有关规定执行。

7. 边贸企业进出口商品，在同一个合同内多批（次）进出口的，口岸海关应对每批（次）实际进出口数量予以签注，合同执行完毕，企业应在1个月内到主管地海关核销。

8. 进口商品的优惠政策适用于原产于毗邻国家的商品。对通过边境口岸进口第三国的商品，不享受边境贸易的有关优惠政策。对加工、组装产品的原产地确认，应严格执行《中华人民共和国海关关于进口货物原产地的暂行规定》（〔86〕署税字第1218号）。对中性包装以及不易辨别产地的商品，应由企业提交原产地证明。不能提交的或所提交的证明不合法的，不能享受优惠。对烟、酒、化妆品以及国家规定的按法定税率征税的商品应按法定税率照章征税。

9. 边贸企业从边境口岸进口的减免税商品，应按规定交纳监管手续费。

10. 西藏地区边境小额贸易仍按国家现行的有关规定办理。

11. 关于边民互市贸易的管理办法以及关于过境地区外经企业与边境地区毗邻国家经济技术合作的管理办法，我署将会同外经贸部另行下达。此前，海关按国发〔1996〕2号文件规定的边民互市免税限额执行。

12. 关于边境小额贸易机电产品管理实施办法，我署将会同国家经贸委、外经贸部另行下达。

13. 以上规定自1996年4月1日起实行。

海关部署

一九九六年四月十二日

XV. 1996年对外贸易经济合作部《关于授予新疆生产建设兵团外经贸委边境小额贸易进出口商品许可证发证权的通知》（〔1996〕外经贸管发第567号）

新疆生产建设兵团对外经济贸易委员会：

为增强新疆生产建设兵团的经济实力，促进边境小额贸易的发展，根据国务院《关于边境贸易有关问题的通知》（国发〔1996〕2号）的精神，经研究决定，自1996年10月1日起授予你委边境小额贸易进出口许可证商品的发证权。现将有关事项通知如下：

一、严格执行外经贸部进出口许可证管理的有关规定，并按外经贸部授权的范围签发进出口许可证，切实做好进出口许可证管理工作。

二、负责经外经贸部核准的新疆生产建设兵团所属从事边境小额贸易企业的边境小额贸易进出口商品的签证管理工作。对兵团其他贸易方式进出口许可证申领和签发，仍按外经贸部发布的有关规定办理。

三、你委边境小额贸易进出口许可证的发证范围和依据：

（一）进口商品中实行进口配额管理的机电产品和一般商品，凭国家有关部门核准的进口配额数量签发进口许可证；

（二）出口商品，签发由外经贸部授权省级发证机关发证的商品，其中红茶，凭外经贸部下达的出口配额签发出口许可证；黑白电视机和自行车，凭外经贸部下达的中标企业名单、中标数量和招标委员会下发的中标证明书，签发出口许可证。不得无配额、超配额发证。

四、为保证你委边境小额贸易进出口许可证管理工作的顺利进行，请你委建立相应的机构，配备必要的人员，制定发证工作的内部管理制度。

五、关于空白许可证书领取、发证设备的配置以及许可证费用的收缴问题，应按我部有关规定办理，具体事宜与我部配额许可证事务局联系。

六、关于许可证印章的刻制和发证程序问题，请与我部贸管司联系办理。

七、认真执行我部有关上报发证统计数据的规定，及时上报统计数据。

八、鉴于原由新疆维吾尔自治区外经贸委负责你兵团所属企业边境小额贸易进出口许可证签发工作，请你委在授权发证之日期前，与新疆外经贸委做好签证的交接工作。

特此通知，请按照执行。

对外贸易经济合作部

一九九六年八月十九日

XVI. 1997 年对外贸易经济合作部《关于补充公布小麦十四种国家实行核定公司经营进口商品边境小额贸易企业名单的通知》

海关总署，国家商检局，国家外汇管理局，广东海关分署，黑龙江、甘肃、云南、内蒙古、新疆、新疆兵团外经贸委（厅、局）、计委（计经委），特派员办事处，配额许可证事务局，各进出口商会：

根据《国务院关于边境小额贸易有关问题的通知》（国发〔1996〕2 号）的有关规定，我部已以《关于公布小麦等 14 种国家核定公司经营进口商品的边境小额贸易企业名单的通知》（〔1996〕外经贸管发第 675 号）公布了小麦、橡胶、钢材等 14 种国家核定公司经营进口商品的边境小额贸易企业名单。根据有关边境省区的实际情况，我们对部分商品的边境小额贸易企业进行了补充核定，现予公布。

有关事项请按〔1996〕外经贸管发第 675 号文件执行。

附件： 边境小额贸易企业补充核定名单

小麦：

甘肃省：甘肃省机械设备进出口公司酒泉边贸分公司
　　　　甘肃省酒泉边境贸易进出口公司

内蒙古：内蒙古对外贸易经济合作（集团）总公司满洲里分公司
　　　　中国电子进出口内蒙古公司二连公司

新疆：塔城地区对外贸易公司
　　　阿勒泰地区外贸公司
　　　巴州塔里木对外贸易进出口公司霍尔果斯分公司
　　　乌鲁木齐市对外贸易公司阿拉山口公司
　　　博尔塔拉蒙古自治州国际贸易公司
　　　新疆哈密地区外贸公司
　　　新疆昌吉州对外经济贸易公司霍尔果斯分公司
　　　克孜勒苏自治州对外贸易公司
　　　和田地区对外贸易进出口公司
　　　伊犁地区对外贸易进出口公司
　　　吐鲁番地区对外贸易进出口公司霍尔果斯分公司

阿克苏地区对外经济贸易公司

原油：

甘肃省：甘肃省机械设备进出口公司酒泉边贸分公司

甘肃省酒泉边境贸易进出口公司

新疆：新疆机械化工五金矿产轻工业品进出口公司

阿拉山口分公司

塔城地区对外贸易公司

阿勒泰地区外贸公司

巴州塔里木对外贸易进出口公司霍尔果斯分公司

乌鲁木齐市对外贸易公司阿拉山口公司

博尔塔拉蒙古自治州国际贸易公司

新疆哈密地区外贸公司

新疆昌吉州对外经济贸易公司霍尔果斯分公司

克孜勒苏自治州对外贸易公司

和田地区对外贸易进出口公司

伊犁地区对外贸易进出口公司

吐鲁番地区对外贸易进出口公司霍尔果斯分公司

阿克苏地区对外经济贸易公司

黑龙江：大庆市对外经济贸易公司孙吴公司

内蒙古：中国电子进出口内蒙古公司二连公司

成品油：

甘肃省：甘肃省机械设备进出口公司酒泉边贸分公司

甘肃省酒泉边境贸易进出口公司

内蒙古：内蒙古对外贸易经济合作（集团）总公司满洲里分公司

中国电子进出口内蒙古公司二连公司

新疆：新疆国际经济合作公司—阿拉山口合信经贸有限公司

新疆机械化工五金矿产轻工业品进出口公司阿拉山口分公司

塔城地区对外贸易公司

阿勒泰地区外贸公司

巴州塔里木对外贸易进出口公司霍尔果斯分公司

乌鲁木齐市对外贸易公司阿拉山口公司

博尔塔拉蒙古自治州国际贸易公司

新疆哈密地区外贸公司

新疆昌吉州对外经济贸易公司霍尔果斯分公司

克孜勒苏自治州对外贸易公司

和田地区对外贸易进出口公司

伊犁地区对外贸易进出口公司

吐鲁番地区对外贸易进出口公司霍尔果斯分公司

阿克苏地区对外经济贸易公司

黑龙江：大庆市对外经济贸易公司孙吴公司

化肥：

甘肃省：甘肃省机械设备进出口公司酒泉边贸分公司

甘肃省酒泉边境贸易进出口公司

内蒙古：满洲里东方国际贸易股份有限公司

内蒙古对外贸易经济合作（集团）总公司满洲里分公司

中国电子进出口内蒙古公司二连公司

新疆：新旭贸易公司

新疆铁路对外合作集团有限公司阿拉山口中铁分公司

塔城地区对外贸易公司

阿勒泰地区外贸公司

巴州塔里木对外贸易进出口公司霍尔果斯分公司

乌鲁木齐市对外贸易公司阿拉山口公司

博尔塔拉蒙古自治州国际贸易公司

新疆哈密地区外贸公司

新疆昌吉州对外经济贸易公司霍尔果斯分公司

克孜勒苏自治州对外贸易公司

和田地区对外贸易进出口公司

伊犁地区对外贸易进出口公司

吐鲁番地区对外贸易进出口公司霍尔果斯分公司

阿克苏地区对外经济贸易公司

新疆兵团：阿拉山口中基有限责任公司

新疆奎屯农垦进出口公司

新天国际合作总公司阿拉山口边贸公司

黑龙江：黑龙江省远达进出口公司同江公司

橡胶：

甘肃省：甘肃省机械设备进出口公司酒泉边贸分公司

甘肃省酒泉边境贸易进出口公司

新疆：塔城地区对外贸易公司

阿勒泰地区外贸公司

巴州塔里木对外贸易进出口公司霍尔果斯分公司

乌鲁木齐市对外贸易公司阿拉山口公司

博尔塔拉蒙古自治州国际贸易公司

新疆哈密地区外贸公司

新疆昌吉州对外经济贸易公司霍尔果斯分公司

克孜勒苏自治州对外贸易公司

和田地区对外贸易进出口公司

伊犁地区对外贸易进出口公司

吐鲁番地区对外贸易进出口公司霍尔果斯分公司

阿克苏地区对外经济贸易公司

内蒙古：中国电子进出口内蒙古公司二连公司

钢材：

甘肃省：甘肃省机械设备进出口公司酒泉边贸分公司

甘肃省酒泉边境贸易进出口公司

内蒙古：满洲里东方国际贸易股份有限公司

内蒙古对外贸易经济合作（集团）总公司满洲里分公司
中国电子进出口内蒙古公司二连公司

新疆：新疆国际经济合作公司—阿拉山口合信经贸有限公司
塔城地区对外贸易公司
阿勒泰地区外贸公司
巴州塔里木对外贸易进出口公司霍尔果斯分公司
乌鲁木齐市对外贸易公司阿拉山口公司
博尔塔拉蒙古自治州国际贸易公司
新疆哈密地区外贸公司
新疆昌吉州对外经济贸易公司霍尔果斯分公司
克孜勒苏自治州对外贸易公司
和田地区对外贸易进出口公司
伊犁地区对外贸易进出口公司
吐鲁番地区对外贸易进出口公司霍尔果斯分公司
阿克苏地区对外经济贸易公司

新疆兵团：新疆博乐农垦进出口公司

黑龙江：哈尔滨高新技术产业开发区对外贸易公司绥芬河公司

木材：

甘肃省：甘肃省机械设备进出口公司酒泉边贸分公司
甘肃省酒泉边境贸易进出口公司

内蒙古：满洲里东方国际贸易股份有限公司
内蒙古对外贸易经济合作（集团）总公司满洲里分公司
中国电子进出口内蒙古公司二连公司

云南省：德宏州香料化工实业公司
瑞丽市泰卯实业总公司
西双版纳州矿业集团公司
陇川县福斯特实业有限公司
盈江县盈茂商行

德宏州德安总公司

腾冲县光明商行

腾冲县金鑫商号

腾冲县振兴商行

腾冲县文昌商号

新疆：塔城地区对外贸易公司

阿勒泰地区外贸公司

巴州塔里木对外贸易进出口公司霍尔果斯分公司

乌鲁木齐市对外贸易公司阿拉山口公司

博尔塔拉蒙古自治州国际贸易公司

新疆哈密地区外贸公司

新疆昌吉州对外经济贸易公司霍尔果斯分公司

克孜勒苏自治州对外贸易公司

和田地区对外贸易进出口公司

伊犁地区对外贸易进出口公司

吐鲁番地区对外贸易进出口公司霍尔果斯分公司

阿克苏地区对外经济贸易公司

新疆兵团：阿拉山口亚鑫商贸有限公司

黑龙江：虎林市边境经济贸易公司

胶合板：

甘肃省：甘肃省机械设备进出口公司酒泉边贸分公司

甘肃省酒泉边境贸易进出口公司

内蒙古：内蒙古对外贸易经济合作（集团）总公司满洲里分公司

中国电子进出口内蒙古公司二连公司

新疆：塔城地区对外贸易公司

阿勒泰地区外贸公司

巴州塔里木对外贸易进出口公司霍尔果斯分公司

乌鲁木齐市对外贸易公司阿拉山口公司

博尔塔拉蒙古自治州国际贸易公司

新疆哈密地区外贸公司

新疆昌吉州对外经济贸易公司霍尔果斯分公司

克孜勒苏自治州对外贸易公司

和田地区对外贸易进出口公司

伊犁地区对外贸易进出口公司

吐鲁番地区对外贸易进出口公司霍尔果斯分公司

阿克苏地区对外经济贸易公司

羊毛：

甘肃省：甘肃省机械设备进出口公司酒泉边贸分公司

甘肃省酒泉边境贸易进出口公司

新疆：新旭贸易公司

塔城地区对外贸易公司

阿勒泰地区外贸公司

巴州塔里木对外贸易进出口公司霍尔果斯分公司

乌鲁木齐市对外贸易公司阿拉山口公司

博尔塔拉蒙古自治州国际贸易公司

新疆哈密地区外贸公司

新疆昌吉州对外经济贸易公司霍尔果斯分公司

克孜勒苏自治州对外贸易公司

和田地区对外贸易进出口公司

伊犁地区对外贸易进出口公司

吐鲁番地区对外贸易进出口公司霍尔果斯分公司

阿克苏地区对外经济贸易公司

新疆兵团：新疆北屯农垦进出口公司

内蒙古：内蒙古对外贸易经济合作（集团）总公司满洲里分公司

中国电子进出口内蒙古公司二连公司

黑龙江：东北金城实业总公司绥芬河公司

腈纶：

甘肃省：甘肃省机械设备进出口公司酒泉边贸分公司

甘肃省酒泉边境贸易进出口公司

内蒙古：内蒙古对外贸易经济合作（集团）总公司满洲里分公司

中国电子进出口内蒙古公司二连公司

新疆：塔城地区对外贸易公司

阿勒泰地区外贸公司

巴州塔里木对外贸易进出口公司霍尔果斯分公司

乌鲁木齐市对外贸易公司阿拉山口公司

博尔塔拉蒙古自治州国际贸易公司

新疆哈密地区外贸公司

新疆昌吉州对外经济贸易公司霍尔果斯分公司

克孜勒苏自治州对外贸易公司

和田地区对外贸易进出口公司

伊犁地区对外贸易进出口公司

吐鲁番地区对外贸易进出口公司霍尔果斯分公司

阿克苏地区对外经济贸易公司

棉花：

甘肃省：甘肃省机械设备进出口公司酒泉边贸分公司

甘肃省酒泉边境贸易进出口公司

内蒙古：内蒙古对外贸易经济合作（集团）总公司满洲里分公司

中国电子进出口内蒙古公司二连公司

新疆：新疆国际经济合作公司—阿拉山口合信经贸有限公司

克孜勒苏柯尔自治州外贸公司

塔城地区对外贸易公司

阿勒泰地区外贸公司

巴州塔里木对外贸易进出口公司霍尔果斯分公司

乌鲁木齐市对外贸易公司阿拉山口公司

博尔塔拉蒙古自治州国际贸易公司

新疆哈密地区外贸公司

新疆昌吉州对外经济贸易公司霍尔果斯分公司

克孜勒苏自治州对外贸易公司

和田地区对外贸易进出口公司

伊犁地区对外贸易进出口公司

吐鲁番地区对外贸易进出口公司霍尔果斯分公司

阿克苏地区对外经济贸易公司

新疆兵团：阿拉山口中基有限责任公司

新天国际合作总公司阿拉山口边贸公司

黑龙江：绥芬河市东城经贸有限公司

绥芬河市金泉经贸有限责任公司

烟草及制品：

甘肃省：甘肃省机械设备进出口公司酒泉边贸分公司

甘肃省酒泉边境贸易进出口公司

黑龙江：黑河进出口公司

新疆：塔城地区对外贸易公司

阿勒泰地区外贸公司

巴州塔里木对外贸易进出口公司霍尔果斯分公司

乌鲁木齐市对外贸易公司阿拉山口公司

博尔塔拉蒙古自治州国际贸易公司

新疆哈密地区外贸公司

新疆昌吉州对外经济贸易公司霍尔果斯分公司

克孜勒苏自治州对外贸易公司

和田地区对外贸易进出口公司

伊犁地区对外贸易进出口公司

吐鲁番地区对外贸易进出口公司霍尔果斯分公司

阿克苏地区对外经济贸易公司

内蒙古：中国电子进出口内蒙古公司二连公司

食糖：

甘肃省：甘肃省机械设备进出口公司酒泉边贸分公司

甘肃省酒泉边境贸易进出口公司

黑龙江：黑龙江省粮油食品进出口（集团）公司绥芬河支公司

新疆：塔城地区对外贸易公司

阿勒泰地区外贸公司

巴州塔里木对外贸易进出口公司霍尔果斯分公司

乌鲁木齐市对外贸易公司阿拉山口公司

博尔塔拉蒙古自治州国际贸易公司

新疆哈密地区外贸公司

新疆昌吉州对外经济贸易公司霍尔果斯分公司

克孜勒苏自治州对外贸易公司

和田地区对外贸易进出口公司

伊犁地区对外贸易进出口公司

吐鲁番地区对外贸易进出口公司霍尔果斯分公司

阿克苏地区对外经济贸易公司

内蒙古：中国电子进出口内蒙古公司二连公司

植物油：

甘肃省：甘肃省机械设备进出口公司酒泉边贸分公司

甘肃省酒泉边境贸易进出口公司

新疆：塔城地区对外贸易公司

阿勒泰地区外贸公司

巴州塔里木对外贸易进出口公司霍尔果斯分公司

乌鲁木齐市对外贸易公司阿拉山口公司

博尔塔拉蒙古自治州国际贸易公司

新疆哈密地区外贸公司

新疆昌吉州对外经济贸易公司霍尔果斯分公司

克孜勒苏自治州对外贸易公司

和田地区对外贸易进出口公司

伊犁地区对外贸易进出口公司

吐鲁番地区对外贸易进出口公司霍尔果斯分公司

阿克苏地区对外经济贸易公司

内蒙古：中国电子进出口内蒙古公司二连公司

XVII. 1997 年国家外汇管理局关于下发《边境贸易外汇管理暂行办法》的通知

辽宁、吉林、黑龙江、内蒙古、新疆、西藏、广西、云南、甘肃分局：

为落实国务院国发〔1996〕2 号文件精神，加强和规范边境贸易外汇管理，我局在广泛调查及征求意见的基础上，制订了《边境贸易外汇管理暂行办法》（以下简称《暂行办法》），现发给你局，请遵照执行。现就有关问题通知如下：

一、关于核定限额问题。根据《暂行办法》第二章第八条规定，边贸企业经常项目下外汇收入，在外汇局核定的最高限额内保留外汇。该限额由各有关分局根据当地情况具体核定并报我局备案，原则上最高限额不得超过边贸企业上一年进出口总额的 50% 。

二、“边境贸易企业外汇登记证”由有关分局自行印制（规格见样本）。该登记证可代替“外汇账户使用证”使用，但仅限于边贸公司开立现汇账户之用。

三、各有关分局须结合当地实际情况，根据《暂行办法》，制订《边境贸易外汇管理暂行办法实施细则》，并报我局备案。

各有关分局今后在边境贸易外汇管理中如遇新的问题，请及时上报我局。

附录：

一、边境贸易外汇管理暂行办法

二、边境贸易企业外汇登记证（略）

国家外汇管理局

一九九七年一月二十三日

边境贸易外汇管理暂行办法

第一章　总　则

第一条　为了促进我国边境地区发展与毗邻国家之间的边境贸易与经济合作（以下简称“边境贸易”），规范边境贸易中的结汇、售汇、付汇及结算行为，根据《中华人民共和国外汇管理条例》第五十四条，特制定本办法。

第二条　本办法所称“边境贸易”包括边民互市贸易、边境小额贸易和边境地区对外经济技术合作。

边民互市贸易，系指边境地区边民在边境线20公里以内、经政府批准的开放点或指定的集市上，在不超过规定的金额或者数量范围内进行的商品交换活动。

边境小额贸易，系指我国边境地区经批准有边境小额贸易经营权的企业，通过国家指定的陆地边境口岸，与毗邻国家边境地区的企业或者其他贸易机构之间进行的贸易活动。

边境地区对外经济技术合作，系指我国边境地区经对外贸易经济合作部批准有对外经济技术合作经营权的企业，与我国毗邻国家边境地区开展的承包工程和劳务合作项目。

第三条　本办法所称“边贸企业”包括边境小额贸易企业和对外经济技术合作企业。

边境小额贸易企业，系指我国边境地区经对外贸易经济合作部或者其授权部门批准，有边境小额贸易经营权的企业。

对外经济技术合作企业，系指我国边境地区经对外贸易经济合作部批准，有与我国毗邻国家边境地区开展承包工程和劳务合作项目等对外经济技术合作经营权的企业。

第四条　边境地区边民在互市贸易区内进行互市贸易时，可以以可兑换货币、人民币或者毗邻国家的货币计价结算。

第五条　边贸企业与毗邻国家的企业和其他贸易机构之间进行边境贸易时，可以以可兑换货币或者人民币计价结算。

第六条　边贸企业进行边境贸易，应当按照有关进口付汇核销和出口收汇核销的管理办法办理进口和出口核销手续。

第七条　边贸企业应当在对外贸易经济合作部批准其边境小额贸易经营权和对外经济技术合作经营权之日起30日内到外汇局登记备案，凭工商局颁发的营业执照及外经贸部门的批准件领取《边境贸易企业外汇登记证》。

第二章　结汇、售付汇及外汇账户的管理

第八条　边贸企业经常项目下外汇收入，可在外汇局核定的最高金额以内保留外汇，超出部分应当卖给外汇指定银行。

第九条　边贸企业经常项目下对外支付用汇应当按照《结汇、售汇及付汇管理规定》，持与支付方式相应的有效商业单据和有效凭证，从其外汇账户中支付或者到外汇指定银行兑付。

第十条　易货贸易项下支付定金或贸易从属费用，经外汇局批准后可从其外汇账户中支付或到外汇指定银行购汇。

第十一条　外汇指定银行应按照本办法为边贸企业办理结汇、售汇、付汇及结算业务，并按照规定审核相应的有效凭证和有效商业单据。

第十二条　边贸企业开立外汇账户需经当地外汇局批准，并持“外汇账户开户批准书”和“边境贸易企业外汇登记证”到注册地外汇指定银行开立外汇账户，并于账户开立后15日内持回执到外汇局备案。

第十三条　边贸企业只能开立一个外汇账户，并且不得在异地开立外汇账户。该账户的收支范围，仅限于边境贸易项下的外汇收付。

第十四条　边贸企业若需变更外汇账户开户行，应当报外汇局核准。

第十五条　外汇指定银行和边贸企业应当执行外汇账户管理的有关规定。

第十六条　边境小额贸易中的外币现钞结算，应当按照《境内机构外币现钞收付管理暂行办法》办理。

第三章　边境贸易结算账户的管理

第十七条　外汇指定银行可以为毗邻国家中与我国边贸企业之间进行边境贸易的企业或者其他贸易机构（以下简称“境外贸易机构”）开立可兑换货币结算账户或者人民币结算账户，办理边境贸易结算。

第十八条　外汇指定银行应当凭境外贸易机构本国的经营许可证明、合同，为境外贸易机构开立可兑换货币结算账户或者人民币结算账户。

第十九条　外汇指定银行只能在所在口岸为一个境外贸易企业开立一个可兑换货币结算账户、一个人民币结算账户。

第二十条　境外贸易机构的可兑换货币结算账户或者人民币结算账户仅限于边境贸易结算收付。

第二十一条　境外贸易机构的可兑换货币结算账户余额可以结汇或者汇出。

境外贸易机构的人民币结算账户余额只能在边境地区使用。

第二十二条　外汇指定银行应当按照本办法为境外贸易机构办理可兑换货币结算账户或者人民币结算账户的开立并监督收付，并于每月 5 日前向当地外汇局报告上月的账户开立和使用情况。

第四章　附　则

第二十三条　对违反本办法者，外汇局将依照《中华人民共和国外汇管理条例》予以处罚。

第二十四条　本办法由国家外汇管理局负责解释。

第二十五条　本办法自发布之日起施行。

国家外汇管理局

1997 年 01 月 23 日　颁布

XVIII. 1998 年对外贸易经济合作部、海关总署《关于进一步发展边境贸易的补充规定的通知》（外经贸政发〔1998〕第 844 号）

内蒙古自治区、辽宁省、吉林省、黑龙江省、广西壮族自治区、云南省、西藏自治区、甘肃省、新疆维吾尔自治区、新疆生产建设兵团外经贸委（厅、局），海南省商业贸易厅，哈尔滨、长春、大连、乌鲁木齐、呼和浩特、满洲里、南宁、海口、昆明、拉萨、兰州海关：

为贯彻党的十五大精神，进一步促进我国边境地区经济发展，扩大出口，增强民族团结，繁荣、稳定边疆，巩固和发展我国同毗邻国家的睦邻友好关系，经国务院批准，在《国务院关于边境贸易有关问题的通知》（国发〔1996〕2号）的基础上，就进一步发展边境贸易做如下补充规定：

一、边民通过互市贸易进口的商品（仅限生活用品），每人每日价值在人民币3000元以下的，免征进口关税和进口环节增值税；超过人民币3000元的，对超出部分按法定税率照章征税。

二、边境小额贸易企业通过指定边境口岸进口原产于毗邻国家的商品，除烟、酒、化妆品以及国家规定必须照章征税的其他商品外，在2000年底前，继续实行进口关税和进口环节增值税按法定税率减半征收的政策。

三、边境地区对外经济技术合作项下换回物资的进口，在2000年底前，继续执行边境小额贸易的进口税收政策。

四、边境小额贸易企业出口本地自产的粮食等国家重点管理的商品（目录见附录），对外贸易经济合作部（以下简称外经贸部）每年根据上年度边境小额贸易出口情况、生产情况及供求关系等因素，专项给边境省、自治区下达一定数量的出口配额，并授权边境省、自治区外经贸主管部门发放出口许可证；其他有特殊规定的商品，如实行全国统一招标、监控化学品及易制毒化学品等的出口，仍按现行规定办理；出口国家实行配额和许可证管理的其他商品，一律免领配额和许可证。

五、边境小额贸易企业进口原产于毗邻国家的属国家实行进口配额和限量登记管理的商品（除汽车及关键件外），外经贸部每年从年度进口计划总量中切块下达进口配额或限量登记额度，并授权边境省、自治区外经贸主管部门签发进口许可证和进口商品登记证。

六、边境省、自治区在外经贸部已核准的边境小额贸易企业中，根据外经贸部核定的总量和统一制定的条件及企业的经营能力，自行审批经营国家重点管理的出口商品的边境小额贸易企业，以及经营国家实行核定公司经营的进口商品的边境小额贸易企业，企业名单需报外经贸部备案。

七、边境小额贸易企业均享有对外经济技术合作经营权，开展与毗邻国家边境地区的承包工程和劳务合作业务；边境地区对外经济技术合作企业均享有边境小额贸易权。

八、边境小额贸易企业开展与毗邻国家边境地区经济技术合作项目换回的原产于毗邻国家的物资（除汽车及关键件外）可随项目进境，不受经营分工的限制。如换回物资属进口配额和限量登记管理的商品，须在承包工程和劳务合作项目立项前报外经贸部审批，各边境省、自治区外经贸主管部门凭外经贸部下达的外经项下的进口配额和限量登记额度及有关规定，签发进口许可证和进口商品登记证，海关凭进口许可证或进口商品登记证验放。

九、边境地区的地级市（州、盟）政府或外经贸主管部门可在本地区主办以边境贸易和经济技术合作为主要内容的交易会或洽谈会，由所在省、自治区外经贸主管部门审批，并报外经贸部备案。边境地区的地级市（州、盟）政府或外经贸主管部门可组织本地区企业赴毗邻国家举办招商办展活动，按现行程序报外经贸部批准。

边境省、自治区在执行上述规定的同时，要加大对边贸管理的力度，严厉打击各种走私和偷逃税行为。对犯有走私和偷逃税行为的企业，外经贸部和海关总署依据有关法律、法规予以惩处。

海南省对越小额贸易进出口商品及税收等项政策，参照本补充规定办理，但不得超过本补充规定。

本补充规定未涉及的内容，仍按国发〔1996〕2 号文件及相关的规定执行。

本通知自一九九九年元月一日起执行，由外经贸部和海关总署负责解释。

附件：

国家重点管理的出口商品名单

对外贸易经济合作部
海关总署
一九九八年十一月十九日

国家重点管理的出口商品名单（11种）

大米、玉米、煤炭、原油、成品油、钨（钨砂、仲钨酸铵、三氧化钨、钨酸）、锑（锑锭、氧化锑）、锌（锌锭、锌矿砂）、锡（锡锭、焊锡及锡砂）、锯材、蚕丝类（含厂丝）。

XIX. 1999年对外贸易经济合作部《关于我边境地区与毗邻国家开展经济技术合作有关问题的通知》（外经贸合函字〔999〕第1号）

内蒙古自治区、辽宁省、吉林省、黑龙江省、广西壮族自治区、云南省、西藏自治区、甘肃省、新疆维吾尔自治区、新疆生产建设兵团外经贸委（厅、局）、机电产品进出口办公室，海南省商业贸易厅、机电产品进出口办公室：

为贯彻落实《关于进一步发展边境贸易的补充规定的通知》（〔1998〕外经贸政发第844号，以下简称《补充通知》）中有关与毗邻国家开展经济技术合作的规定，保证我边境省（区）与毗邻国家的经济技术合作业务的顺利开展，现就有关问题作如下通知：

一、关于边境小额贸易企业开展与毗邻国家边境地区的承包工程和劳务合作问题。

（一）边境小额贸易企业签订的承包工程和劳务合作项目合同须报所在省（自治区）的外经贸委（厅、局）审核。

（二）边境小额贸易企业凭各省（自治区）外经贸委（厅、局）的批文、项目合同、《国外承包工程劳务合作经营许可证》申请表（一式两份）、企业营业执照（副本）到外经贸部国外经济合作司（以下简称合作司）办理《国外承包工程劳务合作经营许可证》。

二、关于边境外经企业和边境小额贸易企业（以下简称边境外经贸企业）与毗邻国家边境地区开展承包工程和劳务合作项下换回的物资属进口配额和限量登记管理的商品的审批问题。

（一）边境外经贸企业与毗邻国家边境地区开展承包工程和劳务合作项下换回的物资属进口配额和限量登记管理的商品，须在承包工程和劳务合作项目实施前报部合作司，由合作司研究提出意见后转对外贸易管理司（以下简称贸管司）审批。报批材料包括：

1. 所在省（自治区）外经贸委（厅、局）的申请报告；

2. 经所在省（自治区）外经贸委（厅、局）批准的项目意向书或合同；

3. 进口商品清单和数量。

（二）边境外经贸企业凭贸管司下达的进口配额或限量登记额度的批文向其所在省（区）的外经贸委（厅、局）申领进口许可证或进口商品登记证。

（三）边境外经贸企业与毗邻国家边境地区开展承包工程和劳务合作项下进口属配额管理的机电产品，须按机电产品进口管理有关规定申报，经合作司对其项目进行审核后，由外经贸部机电产品进出口司（以下简称机电司）办理进口审批手续。进口单位凭机电司发放的《配额进口证明》向许可证发证机关申领进口许可证。

三、本通知未涉及的内容，仍按《国务院关于边境贸易有关问题的通知》（国发〔1996〕2 号）、《关于印发〈边境小额贸易和边境地区对外经济技术合作管理办法〉的通知》（〔1996〕外经贸政发第 222 号）及《补充通知》规定执行。

本通知自 1999 年 1 月 1 日起执行。执行中有何问题请及时与我部（合作司、发展司、贸管司、机电司）联系。

对外贸易与经济合作部

一九九九年一月十日

XX. 1999 年对外贸易经济合作部《关于边境小额贸易企业出口四种招标机电产品免领出口许可证的通知》（〔1999〕外经贸机电函字第 256 号）

内蒙古自治区、辽宁省、吉林省、黑龙江省、广西壮族自治区、云南省、西藏自治区、甘肃省、新疆维吾尔自治区、新疆生产建设兵团外经贸委（厅、局），机电产品进出口办公室，海南省商业贸易厅，机电产品进出口办公室：

为贯彻落实关于放宽边境贸易的有关政策，进一步扩大边贸出口，在《关于进一步发展边境贸易的补充规定的通知》（〔1998〕外经贸政发第844号）的基础上，现就边境小额贸易企业出口四种招标机电产品的有关问题通知如下：

边境小额贸易企业通过指定边境口岸出口属招标管理的四种机电产品（黑白电视机、自行车、电风扇、单缸柴油机），可以视同一般机电产品出口，不受机电产品出口招标管理规定的限制，一律免领出口许可证。

对外贸易经济合作部

一九九九年六月九日

XXI．2000年《中华人民共和国海关对姐告边境贸易区监管的暂行办法》（海关总署2000年8月25日批准 昆明海关2000年8月28日公布）

第一条 为了加强与完善海关对姐告边境贸易区的监管，促进姐告边境贸易区的健康发展，根据海关法和国家其他有关法律、行政法规的规定，制定本办法。

第二条 姐告边境贸易区（以下简称贸易区）是中华人民共和国关境内设立的海关监管的特定区域。贸易区的界线按照国务院批准的范围划定。

海关依照国家有关法律、行政法规、海关规章和本办法对进出贸易区的运输工具、货物、物品实施监管。

海关在贸易区内可以行使《中华人民共和国海关法》第四条（2001年《海关法》第六条）规定的各项权力。

第三条 国家禁止进出境的货物、物品，不得进出贸易区。

第四条 自境外直接进入贸易区或者自贸易区直接出境的运输工具、货物、物品免于向海关申报和缴纳关税、进出口环节税。

贸易区管委会应当定期向海关通报贸易区与境外之间货物进出的情况。

第五条 海关在姐告瑞丽江大桥西侧设立闸口，对贸易区实行封闭管理。从中华人民共和国关境内的其他地区（以下简称非贸易区）进入贸易区或者由贸易区出至非贸易区的运输工具、货物和物品，必须从姐告瑞丽江大桥进出。

海关在姐告瑞丽江大桥西侧设立监管现场，并办理有关海关手续。

第六条　由贸易区进入非贸易区的运输工具、物品或者货物，越过姐告瑞丽江大桥中心线进入非贸易区应按照规定到海关监管现场办理进境和进口的海关手续。

由非贸易区进入贸易区的运输工具、物品或者货物，越过姐告瑞丽江大桥中心线进入贸易区应事先按照规定在海关监管现场办理出境和出口的海关手续。

第七条　驾驶运输工具、运输货物和携带物品由贸易区进入非贸易区，越过姐告瑞丽江大桥中心线以后到海关监管现场办理海关手续之前；驾驶运输工具、运输货物和携带物品从非贸易区进入贸易区，自在海关监管现场向海关申报后到越过姐告瑞丽江大桥中心线之前，应当按照海关指定的路线行进，中途不得随意停留，装卸货物、物品和上下人员，进行运输工具、货物和物品的出售、转让、交换等活动。遇有特殊情况，应立即向海关报告。

第八条　进出贸易区的运输工具到达或者驶离海关监管现场时，运输工具负责人应当到场，向海关如实申报，交验单证，并接受海关监管。停留在监管现场的运输工具，未经海关同意，不得擅自驶离。

第九条　从贸易区进入非贸易区的货物，按照进口货物办理手续。进口货物的收货人或者代理人，在货物运抵海关监管现场后应在规定时间内向海关申报。

从非贸易区进入贸易区的货物，按照出口货物办理手续。出口货物的发货人或者代理人，在货物运抵海关监管现场后、装货的 24 小时前向海关申报。

国家限制进出口的货物、物品，应当按规定交验进出口许可证件；依法征收关税和进出口环节税的货物、物品，应当按规定缴纳税款。

第十条　非贸易区的货物进入贸易区后不得返回，如返回，按照国货复进口的有关规定办理。

第十一条　边境地区居民往返于贸易区开展边民互市贸易所携带的物品，海关按照边民互市的有关规定办理手续。

第十二条　进出贸易区的旅客和人员携带的行李物品应以自用、合理数量为限。海关按照《中华人民共和国海关对进出境旅客行李物品的监管办法》《中华人民共和国海关关于对进出境旅客通关的规定》监管验放。

进出贸易区各类旅客和人员携带行李物品的具体限量，由昆明海关比照国家有关规定制订，报海关总署核准后予以公布执行。

第十三条　进出贸易区的邮件，应接受海关监管，按规定办理有关手续。

第十四条　进出贸易区的其他机动车辆，须向海关申报，并按规定办理有关手续，接受海关监管。

第十五条　贸易区内企业经外经贸主管部门批准开展进出口贸易，应按照现行管理规定向海关办理注册登记手续。

第十六条　海关办理通关业务的时间和海关货运通道开闸、关闸的时间，由海关规定并公告。

经营企业（公司）应在上述规定的时间内，办理进出口业务的海关手续；货物应在上述规定的时间内进出，超过规定时限的不允许进出。如确有特殊情况需进出时，须报经海关同意。

第十七条　违反国家有关法律、行政法规、海关规章和本办法规定的，由海关依照《中华人民共和国海关法》及《中华人民共和国海关法行政处罚实施细则》的规定处理。

第十八条　本办法经海关总署批准，自昆明海关发布之日起施行。

XXII. 2002 年对外贸易经济合作部、财政部、海关总署、国家税务总局《关于边境贸易方式钻石进口有关问题的通知》

各省、自治区、直辖市外经贸委（厅），财政局（厅），海关总署广东分署，直属海关，国家税务局，地方税务局：

经国务院批准，现将边境贸易方式钻石进口有关问题通知如下：

为进一步加强对钻石（含钻石毛坯和未镶嵌成品钻石，下同）进出口管理，抑制钻石走私，除加工贸易方式外，现行其他贸易方式（包括边境贸易等）进口的钻石，统一纳入一般贸易管理，执行统一的一般贸易税收政策。钻石进出口其他问题，按照《国务院办公厅关于钻石进出口管理和税收政策调整问题的复函》（国办函〔2001〕45号）执行。

本通知自2002年2月1日起执行。

外经贸部

财政部

海关总署

国家税务总局

二○○二年一月二十三日

XXIII. 2002年国家外汇管理局《关于我国与俄罗斯等独联体国家边境小额贸易外汇管理有关问题的通知》

国家外汇管理局黑龙江省分局、内蒙古自治区分局、新疆维吾尔自治区分局：

为了引导和规范边境贸易，完善外汇管理，进一步促进我国对外经贸关系的发展，现就我国与俄罗斯等独联体国家边境小额贸易外汇管理有关问题通知如下：

一、本通知所称边境小额贸易系指我国边境地区经批准有边境小额贸易经营权的企业（以下简称边境小额贸易企业），通过国家指定的陆地边境口岸，与毗邻的俄罗斯等独联体国家边境地区的企业、个人或其他贸易机构之间进行的贸易活动。

二、建立和完善边境地区银行结算机制，引导边境小额贸易结算纳入银行结算渠道。边境地区商业银行应当积极与毗邻国家边境地区商业银行建立代理行关系，开通银行直接结算渠道；对于已与我国签订双边本币支付协定的国家，应尽快与毗邻国家边境地区商业银行互设或单设双边本币结算账户，开办本币结算业务。

三、放开边境小额贸易出口项下以人民币或外币现钞进行出口核销的限额控制。边境小额贸易出口，无论出口金额大小，边境小额贸易企业均应当按照出口收汇核销管理规定申领出口收汇核销单，办理出口报关、交单等手续，其出口收汇核销按以下规定办理：

（一）以现汇结算的，边境小额贸易企业应当按照《出口收汇核销管理办法》和《出口收汇核销管理办法实施细则》及其他出口收汇核销管理规定办理出口收汇核销手续。

（二）以外币现钞结算的，边境小额贸易企业应当凭出口货物报关单、出口收汇核销单、银行出具的外币现钞结汇水单及购货发票办理出口收汇核销手续。

（三）以人民币结算的，边境小额贸易企业应当凭出口货物报关单、出口收汇核销单及经海关核验的携带人民币现钞入境申报单或人民币汇入汇款证明办理出口收汇核销手续。

（四）以毗邻国家货币结算的，对已与我国签订双边本币支付协定的国家，边境小额贸易企业应当凭出口货物报关单、出口收汇核销单及经海关核验的携带毗邻国家货币现钞入境申报单或汇入汇款证明办理出口收汇核销手续。

四、边境小额贸易出口中通过居民个人汇入汇款收回货款的，边境小额贸易企业应当提前将拟收入出口货款的居民个人姓名、账号等向所在地外汇局备案，银行凭外汇局出具的证明，对此账户做出标识。出口后，凭出口货物报关单、出口收汇核销单、已备案账户居民个人汇入汇款的结汇水单办理出口收汇核销手续。

五、对边境小额贸易出口，边境地区外汇局应当根据《出口收汇核销管理办法》和《出口收汇核销管理办法实施细则》及本通知规定，为边境小额贸易企业办理出口收汇核销单的发单及出口收汇核销等手续，并按规定对其出口收汇情况进行考核。

六、各分局应检查、督促辖内商业银行切实落实《中国人民银行关于外币现钞管理有关问题的通知》（银发〔2001〕376号）及其补充通知和《境内居民个人购汇管理实施细则》的规定，要求商业银行凡在边境地区有外币储蓄业务的分支机构都要开办个人结汇业务，有结售汇业务或外币兑换业务的分支机构开办个人售汇业务，增加结售汇网点。认真贯彻《中国人民银行关于调整外币现钞管理政策有关问题的通知》（银发〔2002〕283号），进一步调整外币现钞买入卖出价格并在一定范围内适当浮动，鼓励外币现钞进入银行渠道结汇。边境地区外汇局应积极协助边境地区商业银行随行就市地开展个人结售汇业务，并搞好风险管理和资金平衡。

七、边境地区外汇局应当加强对边境小额贸易的统计和分析，及时汇总辖内边境小额贸易情况，并于每月前10个工作日内将上月《边境小额贸易进出口及核销情况统计表》（见附录）上报总局经常项目管理司。

八、边境地区外汇局要进一步加强所辖地区外币现钞管理，主动取得地方政府的支持，联合当地公安机关等部门，严厉打击非法外汇交易，规范外汇市场秩序。

九、对违反本通知规定的，由外汇局根据《中华人民共和国外汇管理条例》及其他外汇管理规定进行处罚。

十、边境地区外汇局应当及时将有关边境贸易情况和外汇管理政策向当地政府汇报，积极配合地方政府将有关鼓励边境贸易出口的政策落到实处。同时，加强与外经贸、财政、税务等有关部门的沟通与协作，共同规范管理边境贸易。各地要利用报纸、电视、广播等各种媒体以及召开座谈会、举办培训班等多种形式，及时向边境小额贸易企业、从事边境贸易的相关人员宣传外汇管理政策。

十一、本通知暂时在黑龙江省、内蒙古自治区、新疆维吾尔族自治区试行。上述分局应当根据本通知规定制定相应的实施细则并报总局经常项目管理司，经批准后实施。

十二、本通知自2002年10月1日起开始执行。以前规定与本通知规定相抵触的，按本通知规定执行。请黑龙江省、内蒙古自治区、新疆维吾尔自治区外汇局在收到本通知后，尽快转发所辖分支局及边境地区商业银行。

附录：边境小额贸易进出口及核销情况统计表（略）

国家外汇管理局

2002年09月16日颁布

XXIV. 2002 年对外经贸部《关于边境小额贸易企业经营资格有关问题的通知》

黑龙江省、吉林省、辽宁省、甘肃省、内蒙古自治区、新疆维吾尔自治区、新疆生产建设兵团、广西壮族自治区、云南省、西藏自治区外经贸厅（局）：

为促进边境贸易的发展，根据《国务院办公厅转发国务院西部开发办关于西部大开发若干政策措施实施意见的通知》（国办发〔2001〕3 号）精神，现将小额贸易经营资格有关问题通知如下：

一、取消对各边境省（自治区）的边境小额贸易企业的总量的控制。

二、各边境省（自治区）外经贸主管部门可依据边境地区的实际情况，自行核定本地区边境小额贸易企业，颁发《中华人民共和国进出口企业资格证书》，不再报外经贸部核准。各边境省（自治区）外经贸主管部门负责边境小额贸易企业的管理，并须每半年将核准管理的情况报外经贸部（对外贸易司）。

三、本通知未涉及事宜仍按〔1996〕外经贸政发第 222 号及〔1998〕外经贸政发第 844 号文件中有关边境小额贸易企业经营资格的规定执行。

四、本通知自下发之日起执行。

特此通知。

二〇〇二年一月二十四日

XXV. 2003 年国家外汇管理局关于印发《边境贸易外汇管理办法》的通知

国家外汇管理局各省、自治区、直辖市分局、外汇管理部，深圳、大连、青岛、厦门、宁波市分局；各中资外汇指定银行：

为促进我国与周边国家边境贸易的发展，规范与边境贸易相关的外汇管理，国家外汇管理局制定了《边境贸易外汇管理办法》（以下简称《办法》）。现将《办法》印发给你们，并就有关事宜通知如下：

一、《办法》适用于边境省（区）办理与边境贸易相关的外汇业务。边境省（区）以外的外汇指定银行和企业不适用本《办法》。

二、《办法》是全国边境贸易外汇管理的规范性文件，各边境省（区）

分局应当根据《办法》及其他相关外汇管理规定，针对辖区内边境贸易外汇业务的实际情况，制定辖区内边境贸易外汇管理实施细则。如所辖口岸支局因当地的实际情况需制定适合该地区的边境贸易外汇管理实施细则，需上报省（区）分局。边境省（区）分局应认真审核所辖口岸支局上报的实施细则，与本省（区）的边境贸易外汇管理实施细则一并上报国家外汇管理局，经批准后实施。

三、各边境省（区）分局在上报实施细则时，应同时上报本辖区及辖内各口岸地区的边境贸易进出口情况、结算渠道、进出口收付汇核销情况以及与本省（区）毗邻国家的外汇管理情况。

四、边境地区的外汇指定银行应按照中国人民银行和国家外汇管理局的有关规定，在平等协商的基础上与毗邻国家边境地区的银行建立代理行关系，开通银行直接结算渠道。对于毗邻国家中央银行已经与中国人民银行签订了双边本币支付协定的，边境地区的外汇指定银行应当积极与毗邻国家边境地区的商业银行建立代理行关系，开通银行结算渠道，增加结售汇网点，为边贸企业提供方便、快捷的结算服务。

各边境省（区）分局收到本通知后，应当尽快转发所辖口岸支局、外汇指定银行和相关单位，各中资外汇指定银行尽快转发所属分支行。执行中如遇问题，请及时向国家外汇管理局反馈。

国家外汇管理局

二〇〇三年九月二十二日

边境贸易外汇管理办法

第一章　总　则

第一条　为了促进我国与周边国家边境贸易的健康发展，完善对边境贸易相关的外汇管理，规范边境贸易中的资金结算行为和账户管理，根据《中华人民共和国外汇管理条例》及其他有关规定，制定本办法。

第二条　本办法所称“边境贸易”包括边民互市、边境小额贸易和边境地区对外经济技术合作。

边民互市贸易，系指边境地区边民在边境线20公里以内、经政府批准的开放点或指定的集市上，在不超过规定的金额或者数量范围内进行的商品交换活动。

边境小额贸易，系指我国边境地区经批准有边境小额贸易经营权的企业，通过国家指定的陆地边境口岸，与毗邻国家边境地区的企业或者其他贸易机构（以下简称境外贸易机构）进行的贸易活动。

边境地区对外经济技术合作，系指我国边境地区经批准有对外经济技术合作经营权的企业，与我国毗邻国家边境地区开展的承包工程和劳务合作项目。

第三条　本办法所称“边贸企业”包括我国的边境小额贸易企业和对外经济技术合作企业。

边境小额贸易企业，系指经商务主管部门批准，有边境小额贸易经营权的企业。

对外经济技术合作企业，系指经商务主管部门批准，有在毗邻国家边境地区开展承包工程和劳务合作项目等对外经济技术合作经营权的企业。

第四条　边贸企业或个人与境外贸易机构进行边境贸易时，可以用可自由兑换货币、毗邻国家货币或者人民币计价结算，也可以用易货的方式进行结算。

第五条　边贸企业或个人与境外贸易机构进行边境贸易结算时，应当按照《国际收支统计申报办法》及其他有关规定办理国际收支统计申报。

第六条　国家外汇管理局及其分支局（以下简称外汇局）为边境贸易外汇业务的管理机关。

第七条　边贸企业应当在商务主管部门批准其边境小额贸易经营权或对外经济技术合作经营权后，凭工商管理部门颁发的营业执照、商务主管部门的批准件、组织机构代码证及海关注册登记证明书等材料到外汇局备案。

第二章　边境贸易账户管理

第八条　边贸企业应当按照《境内外汇账户管理规定》《境内机构经常项目外汇账户管理实施细则》及其他有关规定，在我国边境地区外汇指定银行（以下简称“银行”）开立、使用和关闭经常项目外汇账户。

第九条　边贸企业可以在我国边境地区银行开立以毗邻国家货币结算的边境贸易账户。对于货币发行国中央银行尚未与中国人民银行签订双边本币支付协定的毗邻国家货币，边贸企业以该种货币开立边境贸易账户时，其收入范围为：从境外贸易机构在我国边境地区银行开立的经常项目外汇账户或毗邻国家货币边境贸易账户划转边境贸易项下的资金；支出范围为：向境外贸易机构在我国边境地区银行开立的经常项目外汇账户或毗邻国家货币边境贸易账户划转边境贸易项下的资金。对于货币发行国中央银行已经与中国人民银行签订双边本币支付协定的毗邻国家货币，边贸企业以该种货币开立的边境贸易账户，应当按照双边本币支付协定的规定使用，并纳入“外汇账户管理信息系统”管理。

第十条　境外贸易机构可以在我国边境地区银行开立经常项目外汇账户和毗邻国家货币边境贸易账户。对于所在国中央银行尚未与中国人民银行签订双边本币支付协定的毗邻国家贸易机构，其开立的经常项目外汇账户和以该国货币开立的边境贸易账户的收入范围为：从境内边贸企业和个人开立的边境贸易外汇账户或毗邻国家货币边境贸易账户划转边境贸易项下的资金；支出范围为：向境内边贸企业和个人开立的边境贸易外汇账户或毗邻国家货币边境贸易账户划转边境贸易项下的资金。对于所在国中央银行已经与中国人民银行签订双边本币支付协定的毗邻国家贸易机构，其开立的经常项目外汇账户和以该国货币开立的边境贸易账户，应当按照双边本币支付协定的规定使用。

第十一条　在人民币结算业务量较大的边境地区，境外贸易机构可以在我国边境地区银行开立人民币边境贸易结算专用账户，该账户只能用于边境贸易结算项下的资金收付，不能作其他用途。

第十二条　境外贸易机构在我国边境地区银行开立经常项目外汇账户、毗邻国家货币边境贸易账户和人民币边境贸易结算专用账户，应当持本国的经营许可证明（个人持护照等有效身份证明）、边境贸易合同等材料向开户所在地外汇局申请，凭外汇局核准件到银行办理开户手续。开户银行应当按照本办法规定为境外贸易机构办理开户手续，并在境外贸易机构开立的经常项目外汇账户和毗邻国家货币边境贸易账户的账号作特殊标识，纳入“外汇账户管理信息系统”进行管理。

对于境外贸易机构在我国边境地区银行开立的经常项目外汇账户、毗邻国家货币边境贸易账户和人民币边境贸易结算专用账户，其账户与境外发生的一切涉外收支交易，均须按照我国外汇管理的有关规定办理国际收支统计申报手续。

第十三条　边贸企业通过境内居民个人作为收款人收回出口货款的，应当提前将拟接收出口货款的居民个人姓名、账号等向所在地外汇局备案，开户银行凭外汇局出具的证明为其办理开户手续，并对此账户做出标识。该类账户的收入范围为：从境外汇入的边境贸易出口项下的外汇货款。收款企业在办理出口货款入账后应立即向银行结汇，银行向收款企业出具出口收汇核销专用结汇水单。该类账户中的结汇交易为贸易项下结汇，银行在向外汇局报送《银行结售汇统计月（旬）报》时，应将其统计在“101 贸易收入”科目内。

第三章　边境贸易外汇收支管理

第十四条　边贸企业经常项目项下收入的可兑换货币，在外汇局核定的经常项目外汇账户限额内的，可以结汇，也可以存入经常项目外汇账户保留；超过核定限额的，应当按照规定结汇。边贸企业经常项目下收入的毗邻国家货币，可以存入毗邻国家货币边境贸易账户，也可以根据银行自愿购买的意愿卖给银行。

第十五条　边贸企业经常项目项下的对外支付，应当按照《结汇、售汇及付汇管理规定》及其他有关规定，持规定的有效凭证和商业单据，从其经常项目外汇账户、毗邻国家货币边境贸易账户和人民币账户中支付或者到银行兑付。

第十六条　边贸企业和个人，如发生直接向境外贸易机构在我国边境地区银行开立的经常项目外汇账户、毗邻国家货币边境贸易账户和人民币边境贸易结算专用账户收付的行为，应当视同向境外收付。边贸企业和个人应当按照《国际收支统计申报办法》《结汇、售汇及付汇管理规定》及其他有关规定，向银行办理国际收支统计申报手续，并持规定的有效凭证和商业单据办理有关收付手续。

第四章　边境贸易收付款核销管理

第十七条　边贸企业办理边境贸易进口项下的对外支付，如以可自由兑换货币、毗邻国家货币结算，无论是向境外支付还是向境外贸易机构在我国边境地区银行开立的经常项目外汇账户、毗邻国家货币边境贸易账户支付，均应当填写《贸易进口付汇核销单（代申报单）》，按照《贸易进口付汇核销监管暂行办法》及其他有关规定办理进口付汇核销手续。

第十八条　边贸企业在进口时需以人民币结算的，如对方为已经与我国签订双边本币支付协定的所在国企业，边贸企业支付货款时，应当填写《贸易进口付汇核销单（代申报单）》，并按照《贸易进口付汇核销监管暂行办法》及其他有关规定办理进口付汇核销手续。

第十九条　边贸企业在进口时需向境外贸易机构在我国边境地区银行开立的人民币边境贸易结算专用账户支付货款的，收款银行应当凭境外贸易机构提供的合同、边贸企业的进口货物报关单等凭证办理人民币入账手续。办妥入账手续后，收款银行应当将相应的进口货物报关单在“中国电子口岸—进口付汇系统”上及时核注、结案或报当地外汇局核注、结案。

第二十条　外汇局和银行为边贸企业办理进口付汇核销手续后，应当按照有关规定，及时在“中国电子口岸进口付汇系统”对相应的进口货物报关单核注、结案。

第二十一条　边贸企业办理边境贸易项下出口，应当按照出口收汇核销管理规定向外汇局申领出口收汇核销单，办理出口报关、收汇等手续，其出口收汇核销按以下规定办理：

（一）以可自由兑换货币现汇结算的，边贸企业应当按照《出口收汇核销管理办法》《出口收汇核销管理办法实施细则》和其他有关规定办理出口收汇核销手续。

（二）以可自由兑换货币现钞结算的，边贸企业应当凭出口货物报关单、出口收汇核销单、银行出具的外币现钞结汇水单及购货发票办理出口收汇核销手续。

（三）以毗邻国家货币结算的，边贸企业应当凭出口货物报关单、出口收汇核销单和经海关核验的携带毗邻国家货币现钞入境申报单或银行出具的汇入汇款证明办理出口收汇核销手续。

（四）以人民币结算的，边贸企业应当凭出口货物报关单、出口收汇核销单和人民币汇入汇款证明（在境外贸易机构已开立人民币边境贸易结算专用账户的地区，企业可以凭境内人民币资金划转证明）办理出口收汇核销手续。

（五）从境外贸易机构在我国边境地区银行开立的经常项目外汇账户或毗邻国家货币边境贸易账户收回货款的，边贸企业应当凭出口货物报关单、出口收汇核销单、付款银行的资金划转证明办理出口收汇核销手续。

（六）通过境内居民个人汇款收回外汇货款的，边贸企业应当凭出口货物报关单、出口收汇核销单和出口收汇核销专用结汇水单办理出口收汇核销手续。

（七）以易货贸易方式结算的，边贸企业应当凭出口收汇核销单、出口货物报关单和进口货物报关单等单证办理出口收汇核销手续。

第二十二条　外汇局为边贸企业办理出口收汇核销手续后，应当向边贸企业出具“出口收汇核销退税专用联”，并在备注栏中注明核销币种和金额。

第二十三条　外汇局应当按照《出口收汇核销管理办法》《出口收汇核销管理办法实施细则》和本办法规定，为边贸企业办理出口收汇核销单的发单及出口收汇核销等手续，并按规定对其出口收汇情况进行考核。

第二十四条　边境地区外汇局应当加强对边境贸易的统计和分析，及时汇总辖内边境贸易情况。各分局应当在每月前10个工作日内将上月《边境小额贸易进出口及核销情况统计表》（见附表〔略〕）上报国家外汇管理局。

第五章　边境贸易结算及货币兑换管理

第二十五条　边境地区银行应当按照中国人民银行的有关规定，与毗邻国家边境地区商业银行建立代理行关系，开通银行直接结算渠道。

第二十六条　按照《中国人民银行关于外币现钞管理有关问题的通知》（银发〔2001〕376号）、《中国人民银行关于外币现钞管理有关问题的补充通知》（银发〔2001〕384号）、《外汇指定银行办理结汇、售汇业务管理暂行办法》（中国人民银行令〔2002〕第4号）及《境内居民个人购汇管理实施细则》的规定，凡经银行监管部门批准经营外币储蓄业务的边境地区商业银行，均可向当地外汇局申请办理个人结汇业务；凡经银行监管部门和外汇局批准经营结售汇业务或外币兑换业务的边境地区商业银行，经所在地外汇局批准后均可办理个人售汇业务，增加结售汇网点。

第二十七条　边境地区银行应当按照《中国人民银行关于调整外币现钞管理政策有关问题的通知》（银发〔2002〕283号）规定，在规定的浮动范围内，调整外币现钞买入、卖出价格。边境地区外汇局应当协助银行依照相关规定随行就市地开展个人结售汇业务，并指导其做好风险管理和资金平衡工作。

第二十八条　边境地区银行可以加挂人民币兑毗邻国家货币的汇价，其买卖价差自行确定，收兑的毗邻国家货币自行消化。

第二十九条　边境地区银行应当按照银行监管部门和国家外汇管理局的有关规定设立外币代兑点，办理人民币与可兑换货币及毗邻国家货币的兑换业务。

第六章　附　则

第三十条　银行、边贸企业和个人，应当按照本办法和其他相关的外汇管理规定，办理与边境贸易相关的外汇业务，对违反本办法和其他相关外汇管理规定的，外汇局根据《中华人民共和国外汇管理条例》等法规予以处罚。

第三十一条　本办法没有明确规定的其他外汇管理事宜，按照有关的外汇管理法规执行。

第三十二条　银行应当严格执行中国人民银行制定的《金融机构反洗钱规定》和《金融机构大额和可疑外汇资金交易报告管理办法》，认真履行对大额和可疑资金交易的报告规定。如遇可疑情况，应及时地向上级行及当地人民银行、外汇局和公安部门反映，并主动配合人民银行、外汇局、公安部门做好相关工作，防范和打击利用边境贸易支付、结算进行洗钱等违法的外汇交易活动。

第三十三条　边境地区所在的外汇局省（区）分局可以根据本办法及其他外汇管理法规，结合本地区实际情况，制定相应的实施细则，经国家外汇管理局批准后发布实施。

第三十四条　本办法由国家外汇管理局负责解释。

第三十五条　本办法自2003年10月1日起施行。1997年1月23日发布的《边境贸易外汇管理暂行办法》及2002年9月16日发布的《关于我国与俄罗斯等独联体国家边境小额贸易外汇管理有关问题的通知》同时废止。

XXVI. 2004年财政部、国家税务总局《关于以人民币结算的边境小额贸易出口货物试行退（免）税的补充通知》

云南省财政厅、国家税务局：

为进一步做好云南边境小额贸易出口货物以人民币结算的出口退税试点工作，经国务院批准，从2004年10月1日起，对云南边境小额贸易出口货物以人民币银行转账方式结算的，应退税额由目前的退付70%，上调为100%退付；对以现金方式结算的，仍维持按应退税额40%退付的现行规定。具体执行时间以海关签发的“出口货物报关单（出口退税联）”上注明的出口日期为准。

其他有关以人民币结算边境小额贸易出口货物的退（免）税事宜，仍按《财政部、国家税务总局关于以人民币结算的边境小额贸易出口货物试行退（免）税的通知》（财税〔2003〕245号）的规定执行。

特此通知

财政部

国家税务总局

二○○四年十月二十九日

XXVII. 2005 年财政部、国家税务总局《关于以人民币结算的边境小额贸易出口货物试行退（免）税的通知》

云南省财政厅、国家税务局：

为促进边境小额贸易健康发展，经国务院批准，对以人民币结算的边境小额贸易出口货物试行退（免）税政策。具体通知如下：

一、本通知中的边境小额贸易，是指沿陆地边境线经国家批准对外开放的边境县（旗）、边境城市辖区内经批准有边境小额贸易经营权的企业（以下简称边境小额贸易企业），通过国家指定的陆地边境口岸，与毗邻国家边境地区的企业或其他贸易机构之间进行的贸易活动。

二、边境小额贸易企业应持其边境小额贸易经营权的批件、工商营业执照和税务登记证，于批准之日起三十日内向所在地主管退税业务的税务机关办理出口退税登记证，或者于本通知下达后三十日内向所在地主管退税业务的税务机关办理出口退税登记证。未办理出口退税登记证的边境小额贸易企业不得申请退税。

三、边境小额贸易企业以人民币结算方式出口货物后，除另有规定者外，可在货物报关出口并在财务上做销售后，按月向税务机关申请办理退还或免征增值税和消费税。

四、边境小额贸易企业申请以人民币结算的出口货物退（免）税时，须提供以下凭证：

（一）购进出口货物的增值税专用发票（抵扣联），并经税务机关认证。

（二）增值税税收（出口货物专用）缴款书或出口货物完税分割单。

如出口货物为应税消费品，边境小额贸易企业还应提供出口货物消费税专用缴款书。

（三）海关出具的出口货物报关单（出口退税专用）。

（四）外汇管理部门出具的出口收汇核销单（出口退税专用）。

出口收汇核销单（出口退税专用）须注明“以人民币结算”字样，具体结算方式应标明是通过银行转账方式或以现金结算方式。

（五）主管出口退税机关要求提供的其他凭证。

对不能提供上述规定凭证的边境小额贸易企业的出口货物，税务机关不予办理退税。

五、边境小额贸易企业出口以人民币结算方式货物后，按以下公式计算应退税额：

（一）以银行转账方式结算的出口货物的计算公式

应退增值税额 = 购进出口货物增值税专用发票所列明的进项金额 × 规定增值税退税率 ×70%

应退消费税额 = 购进出口货物增值税专用发票所列明的进项金额（出口数量）×消费税税率（单位税额）×70%

（二）以现金方式结算的出口货物的计算公式

应退增值税额 = 购进出口货物增值税专用发票所列明的进项金额 × 规定增值税退税率 ×40%

应退消费税额 = 购进出口货物增值税专用发票所列明的进项金额（出口数量）×消费税税率（单位税额）×40%

六、边境小额贸易出口货物办理退（免）税后，如发生退关、国外退货，边境小额贸易企业须向所在地主管出口退税的税务机关申报补交已退（免）的税款，税务机关为企业出具《出口货物退运已补税证明》，边境小额贸易企业凭上述证明向海关申请办理货物退运手续。

七、边境小额贸易企业在年度终了后，须对上年度的出口货物退（免）税情况进行全面清算，并形成退税清算报告报主管出口退税的税务机关。主管出口退税的税务机关应对边境小额贸易企业的退税清算报告进行审核，多退少补。清算后，主管出口退税的税务机关不再受理边境小额贸易企业提出的上年度出口退（免）税申请。

八、边境小额贸易企业采取伪造、涂改或其他非法手段骗取出口退（免）

税的，税务机关按照《中华人民共和国税收征收管理法》有关规定追缴已退（免）税款并予以处罚。对骗取退税情节严重的企业，可由省国家税务局批准停止其半年以上的出口货物退（免）税权。企业在停止出口货物退（免）税权期间出口和代理出口的货物一律不予退（免）税。

企业骗取退（免）税数额较大或情节特别严重的，由外经贸主管部门撤销其边境小额贸易经营权。对骗取出口退（免）税构成犯罪的，税务机关须移交司法机关依法处理。

九、其他未尽事项按现行有关出口货物退（免）税管理规定执行。

十、本通知自2004年1月1日起在云南省试行。具体试行日期以出口货物报关单（出口退税专用）上海关注明的出口时间为准。

XXVIII. 2005年国家外汇管理局《关于边境地区境外投资外汇管理有关问题的通知》

国家外汇管理局各省、自治区、直辖市分局、外汇管理部，深圳、大连、青岛、厦门、宁波市分局：

为了进一步落实“走出去”发展战略，促进与毗邻国家的经贸往来，现就边境地区境外投资外汇管理有关问题通知如下：

一、本通知所称的边境地区是指我国内陆边界线以内、与毗邻国家接壤的地级市、民族自治州等地区。

边境地区境外投资是指在我国边境地区登记注册的企业、公司或者其他经济组织（包括个体工商户）（以下简称边境地区投资主体），在毗邻国家设立各类企业或购股、参股，从事生产、经营活动。

二、国家外汇管理局各有关分局可以在自身权限范围内扩大所辖边境地区外汇中心支局境外投资外汇资金来源的审核权限，并将授权情况报总局备案。

对于边境地区投资主体使用自有外汇、国内外汇贷款或购汇进行境外投资的项目，边境地区外汇中心支局可在上述授权范围内直接出具外汇资金来源审查意见。

三、边境地区境外投资应根据境外投资有关管理规定办理境外投资登记手续。

边境地区投资主体以人民币进行境外投资的，可以持本通知第四条所列材料，到所在地外汇局办理境外投资登记手续。

四、对于在本通知生效前已经发生的边境地区境外投资（包括未办理境外投资外汇资金来源审查和境外投资外汇登记的，以及已办理境外投资外汇资金来源审查、未办理境外投资外汇登记的），其投资主体可持以下材料到所在地外汇局补办境外投资外汇登记手续：

（一）边境地区投资主体关于补登记的申请（包括境外投资企业设立的时间、地点、经营情况、企业类型等）；

（二）所投资境外企业在所在国投资（或工商）管理部门注册登记的证明材料；

（三）境外企业上一年度经过审验的资产负债表（边境地区投资主体为个体工商户的无须提供）；

（四）境外合资合作企业另需提供合资合作合同或章程；

（五）外汇局要求提供的其他材料。

五、边境地区投资主体以实物进行境外投资的，在实物投资出境后，凭出口收汇核销单、出口货物报关单和《境外投资外汇登记证》正本及复印件到外汇局办理出口不收汇差额核销手续。外汇局在为企业办理核销手续时，应在《境外投资外汇登记证》上注明实际核销的金额、币种和日期。

六、边境地区外汇局应加强对境外投资管理有关法规和政策的宣传工作，积极鼓励企业按照有关规定开展境外投资。

七、本通知自2005年4月1日起实施。

海关部署

一九九六年四月十二日

XXIX. 2005年海关总署《关于边境小额贸易项下进口货物适用税率的有关问题的公告》（〔1996〕外经贸管发第567号）

根据海关总署公告2003年第84号以及财政部、国务院关税税则委员会办公室关于边境小额贸易进口货物税收的有关规定，经商财政部，现就边境小额贸易项下进口货物适用税率的有关问题公告如下：

一、当边境小额贸易项下进口货物可适用特惠税率、协定税率、进口暂定最惠国税率、最惠国税率等一种以上税率形式时，应先在最惠国税率基础上计算出减半的税率，再与相应的特惠税率、协定税率、进口暂定最惠国税率进行比较，取低税率计征进口关税。但对于进口暂定最惠国税率高于最惠国税率的情况，一律按暂定最惠国税率计征进口关税，不再享受关税减半的税收优惠政策。

二、对于实行关税配额管理的货物，在配额内进口的，按关税配额税率减半计征关税。

三、对正在实施贸易救济措施的进口货物，不再执行边境贸易进口税收政策，一律照章征收进口关税和进口环节税；贸易救济措施终止后，恢复按法定税率减半计征进口关税。

四、进口环节增值税按现行边贸政策规定执行。

五、本公告自公布之日起执行，已征收税款保证金的按照本公告规定转税入库，已征收税款的不予调整。

特此公告。

二〇〇五年十月十九日

XXX. 2007 年国务院《关于实施企业所得税过渡优惠政策的通知》

各省、自治区、直辖市人民政府，国务院各部委、各直属机构：

《中华人民共和国企业所得税法》（以下简称新税法）和《中华人民共和国企业所得税法实施条例》（以下简称实施条例）将于 2008 年 1 月 1 日起施行。根据新税法第五十七条规定，现对企业所得税优惠政策过渡问题通知如下：

一、新税法公布前批准设立的企业税收优惠过渡办法

企业按照原税收法律、行政法规和具有行政法规效力文件规定享受的企业所得税优惠政策，按以下办法实施过渡：

自 2008 年 1 月 1 日起，原享受低税率优惠政策的企业，在新税法施行后

5 年内逐步过渡到法定税率。其中：享受企业所得税 15% 税率的企业，2008 年按 18% 税率执行，2009 年按 20% 税率执行，2010 年按 22% 税率执行，2011 年按 24% 税率执行，2012 年按 25% 税率执行；原执行 24% 税率的企业，2008 年起按 25% 税率执行。

自 2008 年 1 月 1 日起，原享受企业所得税“两免三减半”“五免五减半”等定期减免税优惠的企业，新税法施行后继续按原税收法律、行政法规及相关文件规定的优惠办法及年限享受至期满为止，但因未获利而尚未享受税收优惠的，其优惠期限从 2008 年度起计算。

享受上述过渡优惠政策的企业，是指 2007 年 3 月 16 日以前经工商等登记管理机关登记设立的企业；实施过渡优惠政策的项目和范围按《实施企业所得税过渡优惠政策表》（见附表）执行。

二、继续执行西部大开发税收优惠政策

根据国务院实施西部大开发有关文件精神，财政部、税务总局和海关总署联合下发的《财政部、国家税务总局、海关总署关于西部大开发税收优惠政策问题的通知》（财税〔2001〕202 号）中规定的西部大开发企业所得税优惠政策继续执行。

三、实施企业税收过渡优惠政策的其他规定

享受企业所得税过渡优惠政策的企业，应按照新税法和实施条例中有关收入和扣除的规定计算应纳税所得额，并按本通知第一部分规定计算享受税收优惠。

企业所得税过渡优惠政策与新税法及实施条例规定的优惠政策存在交叉的，由企业选择最优惠的政策执行，不得叠加享受，且一经选择，不得改变。

附表：实施企业所得税过渡优惠政策表

国务院

二〇〇七年十二月二十六日

实施企业所得税过渡优惠政策表

序号	文件名称	相关政策内容
1	《中华人民共和国外商投资企业和外国企业所得税法》第七条第一款	设在经济特区的外商投资企业、在经济特区设立机构、场所从事生产、经营的外国企业和设在经济技术开发区的生产性外商投资企业，减按 15% 的税率征收企业所得税。
2	《中华人民共和国外商投资企业和外国企业所得税法》第七条第三款	设在沿海经济开放区和经济特区、经济技术开发区所在城市的老市区或者设在国务院规定的其他地区的外商投资企业，属于能源、交通、港口、码头或者国家鼓励的其他项目的，可以减按 15% 的税率征收企业所得税。
3	《中华人民共和国外商投资企业和外国企业所得税法实施细则》第七十三条第一款第一项	在沿海经济开放区和经济特区、经济技术开发区所在城市的老市区设立的从事下列项目的生产性外资企业，可以减按 15% 的税率征收企业所得税：技术密集、知识密集型的项目；外商投资在 3000 万美元以上，回收投资时间长的项目；能源、交通、港口建设的项目。
4	《中华人民共和国外商投资企业和外国企业所得税法实施细则》第七十三条第一款第二项	从事港口、码头建设的中外合资经营企业，可以减按 15% 的税率征收企业所得税。
5	《中华人民共和国外商投资企业和外国企业所得税法实施细则》第七十三条第一款第四项	在上海浦东新区设立的生产性外商投资企业，以及从事机场、港口、铁路、公路、电站等能源、交通建设项目的外商投资企业，可以减按 15% 的税率征收企业所得税。

续表

序号	文件名称	相关政策内容
6	《国务院关于上海外高桥、天津港、深圳福田、深圳沙头角、大连、广州、厦门象屿、张家港、海口、青岛、宁波、福州、汕头、珠海、深圳盐田保税区的批复》（国函〔1991〕26号、国函〔1991〕32号、国函〔1992〕43号、国函〔1992〕44号、国函〔1992〕148号、国函〔1992〕150号、国函〔1992〕159号、国函〔1992〕179号、国函〔1992〕180号、国函〔1992〕181号、国函〔1993〕3号等）	生产性外商投资企业，减按15%的税率征收企业所得税。
7	《国务院关于在福建省沿海地区设立台商投资区的批复》（国函〔1989〕35号）	厦门台商投资区内设立的台商投资企业，减按15%税率征收企业所得税；福州台商投资区内设立的生产性台商投资企业，减按15%税率征收企业所得税，非生产性台资企业，减按24%税率征收企业所得税。
8	《国务院关于进一步对外开放南宁、重庆、黄石、长江三峡经济开放区、北京等城市的通知》（国函〔1992〕62号、国函〔1992〕93号、国函〔1993〕19号、国函〔1994〕92号、国函〔1995〕16号）	省会（首府）城市及沿江开放城市从事下列项目的生产性外资企业，减按15%的税率征收企业所得税：技术密集、知识密集型的项目；外商投资在3000万美元以上，回收投资时间长的项目；能源、交通、港口建设的项目。
9	《国务院关于开发建设苏州工业园区有关问题的批复》（国函〔1994〕9号）	在苏州工业园区设立的生产性外商投资企业，减按15%税率征收企业所得税。
10	《国务院关于扩大外商投资企业从事能源交通基础设施项目税收优惠规定适用范围的通知》（国发（1999）13号）	自1999年1月1日起，将外资税法实施细则第七十三条第一款第（一）项第3目关于从事能源、交通基础设施建设的生产性外商投资企业，减按15%征收企业所得税的规定扩大到全国。

续表

序号	文件名称	相关政策内容
11	《广东省经济特区条例》（1980年8月26日第五届全国人民代表大会常务委员会第十五次会议批准施行）	广东省深圳、珠海、汕头经济特区的企业所得税率为15%。
12	《对福建省关于建设厦门经济特区的批复》（〔80〕国函字88号）	厦门经济特区所得税率按15%执行。
13	《国务院关于鼓励投资开发海南岛的规定》（国发〔1988〕26号）	在海南岛举办的企业（国家银行和保险公司除外），从事生产、经营所得税和其他所得，均按15%的税率征收企业所得税。
14	《中华人民共和国外商投资企业和外国企业所得税法》第七条第二款	设在沿海经济开放区和经济特区、经济技术开发区所在城市的老市区的生产性外商投资企业，减按24%的税率征收企业所得税。
15	《国务院关于试办国家旅游度假区有关问题的通知》（国发〔1992〕46号）	国家旅游度假区内的外商投资企业，减按24%税率征收企业所得税。
16	《国务院关于进一步对外开放黑河、伊宁、凭祥、二连浩特市等边境城市的通知》（国函〔1992〕21号、国函〔1992〕61号、国函〔1992〕62号、国函〔1992〕94号）	沿边开放城市的生产性外商投资企业，减按24%税率征收企业所得税。
17	《国务院关于进一步对外开放南宁、昆明市及凭祥等五个边境城镇的通知（国函〔1992〕62号）	允许凭祥、东兴、畹町、瑞丽、河口五市（县、镇）在具备条件的市（县、镇）兴办边境经济合作区，对边境经济合作区内以出口为主的生产性内联企业，减按24%的税率征收。

续表

序号	文件名称	相关政策内容
18	《国务院关于进一步对外开放南宁、重庆、黄石、长江三峡经济开放区、北京等城市的通知》（国函〔1992〕 62 号、国函〔1992〕93 号、国函〔1993〕19 号、国函〔1994〕92 号、国函〔1995〕16 号）	省会（首府）城市及沿江开放城市的生产性外商投资企业，减按 24% 税率征收企业所得税。
19	《中华人民共和国外商投资企业和外国企业所得税法》第八条第一款	对生产性外商投资企业，经营期在十年以上的，从开始获利的年度起，第一年和第二年免征企业所得税，第三年至第五年减半征收企业所得税。
20	《中华人民共和国外商投资企业和外国企业所得税法实施细则》第七十五条第一款第一项	从事港口码头建设的中外合资经营企业，经营期在 15 年以上的，经企业申请，所在地的省、自治区、直辖市税务机关批准，从开始获利的年度起，第一年至第五年免征企业所得税，第六年至第十年减半征收企业所得税。
21	《中华人民共和国外商投资企业和外国企业所得税法实施细则》第七十五条第一款第二项	在海南经济特区设立的从事机场、港口、码头、铁路、公路、电站、煤矿、水利等基础设施项目的外商投资企业和从事农业开发经营的外商投资企业，经营期在 15 年以上的，经企业申请，海南省税务机关批准，从开始获利的年度起，第一年至第五年免征企业所得税，第六年至第十年减半征收企业所得税。
22	《中华人民共和国外商投资企业和外国企业所得税法实施细则》第七十五条第一款第三项	在上海浦东新区设立的从事机场、港口、铁路、公路、电站等能源、交通建设项目的外商投资企业，经营期在 15 年以上的，经企业申请，上海市税务机关批准，从开始获利的年度起，第一年至第五年免征企业所得税，第六年至第十年减半征收企业所得税。

续表

序号	文件名称	相关政策内容
23	《中华人民共和国外商投资企业和外国企业所得税法实施细则》第七十五条第一款第四项	在经济特区设立的从事服务性行业的外商投资企业，外商投资超过 500 万美元，经营期在十年以上的，经企业申请，经济特区税务机关批准，从开始获利的年度起，第一年免征企业所得税，第二年和第三年减半征收企业所得税。
24	《中华人民共和国外商投资企业和外国企业所得税法实施细则》第七十五条第一款第六项	在国务院确定的国家高新技术产业开发区设立的被认定为高新技术企业的中外合资经营企业，经营期在十年以上的，经企业申请，当地税务机关批准，从开始获利的年度起，第一年和第二年免征企业所得税。
25	《中华人民共和国外商投资企业和外国企业所得税法实施细则》第七十五条第一款第六项 《国务院关于〈北京市新技术产业开发试验区暂行条例〉的批复》（国函〔1988〕74 号）	设在北京市新技术产业开发试验区的外商投资企业，依照北京市新技术产业开发试验区的税收优惠规定执行。对试验区的新技术企业自开办之日起，三年内免征所得税。经北京市人民政府指定的部门批准，第四至六年可按 15% 或 10% 的税率，减半征收所得税。
26	《中华人民共和国企业所得税暂行条例》第八条第一款	需要照顾和鼓励的民族自治地方的企业，经省级人民政府批准实行定期减税或免税的，过渡优惠执行期限不超过 5 年。
27	《国务院关于鼓励投资开发海南岛的规定》（国发〔1988〕26 号）	在海南岛举办的企业（国家银行和保险公司除外），从事港口、码头、机场、公路、铁路、电站、煤矿、水利等基础设施开发经营的企业和从事农业开发经营的企业，经营期限在十五年以上的，从开始获利的年度起，第一年至第五年免征所得税，第六年至第十年减半征收所得税。
28	《国务院关于鼓励投资开发海南岛的规定》第十一条第二款	在海南岛举办的企业（国家银行和保险公司除外），从事工业、交通运输业等生产性行业的企业经营期限在十年以上的，从开始获利的年度起，第一年和第二年免征所得税，第三年至第五年减半征收所得税。

续表

序号	文件名称	相关政策内容
29	《国务院关于鼓励投资开发海南岛的规定》第十二条第四款	在海南岛举办的企业（国家银行和保险公司除外），从事服务性行业的企业，投资总额超过500万美元或者2000万人民币，经营期限在十年以上的，从开始获利的年度起，第一年免征所得税，第二年和第三年减半征收所得税。
30	《国务院关于实施〈国家中长期科学和技术发展规划纲要（2006—2020年）若干配套政策的通知〉》（国发〔2006〕6号）	国家高新技术产业开发区内新创办的高新技术企业经严格认定后，自获利年度起两年内免征所得税。

国务院

2007年12月26日

XXXI．2008年国家税务总局《关于边境贸易出口货物退（免）税有关问题的通知》

各省、自治区、直辖市和计划单列市国家税务局：

现将边境贸易出口货物退（免）税的有关问题明确如下：

一、《国家税务总局关于出口货物退（免）税若干问题的通知》（国税发〔2006〕102号）第一条第（二）款、第（三）款、第（四）款不适用于边境贸易出口货物。

二、边境贸易企业中的小规模纳税人出口的货物，自2008年1月1日起按《国家税务总局关于印发〈增值税小规模纳税人出口货物免税管理办法（暂行）〉的通知》（国税发〔2007〕123号）有关规定执行。

国家税务总局

二〇〇八年一月二十三日

XXXII．2008年国务院《关于促进边境地区经济贸易发展问题的批复》

财政部、发展改革委、国家民委、商务部、人民银行、海关总署、税务总局：

《财政部关于进一步促进边境地区经济贸易发展有关政策问题的请示》

（财关税〔2008〕58 号）收悉。现批复如下：

一、加大对边境贸易发展的财政支持力度。同意自 2008 年 11 月 1 日起采取专项转移支付的办法替代现行边境小额贸易进口税收按法定税率减半征收的政策，并逐年增加资金规模，专项用于支持边境贸易发展和边境小额贸易企业能力建设。2008 年全年按 20 亿元掌握，实际执行期为两个月；以后年度在此基础上建立与口岸过货量等因素挂钩的适度增长机制。具体办法由财政部会同有关部门另行制定。

二、提高边境地区边民互市进口免税额度。同意自 2008 年 11 月 1 日起将边民互市进口的生活用品免税额度提高到每人每日人民币 8000 元。由财政部会同有关部门研究制定边民互市进出口商品不予免税的清单；由海关总署会同有关地方政府进一步规范边民互市的区域管理。

三、扩大以人民币结算办理出口退税的试点。由税务总局会同有关部门抓紧研究一般贸易以人民币结算办理出口退税问题，并优先考虑在边境地区扩大试点。

四、促进边境特殊经济区健康发展。同意对国家级边境经济合作区，比照执行中西部地区国家级经济技术开发区基础设施项目贷款财政贴息的优惠政策。具体办法由财政部会同商务部等有关部门研究制定。对在边境地区申请设立具有保税功能、货物从境内区外入区享受退税政策的跨境经济合作区，由海关总署在全国海关特殊监管区域宏观布局规划中统筹考虑。

五、清理涉及边境贸易企业的收费。由财政部、发展改革委对涉及边境贸易企业的行政事业性收费项目进行清理和规范，取消不合法、不合理的收费项目。

六、支持边境口岸建设。同意发展改革委每年安排专项资金对边境一类口岸查验设施给予补助，并逐步增加投资额度，提高补助标准，扩大支持范围。

XXXIII. 2008 年财政部　海关总署　国家税务总局《关于促进边境贸易发展有关财税政策的通知》

内蒙古、辽宁、吉林、黑龙江、广西、海南、西藏、新疆、云南省（自治区）财政厅、国家税务局，呼和浩特、满洲里、大连、长春、哈尔滨、南宁、海口、昆明、拉萨、乌鲁木齐海关：

为贯彻落实科学发展观，构建社会主义和谐社会，根据《国务院关于促进边境地区经济贸易发展问题的批复》（国函〔2008〕92 号）的精神，现就进一步促进边境贸易发展有关财税政策通知如下：

一、加大对边境贸易发展的财政支持力度

在现行边境地区专项转移支付的基础上增加资金规模，加大对边境贸易发展的支持力度，为企业的发展创造良好的外部环境。2008 年全年按 20 亿元掌握，实际执行期为两个月；以后年度在此基础上建立与口岸过货量等因素挂钩的适度增长机制。具体办法由财政部会同有关部门另行制定。地方财政部门要结合本地实际，并根据支持边境贸易发展和边境小额贸易企业能力建设的要求，认真落实中央补助资金，切实发挥资金使用效益。要充分利用财政和审计部门的监督检查力量，保证专项转移支付的资金能真正发挥促进边境贸易发展的作用。

二、提高边境地区边民互市进口免税额度

边民通过互市贸易进口的生活用品，每人每日价值在人民币 8000 元以下的，免征进口关税和进口环节税。为加强管理，由财政部会同有关部门研究制定边民互市进出口商品不予免税的清单，有关部门应对政策执行情况进行及时跟踪、分析。

三、关于边境小额贸易进口税收问题

以边境小额贸易方式进口的商品，进口关税和进口环节税照章征收。

本通知自 2008 年 11 月 1 日起执行，由财政部、海关总署和税务总局负责解释。

特此通知。

财政部　海关总署　国家税务总局

二〇〇八年十月三十日

XXXIV. 2009 年财政部关于印发《国家级边境经济合作区基础设施项目贷款财政贴息资金管理办法》的通知

云南、内蒙古、新疆、广西、黑龙江、辽宁、吉林省（自治区）财政厅：

根据《国务院关于促进边境地区经济贸易发展问题的批复》（国发〔2008〕92号）和《财政部关于印发〈中央财政贴息资金管理暂行办法〉的通知》（财预〔2001〕388号）的规定，为促进国家级边境经济合作区的发展，更好地发挥财政贴息政策的扶持引导作用，我们制订了《国家级边境经济合作区基础设施项目贷款财政贴息资金管理办法》。现印发给你们，请遵照执行，并请转发到当地国家级边境经济合作区。

附录：国家级边境经济合作区基础设施项目贷款财政贴息资金管理办法

财政部

二〇〇九年二月二十五日

国家级边境经济合作区基础设施项目贷款财政贴息资金管理办法

第一章　总则

第一条　为加强国家级边境经济合作区基础设施项目贷款中央财政贴息资金管理，提高财政资金使用效益，更好地发挥其政策扶持、引导作用，根据《中央财政贴息资金管理暂行办法》（财预〔2001〕388号）的规定，特制定本办法。

第二条　本办法所称国家级边境经济合作区是指经国务院批准设立的国家级边境经济合作区，具体包括：内蒙古、广西、云南、新疆、黑龙江、吉林、辽宁省（自治区）。

基础设施项目贷款是指上述国家级边境经济合作区内用于基础设施项目建设的各类银行提供的基本建设项目贷款。

第三条　本办法所称基础设施项目是指：

（一）区内道路、桥涵、隧道等项目。

（二）区内污水、生活垃圾处理及生态环境建设项目。

（三）区内供电、供热、供气、供水及通信网络等基础设施项目。

（四）区内政府所有，为中小企业创业、自主创新提供场所服务和技术服务的孵化器，以及公共技术支撑服务平台。其内容包括：物理场所建设、软硬件设备系统购置以及专用软件开发等，不包括中小企业拥有和开发的部分。

（五）区内为集约利用土地，节约资源，服务中小企业，政府所有的边民互市市场、保税仓库、标准厂房、公共物流中心及其附属设施等项目。

（六）区内口岸、边检、联检及其附属设施等基础设施项目。

（七）区内其他符合公共财政支持范围的基础设施项目。

上述项目作为优先安排财政贴息资金的依据。

第四条　本办法所称财政贴息资金是指中央财政预算安排的，专项用于国家级边境经济合作区基础设施项目（以下简称项目）贷款贴息的资金。

第二章　贴息原则及范围

第五条　贴息资金实行先付后贴的原则，即项目单位必须凭贷款银行开具的利息支付清单向财政部门申请贴息。

第六条　贴息范围：本办法规定的国家级边境经济合作区内已落实贷款并支付银行贷款利息的基础设施在建项目，均可按规定申报贴息。

第七条　贴息资金计算：贴息资金根据项目单位符合贴息条件的银行贷款余额、当年贴补率和当年实际支付的利息数计算确定。

第八条　贴息期限：按项目建设期限贴息。原则上所有项目享受财政贴息期限不得超过 5 年。

根据合作区基础设施项目的特点，对项目建设期少于 3 年（含 3 年），按项目建设期进行贴息；对项目建设期大于 3 年的，均按不超过 5 年进行贴息；属于购置的，按 2 年进行贴息。

第九条　贴息标准和时间：财政贴息的贴补率由财政部根据年度贴息资金预算控制指标、项目当期的银行贷款利率和项目对贴息资金需求，按不高于 3% 的比例一年一定。

贴息时间为上年 6 月 21 日至本年 6 月 20 日。

第三章　贴息资金的申报、审查和下达

第十条　符合本办法规定的基础设施项目，由项目单位申报财政贴息。凡已申请其他贴息资金的项目，不得重复申报。

第十一条　项目单位申报财政贴息，应按要求填制基本建设贷款财政贴息项目申请表（见附1〔略〕）一式两份，并附项目批准文件、借款合同、银行贷款到位凭证、银行签证利息单等材料，经贷款经办行签署意见后，报送合作区财政部门。

合作区财政部门根据本办法的规定，对本区项目单位提交的贴息材料进行认真审核后，填写基本建设贷款财政贴息项目汇总表（见附2〔略〕），并附项目单位报送的有关材料，上报省（自治区）财政厅。

各有关省（自治区）财政厅对本省（自治区）项目申报的贴息材料审核后，填写基本建设贷款财政贴息项目汇总表（见附2〔略〕），并附项目单位报送的项目批准文件、借款合同、银行贷款到位凭证、银行签证利息单、贷款经办行意见等材料，经财政部驻当地财政监察专员办事处签署审核意见后，于当年7月底以前上报财政部审批。未经财政部驻当地财政监察专员办事处审查的材料，财政部不予受理。

上述申报材料应按本办法第三条所列分类别填报具体项目和提交相关材料，不得打捆上报，否则不予贴息。

第十二条　财政部驻有关省（自治区）财政监察专员办事处根据本办法规定的贴息范围、贴息期限等条件，加强对当地项目单位报送的基本建设贷款财政贴息材料真实性的审核，剔除重复多头申报项目，并将审核的书面意见在规定的时间内随申请贴息材料一并上报财政部，以便财政部在核定财政贴息时参考。

第十三条　财政部对各地上报的贴息材料进行审查后，根据年度预算安排的贴息资金规模，按具体项目逐个核定贴息资金数，并按规定下达预算。对不符合条件和要求或超过规定上报时间的项目，财政部不予贴息。

第十四条　财政贴息资金通过财政部门拨付到项目单位。

第四章 贴息资金财务处理及监督管理

第十五条 项目单位收到财政贴息资金后，分以下情况处理：在建项目应作冲减工程成本处理；竣工项目作冲减财务费用处理。

第十六条 各有关省（自治区）财政厅及合作区财政部门对区内的基础设施项目建设及资金落实情况要定期进行检查，会同有关单位督促项目按合理工期进行建设，已建成的项目，要及时办理竣工决算。

贴息资金下达后，省级财政主管部门要定期对财政贴息资金的落实情况进行监督、检查，确保贴息资金发挥效益。并于每年年底向财政部报告贴息项目的执行情况和财政贴息资金的落实情况。

第十七条 各项目单位要严格按照国家规定的贴息范围、贴息期限、贴息比率等事项填报贴息申请表。同时，财政贴息资金是专项资金，必须保证贴息的专款专用。任何单位不得以任何理由、任何形式截留、挪用财政贴息资金。

第十八条 违反规定，骗取、截留、挪用贴息资金的，依照《财政违法行为处罚处分条例》的规定进行处理。

第五章 附则

第十九条 本办法由财政部负责解释。

第二十条 本办法自印发之日起施行。今后如无调整，每年办理贴息不再另行通知。

XXXV. 2009 年财政部关于印发《边境地区专项转移支付资金管理办法》的通知

内蒙古自治区、辽宁省、吉林省、黑龙江省、浙江省、宁波市、广西壮族自治区、海南省、云南省、西藏自治区、甘肃省、新疆维吾尔自治区财政厅（局），新疆生产建设兵团财务局：

根据《国务院关于促进边境地区经济贸易发展问题的批复》（国函〔2008〕92 号）精神，中央财政在边境地区专项转移支付中增加了支持边境贸易发展和边境小额贸易企业能力建设的补助资金。与此相适应，我部修订了《边境地区专项转移支付资金管理办法》。现将修订后的《边境地区专项转移支付资金管理办法》予以印发，请认真贯彻执行。

附录：边境地区专项转移支付资金管理办法

财政部

二〇〇九年三月三十一日

边境地区专项转移支付资金管理办法

第一条　为促进边境地区各项社会事业和谐发展，确保将党中央、国务院对边境地区人民的关怀落到实处，进一步规范边境地区专项转移支付资金管理，提高资金使用效益，制定本办法。

第二条　本办法所称边境地区专项转移支付资金，是指中央财政设立，主要用于边境维护和管理、改善边境地区民生、促进边境贸易发展的专项资金。

第三条　边境地区专项转移支付资金主要用于以下方面：

（一）边境维护和管理。包括国门建设及其周边环境整治，界桩、界碑的树立和维护，界河河堤及河道整治，边境管控等。

（二）改善边境地区民生。包括基层政权建设、教育、文化、卫生等社会事业，以及改善边民生产生活条件等民生事项。

（三）促进边境贸易发展和边境小额贸易企业能力建设。包括边境一类口岸运转，通关条件改善，边贸仓储、交通等基础设施建设；为边贸企业创造良好的生产经营环境，安排贷款贴息，支持企业技术培训、科研、创新、人才引进、提升服务水平等能力建设。

第四条　边境地区专项转移支付资金的管理应当遵循以下原则：

（一）突出重点。资金重点用于解决边境地区承担的中央事权、具有区域特点的支出责任，以及社会经济发展中存在的突出问题。

（二）公开透明。资金使用和项目选择应当按照财政规章制度进行，纳入政务公开范围。

（三）注重实效。坚持办实事、重实效，主要以社会效益为目标，强化绩效考评。

（四）专款专用。资金不得截留或挪作他用，不得用于平衡预算。

第五条　边境地区专项转移支付资金的使用实行分级管理。省以下各级财政部门的管理职责由省、自治区、计划单列市财政部门（以下统称省级财政部门）研究确定。

第六条　财政部负责制定边境地区专项转移支付资金管理政策，分配、下达转移支付资金，组织实施对省级财政部门管理和使用转移支付资金情况的绩效评价和监督检查。

第七条　省级财政部门负责制定本地区边境地区专项转移支付政策，向省以下财政部门分配、下达转移支付资金；组织实施对省以下财政部门管理和使用转移支付资金的绩效评价和监督检查。

第八条　省以下财政部门负责管理、安排和使用本地区边境地区专项转移支付资金。

第九条　中央财政在年度预算中安排边境地区专项转移支付资金，其中专项用于支持边境贸易发展和边境小额贸易企业能力建设的转移支付资金实行与口岸过货量等因素挂钩的适度增长机制。省级财政可以根据本地区实际情况，安排资金与中央财政下达的专项转移支付资金一并使用。边境地区专项转移支付资金不要求县级财政配套。

第十条　边境地区专项转移支付资金分配对象为有陆地边境线、存在边境小额贸易以及承担特殊边境事务的地区。

第十一条　财政部对省级财政部门分配边境地区专项转移支付资金，应当采用因素法，并考虑各地区管理和使用转移支付资金的绩效评价和监督检查结果。补助资金依据陆地边境线长度、边境县个数、边境县总人口、行政村个数、边境一类口岸人员通关量和过货量、边境贸易额等因素分配。

第十二条　省级财政部门对省以下财政部门下达边境地区专项转移支付

资金，应当根据本地区实际情况，确定补助范围，同时考虑对省以下财政部门管理和使用转移支付资金情况的绩效评价和监督检查结果。

第十三条　对于专项用于支持边境贸易发展和边境小额贸易企业能力建设的转移支付资金，各级政府不得调剂用于其他边境事项。省级财政部门要将专项用于支持边境贸易发展和边境小额贸易企业能力建设的转移支付资金分配落实到有边境小额贸易的市、县（市辖区）级政府财政部门，由其安排使用。

第十四条　省级财政可以根据边境地区专项转移支付资金管理的需要，在本级政府年度预算中按照中央补助额的2%～5%另行安排管理费，用于省级和省以下财政部门委托或聘请有关单位和评审机构进行检查验收、绩效评价等开支。

第十五条　地方财政部门在研究确定边境地区专项转移支付资金使用范围时，应与本地区经济社会发展的总体规划相衔接，广泛征求相关部门意见。在安排专项用于支持边境贸易发展和边境小额贸易企业能力建设的转移支付资金时，要征求商务、税务、海关等部门的意见。

第十六条　财政部应于每年3月底之前将补助资金下达省级财政部门，省级财政部门应于每年4月底前向省以下财政部门下达补助资金。在中央财政补助资金下达前，省级财政部门可按照中央财政提前告知的预算，向省以下财政部门分配和拨付补助资金。

第十七条　对边境地区专项转移支付资金管理和使用中的违法行为，依据《财政违法行为处罚处分条例》（国务院令第427号）等有关规定追究法律责任。

第十八条　省级财政部门应当依据本办法，按照财政管理科学化、精细化的要求，结合实际情况，制定本地区边境地区专项转移支付资金管理的具体规定，报财政部备案。

第十九条　本办法由财政部负责解释。

第二十条　本办法自公布之日起施行。2007年5月14日财政部公布的《边境地区专项转移支付资金管理办法》（财预〔2007〕59号）同时废止。

XXXVI. 2009年商务部《关于落实科学发展观促进边境经济合作区又好又快发展的意见》(商资发〔2009〕84号)

内蒙古、辽宁、吉林、黑龙江、广西、云南、甘肃、新疆商务主管部门，各边境经济合作区：

边境经济合作区作为边境地区拓展与周边国家经贸合作的重要窗口，经过16年的开发建设，14个边境经济合作区通过对内对外开放，经济社会发展取得显著成绩，发挥了窗口、示范和带动作用，成为当地新的经济增长点，促进了边境地区的经济发展和民族团结，维护了边境稳定，增进了与周边国家的经济合作交流，在国门树立了改革开放的良好形象。但是，由于边境经济合作区底子薄、自然条件较差，基础设施与沿海地区相比还存在较大差距，产业结构需进一步调整，应对国际形势变化和周边经贸发展要求的能力仍需加强，在沿边开放中的作用有待充分发挥。

扩大沿边开放是推进新时期对外开放战略的重点。加快边境经济合作区发展，是全面提升和扩大沿边开放的重要举措，是实现睦邻、安邻、富邻周边外交政策的客观要求，是实现“引进来”与“走出去”相结合的开放型经济发展的迫切需要。为贯彻党的十七大精神，深入学习实践科学发展观，指导边境经济合作区顺应国内外形势发展变化要求，积极应对当前国际金融危机影响，实现又好又快发展，提出如下意见：

一、指导思想和主要目标

（一）指导思想

以邓小平理论和“三个代表”重要思想为指导，深入贯彻落实科学发展观，全面提升和扩大沿边开放，深化我与周边国家的经贸合作，完善沿边地区内外联动、互利共赢、安全高效的开放型经济体系，形成经济全球化条件下沿边地区参与国际竞争的新优势。按照全面规划、因地制宜、突出重点、有序推进的原则，以财税、金融、投资和贸易为着力点制定和完善政策措施，以探索跨境合作为突破口优化整合和提升区域功能，以外联内引为手段加快推动开放型产业向沿边地区转移，充分发挥辐射带动作用，为实现“富民、兴边、利国、睦邻、安邦”的战略目标作出新的贡献。

（二）主要目标

结合边境经济合作区的实际情况和相邻国家特点，突出区位优势，完善区域功能，大力吸引国内外资金和技术，延伸产业链，建设大物流，发展大市场。通过功能叠加、资源整合，加强基础设施建设，优化综合投资环境，将边境经济合作区建设成为集边境区域性加工制造、境外资源合作开发、生产服务、区域性国际物流采购等功能于一体的特殊经济功能区，成为吸纳周边国家资源与开发境内资源相结合的经济振兴带的支撑点，成为贯彻睦邻友好、务实合作、互利共赢的区域经济合作典范，成为提升沿边开放水平、维护边疆稳定、推动区域经济一体化进程的重要平台和载体，成为经济发展、边疆稳定、民族团结、社会和谐的开放示范区。

二、工作重点

（一）把握我与周边国家经济贸易发展基本趋势，科学分析国内外市场形势，树立全球眼光，深入研究本地同周边地区在经济、政治、文化、社会等方面的独特地缘关系，立足自身经济特点，优化合作方式，保证边境经济合作区经济发展的正确方向。

（二）积极应对金融危机影响。继续发挥在所在地区保增长、扩内需、调结构中的重要作用，稳定对周边国家和地区的出口增长，加大基础设施投资，带动边境地区消费市场发展，扩大国内短缺能源资源的进口，积极开展境外资源开发和对外工程承包，优化投资环境，提升边境地区引资竞争力。

（三）优化产业结构。适应产业集群化、信息化、生态化的发展趋势，加快发展高起点、高水平的沿边工业、高技术产业和现代服务业。巩固能源原材料加工、电器机械装配、食品加工、旅游商品和纺织服装等传统行业优势，引导制造业产业链向高端发展，促进加工贸易优化升级。大力发展物流、商贸、金融、旅游、信息、会展、文化及房地产等服务业。提高园区的项目承载力、配套服务能力和聚集带动能力，把自身的资源优势和沿边区位优势转化为市场竞争优势和经济优势，形成面向周边国家和地区的加工制造基地、物流基地、商贸基地和信息交流中心。

（四）完善基础设施。按照统筹规划、先行发展、适度超前的原则，构建现代基础设施体系，借鉴国际一流经济园区的标准，进一步加强基础设施建设，实现“七通一平”，完善区域道路、供水、供气、供电、通讯、网络等公用服务设施，大力推进区内公路、铁路、机场与沿边重点口岸和国际通道的对接。促进园区信息化建设，以信息化促进工业化。与国内外企业投资要求相适应，为投资者营造适宜创业发展和生活居住的良好环境。

（五）加大财政金融支持。将边境经济合作区基础设施贷款纳入财政贴息，加快制订和完善资金管理办法，研究增加贴息规模，争取提高贴补率；支持边境经济合作区利用国家政策性优惠贷款和商业银行贷款筹措更多资金，改善基础设施条件；鼓励边境经济合作区运用市场机制，拓宽投融资渠道，搭建投融资平台，建立投资主体多元化的投融资体系。

（六）积极承接产业转移。抓住新一轮国际产业转移机遇，以投资合作项目为载体，创新经济技术合作模式，拓宽投资合作领域，扩大合作规模，大力吸引和承接国内外先进制造业、高新技术产业、现代服务业，引进一批具有较强关联带动作用的加工制造项目，培育一批具有较强竞争力的沿边特色产业，促进吸收外资快速增长，实现增长方式向注重质量和效益型转变。推动珠三角、长三角和环渤海地区开放型产业向边境经济合作区转移，推动境内外企业与当地企业合资合作，形成分工合理的沿海、沿边地区对外开放带。

（七）优化出口结构，深化边贸合作。大力实施“以质取胜”和“科技兴贸”战略，鼓励发展边境加工贸易和当地特色产业。加大对产品研发、品牌营销的支持，注重提高企业的创新能力和营销能力，提高出口产品附加值，提高企业的国际竞争力。促进出口由低效益、低附加值的数量型增长，向高效益、高附加值的出口战略转变。以边境口岸为依托，引导国内外资金建设一批规模适当的商品集散市场和以商品加工、包装、集散、仓储、运输为主的多功能物流中心，鼓励资源性商品进口。

（八）坚持“十分珍惜和合理利用土地、切实保护耕地”的基本国策，集约、高效开发利用土地。边境经济合作区要充分利用现有建设用地、未利用地和废弃地，鼓励开发利用地上地下空间，注重产业结构调整与土地使用调整的结合，建设用地应以制造业、高新技术产业和生产性服务业为主，提高投资强度和园区单位面积产出率。对符合“布局集中、产业集聚、用地集约”要求的边境经济合作区，优先安排建设用地指标。

（九）坚持和完善精简高效的管理体制。边境经济合作区的管理机构一般是所在地市级以上人民政府的派出机构，根据授权行使同级人民政府行政审批、经济协调与管理等职能。边境经济合作区原则上不与所在行政区合并管理，不得取消管委会建制。经批准边境经济合作区管委会可比照国家级经济技术开发区享有外商投资审批权限。

（十）加大对中国—东盟自由贸易区等区域贸易安排的宣传力度，通过中国—东盟自由贸易区建设鼓励企业在边境经济合作区投资，中国与东盟经济合作的项目优先考虑安排在边境经济合作区。

（十一）探讨建立跨境合作新机制。鼓励条件成熟的边境经济合作区向跨境经贸合作开发区域发展，探索“两（多）国一区、分别管理、统筹协调、一区多园”的综合性产业园区发展模式，实现“引进来”和“走出去”相结合，与周边国家共同构建优势互补、共同发展的国际经济合作带。鼓励符合条件的边境经济合作区设立具有保税功能的特殊监管区域和边境贸易区等其他特殊经济功能区域。

（十二）探索开发建设新模式。鼓励边境经济合作区与国家级开发区等各类园区建立以资本为纽带的互利双赢合作模式，共同开发建设产业园区。通过设立股权式的投资实体，以市场需求和产业发展规律为导向，将产业转移和输出管理模式相结合，分享沿海地区开放的经验和成果，促进沿海、沿边区域协调发展。

（十三）各边境经济合作区所在省、自治区可依法制定适用于本行政区域内边境经济合作区的地方性法规和地方政府规章。

（十四）加大人才培训力度。培养和造就一批高素质的边境经济合作区管理人才和专业技术人才，针对沿边地区特点和需求举办边境经济合作区培训班、研讨班，与沿海地区国家级经济技术开发区开展双向人员交流，选派边境经济合作区优秀商务人才赴我驻周边国家经商机构工作锻炼。

三、加强指导和综合管理

（一）商务部会同有关部门积极研究制订和完善新时期边境经济合作区的政策，建立边境经济合作区统计制度和投资环境综合评价制度，将边境经济合作区纳入其主管国别（地区）经贸合作发展战略和双边经贸联委会的协调框架，协调和解决边境经济合作区的双边关系问题。

（二）各边境经济合作区所在省、自治区商务主管部门要充分认识继续办好边境经济合作区，推动沿边开放工作的重要性，切实采取有效措施，进一步支持边境经济合作区在新形势下创新体制和机制，为其健康发展创造良好的制度环境和政策环境。

（三）各边境经济合作区和所在省、自治区商务主管部门要根据本意见制订具体实施方案，并认真落实，通过自身努力，加快实现发展目标，更好地发挥在沿边开放中的窗口、示范、辐射和带动作用。

中华人民共和国商务部

二〇〇九年二月二十七日

XXXVII. 2010 年财政部　国家税务总局《关于边境地区一般贸易和边境小额贸易出口货物以人民币结算准予退（免）税试点的通知》

内蒙古、辽宁、吉林、黑龙江、广西、西藏、新疆、云南省（自治区）财政厅、国家税务局：

经国务院批准，将现行云南边境小额贸易出口货物以人民币结算准予退（免）税政策扩大到边境省份（自治区）与接壤毗邻国家的一般贸易，并进行试点。经商商务部、人民银行、海关总署、外汇局同意，现将有关事项通知如下：

一、凡在内蒙古、辽宁、吉林、黑龙江、广西、新疆、西藏、云南省（自治区）行政区域内登记注册的出口企业，以一般贸易或边境小额贸易方式从陆地指定口岸出口到接壤毗邻国家的货物，并采取银行转账人民币结算方式的，可享受应退税额全额出口退税政策。外汇管理部门对上述货物出具出口收汇核销单。企业在向海关报关时，应提供出口收汇核销单，对未及时提供出口收汇核销单而影响企业收汇核销和出口退税的，由企业自行负责。

以人民币现金结算方式出口的货物，不享受出口退税政策。

陆地指定口岸是指经国家有关部门批准的边境口岸。名单如下：

内蒙古自治区：室韦、黑山头、满洲里、阿日哈沙特、额布都格、二连、珠恩嘎达布其、满都拉、甘其毛道、策克。

辽宁省：丹东、太平湾。

吉林省：集安、临江、长白、古城里、南坪、三合、开三屯、图们、沙坨子、圈河、珲春、老虎哨。

黑龙江省：东宁、绥芬河、密山、虎林、饶河、抚远、同江、萝北、嘉荫、孙吴、逊克、黑河、呼玛、漠河（包括洛古河）。

广西壮族自治区：龙邦、水口、凭祥、友谊关、东兴、平孟、峒中、爱店、硕龙、岳圩、平尔、科甲。

云南省：猴桥、瑞丽、畹町、孟定、打洛、磨憨、河口、金水河、天保、片马、盈江、章凤、南伞、孟连、沧源、田蓬。

西藏自治区：普兰、吉隆、樟木、日屋。

新疆维吾尔自治区：老爷庙、乌拉斯台、塔克什肯、红山嘴、吉木乃、巴克图、阿拉山口、霍尔果斯、都拉塔、阿黑土别克、木扎尔特、吐尔尕特、伊尔克什坦、卡拉苏、红其拉甫。

接壤毗邻国家是指：俄罗斯、朝鲜、越南、缅甸、老挝、哈萨克斯坦、吉尔吉斯斯坦、塔吉克斯坦、巴基斯坦、印度、蒙古、尼泊尔、阿富汗、不丹。

二、出边境省份出口企业口本通知第一条规定的准予退税的货物后，除按现行出口退（免）税规定，提供有关出口退（免）税凭证外，还应提供结算银行转账人民币结算的银行入账单，按月向税务机关申请办理退（免）税或免抵退税手续。结算银行转账人民币结算的银行入账单应与外汇管理部门出具的出口收汇核销单（出口退税专用）相匹配。

对边境省份出口企业不能提供规定凭证的上述出口货物，税务机关不予办理出口退（免）税。

三、其他事项按现行有关出口货物退（免）税管理规定执行。

四、本通知自2010年3月1日起执行。具体执行时间以出口货物报关单（出口退税专用）上海关注明的出口时间为准。同时，《财政部 国家税务总局关于以人民币结算的边境小额贸易出口货物试行退（免）税的通知》（财税〔2003〕245号）、《财政部 国家税务总局关于以人民币结算的边境小额贸易出口货物试行退（免）税的补充通知》（财税〔2004〕178号）予以废止。

五、各地在执行中遇到的问题，应及时向国家税务总局反映。

财政部 国家税务总局

二〇一〇年三月二十九日

抄送：国务院办公厅、国家发展改革委、商务部、人民银行、海关总署、国家外汇管理局。

XXXVIII. 2010年财政部、海关总署、国家税务总局《关于边民互市进出口商品不予免税清单的通知》

2010年4月16日，财政部、海关总署、国家税务总局联合发布《关于边民互市进出口商品不予免税清单的通知》（财关税〔2010〕18号）。

《通知》规定，自2010年5月1日起，边民通过互市贸易进口的商品应以满足边民日常生活需要为目的，边民互市贸易进口税收优惠政策的适用范围仅限生活用品（不包括天然橡胶、木材、农药、化肥、农作物种子等）。在生活用品的范畴内，除国家禁止进口的商品不得通过边民互市免税进口外，其他列入边民互市进口不予免税清单的商品见附录。

除国家禁止出口的商品不得通过边民互市免税出口外，将应征收出口关税的商品列入边民互市出口商品不予免税清单。

XXXIX. 2011年财政部 国家税务总局《关于边境地区一般贸易和边境小额贸易出口货物以人民币结算准予退（免）税试点的补充通知》

内蒙古、辽宁、吉林、黑龙江、广西、西藏、新疆、云南省（自治区）财政厅、国家税务局：

《财政部　国家税务总局关于边境地区一般贸易和边境小额贸易出口货物以人民币结算准予退（免）税试点的通知》（财税〔2010〕26号）印发执行后，接到部分地区来函，要求明确非陆地指定口岸出口货物退税和人民币核销退税手续等问题。为了简化管理，更好地促进边境地区对外贸易的发展，经国务院同意，现将有关事项补充通知如下：

一、对财税〔2010〕26号文件第一条规定中“以一般贸易或边境小额贸易方式从陆地指定口岸出口到接壤毗邻国家的货物”的内容调整为“以一般贸易或边境小额贸易方式从海关实施监管的边境货物进出口口岸出口到接壤毗邻国家的货物”。

二、外汇管理部门、边境省份出口企业办理以一般贸易或边境小额贸易方式从海关实施监管的边境货物进出口口岸出口到接壤毗邻国家的货物的核销手续，按照《国家外汇管理局关于边境省区跨境贸易人民币结算核销管理有关问题的通知》（汇发〔2010〕40号）及其他相关规定执行。

三、对财税〔2010〕26号文件第二条第一款规定增加以下内容：“对确有困难而不能提供结算银行转账人民币结算的银行入账单的边境省份出口企业，可按照《国家外汇管理局关于边境省区跨境贸易人民币结算核销管理有关问题的通知》（汇发〔2010〕40号）相关规定，凭签注‘人民币核销’的出口收汇核销单退税专用联向税务机关直接办理退税。”

四、本通知自2010年3月1日起执行。边境省份出口企业在2010年3月1日至本通知发布前报关出口的货物，由于前述非陆地指定口岸出口货物退税和人民币核销退税手续等问题没有明确而未办理出口退（免）税的，按照本通知规定办理出口退（免）税手续。

XL. 2012年财政部　国土资源部　住房城乡建设部　海关总署　国家税务总局　商务部《关于规范和促进边境经济合作区发展的意见》（商资发〔2012〕421号）

内蒙古、辽宁、吉林、黑龙江、广西、云南、新疆商务厅（局）、财政厅（局）、国土资源厅（局）、住房城乡建设厅（局）、直属海关、国家税务局、地方税务局及新疆生产建设兵团商务局、财务局、国土资源、建设局、各边境经济合作区管委会：

全面提升沿边开放水平是党的十七大提出的重点战略部署，党的十八大进一步提出创新开放模式，促进沿海内陆沿边开放优势互补，形成引领国际经济合作和竞争的开放区域，培育带动区域发展的开放高地。边境经济合作区（以下简称边境经济合作区）作为沿边开放的重要载体和平台，在提升沿边开放水平、增进与周边国家经济合作交流、打造边疆经济增长点、促进边境地区民族团结与社会稳定等方面作出了重要贡献。为全面提升沿边开放水平，进一步发挥边境经济合作区在沿边开放中的辐射、示范和带动作用，现提出如下意见：

一、指导思想

以邓小平理论和“三个代表”重要思想为指导，深入贯彻落实科学发展观，把握国内外新形势、新变化，以科学发展为主题，以转变发展方式为主线，深化改革扩大开放全面规划、因地制宜、突出重点，积极推进外引内联，深化与周边国家的经贸合作，进一步扩大和提升沿边开放水平和质量，完善沿边地区互利共赢、安全高效的开放型经济体系，优化整合和提升区域功能，加强土地等资源的节约集约利用形成沿边地区参与国际竞争的新优势，为实现“富民、兴边、睦邻、安邦”的战略目标作出新的贡献。

二、发展目标

要将边境经济合作区建设成为集双边贸易、加工制造、生产服务、物流采购等功能于一体的特殊经济功能区，成为沟通国内外资源、市场产业和资金的区域性节点，成为睦邻友好、务实合作互利共赢的经济合作典范，成为提升沿边开放水平、促进对外合作交流、推动区域经济一体化的重要载体平台，成为经济发展、民族团结、边疆稳定、社会和谐的开放示范区。

三、基本原则

——因地制宜，循序渐进。根据边境经济合作区的区位优势和相邻国家经济、社会和文化特点，大力吸引国内外资金和技术，着力发展特色产业，延伸配套产业链，积极发展边境贸易和商贸旅游，优化综合投资环境，完善区域功能定位，逐步推进边境经济合作区的建设。

——科学规划，合理布局。综合考虑产业发展、基础设施和交通物流条件以及资源、市场、人力等因素，统筹国内国外两个市场、两种资源，整合区域国际合作、对外贸易、“走出去”、产业平台建设以及国际通道建设，对边全区的设立、布局、市场和产业进行统筹规划。

——发挥优势、叠加功能。充分发挥自身优势，在完善口岸、通道建设的基础上，叠加物流、仓储、生产服务、境外资源合作开发等功能。

——体制高效，机制创新。坚持精简、高效的管理体制，树立亲商、务实的服务理念，推行行政管理标准化，规范管理程序，完善管理制度，不断提高管理水平和服务质量。

——加强合作扩大开放。坚持“引进来”和“走出去”相结合，统筹国内与国际合作合作，促进边境经济合作区与内陆腹地优势互补和联动发展。充分利用多双边机制，广泛开展与周边国家的经济技术合作。

四、基本要求

（一）坚持和完善精简高效的管理体制。边境经济合作区的管理机构应是所在地人民政府的派出机构，根据同级人民政府授权行使相应的行政审批、经济协调与管理、财政管理等职能。边境经济合作区原则上不与所在行政区合并管理，不得取消管委会建制。

（二）不断优化产业结构。以边境贸易、加工制造、生产服务、物流采购等为重点，加强流通基础设施建设，提高项目承载能力、配套服务能力和聚集带动能力，把自身的资源优势、区位优势转化为市场竞争优势，不断提高竞争力。

（三）积极承接产业转移。按照市场导向、因地制宜、优势互补、生态环保原则，结合调整自身产业结构、培育具有较强竞争力的沿边特色产业，形成分工合理的沿边地区对外开放带。

（四）不断提高土地集约利用水平。注重产业结构调整与土地使用调整结合。边境经济合作区建设用地应以制造业、高新技术产业和生产服务业为主，不断提高园区单位面积投资强度和产出率。要加强土地集约节约利用评价考核，建立健全边境经济合作区退出机制，以土地利用和规划实施情况作为主要依据，对土地利用效率低、发展水平差的，由主管部门予以通报限期整改，整改不到位的，应予核减面积或撤销。

（五）严格按照规划开发建设。边境经济合作区的开发建设要严格依据经批准的土地利用总体规划和城市总体规划，纳入城市统一规划管理，严禁违法下放农用地转用、土地征收和供地审批权。边境经济合作区的设立、扩大和调整区位应按照有关规定程序进行。

（六）努力创新合作模式。鼓励边境经济合作区与国家级经济技术开发区等各类园区建立以资本为纽带和互利共赢合作模式，借鉴先进管理模式和市场化运行机制，加大资源、管理和人才合作力度，促进沿海、沿边区域协调发展。鼓励有条件的边境经济合作区建设中外合作产业园区，促进与周边国家产业合作。

（七）加强生态建设和环境保护。加大环保基础设施建设，提高环境监测能力，完善管理体系。积极开展国家生态工业示范园区建设工作。树立绿色低碳发展理念，逐步完善产业链条，严格控制污染排放，大力推行节能降耗。

五、政策措施

（一）2011 年至 2015 年期间，中央财政加大对边境经济合作区符合条件的基础建设贷款贴息支持力度。

（二）设在西部地区边境经济合作区内的鼓励类产业企业，在 2020 年底前减按 15% 的税率征收企业所得税。

（三）边境经济合作区位于民族自治区地方的，经省级人民政府批准，所在民族自治区地方的自治机关决定减征或免征区内企业应缴纳的企业所得税中属于地方分享的部分。

（四）支持符合条件的边境经济合作区扩区和调整区位。支持在具备条件的沿边地区新设边境经济合作区。省级国土部门在下达土地利用年度计划时，对边境经济合作区所在城市用地计划指标给予适当倾斜。对边境经济合作区内的重点项目，优先保障用地指标。

（五）支持符合条件的边境经济合作区按现有程序申请设立海关特殊监管区域。

（六）支持边境经济合作区内企业通过多种形式，参与周边国家资源勘查与开发，开展劳务合作和工程承包。

（七）对边境经济合作区内边贸企业进口商品配额给予积极支持。

（八）鼓励和引导金融机构在风险可控的前提下，全面加强和改善对边境经济合作区的金融服务，对符合国家级产业政策和信贷条件的产业发展、基础设施和交通物流等项目，积极提供信贷支持。

（九）赋予边境经济合作区对外商投资道路运输（旅客运输）、国际船舶运输、国际船舶代理、国际货运代理、批发等行业的审核管理权限。

（十）加快推动边境经济合作区人员往来便利化。

XLI．2012 年财政部关于印发《边境地区转移支付资金管理办法》的通知

内蒙古自治区、辽宁省、大连市、吉林省、黑龙江省、浙江省、宁波市、福建省、厦门市、山东省、广东省、广西壮族自治区、海南省、云南省、西藏自治区、甘肃省、新疆维吾尔自治区财政厅（局），新疆生产建设兵团财务局：

边境地区转移支付政策是一项强国惠民政策，实施这项政策有利于维护国家安全、促进边境沿海地区社会和经济发展、改善民生。为进一步加强边境和海洋事务管理，提高边境地区转移支付资金使用效益，我部制定了《边境地区转移支付资金管理办法》。现予印发，请认真贯彻执行。

各级财政部门要高度重视，切实做好资金和项目管理工作，将边境地区转移支付政策落到实处。

附录：边境地区转移支付资金管理办法

财政部

二〇一二年四月二十日

边境地区转移支付资金管理办法

第一章　总　则

第一条　为加强边境和海洋事务管理，促进边境沿海地区各项社会事业和谐发展，进一步规范边境地区转移支付资金管理，提高资金使用效益，制定本办法。

第二条　本办法所称边境地区转移支付资金，是指中央财政设立，主要用于边境和海洋事务管理、改善边境沿海地区民生、促进边境贸易发展的一般性转移支付资金。

第三条　边境地区转移支付资金的管理和使用应当遵循明确用途、突出重点、公开透明、注重实效的原则。

第二章　资金分配和下达

第四条　中央财政在年度预算中安排边境地区转移支付资金，其中用于支持边境贸易发展和边境小额贸易企业能力建设的转移支付资金实行与口岸过货量等因素挂钩的适度增长机制。

第五条　省、自治区、计划单列市财政部门（以下统称省级财政部门）可以根据本地区实际情况，安排资金与中央财政下达的转移支付资金一并使用。边境地区转移支付资金不要求县级财政配套。

第六条　边境地区转移支付资金分配对象是有陆地边境线、存在边境小额贸易以及承担特殊边境和海洋管理事务的地区。

第七条　财政部按照陆地边境线长度、边境县个数、边境县总人口、行政村个数、边境一类口岸人员通关量和过货量、边境贸易额等因素，结合各地区管理和使用转移支付资金的绩效评价结果，对省级财政部门分配边境地区转移支付资金。

财政部于每年 5 月 31 日前，将当年边境地区转移支付下达省级财政部门；9 月 30 日前，按照当年实际下达数提前向省级财政部门通知下一年度边境地区转移支付预算。

第八条　省级财政部门对省以下财政部门下达边境地区转移支付资金，应当根据本地区实际情况，确定补助范围，同时考虑对省以下财政部门管理和使用转移支付资金情况的绩效评价结果。省级财政部门应当将用于支持边境贸易发展和边境小额贸易企业能力建设的转移支付资金分配落实到有边境小额贸易的市、县（市辖区），由其安排使用。

省级财政部门于每年 6 月 30 日前，将当年边境地区转移支付下达省以下财政部门；11 月 30 日前，提前向省以下财政部门通知下一年度边境地区转移支付预算。

第九条　省以下财政部门应当将省级财政部门提前通知的边境地区转移支付预算，全额列入年初预算。

第三章　资金管理和使用

第十条　边境地区转移支付资金的使用实行分级管理。省以下各级财政部门的管理职责由省级财政部门确定。

第十一条　省级财政部门负责制定本地区边境地区转移支付政策，向省以下财政部门分配、下达转移支付资金；组织实施对省以下财政部门管理和使用转移支付资金的绩效评价和监督检查。

省以下财政部门负责管理、安排和使用本地区边境地区转移支付资金。

第十二条　边境地区转移支付资金重点用于解决边境沿海地区承担的中央事权、具有显著区域特点的支出责任，以及边境一线地区、海岛等特殊区域社会经济发展中存在的突出问题。地方财政部门在研究确定边境地区专项转移支付资金使用范围时，应与本地区经济社会发展的总体规划相衔接，广泛征求相关部门意见。

第十三条　边境地区转移支付资金主要用于以下方面：

（一）边境和海洋事务管理。包括国门建设及其周边环境整治，界桩、界碑地树立和维护，界河河堤及河道整治，沿海岸线保护，海岛基础设施建设，建立对边民和民兵的补助机制等。

（二）改善边境沿海地区民生。包括在全国统一的“两免一补”政策基础上，提高农村义务教育阶段寄宿制学生生活费补助标准，扩大补助范围；实施“整村推进”，建设群众文化活动室、改造村民危旧房；建立和完善村卫生室制度，加强道路、桥梁、人畜安全饮水设施、敬老院、乡村中小学等公益性基础设施建设；强化基层政权建设，改善基层政府办公条件等。

（三）促进边境贸易发展和边境小额贸易企业能力建设。包括边境一类口岸运转，通关条件改善，边贸仓储、交通等基础设施建设；为边贸企业创造良好的生产经营环境，安排贷款贴息，支持企业技术培训、科研、创新、人才引进、提升服务水平等能力建设。

第十四条　对于支持边境贸易发展和边境小额贸易企业能力建设的转移支付资金，各级政府不得调剂用于其他边境事项。地方财政部门在安排用于支持边境贸易发展和边境小额贸易企业能力建设的转移支付资金时，应当征求同级商务、税务、海关等部门的意见。

第四章　绩效评价和监督检查

第十五条　财政部依据程序客观公正、操作简便高效、结果横向可比的原则，对省级财政部门分配、下达、管理边境地区转移支付资金情况，以及所辖边境沿海地区管理和使用边境地区转移支付资金情况进行绩效评价。

省级财政部门按照财政部的统一部署，对省以下财政部门管理和使用边境地区转移支付情况实施绩效评价。

第十六条　财政部根据工作需要，对边境沿海省区管理和使用边境地区转移支付资金情况进行监督检查。

省级财政部门对省以下财政部门管理和使用边境地区转移支付资金的监督检查工作每年至少进行一次，监督检查结果应当及时报告财政部。

第十七条　对边境地区转移支付资金管理和使用中的违法行为，依照《财政违法行为处罚处分条例》（国务院令第427号）等有关规定追究法律责任。

第五章　附　则

第十八条　省级财政部门应当依据本办法，按照财政管理科学化、精细化的要求，结合实际情况，制定本地区边境地区转移支付资金管理的具体规定，报财政部备案。

第十九条　本办法自公布之日起实施。2009 年 3 月 31 日财政部公布的《边境地区专项转移支付资金管理办法》（财预〔2009〕31 号）同时废止。

XLⅡ. 2013 年财政部关于印发《国家级经济技术开发区、国家级边境经济合作区等基础设施项目贷款中央财政贴息资金管理办法》的通知（财建〔2013〕32 号）

各省、自治区、直辖市、计划单列市财政厅（局）：

为更好地发挥财政贴息政策的扶持引导作用，我们对《国家级经济技术开发区、国家级边境经济合作区等基础设施项目贷款中央财政贴息资金管理办法》（财建〔2013〕32 号）进行了修订。现印发给你们，请遵照执行，并请转发到当地有关国家级开发区。

附录：国家级经济技术开发区、国家级边境经济合作区等基础设施项目贷款中央财政贴息资金管理办法

抄送：财政部驻各省、自治区、直辖市、计划单列市财政监察专员办事处。

财政部

二〇一二年三月十九日

国家级经济技术开发区、国家级边境经济合作区等基础设施项目贷款中央财政贴息资金管理办法

第一章　总　　则

第一条　为加强国家级经济技术开发区、国家级边境经济合作区等基础

设施项目贷款中央财政贴息资金管理，提高财政资金使用效益，更好地发挥财政贴息政策的扶持、引导作用，根据国家预算管理有关规定，制定本办法。

第二条　本办法所称国家级经济技术开发区、国家级边境经济合作区等开发区（以下简称开发区）包括经国务院批准设立的中西部地区和东北老工业基地的国家级边境经济合作区、国家级经济技术开发区，苏州工业园区，中新天津生态城，重庆两江新区，兰州新区，郑州航空港经济综合实验区，“黄河善谷”。

基础设施项目贷款是指上述开发区内公共基础设施项目建设使用的各类银行提供的基本建设项目贷款以及中长期债券资金（包括地方政府债券、企业债、公司债、中期票据等）用于基础设施建设的部分。

第三条　本办法所称中央财政贴息资金（以下简称贴息资金）是指中央财政预算安排的，专项用于开发区内公共基础设施项目贷款贴息的资金。

第四条　本办法所称基础设施项目包括：

（一）开发区内道路、桥涵、隧道等项目。

（二）开发区内污水、生活垃圾处理等生态环境保护项目。

（三）开发区内供电、供热、供气、供水及通信网络等基础设施项目。

（四）开发区内为中小企业创业、自主创新提供场所服务和技术服务的孵化器、公共技术支撑平台建设，以及为服务外包、物联网企业提供场所服务和技术服务的公共基础设施项目。

（五）开发区内为集约利用土地，节约资源，服务中小企业，统一修建的标准厂房项目。

（六）开发区内为节约能源，集中实施的能量系统优化工程、余热余压利用工程、绿色照明工程等重点节能工程项目。

（七）开发区内教育、文化、卫生等社会事业发展基础设施项目。

第二章　贴息政策

第五条　贴息资金实行先付后贴，即项目单位必须凭贷款银行或其他金融机构开具的利息支付凭证向财政部门申请贴息。

对未按合同规定归还的逾期贷款利息、加息和罚息，不予贴息。

第六条　贴息资金年度支持重点根据国家战略、产业及区域政策等因素相机调整，区分重点支持园区与其他园区，拉开差距，分档支持。

第七条　开发区管辖区域范围内已落实贷款并已按期支付利息的基础设施项目，贷款金额高于1亿元人民币（含1亿元）且贷款期限高于3年的，均可按规定申报贴息资金。

第八条　财政部根据年度贴息资金预算控制指标、当年贴息资金申报情况和年度重点支持园区等因素确定贴息率。重点支持园区贴息率确定后，其他园区贴息率按照东部、中部、西部依次递增的原则计算确定。贴息率最高不超过当年中国人民银行同期贷款基准利率。

第九条　项目建设期少于3年（含3年）的，按项目建设期进行贴息；项目建设期大于3年的，按不超过5年进行贴息；属于购置的，按2年进行贴息。

第十条　贴息资金对公私合作（PPP）项目、民间投资项目给予同等对待，鼓励地方推广引导示范作用强的PPP模式。

第十一条　贴息周期为前年12月21日至上年12月20日。

第三章　贴息资金的申报、审核和下达

第十二条　符合本办法规定的基础设施项目，由项目单位申报贴息资金。凡已申请中央其他贴息资金的项目，不得重复申报。

第十三条　项目单位申报贴息资金，应按要求填制国家级经济技术开发区、国家级边境经济合作区等基础设施项目贷款财政贴息申请表（附表1），并附项目批准文件、贷款合同或相关材料、资金到位凭证、利息支付凭证等材料，经贷款经办机构签署意见或出具证明后，于当年贴息周期结束后5个工作日内报送到开发区财政部门。

上述申报材料应按本办法第四条分类别填报具体项目和提交相关材料，不得打捆上报。项目贷款为打包贷款的，应分类详细列清具体项目所使用的贷款金额。

第十四条　开发区财政部门根据本办法的规定，对本区项目单位提交的贴息材料进行审核后，填写国家级经济技术开发区、国家级边境经济合作区等基础设施项目贷款财政贴息汇总表（附表2），并附项目单位报送的有关材料，上报所在地省（自治区、直辖市、计划单列市，以下简称省）财政厅（局）。

第十五条　各有关省财政厅（局）对各开发区申报的贴息材料进行汇总审核后，转送财政部驻当地财政监察专员办事处（以下简称专员办）进行终审，并由各有关省财政厅（局）依据终审结果填写国家级经济技术开发区、国家级边境经济合作区等基础设施项目贷款财政贴息汇总表（附表2）后，于当年贴息周期结束后1个月内上报财政部（电子版同时通过内网传输），同时抄送当地专员办。

各地贴息申报材料不再上报至财政部，专员办的审核结果作为最终核定贴息的依据。

第十六条　专员办根据本办法规定的贴息范围、贴息期限等条件审核贴息材料，原则上应当在15个工作日内完成项目审核工作。

第十七条　财政部原则上在全国人民代表大会批准中央预算之日起90日内，下达贴息资金预算。

第十八条　对于重点支持的园区，财政部根据年度预算安排的贴息资金规模，按具体项目逐个核定贴息资金数，并按规定下达预算；对于其他开发区，财政部根据各省申报项目核定贴息总额后合并下达预算到省，由省级财政部门统筹安排，可视情况调剂、集中使用，预算安排应向老、少、边、穷地区倾斜，并报财政部备案。

贴息资金拨付按照财政国库管理制度的有关规定执行。

第四章　监督管理

第十九条　各项目单位要严格按照本办法规定的贴息范围、贴息期限、贴息比率等事项填报贴息申请表。

第二十条　有关省财政厅（局）及开发区财政部门对开发区的基础设施

项目建设及资金落实情况要定期进行检查，会同有关单位督促项目按合理工期进行建设。已建成的项目，要及时办理竣工决算。

财政部将组织专员办或委托评审机构对贴息资金申报和使用情况进行抽查。

第二十一条　贴息资金必须保证专款专用。任何单位不得以任何理由、任何形式截留、挪用财政贴息资金。对于弄虚作假、骗取贴息资金的，取消该开发区贴息资格。违反规定，骗取、截留、挪用贴息资金的，依照《财政违法行为处罚处分条例》的规定进行处理。

第五章　附　则

第二十二条　本办法由财政部负责解释。

第二十三条　本办法自印发之日起施行。《财政部关于印发〈国家级经济技术开发区、国家级边境经济合作区等基础设施项目贷款中央财政贴息资金管理办法〉的通知》（财建〔2013〕32 号）同时废止。

附表：1. ____年国家级经济技术开发区、国家级边境经济合作区等基础设施项目贷款财政贴息申请表

2. ____年国家级经济技术开发区、国家级边境经济合作区等基础设施项目贷款财政贴息汇总表

XLIII. 2015 年国务院《关于支持沿边重点地区开发开放若干政策措施的意见》（国发〔2015〕72 号）

各省、自治区、直辖市人民政府，国务院各部委、各直属机构：

重点开发开放试验区、沿边国家级口岸、边境城市、边境经济合作区和跨境经济合作区等沿边重点地区是我国深化与周边国家和地区合作的重要平台，是沿边地区经济社会发展的重要支撑，是确保边境和国土安全的重要屏障，正在成为实施“一带一路”倡议的先手棋和排头兵，在全国改革发展大局中具有十分重要的地位。为落实党中央、国务院决策部署，牢固树立并切实贯彻创新、协调、绿色、开放、共享的发展理念，支持沿边重点地区开发开放，构筑经济繁荣、社会稳定的祖国边疆，现提出以下意见。

一、深入推进兴边富民行动，实现稳边安边兴边

（一）支持边民稳边安边兴边。加大对边境地区民生改善的支持力度，通过扩大就业、发展产业、创新科技、对口支援稳边安边兴边。积极推进大众创业、万众创新，降低创业创新门槛，对于边民自主创业实行“零成本”注册，符合条件的边民可按规定申请10万元以下的创业担保贷款。鼓励边境地区群众搬迁安置到距边境0～3公里范围，省级人民政府可根据实际情况建立动态的边民补助机制，中央财政通过一般性转移支付给予支持。加大对边境回迁村（屯）的扶持力度，提高补助标准，鼓励边民自力更生发展生产。以整村推进为平台，加快改善边境地区贫困村生产生活条件，因人因地施策，对建档立卡贫困人口实施精准扶贫、精准脱贫，对“一方水土养不起一方人”的实施易地扶贫搬迁，对生态特别重要和脆弱的实行生态保护扶贫，使边境地区各族群众与全国人民一道同步进入全面小康社会。对于在沿边重点地区政府部门、国有企事业单位工作满20年以上且无不良记录的工作人员，所在地省级人民政府可探索在其退休时按照国家规定给予表彰。大力引进高层次人才，为流动人才提供短期住房、教育培训、政策咨询、技术服务和法律援助等工作生活保障。加强沿边重点地区基层组织建设，抓好以村级党组织为核心的村级组织建设，充分发挥基层党组织推动发展、服务群众、凝聚人心、促进和谐的战斗堡垒作用，带领沿边各族人民群众紧密团结在党的周围。（人力资源社会保障部、财政部、教育部、国家民委、中央组织部、民政部、扶贫办负责）

（二）提升基本公共服务水平。加大对边境地区居民基本社保体系的支持力度，对于符合条件的边民参加新型农村合作医疗的，由政府代缴参保费用。提高新型农村合作医疗报销比例，按规定将边境地区城镇贫困人口纳入城镇基本医疗保险。以边境中心城市、边境口岸、交通沿线城镇为重点，加大对边境基层医疗卫生服务机构对口支援力度。在具备条件的地方实施12年免费教育政策。实行中等职业教育免学费制度。选派教师驻边支教，支持当地教师队伍建设。加大教育对外开放力度，支持边境城市与国际知名院校开展合作办学。加快完善电信普遍服务，加强通信基础设施建设，提高信息网络覆

盖水平，积极培育适合沿边重点地区的信息消费新产品、新业态、新模式。提升政府公共信息服务水平，加快推进电子政务、电子商务、远程教育、远程医疗等信息化建设，为当地居民提供医疗、交通、治安、就业、维权、法律咨询等方面的公共服务信息。深入推进农村社区建设试点工作，提高农村公共服务能力。加强沿边重点地区基层公共文化设施建设，着力增加弘扬社会主义核心价值观的优秀文化产品供给。（卫生计生委、人力资源社会保障部、民政部、教育部、工业和信息化部、财政部、文化部、新闻出版广电总局负责）

（三）提升边境地区国际执法合作水平。推动边境地区公安机关在省（区）、市（州、盟）、县（旗）三级设立国际执法安全合作部门，选强配齐专职人员。建立边境地区国际执法合作联席会议机制，定期研判周边国家和地区安全形势，及时警示和应对边境地区安全风险。加大对边境地区开展执法合作的授权，支持边境地区公安机关与周边国家地方警务、边检（移民）、禁毒、边防等执法部门建立对口合作机制，进一步加强在禁毒禁赌以及防范和打击恐怖主义、非法出入境、拐卖人口、走私等方面的边境执法合作，共同维护边境地区安全稳定。加大边境地区国际执法合作投入。加强文化执法合作，强化文化市场监管，打击非法文化产品流入和非法传教，构筑边疆地区文化安全屏障。（公安部、外交部、文化部、宗教局负责）

二、改革体制机制，促进要素流动便利化

（四）加大简政放权力度。进一步取消和下放涉及沿边国家级口岸通关及进出口环节的行政审批事项，明确审查标准，承诺办理时限，优化内部核批程序，减少审核环节。加快推进联合审批、并联审批。加大沿边口岸开放力度，简化口岸开放和升格的申报、审批、验收程序以及口岸临时开放的审批手续，简化沿边道路、桥梁建设等审批程序，推进边境口岸的对等设立和扩大开放。创新事中事后监管，做到放管结合、优化服务、高效便民。（海关总署、质检总局、公安部、交通运输部、外交部、发展改革委负责）

（五）提高贸易便利化水平。创新口岸监管模式，通过属地管理、前置服务、后续核查等方式将口岸通关现场非必要的执法作业前推后移。优化查验机制，进一步提高非侵入、非干扰式检查检验的比例，提高查验效率。实施分类管理，拓宽企业集中申报、提前申报的范围。按照既有利于人员、货物、交通运输工具进出方便，又有利于加强查验监管的原则，在沿边重点地区有条件的海关特殊监管区域深化“一线放开”、“二线安全高效管住”的监管服务改革，推动货物在各海关特殊监管区域之间自由便捷流转。推动二线监管模式与一线监管模式相衔接。加强沿边、内陆、沿海通关协作，依托电子口岸平台，推进沿边口岸国际贸易“单一窗口”建设，实现监管信息同步传输，推进企业运营信息与监管系统对接。加强与“一带一路”沿线国家口岸执法机构的机制化合作，推进跨境共同监管设施的建设与共享，加强跨境监管合作和协调。（海关总署、商务部、公安部、交通运输部、财政部、税务总局、质检总局、外汇局、工业和信息化部负责）

（六）提高投资便利化水平。扩大投资领域开放，借鉴国际通行规则，支持具备条件的沿边重点地区借鉴上海等自由贸易试验区可复制可推广试点经验，试行准入前国民待遇加负面清单的外商投资管理模式。落实商事制度改革，推进沿边重点地区工商注册制度便利化。鼓励沿边重点地区与东部沿海城市建立对口联系机制，交流借鉴开放经验，探索符合沿边实际的开发开放模式。加强与毗邻国家磋商，建立健全投资合作机制。（发展改革委、商务部、外交部、工商总局负责）

（七）推进人员往来便利化。加强与周边国家出入境管理和边防检查领域合作，积极推动与周边国家就便利人员往来等事宜进行磋商。下放赴周边国家因公出国（境）审批权限，允许重点开发开放试验区自行审批副厅级及以下人员因公赴毗邻国家（地区）执行任务。在符合条件的沿边国家级口岸实施外国人口岸签证政策，委托符合条件的省（区）、市（州、盟）外事办公室开展领事认证代办业务。加强与毗邻国家协商合作，推动允许两国边境居民持双方认可的有效证件依法在两国边境许可范围内自由通行，对常驻沿边市（州、盟）从事商贸活动的非边境地区居民实行与边境居民相同的出入境政策。为涉外重大项目投资合作提供出入境便利，建立周边国家合作项目项下人员出入境绿色通道。结合外方意愿，综合研究推进周边国家在沿边重点地区开放设领城市设立领事机构。探索联合监管，推广旅客在同一地点办理出入境手续的“一地两检”查验模式，推进旅客自助通关。提高对外宣介相关政策的能力和水平。（外交部、公安部、旅游局、海关总署、质检总局、总参作战部、中央宣传部负责）

（八）促进运输便利化。加强与周边国家协商合作，加快签署中缅双边汽车运输协定以及中朝双边汽车运输协定议定书，修订已有双边汽车运输协定。推进跨境运输车辆牌证互认，为从事跨境运输的车辆办理出入境手续和通行提供便利和保障。授予沿边省（区）及边境城市自驾车出入境旅游审批权限，积极推动签署双边出入境自驾车（八座以下）管理的有关协定，方便自驾车出入境。（交通运输部、旅游局、外交部、商务部、公安部、海关总署、质检总局负责）

三、调整贸易结构，大力推进贸易方式转变

（九）支持对外贸易转型升级。优化边境地区转移支付资金安排的内部结构。有序发展边境贸易，完善边贸政策，支持边境小额贸易向综合性多元化贸易转变，探索发展离岸贸易。支持沿边重点地区开展加工贸易，扩大具有较高技术含量和较强市场竞争力的产品出口，创建出口商品质量安全示范区。对开展加工贸易涉及配额及进口许可证管理的资源类商品，在配额分配和有关许可证办理方面给予适当倾斜。支持具有比较优势的粮食、棉花、果蔬、橡胶等加工贸易发展，对以边贸方式进口、符合国家《鼓励进口技术和产品目录》的资源类商品给予进口贴息支持。支持沿边重点地区发挥地缘优势，推广电子商务应用，发展跨境电子商务。（商务部、发展改革委、财政部、工业和信息化部、海关总署、质检总局负责）

（十）引导服务贸易加快发展。发挥财政资金的杠杆作用，引导社会资金加大投入，支持沿边重点地区结合区位优势和特色产业，做大做强旅游、运输、建筑等传统服务贸易。逐步扩大中医药、服务外包、文化创意、电子商务等新兴服务领域出口，培育特色服务贸易企业加快发展。推进沿边重点地区金融、教育、文化、医疗等服务业领域有序开放，逐步实现高水平对内对外开放；有序放开育幼养老、建筑设计、会计审计、商贸物流、电子商务等服务业领域外资准入限制。外经贸发展专项资金安排向沿边重点地区服务业企业倾斜，支持各类服务业企业通过新设、并购、合作等方式，在境外开展投资合作，加快建设境外营销网络，增加在境外的商业存在。支持沿边重点地区服务业企业参与投资、建设和管理境外经贸合作区。（商务部、财政部、海关总署、发展改革委、工业和信息化部、卫生计生委、人民银行、银监会、质检总局负责）

（十一）完善边民互市贸易。加强边民互市点建设，修订完善《边民互市贸易管理办法》和《边民互市进口商品不予免税清单》，严格落实国家规定范围内的免征进口关税和进口环节增值税政策。清理地方各级政府自行颁布或实施的与中央政策相冲突的有关边民互市贸易的政策和行政规章。（商务部、财政部、海关总署、税务总局负责）

四、实施差异化扶持政策，促进特色优势产业发展

（十二）实行有差别的产业政策。支持沿边重点地区大力发展特色优势产业，对符合产业政策、对当地经济发展带动作用强的项目，在项目审批、核准、备案等方面加大支持力度。支持在沿边重点地区优先布局进口能源资源加工转化利用项目和进口资源落地加工项目，发展外向型产业集群，形成各有侧重的对外开放基地，鼓励优势产能、装备、技术走出去。支持沿边重点地区发展风电、光电等新能源产业，在风光电建设规模指标分配上给予倾斜。推动移动互联网、云计算、大数据、物联网等与制造业紧密结合。适时修订《西部地区鼓励类产业目录》，对沿边重点地区产业发展特点予以充分考虑。（发展改革委、财政部、能源局、工业和信息化部、商务部、税务总局负责）

（十三）研究设立沿边重点地区产业发展（创业投资）基金。研究整合现有支持产业发展方面的资金，设立沿边重点地区产业发展（创业投资）基金，吸引投资机构和民间资本参与基金设立，专门投资于沿边重点地区具备资源和市场优势的特色农业、加工制造业、高技术产业、服务业和旅游业，支持沿边重点地区承接国内外产业转移。（发展改革委、财政部、工业和信息化部、商务部、证监会负责）

（十四）加强产业项目用地和劳动力保障。对符合国家产业政策的重大基

础设施和产业项目，在建设用地计划指标安排上予以倾斜。对入驻沿边重点地区的加工物流、文化旅游等项目的建设用地加快审批。允许按规定招用外籍人员。（国土资源部、财政部、人力资源社会保障部负责）

五、提升旅游开放水平，促进边境旅游繁荣发展

（十五）改革边境旅游管理制度。修订《边境旅游暂行管理办法》，放宽边境旅游管制。将边境旅游管理权限下放到省（区），放宽非边境地区居民参加边境旅游的条件，允许边境旅游团队灵活选择出入境口岸。鼓励沿边重点地区积极创新管理方式，在游客出入境比较集中的口岸实施“一站式”通关模式，设置团队游客绿色通道。（旅游局、公安部、外交部、交通运输部、海关总署、质检总局负责）

（十六）研究发展跨境旅游合作区。按照提高层级、打造平台、完善机制的原则，深化与周边国家的旅游合作，支持满洲里、绥芬河、二连浩特、黑河、延边、丹东、西双版纳、瑞丽、东兴、崇左、阿勒泰等有条件的地区研究设立跨境旅游合作区。通过与对方国家签订合作协议的形式，允许游客或车辆凭双方认可的证件灵活进入合作区游览。支持跨境旅游合作区利用国家旅游宣传推广平台开展旅游宣传工作，支持省（区）人民政府与对方国家联合举办旅游推广和节庆活动。鼓励省（区）人民政府采取更加灵活的管理方式和施行更加特殊的政策，与对方国家就跨境旅游合作区内旅游资源整体开发、旅游产品建设、旅游服务标准推广、旅游市场监管、旅游安全保障等方面深化合作，共同打造游客往来便利、服务优良、管理协调、吸引力强的重要国际旅游目的地。（旅游局、交通运输部、公安部、外交部、海关总署、质检总局负责）

（十七）探索建设边境旅游试验区。依托边境城市，强化政策集成和制度创新，研究设立边境旅游试验区（以下简称试验区）。鼓励试验区积极探索“全域旅游”发展模式。允许符合条件的试验区实施口岸签证政策，为到试验区的境外游客签发一年多次往返出入境证件。推行在有条件的边境口岸设立交通管理服务站点，便捷办理临时入境机动车牌证。鼓励发展特色旅游主题酒店和特色旅游餐饮，打造一批民族风情浓郁的少数民族特色村镇。新增建

设用地指标适当向旅游项目倾斜，对重大旅游项目可向国家主管部门申请办理先行用地手续。积极发展体育旅游、旅游演艺，允许外资参股由中方控股的演出经纪机构。（旅游局、财政部、公安部、外交部、国家民委、交通运输部、国土资源部、体育总局、海关总署、质检总局负责）

（十八）加强旅游支撑能力建设。加强沿边重点地区旅游景区道路、标识标牌、应急救援等旅游基础设施和服务设施建设。支持旅游职业教育发展，支持内地相关院校在沿边重点地区开设分校或与当地院校合作开设旅游相关专业，培养旅游人才。（旅游局、交通运输部、教育部负责）

六、加强基础设施建设，提高支撑保障水平

（十九）加快推动互联互通境外段项目建设。加强政府间磋商，充分利用国际国内援助资金、优惠性质贷款、区域性投资基金和国内企业力量，加快推进我国与周边国家基础设施互联互通建设。积极发挥丝路基金在投融资方面的支持作用，推动亚洲基础设施投资银行为互联互通建设提供支持。重点推动中南半岛通道、中缅陆水联运通道、孟中印缅国际大通道、东北亚多式联运通道以及新亚欧大陆桥、中蒙俄跨境运输通道、中巴国际运输通道建设。（发展改革委、商务部、外交部、财政部、人民银行、工业和信息化部、交通运输部、公安部、中国铁路总公司、铁路局、总后军交运输部负责）

（二十）加快推进互联互通境内段项目建设。将我国与周边国家基础设施互联互通境内段项目优先纳入国家相关规划，进一步加大国家对项目建设的投资补助力度，加快推进项目建设进度。铁路方面，实施长春—白城铁路扩能改造，重点推进四平—松江河、敦化—白河、松江河—漫江等铁路建设，推动川藏铁路建设，统筹研究雅安—林芝铁路剩余段建设，适时启动滇藏、新藏铁路以及日喀则—亚东、日喀则—樟木等铁路建设。公路水运方面，加快推进百色—龙邦高速公路、喀什—红其拉甫公路等重点口岸公路，以及中越、中朝、中俄跨境桥梁、界河码头等项目建设。加快完善沿边重点地区公路网络。（发展改革委、交通运输部、中国铁路总公司、铁路局、商务部、公安部、外交部、财政部、工业和信息化部、总后军交运输部负责）

（二十一）加强边境城市航空口岸能力建设。支持边境城市合理发展支线机场和通用机场，提升军民双向保障能力和客货机兼容能力；推进边境城市机场改扩建工程，提升既有机场容量；加强边境城市机场空管设施建设，完善和提高机场保障能力。支持开通“一带一路”沿线国际旅游城市间航线；支持开通和增加国内主要城市与沿边旅游目的地城市间的直飞航线航班或旅游包机。（发展改革委、民航局、交通运输部、财政部、公安部、外交部、旅游局、总参作战部、总后军交运输部负责）

（二十二）加强口岸基础设施建设。支持沿边重点地区完善口岸功能，有序推动口岸对等设立与扩大开放，加快建设“一带一路”重要开放门户和跨境通道。支持在沿边国家级口岸建设多式联运物流监管中心，进一步加大资金投入力度，加强口岸查验设施建设，改善口岸通行条件。统筹使用援外资金，优先安排基础设施互联互通涉及的口岸基础设施、查验场地和设施建设。以共享共用为目标，整合现有监管设施资源，推动口岸监管设施、查验场地和转运设施集中建设。尽快制定口岸查验场地和设施建设标准，建立口岸通关便利化设施设备运行维护保障机制，支持国家级口岸检验检疫、边防检查、海关监管等查验设施升级改造，建立公安边防检查站口岸快速查验通关系统，开设进出边境管理区绿色通道。按照适度超前、保障重点、分步实施的建设理念，建立和完善、更新边境监控系统，实现边检执勤现场、口岸限定区域和重点边境地段全覆盖，打造“智慧边境线”。（发展改革委、海关总署、公安部、商务部、质检总局、交通运输部、外交部、财政部、中国铁路总公司负责）

七、加大财税等支持力度，促进经济社会跨越式发展

（二十三）增加中央财政转移支付规模。加大中央财政转移支付支持力度，逐步缩小沿边重点地区地方标准财政收支缺口，推进地区间基本公共服务均等化。建立边境地区转移支付的稳定增长机制，完善转移支付资金管理办法，支持边境小额贸易企业能力建设，促进边境地区贸易发展。（财政部、海关总署、商务部负责）

（二十四）强化中央专项资金支持。中央财政加大对沿边重点地区基础设施、城镇建设、产业发展等方面的支持力度。提高国家有关部门专项建设资

金投入沿边重点地区的比重，提高对公路、铁路、民航、通信等建设项目投资补助标准和资本金注入比例。国家专项扶持资金向沿边重点地区倾斜。（财政部、发展改革委、工业和信息化部、交通运输部、外交部、旅游局、民航局、中国铁路总公司负责）

（二十五）实行差别化补助政策。中央安排的公益性建设项目，取消县以下（含县）以及集中连片特殊困难地区市级配套资金。中央财政对重点开发开放试验区在一定期限内给予适当补助。继续对边境经济合作区以及重点开发开放试验区符合条件的公共基础设施项目贷款给予贴息支持。（财政部、发展改革委、商务部负责）

（二十六）加大税收优惠力度。国家在沿边重点地区鼓励发展的内外资投资项目，进口国内不能生产的自用设备及配套件、备件，继续在规定范围内免征关税。根据跨境经济合作区运行模式和未来发展状况，适时研究适用的税收政策。加强与相关国家磋商，积极稳妥推进避免双重征税协定的谈签和修订工作。（财政部、税务总局、海关总署负责）

（二十七）比照执行西部大开发相关政策。非西部省份的边境地区以县为单位，在投资、金融、产业、土地、价格、生态补偿、人才开发和帮扶等方面，享受党中央、国务院确定的深入实施西部大开发战略相关政策，实施期限暂定到2020年。（财政部、发展改革委负责）

八、鼓励金融创新与开放，提升金融服务水平

（二十八）拓宽融资方式和渠道。鼓励金融机构加大对沿边重点地区的信贷支持力度，在遵循商业原则及风险可控前提下，对沿边重点地区分支机构适度调整授信审批权限。引导沿边重点地区金融机构将吸收的存款主要用于服务当地经济社会发展，对将新增存款一定比例用于当地并达到有关要求的农村金融机构，继续实行优惠的支农再贷款和存款准备金政策。培育发展多层次资本市场，支持符合条件的企业在全国中小企业股份转让系统挂牌；规范发展服务中小微企业的区域性股权市场，引导产业发展（创业投资）基金投资于区域性股权市场挂牌企业；支持期货交易所研究在沿边重点地区设立商品期货交割仓库；支持沿边重点地区利用本地区和周边国家丰富的矿产、

农业、生物和生态资源，规范发展符合法律法规和国家政策的矿产权、林权、碳汇权和文化产品等交易市场。（人民银行、银监会、证监会负责）

（二十九）完善金融组织体系。支持符合条件的外资金融机构到沿边重点地区设立分支机构。支持大型银行根据自身发展战略，在风险可控、商业可持续前提下，以法人名义到周边国家设立机构。支持沿边重点地区具备条件的民间资本依法发起设立民营银行，探索由符合条件的民间资本发起设立金融租赁公司等金融机构。支持银行业金融机构在风险可控、商业可持续前提下，为跨境并购提供金融服务。（银监会、人民银行、外汇局负责）

（三十）鼓励金融产品和服务创新。研究将人民币与周边国家货币的特许兑换业务范围扩大到边境贸易，并提高相应兑换额度，提升兑换服务水平。探索发展沿边重点地区与周边国家人民币双向贷款业务。支持资质良好的信托公司和金融租赁公司在沿边重点地区开展业务，鼓励开展知识产权、收益权、收费权、应收账款质押融资和林权抵押贷款业务，扶持符合当地产业发展规划的行业和企业发展。依法探索扩大沿边重点地区可用于担保的财产范围，创新农村互助担保机制和信贷风险分担机制，逐步扩大农业保险覆盖范围，积极开展双边及多边跨境保险业务合作。加快推进沿边重点地区中小企业信用体系建设和农村信用体系建设。完善沿边重点地区信用服务市场，推动征信产品的应用。（人民银行、银监会、保监会、财政部、发展改革委负责）

（三十一）防范金融风险。在沿边重点地区建立贴近市场、促进创新、信息共享、风险可控的金融监管平台和协调机制。进一步加强沿边重点地区金融管理部门、反洗钱行政主管部门、海关和司法机关在反洗钱和反恐怖融资领域的政策协调与信息沟通。加强跨境外汇和人民币资金流动监测工作，完善反洗钱的资金监测和分析，督促金融机构严格履行反洗钱和反恐怖融资义务，密切关注跨境资金异常流动，防范洗钱和恐怖融资犯罪活动的发生，确保跨境资金流动风险可控、监管有序。（人民银行、银监会、外汇局负责）

沿边重点地区开发开放事关全国改革发展大局，对于推进“一带一路”

建设和构筑繁荣稳定的祖国边疆意义重大。各地区、各部门要坚持扩大对外开放和加强对内监管同步推进，在禁毒、禁赌、防范打击恐怖主义等方面常抓不懈，坚决打击非法出入境、拐卖人口、走私贩私，避免盲目圈地占地、炒作房地产和破坏生态环境，抓好发展和安全两件大事，不断提高沿边开发开放水平。国务院有关部门要高度重视、各司其职、各负其责，按照本意见要求，制定具体实施方案；密切配合、通力协作，抓紧修订完善有关规章制度；建立动态反馈机制，深入实地开展督查调研，及时发现问题，研究提出整改建议，不断加大对沿边重点地区开发开放的支持力度。对重点建设项目，发展改革、国土资源、环境保护、财政、金融等有关部门要给予重点支持。沿边省（区）和沿边重点地区要充分发挥主体作用，强化组织领导，周密安排部署，确保促进开发开放的各项工作落到实处。

国务院

2015 年 12 月 24 日

参考文献

[1] 现代汉语词典 [M]. 北京：商务印书馆，1995.

[2] 刘慧，程艺. “一带一路”建设对中国沿边地区发展影响的区域分异 [J]. 区域经济评论，2018 (6).

[3]《国务院办公厅关于印发兴边富民行动“十三五”规划的通知》国办发〔2017〕50号.

[4] 郑汕. 中国边疆学概论 [M]. 昆明：云南人民出版社，2012：1-2.

[5] 马大正. 中国边疆经略史 [M]. 武汉：武汉大学出版社，2013：177.

[6] 阿依努尔·雅马丽. 边境与边界：边疆问题的中西方文化背景探析 [J]. 新疆社科论坛，2015 (3).

[7] 罗中枢. 论主权国家边疆的临界性、边缘性和交集性 [N]. 四川大学学报，2020 (3).

[8] 李光辉. 2019中国沿边开放发展年度报告 [M]. 北京：中国商务出版社，2019.

[9] 崔龙鹤. 建立边疆经济学刍议 [J]. 经济纵横，1985 (6).

[10] 徐晓光. 边疆经济学初探 [J]. 学术交流，1986 (6).

[11] 周林洁，李光辉. 沿边开放进入新一轮热潮 [J]. 亚太经济，2011 (8)：64-66.

[12] 牛德林. 边疆经济学的基本原理与实践意义 [J]. 函授教育，1994 (8).

[13] 高志刚，陈斐，韩德麟. 新疆边境贸易初步研究 [J]. 人文地理，1998 (1)：3-5.

[14] 董国富. 促进广西边境贸易发展的新思路 [J]. 学术论坛，1998

(3): 3-5.

[15] 任烈. 中国边境贸易政策与边贸发展战略 [J]. 经济问题探索, 1998 (9): 3-5.

[16] 杜发春. 边境贸易与边疆民族地区的经济发展 [J]. 民族研究, 2000 (1): 61-68+111-112.

[17] 李明富. 把握好共性与个性促进边疆经济建设 [J]. 毛泽东思想研究, 1998 (2).

[18] 邱济洲, 秦梦宇, 周建国. 边疆地区沿边开放战略及对策 [J]. 世界经济文汇, 2000 (1).

[19] 李玉虹, 马勇. 推动沿边民族地区经济发展的新契机: 边境跨国经济合作区 [J]. 黑龙江民族丛刊, 2000 (3): 43-47.

[20] 李光辉. 加快边境经济贸易发展提升沿边开放水平 [J]. 贵州财经学院学报, 2010 (4): 81-86.

[21] 李常林, 陈真. 论 WTO 框架下的云南边境贸易 [J]. 云南社会科学, 2003 (5): 20-23.

[22] 中国人民银行牡丹江市中心支行专题课题组. 论边境贸易发展的资源战略与金融支持 [J]. 金融研究, 2003 (9): 114-120.

[23] 田光伟. 边境经济合作区的功能定位 [J]. 中央民族大学学报, 2004 (6): 23-25.

[24] 李光辉. 建立中越东兴——芒街跨境经济合作区的战略思路 [J]. 广西经济, 2012 (11): 44-45.

[25] 战成秀. 以边境经济合作区发展推动"兴边富民"进程 [J]. 东北师大学报 (哲学社会科学版), 2013 (3): 214-216.

[26] 欧阳峣. 大国发展经济学的逻辑体系 [J]. 湖南师范大学社会科学报, 2018, 47 (6): 40-46.

[27] 邢玉林. 中国边疆学及其研究的若干问题 [J]. 中国边疆史地研究, 1992 (1): 1-13.

[28] 刘啸霆. 现代边疆与边疆学初论 [J]. 哈尔滨师专学报, 1999,

(1)：1－4.

［29］马大正．中国古代的边疆政策与边疆治理［J］．西域研究，2002：(1)：1－15.

［30］黄万伦，李文潮．中国少数民族经济新论［M］．北京：中央民族大学出版社，1990.

［31］马大正．关于构筑中国边疆经济学的断想［J］．中国边疆史地研究，2003（3）.

［32］杨明洪．论“民族国家”概念及其在“中国边疆学”构建中的重要意义［J］．四川师范大学学报，2019（2）.

［33］方铁．论中国边疆学学科建设的若干问题［J］．中国边疆史地研究，2007（6）.

［34］邢军东．特纳的边疆学说及其对我国沿边地缘政治经济研究的启示［J］．社会科学战线，2006（6）：189－192.

［35］孙宏年．相对成熟的西方边疆理论简论（1871—1945）［J］．中国边疆史地研究，2005（2）：17.

［36］李宏伟，佟训舟．从特纳到拉铁摩尔——边疆史研究的发展［J］．长春师范学院学报，2012，31（4）：48－51.

［37］吴传清，董旭．新发展理念与中国区域经济学科创新发展研究［J］．新疆师范大学学报，2017（6）.

［38］夏添，孙久文，宋准．新时代国内外区域经济学研究热点评述［J］．经济学家，2019（9）.

［39］杨先明，郭树华，蒙昱竹．铁路交通基础设施能促进沿边地区产业集聚吗？［J］．云南财经大学学报，2018（10）.

［40］尹欣．实现“五个突破”发展边疆经济［J］．宏观经济研究，2004（1）.

［41］陈心颖，陆杰华．空间经济学视角下城镇结构失衡及其均衡化路径选择［J］．东南学术，2018（4）.

［42］杨丽云．加快边疆民族地区小城镇建设与发展的基点思考［J］．经

济问题探索，2001（7）.

［43］毛艺珺，张运兴．国内外城市边缘区研究综述［J］．小城镇建设，2019（10）.

［44］顾朝林，陈田，丁金宏，等．中国大城市边缘区特性研究［J］．地理学报，1993（4）.

［45］张建明，许学强．城乡边缘带研究的回顾与展望［J］．人文地理，1997（3）.

［46］方修琦，章文波，张兰生，等．近百年来北京城市空间扩展与城乡过渡带演变［J］．城市规划，2002（4）.

［47］杨德颖．中国边境贸易概论［M］．北京：中国商业出版社，1992.

［48］张丽君，杨秀明．基于学科发展史视角的“民族经济学”学科评述与展望［J］．中央民族大学学报，2016（4）.

［49］李曦辉．民族经济学学科新范式研究［J］．现代经济探讨，2019（9）：1－9.

［50］李忠斌．关于民族经济学研究中几个问题的讨论［J］．中南民族大学学报，2003（1）.

［51］陈庆德．民族经济学［M］．昆明：云南人民出版社，1994.

［52］邓艾，李辉．民族经济学研究思路的转变［J］．中央民族大学学报，2005（2）.

［53］宣勇，杨奕．大学学科组织成熟及其表征——基于国家重点学科的调查［J］．教育发展研究，2018（1）.

［54］高艳泓．民族发展经济学［M］．上海：复旦大学出版社，1990.

［55］东人达，腾新才．论民族经济学的学科归属［J］．西南科技大学学报，2013（1）.

［56］王文长．关于民族经济学研究的几个问题［J］．民族研究，1999（4）.

［57］牟钟鉴．民族观和民族主义的反思［J］．中央民族大学学报，2003（4）.

［58］刘永佶．民族经济学的主体、对象、主义、方法、主题、内容、范畴、体系［J］．中央民族大学学报，2007（5）.

［59］黄建英．民族经济学研究中的几个问题［J］．中央民族大学学报，2005（6）．

［60］叶坦．民族性与新发展观——立足于民族经济学的学理思考［J］．民族研究，2005（4）．

［61］弗朗索瓦·佩鲁．张宁，等译．新发展观［M］．北京：华夏出版社，1987：19．

［62］叶坦．区域经济的可持续发展与民族多元一体文化［J］．学术界，2004（2）．

［63］张建华，杨少瑞．发展经济学起源、脉络与现实因应［J］．中国经济学新论，2016（12）．

［64］樊纲．“发展悖论”与“发展要素”——发展经济学的基本原理与中国案例［J］．经济学动态，2019（6）．

［65］金碚．关于“高质量发展”的经济学研究［J］．中国工业经济，2018（4）．

［66］许广月．论张培刚发展经济学解决中国发展不平衡不充分问题的新时代使命［J］．经济学家，2019（4）．

［67］李瑞娥，程瑜．发展经济学视角的西部开发：理论、现实与模式构建［J］．西安交通大学学报，2013（5）．

［68］任保平．新中国70年经济发展的逻辑与发展经济学领域的重大创新［J］．学术月刊，2019（8）．

［69］胡超，张莹．我国边境地区的开放模式、形成机理与启示［J］．西南民族大学学报，2017（5）．

［70］胡超，张莹．中国沿边开放滞后的原因与模式演进研究综述［J］．区域经济评论，2015（5）．

［71］李慧娟．民族地区开放性经济构建中的边境贸易研究［J］．贵州民族研究，2016（7）．

［72］杨小娟．我国边境贸易的影响因素和区域格局［J］．改革，2013（6）．

［73］李天华．改革开放以来中国边境贸易政策演变的历史考察［J］．当代中国史研究，2013（4）．

［74］刘建利．我国沿边口岸经济发展对策［J］．宏观经济管理，2011（9）．

［75］吴汉洪．边境贸易对广西产业发展的影响［J］．广西民族研究，2013（1）．

［76］顾昕．产业政策治理模式创新的政治经济学［J］．中共浙江省委党校学报，2017（1）．

［77］詹姆斯·罗宾逊．产业政策和发展：政治经济学视角［J］．比较，2016（1）．

［78］常耀中，评论林毅夫和张维迎之间的产业政策辩论——以交易成本理论视角［J］．企业改革与管理，2017（1）．

［79］李铁立．边界效应与跨边界次区域经济合作研究［M］．北京：中国金融出版社，2005．

［80］秦远建，李大虎．西部沿边产业集群协同创新机制、战略和对策［J］．科学管理研究，2016（2）．

［81］向晓敏，张瑞志，李人可．沿边地区跨境产业合作：问题、路径及对策［J］．开放导报，2019（5）．

［82］刘保奎．加快国际次区域产业合作的思路与对策［J］．宏观经济管理，2013（6）．

［83］丁阳，夏友富，吕臣．新型国际分工模式下的沿边开发开放问题研究［J］．江苏社会科学，2015（1）．

［84］向晓敏，张瑞志，李人可．沿边地区跨境产业合作：问题、路径及对策［J］．开放导报，2019（5）．

［85］赵萱，刘玺鸿．无交流的交通：日常跨界流动的人类学反思——以霍尔果斯口岸“中哈跨境合作中心”为例［J］．云南师范大学学报，2018（6）．

［86］徐黎丽，杨亚雄．论西北边境口岸的特点及发展路径［J］．西北师

大学报（社会科学版），2017（3）.

［87］杜作锋．信息时代边境城市化的理论与实践——西部大开发刍议［J］．经济问题探索，2001（3）.

［88］于天福，隋丽丽，李富祥．中国边境口岸经济发展与依托城市互动机理研究［J］．社会科学报刊，2015（1）.

［89］林泉礼，王鲁志．迈向国际性开发与合作的一步——珲春边境经济合作区总体规划［J］．城市规划，1993.

［90］战成秀，韩广富．边境经济合作区的生态化经济模式构建［J］．延边大学学报（社会科学版），2013.

［91］张爱珠．图们江三角洲地区的国际合作开发与珲春边境经济合作区［J］．国外社会科学情况，1996（6）.

［92］田光伟．边境经济合作区的功能定位［J］．中央民族大学学报，2004（6）.

［93］周民良，杭正芳．以边境经济合作区建设推动兴边富民进程［J］．开发研究，2011（1）.

［94］王娟．中越构建东兴——芒街跨境经济合作区的设想和思考［J］．广西大学学报，2008（6）.

［95］李光辉．中越跨境经济合作区：背景意义及构想．国际经济合作，2009（4）.

［96］徐晓光．边疆经济学初探［J］．学术交流，1986（6）.

［97］李南．“一带一路”背景下中国与东盟经济周期联动研究［J］．亚太经济，2017（2）.

［98］王垚．经济学理论在中国边疆研究中的应用［J］．中国边疆学，2020（9）.

［99］厉敏萍，曾光．城市空间结构与区域经济协调发展理论综述［J］．区域经济与城市发展，2012（6）.

［100］翟伶俐．城市空间拓展的点轴模式研究［J］．华中科技大学，2008.

［101］杨荫凯．韩增林交通经济带的基本理论探讨［J］．人文地理，1999（2）：6－10.

［102］杨荫凯．韩增林交通经济带的基本理论探讨［J］．人文地理，2002（2）.

［103］隋舵．2004 中国区域经济发展报告——东北老工业基地复兴研究［M］．北京：红旗出版社，2004.

［104］胡长顺．中国工业化战略与国家安全［M］．北京：电子工业出版社，2011：69.

［105］常永胜，王桂芳．对外贸易与边疆经济发展［J］．实事求是，1995（1）.

［106］李光辉．2018 中国沿边开放发展年度报告．北京：经济科学出版社，2018.

［107］李光辉．2019 中国沿边开放发展年度报告．北京：中国商务出版社，2019.

［108］李光辉．2020 中国边疆开放发展年度报告．北京：中国商务出版社，2020.

［109］李光辉，等．中国沿边开放战略研究．北京：中国商务出版社，2014.

后　记

党的十八大以来，我国的改革开放不断深入，经济发展也进入了新的阶段，经济发展模式从原来的外向型经济转向开放型经济，在全面实现小康、“一带一路”、新发展格局等的背景下，边疆经济发展的重要性进一步凸显，特别是建设社会主义现代化强国的进程中也同样需要边疆经济的发展。那么，如何促进边疆经济发展，使边疆经济发展成为中国建设现代化强国新的增长极，就需要我们去研究，找到边疆经济发展的问题点、堵点和难点，并找到解决的办法。通过研究找到边疆经济发展的规律，并按规律推动边疆经济发展，找到指导边疆经济发展的理论等。

基于以上考虑，结合自己近 30 年对边疆经济实践和政策的研究，就想出版一套关于边疆经济发展的系列丛书，一方面尝试完善边疆经济学理论；另一方面，对边疆经济发展的实践进行总结，并力争总结出边疆经济发展的历史规律，在此基础上进一步探索未来边疆经济发展的路径和模式等。特别是完善构建边疆经济学理论体系。为此，我从 2019 年开始着手收集有关边疆经济学理论的资料，并开始进行大量的调研，几乎走遍了沿边地区的县市，积累了大量的实践资料。同时，我也开始对与边疆经济学相关的理论进行研究，特别是对区域经济学、地缘经济学等与边疆经济学的关系进行了研究，经过两年多的努力完成了这本书的编写。

说实话，虽然稿子出来了，但心里一直没有底，因为我深知这本书还有很多理论问题没有研究清楚，这只是抛砖引玉，只是提出一个努力的方向，只是自己的一家之言，需要专家、学者给予指导、完善，使边疆经济学理论体系不断丰富、不断完善，进而指导边疆经济的发展。在本书当中涉及很多没有定论的方面，特别需要专家学者的批评指正。如关于边疆经济学的几个概念的界定，边境、沿边、沿边地区等，特别是从经济学视角研究边疆的范围，以前的学术研究一直没有得到大家公认，在本书中，我根据我国边疆经济发展的实际，提出了一个新的范围，即包括黑龙江、吉林、辽宁、内蒙古、甘肃、新疆、西藏、云南、广西等9个省区的21个市、11个地区、9个自治州和3个盟，面积为352.15万平方公里，约占全国总面积的36.7%，其中有边境线的边境县市旗有140个县（市）和58个团场，面积为197万平方公里。这个范围不知专家、学者是否公认，不知政界是否认可？还有关于边疆经济学研究的对象、内容等，特别是关于边疆经济学理论的构建，提出的边疆区位再造理论等5个支撑理论，也是需要不断完善和提炼的，诸多内容希望得到专家、学者的宝贵意见。

本书能够顺利地出版，我要感谢学校的领导、同事和朋友，给了我大力的支持。首先，感谢中央政策研究室原副主任郑新立、广西政协副主席及广西大学原校党委书记刘正东、广西大学校长赵跃宇，在我的工作和研究方面给予了很大的支持；感谢我的朋友们：海关总署统计分析司温韫副司长、财政部关税司任烈副司长、国家发改委开放司郭旭杰副司长、国家文旅部政策法规司周久财副司长、对外经济贸易大学国际经济研究院桑百川院长等诸多朋友，他们长期主管边疆经济的开放发展工作，负责相关政策的制定，具有丰富的理论和实践经验，在我写作过程中给予我思路的启迪、构架的指点；感谢广西大学广西创新发展研究院、经济学院、工商管理学院的领导和同事们给我的关怀和帮助；还要感谢我的学生们，特别是张练为本书的理论构建付出了很多心血。

总之，此书的完成既要感谢前辈们的研究基础，也要感谢那些支持我的领导、同事、朋友，还有我的家人、学生。但这只是一本不完整的理论体系，还需要各位继续给予支持，使之不断完善，真正起到指导边疆经济发展的作用。此时，我对“活到老，学到老”这句古语有了更加深刻的理解。我知道这本书还有很多瑕疵，有些我已经意识到了，但现在还没有能力和精力，而有些则非我所能自知。因此，所有的谬误和浅薄，期待同行不吝赐教！

李光辉
2021年8月6日于潮白河孔雀城夏园

[illegible]会认，在全书中，文字、表图的[illegible]
[illegible]即在前[illegible]
[illegible]等内容[illegible]
[illegible]